刑事模拟法庭

宋高初 编著

浙江工商大学出版社
ZHEJIANG GONGSHANG UNIVERSITY PRESS
·杭州·

图书在版编目(CIP)数据

刑事模拟法庭 / 宋高初编著. —杭州:浙江工商大学出版社,2021.5(2024.8重印)

ISBN 978-7-5178-4498-3

Ⅰ. ①刑… Ⅱ. ①宋… Ⅲ. ①刑事诉讼—审判—案例—中国 Ⅳ. ①D925.05

中国版本图书馆 CIP 数据核字(2021)第 089849 号

刑事模拟法庭

XINGSHI MONI FATING

宋高初 编著

责任编辑	徐 凌	
封面设计	项梦怡	
责任印制	包建辉	
出版发行	浙江工商大学出版社	
	(杭州市教工路198号 邮政编码310012)	
	(E-mail:zjgsupress@163.com)	
	(网址:http://www.zjgsupress.com)	
	电话:0571-88904980,88831806(传真)	
排 版	杭州朝曦图文设计有限公司	
印 刷	浙江全能工艺美术印刷有限公司	
开 本	787mm×1092mm 1/16	
印 张	19.5	
字 数	427千	
版 印 次	2021年5月第1版 2024年8月第2次印刷	
书 号	ISBN 978-7-5178-4498-3	
定 价	58.00元	

2020年浙江师范大学重点建设教材项目资助

目　录

第 一 章

刑事模拟法庭的组织与实施

第一节　刑事模拟法庭的组织

模拟法庭教学是法学教育中一种理论与实践相结合的教学方法或教学模式,是指在法学教学活动中,在教师指导下,由不同学生扮演法官、检察官、当事人、律师及其他诉讼参与人等不同诉讼角色,在模拟法官主持下,由模拟法庭按照严格的法定程序对真实或虚拟案件进行模拟审判的一种教学活动。[①]模拟法庭教学,通过对如何开展庭审活动,如何将所学实体法、程序法知识运用于模拟案例中进行示范,能够有效提升学生学习法律的积极性,对学生所学法律知识进行有效检验,在锻炼、提升学生法律实务技能的同时可培养学生的法律职业伦理。因此,模拟法庭是法学专业教学过程中,独立于其他法学理论课程或实践教学模式的专业实验课程,是沟通法学理论教学与司法实践操作技能培训的桥梁、纽带,是检验法学理论教学效果的试金石。[②]鉴于模拟法庭教学在法学专业教学体系中的价值及功能,我国大多数法学专业高等院校在法学专业本科、专科课程体系中均开设了模拟法庭课程。由于刑事诉讼庭审程序与民事诉讼、行政诉讼庭审程序存在较大差异,为更好实现模拟法庭教学目的,当前我国有部分法学专业高等院校将法学专业模拟法庭课程分为刑事模拟法庭课程、民事模拟法庭课程及行政模拟法庭课程。

一、刑事模拟法庭课程教学大纲等教学文件的拟定

教学大纲是课程教学的指导性文件。当前关于刑事模拟法庭课程教学大纲,国内无统一规定,由各教学单位根据本单位情况具体制定。一般说来,教学大纲通常包括课程简介、教学目的、教学要求、教学内容、教学方式、学时学分、适用专业及开课学期、考核方式、参考资料等内容。下面就教学大纲部分内容进行说明。

(一)教学要求、适用专业及开课学期

由于刑事模拟法庭活动是教师指导学生通过开展模拟法庭活动来处理真实或虚拟刑事纠纷的活动,这要求参与刑事模拟法庭活动的学生已经具备刑事法学、刑事程序法学知识基础,即学生前期已完成"刑法学""犯罪学""刑事诉讼法学""证据法学"等课程的学习。因此,该课程的适用专业为法学专业,学生层级可为法学专业专科生、本科生及硕士研究生。由于该课程为实践操作型的实验课程,不宜作为法学专业博士研究生的课程体系之一。

因参与该课程学习的学生须前期掌握刑事法学、刑事程序法学等法律法学知识,因

---

① 刘晓霞:《模拟法庭》,科学出版社2010年版,第1页。
② 张明霞:《模拟法庭教程》,南京大学出版社2014年版,第8页。

此该课程的开课学期宜迟不宜早,但考虑到当前我国大多数法学专业本科生、研究生参加法律职业资格考试、进行专业实习、准备毕业论文、找工作等因素,将该课程开课学期定为本科层级第四、五学期为宜。关于法学专业专科层级、硕士研究生层级的课程开课学期,应由各培养单位根据本单位的培养目标及学校实践情况确定。

(二)教学内容及学时学分

教学内容安排紧密关联着教学目的,影响着学时学分分配。尽管表述不一,但锻炼、提升法学专业学生运用所学法律知识处理刑事纠纷的能力,是刑事模拟法庭课程共同的教学目的之一。基于此,使学生能够以公诉人、主审法官、辩护律师身份参与该课程学习,从而增强学生对刑事纠纷处理感性认知的同时,培养学生在刑事诉讼活动过程中履行控、辩、审职责的能力,是该课程的核心教学内容之一。因此,为完成上述教学内容,法学专业本科教学的刑事模拟法庭课程每周安排3—4节课时,每学期安排48—51学时,比较适宜。充足的课时、学时安排有利于教师安排每个学生分别在不同的模拟案件中扮演公诉人、辩护律师、审判长角色,并予以指导,从而使学生学有所得,实现课程教学目的。

(三)考核方式

建议课程评价方式为考核。考核指标体系应体现于教学大纲并在第一次开课时对学生予以解释说明。具体考核标准包括以下几个方面:

1.文书写作。要求文书格式规范,语句通顺;叙事清楚,详略得当;说理透彻,论证充分;措辞准确,朴实庄重。

2.专业表现。各组模拟法庭小组成员应有良好的团体合作精神及程序意识,同时具有较强的案件分析能力;发表辩论观点时能充分运用现行法律法规,能很好地结合证据及案件事实进行辩论。

3.语言风度、辩论技巧。模拟法庭小组成员对所扮演的模拟身份有较好的身份代入感,能根据自己所扮演的角色合理、恰当地进行语言、情绪表达;法庭陈述条理清晰,能引经据典,能结合现行实体法律规范和相关证据材料充分论述,论证说服力强;肢体语言表达合理,手势恰当、自然、大方;措辞合理,尊重对方,富有幽默感等。

4.整体印象。模拟法庭整体是否流畅;是否存在较大程序瑕疵;各小组成员之间是否有配合及配合程度;团体合作是否协调;着装是否规范;态度是否认真;前期准备情况是否充分;模拟法庭时间是否符合要求等。

具体评分标准:总分为100分,分为三个部分,其中法律文书10分;法庭表现50分;语言风度、辩论技巧30分;整体印象10分。如表1—1所示。

表 1-1　模拟法庭具体评分标准

项目		分数	原告(公诉)方	被告(辩护)方
文书写作 (满分10分)	说理透彻,论证充分	满分3分		
	叙事清楚,详略得当	满分3分		
	文书格式规范,语句通顺	满分2分		
	措辞准确,朴实庄重	满分2分		
专业表现 (满分50分)	团体合作精神及程序意识,同时具有较强的案件分析能力	满分20分		
	发表辩论观点时能充分运用现行法律法规,能很好地结合证据及案件事实进行辩论	满分30分		
语言风度、辩论技巧 (满分30分)	所扮演的角色合理、恰当地进行语言、情绪表达	满分5分		
	法庭陈述条理清晰,能引经据典,能结合现行实体法律规范和相关证据材料充分论述,论证说服力强	满分20分		
	肢体语言表达合理,手势恰当、自然、大方;措辞合理,尊重对方,富有幽默感	满分5分		
整体印象 (满分10分)	模拟法庭整体是否流畅;是否存在较大程序瑕疵;各小组成员之间是否有配合及配合程度;团体合作是否协调	满分5分		
	着装是否规范;态度是否认真;前期准备情况是否充分;模拟法庭时间是否符合要求等	满分5分		
总分		满分100分		

二、模拟案例选定

模拟案例质量,在某种程度上决定着模拟法庭活动的开展质量。为提升学生参与模拟法庭活动的积极性,培养、锻炼学生的刑事法律职业技能,选定刑事模拟案例应注意以下方面:

(一)案例来源

刑事模拟法庭所选定的案例既可是真实案例,也可是虚拟案例,来源主要有:

1.公安司法机关或律师事务所提供的真实案例。真实案例具有客观性。部分案例比较复杂,对参与模拟法庭活动的同学而言,具有较大挑战性,因此更受学生欢迎。但为尊重涉案当事人人格,应对真实案例中当事人的身份信息进行技术性处理,以避免涉嫌侵害他人隐私权。

2.网络下载的虚拟案例。近些年国内部分机构、团体举办全国性或地区性刑事模拟法庭比赛。比赛案例通常具有较好的争论性,可作为模拟法庭案例使用。

3.国内公开出版发行的模拟法庭教材所撰写的案例。这些案例或来源于真实案件,或曾为比赛案例,可作为模拟法庭案例使用。为保证案例真实性及完整性,通常不倡导指导教师自行设计虚拟案例作为模拟法庭案例使用。

(二)模拟案例选用应考虑的因素

1.模拟案例应具有针对性。模拟案例的选取,首先应有利于实施和实现本次模拟法庭活动的目的,完成任务;其次,应考虑到学生已完成模拟案例所涉及的相关法学课程学习;最后,应针对授课或考试中反映出来的学生普遍掌握不好或难以掌握的疑难法律知识。通过针对性选取模拟案例进行模拟法庭活动,可使学生温习相关课程知识,又可解决教学难点、重点,促进教学工作的开展。

2.模拟案例应具有争议性。具有争议性的模拟案例,可使控辩双方均有话可说,有理可辩,也使模拟法庭活动更具有趣味性。具有争议性的模拟案例,会督促控辩双方积极查阅相关法律知识及理论学说,试图说服对方,使法官认同自己的观点,从而可能导致控辩双方激烈交锋,可使学生在加强相关法律知识理解、掌握的同时提升其说服能力。

3.模拟案例应具有时效性。为更好地服务于社会、经济发展,我国在保障刑事法律规范稳定性的同时及时对现行刑事法律规范"废""改""立"。因此,原出现于网络或教材中的某些经典案例可能会因时过境迁而不宜再作为模拟案例使用。为保障模拟案例的时效性,可将近些年国内举办的全国性或地区性刑事模拟法庭比赛赛题作为模拟法庭案例。

三、师资遴选与配置

模拟法庭教学模式具有"高仿真性""学术性""实践性"等特点。这对主持模拟法庭课堂教学的指导教师提出较高要求。指导教师必须具有较深厚的法学理论功底,方能遴选出具有较高学术价值的案例,方能在评议案件时对有关争议焦点运用法学理论知识进行评判,引导学生温习相关法学理论,增强学生的法学理论素养;同时,指导教师须具有丰富的法律实践操作经验与娴熟的法律实践操作技能,方能结合案情和相关法律知识及时向学生传授法律实务工作技能和基本规范,以培育、提升学生的法律实务职业技能。因此,为实现模拟法庭教学目的,提高模拟法庭教学效果,模拟法庭指导教师宜由"双师型"教师担任,即指导教师具有较高的法学理论素养如具有法学专业博士学位或具有高级职称,又具有丰富的法律实务工作经验如曾经或一直从事兼职律师、企事业法务工作。另外,为更好实现模拟法庭教学目的,必要时可与当地公安司法机关、律师事务所合作,聘请部分具有较好法学理论素养的在职法官、检察官、警官、律师作为兼职教师,以充实模拟法庭课程指导教师队伍。

四、模拟法庭建设

为更好实现教学目的,使参与模拟法庭活动的学生尽快融入所扮演的角色,模拟法庭活动宜在模拟法庭室进行。当前我国关于模拟法庭室建设,未有全国性建设标准。一般认为,模拟法庭实验室应有一个专门的实验场地,面积不小于100平方米,旁听席可容纳200—300人。当然,可根据学校法学专业学生人数量身定制。实验室内布置应尽可能比照人民法院审判庭,通常包括法官台(3位)1张、审判椅3张、诉讼台(4位)2张、诉讼椅8张、书记员台1张、嫌疑人栏2个、旁听桌椅若干。另外,模拟法庭室还应配置国徽、法槌各1个,模拟法庭服装若干,席签、电脑、投影仪、音响设备等。此外,如条件允许,可设立数字模拟法庭实验室,以专门的辅助教学软件用虚拟庭审方式来解决教学中模拟实验场地不足问题。

第二节　刑事模拟法庭活动的组织

一、庭审观摩阶段

庭审观摩是对真实庭审的观摩,是更加规范的庭审活动,更加真实直观,是成本最低且教育效果更佳的法律实践教学活动。庭审观摩,将学生置于真实的审判场景中,使学生能实地观察各法庭组成人员在庭审中的表现,增加学生的心理感受,增强学生对所学实体法律规范及程序制度的真实体验,为其后的模拟法庭演练打下心理基础。在教育教学实践中,组织学生旁听、观摩庭审活动,可安排在寒、暑期由学生自行到当地法院旁听刑事案件审理,也可在开课学期统一组织学生在当地法院观摩庭审。为了不影响司法机关的正常司法活动,一般采用的是在人民法院举行的方式。当开庭的时候,法学教学单位事先与司法机关沟通好,按照司法机关确定的地点将学生带到人民法院观摩庭审。如学生人数众多,经法学院系申请,由人民法院有关主管部门批准允许,可以在法学院系的"模拟法庭"开展庭审观摩活动。

二、模拟法庭人员分工

合理的分组和角色的分配是模拟法庭活动得以顺利开展的前提。通常,可将所有选修刑事模拟法庭课程的学生分成若干大组,每个大组可以分为审判组、公诉组、辩护组三小组。每个大组人数可根据选修课程人数确定。一般说来,审判组建议安排三名成员。审判组由审判长一名、审判员或陪审员两名组成。模拟法庭中的书记员、法警等人员由审判长邀请其他大组中的同学临时担任。公诉组由公诉人两名组成,必要时可从其他大组中邀请一位同学担任被害人或控方证人。辩护组由辩护律师一至二名、被告人一名组成。小组成员相对固定。

在教学过程中,应尽可能让每个学生均能有机会承担各个小组中的主要角色,即审判长、公诉人、辩护律师角色,以体验和训练不同诉讼角色的不同技能。可以在案例选定之后,由学生进行抽签,以选定上述三个不同组别。然后在下一个案例中,进行抗辩分组对调。

三、模拟庭审

为提升模拟庭审效果,确定好角色后的小组成员,应认真研习模拟案例,做好开庭前系列准备性工作,如查询相关法律法学资料、制作相应法律文书、商定诉讼策略和小组内成员分工等。必要时,模拟审判长可与本大组其他同学商定,组织本大组同学于正式模拟开庭前进行排练,及时发现问题并及时取得指导教师的帮助。

在商定时间,审判长安排书记员召集本大组所有成员在模拟法庭室开展模拟法庭活动。模拟法庭活动应依照正式庭审要求开展,指导教师依照模拟庭审整体情况进行综合评分。

(一)模拟庭审以模拟法官为中心

我国刑事审判实行以审判为中心制度。法官是庭审活动的组织者与实施者。公诉人、辩护人及其他庭审参与人员均应听从审判人员指挥。旁听人员应遵守庭审秩序。因此,在模拟庭审活动过程中,扮演法官的学生是庭审活动的指挥者;指导教师是旁听者与庭审结束后的评判者。即使在模拟庭审中出现某些特殊情况如旁听学生喧哗或出现明显违反庭审程序规定的行为,也应由学生自行处理,任何情况下指导教师不应打断模拟庭审程序。

(二)完整展现刑事模拟法庭整个流程

依据现行《中华人民共和国刑事诉讼法》规定,刑事一审普通程序庭审活动通常分为开庭、法庭调查、法庭辩论、被告人最后陈述、评议宣判五个阶段。宣判可分为定期宣判和当庭宣判。在刑事审判实践中,部分法院在审理刑事案件过程中,待被告人最后陈述后,通常宣布休庭,择日宣判。为保障刑事模拟庭审活动的顺利开展,模拟庭审宜要求当庭宣判。因此,参加模拟法庭活动的学生应在规定时间段内(通常为3—4课时)完成五个阶段的模拟活动。模拟法官、公诉人、辩护律师在模拟庭审过程中的措辞及流程,可参照当地法院发布的庭审操作指引等指导性文件进行。

(三)对庭审过程中可能发生的某些程序性问题预先进行安排处理

我国刑事审判实践中,法官主持的庭审活动在进行过程中可能会出现某些特殊情况,如辩护律师于庭审过程中突然提出法官回避或公诉人回避申请等。对于庭审过程中突然出现的某些特殊情况,庭审法官或当场解决或宣布休庭。模拟庭审活动应由扮演法官的学生指挥安排,如出现某些特殊情况,可能会影响模拟庭审活动的顺利开展。因此,指导教师可对模拟庭审中可能出现的特殊情况及处理方式事先做好预案,也可要求参与模拟法庭活动的学生在庭审过程中不提出程序性特殊要求如申请回避等,从而保障模拟庭审活动的顺利进行。

四、指导教师的点评

指导教师的点评是模拟法庭活动中必不可少的重要环节。教师点评可及时指出学生在开展模拟法庭活动过程中、模拟庭审中出现的缺陷及完善建议,有助于学生加强程序法知识,尤其是庭审规则的理解、掌握,有助于提升学生庭审语言规范及诉讼技巧,有助于提升学生对模拟案例所关联法律知识的理解,从而有效培育学生的法律职业能力。教师点评可分为每次模拟庭审结束后的当场点评及模拟法庭活动全部结束后的整体点评。

(一)每次模拟庭审结束后的当场点评

指导教师在模拟庭审结束后的当场点评,主要针对庭审过程中的控、辩、审三方,旁听学生在庭审过程中的表现进行综合点评。必要时也可邀请旁听学生对模拟庭审中的各方参与人的表现进行点评。点评内容主要包括:

1.公诉组模拟庭审中的表现。这主要包括:(1)起诉书制作格式是否规范;(2)公诉人在讯问被告人、法庭调查、法庭辩论阶段,对庭审规则的遵守、讯问技巧、辩论逻辑及语言表达方面的优异表现及改善建议;(3)公诉词制作是否规范,提出的公诉意见是否妥当等。

2.辩护组模拟庭审中的表现。这主要包括:(1)辩护状制作格式是否规范;辩护人提出的辩护思路是否存在着明显错误等;(2)辩护人在询问被告人、法庭调查、法庭辩论阶段,对庭审规则的遵守、发问问题设计、证据质证意见表达、辩护思路及与刑事被告人配合等方面的优秀表现及改善建议;(3)被告人在庭审过程中回答控、辩、审三方讯问或发问过程中的语言表达、被告人与辩护人在庭审过程中的相互配合、被告人最后陈述过程中语言表述等方面的优秀表现及改善建议。

3.审判组模拟庭审中的表现。这主要包括:(1)模拟庭审活动的组织情况;(2)审判人员在庭审过程中的言行是否妥当;(3)审判组学生之间是否存在着分工合作;(4)当庭宣判情况。

指导教师模拟庭审结束后的当场点评,仅针对此次模拟庭审过程中控、辩、审三方庭审过程中的言行表现及整个模拟庭审开展情况,因此模拟案例可能会再被其他大组选用,故对所选用模拟案例中相关实体法知识、如何看待模拟案例中的争议焦点等问题,当场点评过程中不宜过多涉及,在保障对学生模拟庭审表现评价公正的同时,可避免对其他同学选用此案例形成控辩观点产生不当影响。

(二)模拟庭审活动全部结束后整体点评

指导教师在模拟庭审活动全部结束后应再次对模拟法庭活动情况进行整体点评。整体点评应针对各个模拟案例所关联的实体法知识进行解读、对案例中的争议焦点问题发表自己的观点及看法、对模拟庭审中学生相关观点进行点评、对此次模拟庭审过程中出现的某些共性问题进行分析等。整体点评既要肯定此次模拟法庭活动中表现优秀之处,又应指出其中不足之处并提出相关完善建议。

五、模拟诉讼文书归档和提交实验报告

模拟法庭活动结束后,可要求学生依据《人民法院诉讼文书立卷归档办法》相关规定,对自己在此次模拟法庭活动过程中所接触、制作的各种材料进行整理和归档,从而使学生提前体会到诉讼卷宗制作的重要性,培养学生养成良好的司法习惯,为以后从事法律实务工作打下良好基础。[①]

指导教师必要时可要求每个学生在提交相关法律文书后再撰写参加模拟法庭活动情况总结,可就自己在整个模拟法庭活动中担任控、辩、审三方角色的情况发表感想,并可对此次模拟法庭活动组织情况提出完善建议等。学生撰写的参加模拟法庭活动情况总结,也可作为学生选修该课程的课程考核评价材料之一。

---

① 伍浩鹏:《模拟法庭》,中南大学出版社2018年版,第12页。

第二章

刑事模拟法庭参与人员在模拟法庭中的职责

第一节　刑事模拟法庭中检察官的职责

《人民检察院刑事诉讼规则(2019修订)》(高检发释字〔2019〕4号)对人民检察院在刑事庭审过程中的工作及职责进行明确规定。根据《人民检察院刑事诉讼规则(2019修订)》规定,结合当前我国刑事检察实务,在刑事模拟法庭中承担公诉人职责的学生在参加庭审前应进行下列工作并履行相应职责:

1.进一步熟悉模拟案例中的案情,掌握证据情况。人民检察院如在开庭审理前收到人民法院或者被告人及其辩护人、被害人、证人等送交的反映证据系非法取得的书面材料时,应当进行审查。对于审查逮捕、审查起诉期间已经提出并经查证不存在非法取证行为的,应当通知人民法院、有关当事人和辩护人,并按照查证的情况做好庭审准备。对于新的材料或者线索,可以要求监察机关、公安机关对证据收集的合法性进行说明或者提供相关证明材料。

2.必要时参加人民法院组织的庭前会议。如检察官应要求参加人民法院组织的庭前会议,应在会议中根据人民法院要求对证据收集的合法性进行说明;必要时应在开庭审理前予以调查核实。在庭前会议中,公诉人可以对案件管辖、回避、出庭证人、鉴定人、有专门知识的人的名单、辩护人提供的无罪证据、非法证据排除、不公开审理、延期审理、适用简易程序或者速裁程序、庭审方案等与审判相关的问题提出和交换意见,了解辩护人收集的证据等情况。对辩护人收集的证据有异议的,应当提出,并简要说明理由。公诉人通过参加庭前会议,了解案件事实、证据和法律适用的争议和不同意见,解决有关程序问题,为参加法庭审理做好准备。

3.深入研究与本案有关的法律政策问题并充实审判中可能涉及的专业知识。

4.拟定讯问被告人、询问证人、鉴定人、有专门知识的人和宣读、出示、播放证据的计划并制订质证方案;对可能出现证据合法性争议的,拟定证明证据合法性的提纲并准备相关材料;拟定公诉意见,准备辩论提纲。

5.需要对出庭证人等予以保护的,应向人民法院提出建议或者配合工作并做好相关准备。

6.提起公诉。担任检察官的学生应当在认真审查案件材料和熟悉相关法律规定的基础上,制作刑事起诉书、公诉意见书,准确、合法、及时地提起公诉并发表公诉意见。

根据《中华人民共和国刑事诉讼法》(2018年修订)第三条规定,人民检察院在刑事诉讼中的主要任务是检察、批准逮捕、侦查检察机关直接受理的案件、提起公诉。因此,在庭审过程中人民检察院主要承担提起公诉、指派检察官担任公诉人出席法庭支持公诉并监督人民法院审判活动的职责。依据《中华人民共和国检察官法》《中华人民共和国人民检察院组织法》等法律规定,人民检察官在遵守法律职业伦理道德法定义务的同时,在刑事庭审活动中应履行提起公诉、出庭支持公诉并开展对刑事诉讼活动的监督工作,对庭审活动中的违法行为,可通过法定程序向人民法院提出纠正意见。人民法院应当予以配合,并及时将采纳纠正意见情况书面回复人民检察院。根据上述法律规定,结合检察实践,在刑事模拟法庭中扮演公诉人的同学应在庭审过程中进行以下活动并承担相应职责:

1.宣读起诉书,代表国家指控犯罪,提请人民法院对被告人依法审判。

2.参加法庭调查活动。公诉人在法庭调查过程中的主要活动有:(1)讯问被告人;(2)询问证人、被害人、鉴定人;(3)申请法庭出示物证,宣读书证,未到庭证人的证言笔录,鉴定人的鉴定意见、勘验、检查、辨认、侦查实验等笔录和其他作为证据的文书,播放作为证据的视听资料、电子数据等。公诉人应当客观、全面、公正地向法庭出示与定罪、量刑有关的证明被告人有罪、罪重或者罪轻的证据,并在法庭调查过程中应就法庭所展示证据的客观性、关联性、合法性问题与辩护人、被告人进行辩论。

3.参加法庭辩论。公诉人在法庭辩论环节中,应就单一证据是否应采信、全案证据是否充分、本案法律适用和案件情况发表意见,提出量刑建议及理由,针对被告人、辩护人的辩护意见进行答辩,全面阐述公诉意见。

4.维护诉讼参与人的合法权利。

5.开展刑事诉讼活动监督。公诉人自行或要求担任书记员的检察官对法庭审理案件有无违反法定诉讼程序的情况记明笔录。如发现法庭审理案件违反法定诉讼程序的行为,记明后并在庭审后及时向检察长报告,以人民检察院的名义向人民法院提出纠正意见。必要时,检察院对审判活动中严重违反法定程序、影响司法公正的行为,可以提起抗诉。

6.结合案情进行法治宣传与教育。《人民检察院办理未成年人刑事案件的规定》第六十条规定,公诉人在依法指控犯罪的同时,要剖析未成年被告人犯罪的原因、社会危害性,适时进行法制教育,促使其深刻反省,吸取教训。在未成年人刑事案件审理过程中,在判决未成年被告人有罪时,应根据法庭要求对未成年被告人进行法庭教育。无论被告人是成年人或未成年人,公诉人均应在揭露、证实犯罪过程中,结合案情分析被告人犯罪成因及犯罪的社会危害性,向被告人及旁听人员进行法治宣传教育,促进被告人认罪悔罪并进行反省,以达到减少、预防犯罪的目的。

另外,关于检察官出庭行为规范,目前最高人民检察院未予以明确规定。在检察实践中,通常由各级人民检察院根据本地方情况自行制定。因此,公诉人出庭,还应遵守地方人民检察院制定的出庭行为规范要求。

第二节　刑事模拟法庭中律师的职责

根据《中华人民共和国刑事诉讼法》《中华人民共和国律师法》等规定,律师在刑事诉讼中担任辩护人和代理人两种身份。依据《中华人民共和国律师法》第二十八条第三款规定,律师可以接受刑事案件犯罪嫌疑人、被告人的委托或者依法接受法律援助机构的指派,担任辩护人;或接受自诉案件自诉人、公诉案件被害人或者其近亲属的委托,担任代理人,参加诉讼。另外,在刑事附带民事诉讼过程中,律师还可接受附带民事诉讼当事人(附带民事诉讼原告及被告)及其法定代理人委托,担任代理人,参加诉讼。

《中华人民共和国刑事诉讼法》第三十七条规定,辩护人的责任是根据事实和法律,提出犯罪嫌疑人、被告人无罪、罪轻或者减轻、免除其刑事责任的材料和意见,维护犯罪嫌疑人、被告人的诉讼权利和其他合法权益。首先,辩护人应根据事实和法律,独立地发表辩护意见,不受法官、公诉人及委托人意志约束,但辩护人在发表辩护意见前,应征询并尊重委托人意见,必要时对委托人进行解释说明。其次,辩护人是犯罪嫌疑人、被告人合法权益的专门维护者。对于犯罪嫌疑人、被告人的非法利益,辩护人不能依据自身所掌握的法律知识帮助当事人进行非法活动。依据《最高人民法院关于适用〈中华人民共和国刑事诉讼法〉的解释》(以下简称《刑事诉讼解释》)第六十四条规定,诉讼代理人有权根据事实和法律,维护被害人、自诉人或者附带民事诉讼当事人的诉讼权利和其他合法权益。诉讼代理人在刑事诉讼活动中依法所享有的上述诉讼权利,也是其职责所在,即依据事实与法律,对委托人的诉讼权利和其他合法权益予以充分保护。依据《律师执业行为规范(试行)》(2018年修订版)第九条规定,律师对在执业活动中知悉的委托人和其他人不愿泄露的情况和信息,应当予以保密。但是,委托人或者其他人准备或者正在实施的危害国家安全、公共安全以及其他严重危害他人人身、财产安全的犯罪事实和信息除外。辩护人仅对犯罪嫌疑人、被告人的合法权益予以维护,对于犯罪嫌疑人、被告人提出的非法要求,辩护人应予以拒绝并进行解释说明。

依据上述法律法规规定,结合模拟法庭实验实际情况,在刑事模拟法庭活动中担任刑事辩护律师、代理律师的职责就是:依据事实和法律,最大限度地维护委托人的合法利益。主要包括以下:

1.通过阅卷、会见当事人等方式,熟悉案件材料。对于案件材料中的疑难问题,通过咨询指导教师、查阅相关文献资料和法律法规等方式予以解决。

2.在了解案件事实的基础上,依据现行法律法规规定,与委托人相协商,制定相应的诉讼策略。另外,刑事代理律师在了解委托人诉讼意愿后,应及时告知公诉人。

3.依法指导当事人行使诉讼权利。辩护律师、代理律师均应在开庭审理前明确告知当事人庭审流程及当事人在应对公诉人、审判员、对方委托律师问话时应注意事项。辩护律师还应指导被告人在法庭作最后陈述时应注意事项。

4.撰写辩护词、代理词等相关诉讼文书。律师在制作辩护词、代理词前应与委托人充分沟通,商定辩护、代理思路及目标,并告知委托人诉讼风险。

5.出席法庭审理,参与法庭调查、辩论。辩护律师、代理律师应当按照规定穿着律师出庭服装,佩戴律师出庭徽章,及时出席法庭发表辩护、代理意见,并在庭审过程中遵守法庭秩序,在法庭发言时应当举止庄重、大方,用词文明、得体,注重律师职业形象。

律师在履行上述职责时,其言行以及仪表要符合中华全国律师协会制定的《律师执业行为规范(试行)》和《律师出庭服装使用管理办法》的要求。

第三节　刑事模拟法庭中法官的职责

依据《中华人民共和国法官法》(2019年修订)第八条规定,法官除需要遵守《中华人民共和国法官法》第十条所规定的法律职业伦理义务外,还应在审判活动中履行审判职责,即依法参加合议庭审判或者独任审判刑事、民事、行政诉讼以及国家赔偿等案件并在其职权范围内对所办理的案件负责。但根据《人民法院审判人员违法审判责任追究办法(试行)》规定,合议庭审理案件有下列情形之一的,合议庭成员不承担责任:因对法律理解和认识上的偏差而导致案件被改判或者发回重审的;因对案件事实和证据认识上的偏差而导致案件被改判或者发回重审的;因新的证据而导致案件被改判或者发回重审的;因法律修订或者政策调整而导致案件被改判或者发回重审的;因裁判所依据的其他法律文书被撤销或变更而导致案件被改判或者发回重审的;其他依法履行审判职责不应当承担责任的情形。

依据《中华人民共和国人民法院组织法》(2018年修订)第三十条规定,合议庭由法官组成,或者由法官和人民陪审员组成,成员为三人以上单数。合议庭由一名法官担任审判长。院长或者庭长参加审理案件时,由自己担任审判长。独任审判案件的,由法官担任审判长。根据《人民法院审判长选任办法(试行)》(2000年7月11日最高人民法院审判委员会第1123次会议通过)第五条规定,审判长的职责是:担任案件承办人,或指定合议庭其他成员担任案件承办人;组织合议庭成员和有关人员做好庭审准备及相关工作;主持庭审活动;主持合议庭对案件进行评议,作出裁判;对重大疑难案件和合议庭意见有重大分歧的案件,依照规定程序报请院长提交审判委员会讨论决定;依照规定权限审核、签发诉讼文书;依法完成其他审判工作。根据《最高人民法院关于进一步加强合议庭职责的若干规定》(〔2010〕1号)规定,不担任审判长职务的承办法官在庭审过程中应履行下列职责:主持或者指导审判辅助人员进行庭前调解、证据交换等庭前准备工作;拟定庭审提纲,制作阅卷笔录;协助审判长组织法庭审理活动;在规定期限内及时制作审理报告;案件需要提交审判委员会讨论的,受审判长指派向审判委员会汇报案件;制作裁判文书提交合议庭审核;办理有关审判的其他事项。根据《中华人民共和国人民陪审员法》第三条第二款规定,人民陪审员应当忠实履行审判职责,保守审判秘密,注重司法礼仪,维护司法形象。人民陪审员的审判职责主要包括:认真及时审阅所陪审案件的材料;参加案件调查;参加案件审理和调解,充分发挥人民陪审员亲近群众的优势,息诉止纷;参加案件评议并行使表决权,但人民陪审员全程参加七人合议庭评议,对于事实认定问题,由人民陪审员和法官在共同评议的基础上进行表决。对于法律适用问题,人民陪审员不参加表决。

根据上述法律规定可看出,审判长在案件审理过程中发挥主要作用,是庭审活动的组织者与指挥者。根据最高人民法院《人民法院审判长选任办法(试行)》及最高人民法院《关于人民法院合议庭工作的若干规定》,结合模拟法庭实验的实际情况,在实验中担任审判长的学生在刑事模拟法庭中的主要职责是:

1.向实验中担任书记员的同学了解模拟庭审准备情况并督促其及时做好开庭审理前的准备工作,保证按拟定时间开庭。

2.组织合议庭成员和有关人员做好庭审准备及相关工作,主要包括:精读模拟案例所提供的材料、查询相关文献资料及相关法律法规、通过起诉书了解公诉人诉讼主张、通过律师提交的辩护词了解主要辩护观点、确定案件审理方案及审理过程中应着重查明的相关事实、与其他合议庭成员共同商定庭审提纲、协调合议庭成员的庭审分工以及做好其他必要的庭审准备工作。

3.主持庭审活动。在此阶段,审判长要发挥以下作用:(1)宣布开庭并指挥庭审的进行。审判长应在开庭审理中按照法律规定的程序引导和控制庭审程序的进行,充分保障各方当事人的诉讼权利。(2)组织控辩双方出示证据、辩论核实证据,共同查明案件事实。(3)控制庭审节奏,把握庭审进度,总结和归纳诉讼争点,引导诉讼双方围绕争点①进行法庭调查和辩论。(3)处理法庭上可能出现的各类突发事件,如旁听人员违反法庭纪律等。(4)协调合议庭成员的配合。

4.主持合议庭对案件进行评议,作出裁判。另据《刑事诉讼解释》规定,人民法院在审理未成年人犯罪案件过程中,在法庭辩论结束后,法庭可以根据案件情况,对未成年被告人进行教育;判决未成年被告人有罪的,宣判后,应当对未成年被告人进行教育。

5.制作裁判文书,审核、签发诉讼文书。

6.依法完成其他审判工作。

在合议庭中扮演其他承办法官的学生,在庭审中主要承担以下职责:

1.听从审判长安排,做好开庭前相关准备性工作,如及时精读模拟案例相关材料、查阅相关文献资料及相关法律法规、拟定庭审提纲、制作阅卷笔录等。

2.参加庭审并在庭审过程中根据安排协助审判长组织法庭审理活动,必要时经审判长许可进行发问,帮助审判长了解案件事实真相。

3.参加合议庭评议活动,并在评议过程中充分发表意见。在合议庭评议案件时,合议庭所有成员均应充分发表自己的意见,不允许沉默或者弃权。

4.根据合议庭评议结论及时制作裁判文书,提交合议庭审核。

为了有效地履行上述职责,担任审判长、审判员的学生在开庭审理时,还应做好以下工作:

1.审判长、审判员应依据《人民法院法官袍穿着规定》穿着法官袍开庭审判案件。关于人民陪审员出庭的着装问题,《中华人民共和国人民陪审员法》、最高人民法院均未予以明确规定。在审判实践中,通常由各法院自行制定人民陪审员服装并要求人民陪审员

---

① 争点:指当事人对之意见相反、影响案件处理结果的事实问题和法律适用问题。

着统一制服出席法庭。

2.审判长或独任审判员应当按照《人民法院法槌使用规定(试行)》要求在宣布开庭、继续开庭、休庭、闭庭及宣布判决、裁定时,正确使用法槌。具体使用法槌的程序如下:(1)宣布开庭、继续开庭时,先敲击法槌,后宣布开庭、继续开庭;(2)宣布休庭、闭庭时,先宣布休庭、闭庭,后敲击法槌;(3)宣布判决、裁定时,先宣布判决、裁定,后敲击法槌;(4)其他情形使用法槌时,应当先敲击法槌,后对庭审进程作出指令。审判长、独任审判员在使用法槌时,一般敲击一次。

3.审判长、审判员应当严格按照最高人民法院《法官行为规范》的要求,注重自己的仪表和言行。

第四节　刑事模拟法庭中其他辅助人员的职责

在刑事模拟法庭活动中,公诉人、辩护人及法官是主要的诉讼参与人。由学生逐一扮演法官、检察官和律师审理案件,有助于提升学生法律职业能力。另外,模拟法庭活动中有时还需要其他辅助人员积极配合,如刑事被告人、法警等。结合刑事司法实践,刑事模拟法庭实验中的其他辅助人员通常包括书记员、法警、当事人、证人、鉴定人等。

一、模拟法庭中书记员的职责

由中共中央组织部、人事部和最高人民法院于2003年10月20日联合颁布实施的《人民法院书记员管理办法(试行)》第一条规定:"书记员是审判工作的事务性辅助人员,在法官指导下工作。"结合《中华人民共和国人民法院组织法》《中华人民共和国法官法》《中华人民共和国刑事诉讼法》等法律规定,在刑事模拟法庭实验中担任书记员的学生需要履行以下职责:

1.办理庭前准备过程中的事务性工作,如送达起诉书、辩护词等诉讼文书;与模拟法庭中的审判长充分沟通,商定开庭时间并及时向模拟法庭中的公诉人、辩护人告知;通知参与旁听活动的其他同学按时听庭;等等。

2.做好庭审前准备工作。依据《刑事诉讼解释》第二百三十四条规定,开庭审理前,书记员应当依次进行下列工作:(1)受审判长委托,查明公诉人、当事人、证人及其他诉讼参与人是否到庭;(2)宣读法庭规则;(3)请公诉人及相关诉讼参与人入庭;(4)请审判长、审判员(人民陪审员)入庭;(5)审判人员就座后,向审判长报告开庭前的准备工作已经就绪。

3.担任案件审理过程中的记录工作,包括庭审笔录和合议庭评议笔录、宣判笔录。所有笔录均应如实记录活动开展时间、地点、参与人员、活动全过程及活动结果。所有笔录应当忠实于活动真实情况,不允许有偏差。同时所有笔录均应由所有活动参与者签名。

完成笔录工作,要求书记员具备较强记录技能。在刑事模拟法庭活动中,由于承担书记员工作的学生大多记录技能较差,因此,除非有特殊需要,通常不要求提供庭审笔录等记录性活动材料。如需制作笔录,允许学生进行录音,并在庭审结束后进行整理,形成相应笔录。

4.做好结案后的具体工作并完成法官交办的其他事务性工作,主要包括负责裁判文书的文字校对、送达,案卷材料的整理、装订、归档等工作。

二、模拟法庭中法警的职责

所谓法警,即指司法警察,是指在我国司法机关行使警察职权的国家工作人员。我国司法机关包括人民法院和人民检察院。我国司法警察包括人民法院司法警察和人民检察院司法警察。由于刑事庭审通常在人民法院开展,因此,模拟法庭中法警通常指人民法院司法警察。根据《人民法院法庭规则》第二十一条规定,司法警察依照审判长或独任审判员的指令维持法庭秩序。出现危及法庭内人员人身安全或者严重扰乱法庭秩序等紧急情况时,司法警察可以直接采取必要的处置措施。人民法院依法对违反法庭纪律的人采取扣押物品、强行带出法庭以及罚款、拘留等强制措施,由司法警察执行。值庭是人民法院法警的主要工作内容之一,由《人民法院司法警察值庭规则》予以明确规定。根据《中华人民共和国刑事诉讼法》《人民法院法庭规则》《人民法院司法警察条例》及《人民法院司法警察值庭规则》等法律法规规定,在模拟法庭实验中担任法警的学生根据审判长或独任审判员指令维护庭审秩序,依法履行如下职责:

1.警卫法庭,维护法庭秩序。对旁听人员违反下列法庭纪律的,值庭的司法警察应当予以劝阻、制止:(1)未经允许录音、摄影和录像;(2)随意走动或擅自进入审判区;(3)鼓掌、喧哗、哄闹;(4)擅自发言、提问;(5)吸烟或随地吐痰;(6)使用通信工具;(7)其他违反法庭纪律的行为。对未经许可进入审判区,经劝阻、制止无效或者有违法犯罪嫌疑的、严重违反法庭纪律,经劝阻、制止无效的,值庭的司法警察可以依法采取责令退出、强制带离、强行扣押、收缴、检查等强制措施。

2.保障参与审判活动人员的安全。对旁听人员,值庭的司法警察应当进行安全检查。发现未成年人、精神病人、醉酒的人和其他不宜旁听的人员,应当阻止或者劝其退出审判法庭。司法警察值庭时应提高警惕,防止当事人自伤、自杀、行凶、脱逃等行为的发生。遇有突发事件,应全力以赴,沉着应对,果断处置。

3.传唤证人、鉴定人。值庭的司法警察传唤证人时,应当打开通道门,引导证人到达指定位置。

4.传递、展示证据。值庭的司法警察接取、传递、展示证据时,应注意安全。

5.制止妨害审判活动的行为。对哄闹、冲击法庭,侮辱、威胁、殴打参与审判活动人员等严重扰乱法庭秩序的行为,值庭的司法警察可以依法采取责令退出、强制带离等强制措施。

另外,司法警察值庭时,应当注意以下事项和要求:

1.按照规定穿警服、佩戴警衔专用标志,警容严整;女司法警察不得浓妆、披发、戴饰物。

2.司法警察值庭时,应当站立于审判台侧面,背向审判台,面向旁听席。根据需要采取立正、跨立姿势或坐姿。法庭宣判时采取立正姿势,法庭调查开始后采取坐姿。出入法庭时应以齐步动作行进。司法警察在为刑事审判值庭时,负责看管被告人的司法警察,应面向审判席,站或坐在被告人后面的左右两侧。

3.司法警察值庭时,应当遵守法庭纪律,精神集中,举止端庄,行为文明,态度严肃。不得擅离岗位,不得让无关人员接触当事人,不得侮辱或变相体罚当事人以及实施其他妨害审判活动的行为。

4.司法警察提押刑事被告人时,法警应当禁止被告人之间谈论案情、交换物品;提押女被告人时,应由女法警负责。

三、刑事模拟法庭中当事人的职责

根据《中华人民共和国刑事诉讼法》规定,当事人是指在刑事诉讼活动中承担控诉或辩护职能,与案件处理结果有切身利害关系,对诉讼进程有着较大影响的诉讼参与人,主要包括自诉人、被害人、犯罪嫌疑人、被告人、刑事附带民事诉讼的被告及原告。在刑事模拟庭审活动中,参与模拟庭审活动的当事人主要是被告人、被害人。刑事诉讼中的当事人通常具有以下特点:

1.当事人通常是案件事实的亲历者,对案件事实比较清楚。

2.在刑事诉讼活动中承担控诉或辩护职能,与案件处理结果具有直接利害关系。

3.承担控诉职能的当事人通常具有强烈的报复心理,承担辩护职能的当事人通常具有强烈的脱罪心理。因此,部分当事人进行虚假陈述的情形客观存在。

模拟法庭活动具有非常浓厚的表演色彩。这要求所有的模拟法庭活动参与者暂时抛弃学生身份,将自己扮演成角色人物,与角色人物同呼吸、共命运,尤其是扮演当事人的同学应将自己从案件的"局外人"转变成"当事人",从而达到最好的演练效果。因此,在刑事模拟法庭活动中,扮演被害人的学生应表现出较大程度的报复心理或宽恕心理;扮演被告人的学生或呈现出较大程度的认罪悔罪、请求被害方宽恕情形,或呈现出自己被冤枉、应被认定无罪情形。刑事模拟法庭活动中的被害人或被告人,在模拟法庭中应履行以下职责:

1.熟悉案件材料中当事人对案件事实的陈述和整个案件的基本情况,并将自己代入被害人或被告人角色,发现陈述内容及案件材料中有利于控诉或辩护主张的情节并积极与公诉人或辩护人商定诉讼策略。

2.及时以当事人的身份出席模拟法庭,在法庭上有效地配合律师的辩护或者代理,积极行使相关诉讼权利,遵守法庭秩序。

四、模拟法庭中证人的职责

根据《中华人民共和国刑事诉讼法》《刑事诉讼解释》规定,证人是指除当事人外,在诉讼过程中向公安司法机关、律师陈述全部或部分案情的其他诉讼参与人。我国刑事诉讼证人不实行回避制度。凡是知道案件情况的人,都有作证的义务。生理上、精神上有缺陷或者年幼,不能辨别是非、不能正确表达的人,不能作证人。原则上要求证人当庭作证。证人在作证前应保证向法庭如实提供证言并在保证书上签名。在刑事司法实践中,也允许证人在特殊情形下提供书面证词。提供的书面证词应经法庭核实,方可作为证据使用。控辩双方对提交法庭的书面证词有异议,且该证人证言对定罪量刑有重大影响,申请法庭通知证人出庭作证,人民法院认为有必要的,应当通知证人出庭。证人拒绝出庭作证应具备法定理由,否则会被强制作证。证人具有法定情形之一,无法出庭作证的,人民法院可以准许其不出庭;必要时可要求证人通过视频等方式作证。

在司法实践中,证人的职责就是如实作证。由于参与模拟法庭活动的学生并未亲历案件事实,其对案件事实的感知来源于模拟案例材料。因此,担任刑事诉讼证人的学生在模拟法庭中的主要职责如下:

1.熟悉案件材料中有关证人陈述的内容。

2.及时出席法庭向法庭如实提供证言并接受控、辩、审三方的询问。由于模拟法庭活动中不存在证人不能出庭作证的法定理由,因此原则上要求提供证言一方保证证人能出席法庭当庭作证。在司法实践中,存在证人出庭后当庭改变原证词的情形。在刑事模拟法庭活动中,由于控、辩、审三方均依照模拟案例所展示的案情开展模拟法庭活动,为便于活动开展,不允许出庭证人提供新的证词。

3.听从审判人员指挥,遵守法庭秩序。

五、模拟法庭中鉴定人的职责

刑事诉讼中的鉴定人是指接受公安司法机关的聘请或指派,利用专业知识对案件中的某些专门问题进行鉴定并向公安司法机关提供鉴定意见的诉讼参与人。我国对刑事诉讼鉴定人实行回避制度。根据《中华人民共和国刑事诉讼法》及相关司法解释规定,鉴定人的义务是:按时完成鉴定任务,如实提供鉴定意见;依法主动回避;保守在职业活动中知悉的国家秘密、商业秘密和个人隐私;依法按时出庭,接受诉讼双方及法官的询问;遵守职业道德和职业纪律等。另据《刑事诉讼解释》第二百四十九条规定,公诉人、当事人或者辩护人、诉讼代理人对鉴定意见有异议,申请法庭通知鉴定人出庭作证,人民法院认为有必要的,应当通知鉴定人出庭。

根据上述规定,结合模拟法庭实验实际情况,如果诉讼双方对鉴定意见没有异议,则

刑事模拟法庭

不需要学生担任鉴定人角色,模拟法庭开庭审判时只需当庭宣读鉴定结论即可。如控辩双方或一方对鉴定结论提出异议,申请鉴定人出庭作证并得到法庭允许,则担任鉴定人的学生需要承担以下职责:

    1.熟悉案例材料中的鉴定意见内容。

    2.尽可能了解相关鉴定知识,从而使自己能以"鉴定专家"身份面对庭审过程中的质询。

    3.及时出席法庭,陈述案例材料中的鉴定意见并对疑问进行解释说明。

第三章

刑事模拟法庭语言规范

第一节　模拟法律文书写作中的语言规范

　　学生在开展模拟法庭活动过程中,必定关联着起诉书、辩护词等刑事法律文书写作问题。现实模拟法庭教育教学实践中,部分学生重视模拟庭审活动的组织与参与,对相关法律文书写作关注不够。刑事法律文书质量,影响着庭审程序及庭审活动质量。在部分地区的刑事法律实务中,起诉书、公诉意见词的写作质量,通常会影响控诉目的是否能够实现;辩护词写作水平,严重影响着刑事辩护效果;刑事法律文书写作质量,在充分体现写作者法学素养的同时,也影响着法律职能的发挥。法律文书中的语言规范,是法律文书质量的重要影响因素。

一、措辞规范

　　1.准确。法律活动自身所具有的严肃性,赋予着法律文书语言准确性特点。所谓准确,是指用书面语言所表达的内容与客观存在的情况相符合,与表达者想要表达的意思相吻合,记载与认定了侦查、起诉、审判、执行等诉讼活动及非诉讼事件的处理活动及结果。准确是法律文书语言最重要的特点,要确保法律文书语言的准确,必须注意做到:(1)正确使用法言法语。法言法语主要包括法律专业术语和法律习惯用语。法律专业术语,来自法律条文,是对法律行为和法律事实的科学概括,有其特定的法律内涵。正确使用法律专业术语,有利于实现表达上的准确性。如,刑事诉讼活动中使用的"刑事责任""罪刑法定""正当防卫""紧急避险"等。在法律文书写作中,应注意避免法律术语及法律习惯用语的错用,如将"免予刑事处分"错写成"不予刑事处分";"本院受理后,依法……"错写成"本院授理后,依法……";"现已审理终结"错写成"现已审理中结"等。[①](2)不得生造词句,严格区分近义词的界限。有些法律文书制作者,因受外界各种影响或表达能力的局限,往往生造词句,使文书意思令人费解,如"被害人于是不得不做了人流",这里的"人流"显然是受日常生活语言的影响,因为在日常生活中我们常常将"人工流产"称为"人流",但用于法律文书中就不够明确;如"被告人认为被害人和其他女人有不正当的男女关系"中"不正当的男女关系"就非常抽象,虽然日常生活中这么说大家都明白到底怎么回事,但是在法律文书中出现就违背了准确这一原则。另外,法律文书写作中常常会碰到"阴私"与"隐私"、"检察"与"检查"这类语汇,它们在一般言语交际中表意相近,甚至可以混用,然而在法律文书中却要严格区分它们之间的细微差别,绝对不能替换。(3)词语搭配恰当。这里所指的词语搭配恰当包括词语之间的搭配合适、协调,切忌混乱,如"构成某某罪"和"涉嫌某某罪"中"构成"和"涉嫌"与"某某罪"搭配的结果是不

---

　　① 马明利:《法律文书语言的准确与模糊》,《新闻爱好者》(理论版)2008年第2期,第23页。

一样的,所以选择时一定要慎重。[①](4)用准确、恰当的句式客观反映法律文书的各项内容。就法律文书写作而言,其词语的选择表现在很多方面。例如,对动词的选用,"抄起一根木棒"与"顺手拿起一根木棒",就关系到行为动作的性质差异,一个有准备,另一个则无准备。再如,表示事物性质状态的形容词和副词也不容忽视,如"情节严重""情节特别严重""数额较大""数额巨大""数额特别巨大",这些情节的认定,在刑法理论和司法解释中均有具体的适用说明,一般不能作随意的解释和使用。法律文书中的句式也很讲究,恰当的句式有助于内容的准确表达。它一般要求简练、紧凑,甚至形成固定句式,如"综上所述,犯罪嫌疑人××的行为触犯了《中华人民共和国刑法》第××条第××款之规定,涉嫌××罪,依照《中华人民共和国刑事诉讼法》第××条之规定,特将本案移送审查,依法起诉"。在此需要说明的是,法律文书对语言准确性要求并不排斥模糊语言的使用。在特定的情况下,使用模糊语言可以使法律语言达到实质上的准确。所谓模糊语言,是指内涵无精确含义,没有明确的范围,即表述没有明确的内涵和外延的语言,如"可能""情节恶劣""上午10点钟左右""数额较大"等。模糊语言的运用能够有效地弥补人类语言表现力的不足与缺陷,留给人们一个可供把握的空间。法律文书模糊语言的使用,通常体现在以下方面:一是在法律文书中无法用精确词语描述事实或者用精确语言无法达到预期的效果时,模糊语言可以起到不可替代的作用;二是在涉及未知事项时,需要用模糊语言进行客观表达;三是涉及国家机密、商业秘密及当事人的个人隐私等内容时,应选用模糊语言进行概括表达;四是涉及犯罪细节、反动言论及污言秽语等有碍社会善良风俗的内容时,需要运用模糊语言替代。[②]

2.精练。精练就是在准确的基础上使文章言简意赅。言简,即文字简洁、干练;意赅,是文意赅备。法律文书语言精练即法律文书表述时用语俭省和表意完整流畅。所谓用语俭省,即指制作法律文书时,字去意留,能用相对较少的语言把内容表达得完整清楚,针对主旨运用语言,惜墨如金,"意则期多,字唯求少",避免语言啰唆重复;所谓表意完整流畅,即指制作法律文书时,文书内容应保持完整、全面,不因言词节省造成表意不明或发生歧义。如作者想要表达"借款人已归还二万元借款",在文书写作时为追求用词简洁,表述为"借款人还借款二万元",便出现表意不明或歧义情形。因此,表述清楚同一内容,使文书"篇幅短、文字少"应该是以不发生歧义、不遗漏内容为前提。[③]

法律文书用语精练,在有效保障文书主旨内容突出的同时,可提升法律文书的整体质量。制作者为追求法律文书用语精练,应注意以下几点:(1)忌语言表达啰唆、口语化。语言表态口语化,出现表达啰唆情形,如"被告人说是被害人先动手打人,可是被害人却说是被告人先动手打人,被害人和被告人就谁先动手打人问题发生争执,双方吵成一团"。这样的表达虽然通俗,但影响了文书语言的精练。(2)繁简适宜。法律文书语言的

① 马宏俊:《法律文书学》(第二版),中国人民大学出版社2014年版,第48页。
② 马明利:《法律文书语言的准确与模糊》,《新闻爱好者》(理论版)2008年第2期,第23页。
③ 逯其军:《如何使公安法律文书做到语言简洁》,《北京人民苦察学院学报》2002年第4期,第15页。

精练性要求文书对相关事实的叙述过程中应尽可能做到繁简适宜,这要求法律文书在写作时对与定罪量刑关系不大的情节,叙述可简;与表现纠纷性质无关的行为过程可简;阐述与案件处理无直接关系的法律理由可简;与法律文书规范格式要求的法定事项无关的内容应省略。[①](3)慎重使用简称。为促进法律文书用词简洁,对有关事实叙述时在前文已出现当事人姓名全称后,可用姓称简化代替,有时也可用第三人称"其"予以代称。但法律文书在使用简称时,应尽可能保证文意完备。如,以"牛马感情不和"来表述姓牛的原告与姓马的被告夫妻感情不和,让人啼笑皆非。因此,制作者在追求法律文书简洁时应努力实现叙述简洁与文意完备相统一,避免指代不明致事实不清。

3.庄重。庄重原有端庄、郑重之意,在这里则表示,法律文书的语言必须是经过严格的筛选、过滤之后,得以净化的语言。强调法律文书语言的庄重,要求制作者在制作文书时尽量注意做到:(1)正确运用法言法语。(2)切忌使用华丽的辞藻。华丽的辞藻都是用来起修饰作用的,运用的目的是使文章更为生动活泼、富有感染力。法律文书从性质上说它是具有法律效力或法律意义的,这一性质决定了它所追求的目标是以理服人,而不是以情动人。正因为如此,在制作法律文书时,用语必须严肃、庄重,切忌使用华丽的辞藻。比如某刑事自诉状中有这么一句话:"想当年被害人天生丽质,使被告人一见钟情。"这句话虽然形象生动,但就刑事自诉状而言,它并没有什么实质意义,既不能解释该当事人产生纠纷的事实经过,也不能阐明起诉的理由,反而削弱了该诉状的严肃性。(3)忌用形象化语言。制作法律文书时还必须注意忌用形象化语言。在司法实践中,有些当事人为了解恨,常常喜欢在制作法律文书时,用形象化的语言,以达到侮辱或丑化对方当事人的目的。如"被告人简直像魔鬼""×××人模狗样"等,这些语言都使法律文书显得不严肃、不庄重。(4)避免方言土语。在司法实践中,有些司法工作者为了使语言接近生活,让当地人能够更好地理解法律文书的含义,往往将一些方言引进法律文书之中。这样的结果是不但使很多外地人看不懂,而且也使大量的属于国家发布的司法文书变成了地方性文件,影响了其庄重性。特别典型的是对于某些涉案人员的称谓各地很不统一。比如某人民法院刑事判决书中这样写:"于是,被害人简××当场指着被告人于××的女人破口大骂。"这里所指的"女人"实际是妻子。但是如果不懂当地的习惯,就很容易对此产生歧义。(5)摒弃污言秽语。法律文书中的污秽语言通常产生于对双方当事人原话的引用。有些制作者为了充分反映当事人纠纷的具体情况,喜欢在文书中引用当事人的原话。因此,难以避免地把当事人互相对骂时使用的一些污言秽语也原封不动地照搬过来。这是极不严肃的。[②]

4.朴实。所谓朴实就是指语言质朴无华,通俗易懂,自然流畅,不矫揉造作,不追求华丽辞藻。法律文书用词朴素自然,简练准确,传递信息明白易懂,能使阅者很快把握主题,处理案件,使法律文书在各部门之间得以快速运转,利于诉讼效率提升。法律文书用

---

① 杨淑慧:《法律文书中的语言运用》,《山西省政法管理干部学院学报》2013年第3期,第237页。

② 马宏俊:《法律文书学》(第二版),中国人民大学出版社2014年版,第50页。

词朴实要求:(1)用词质朴,语言平易通俗,力求接近口语,不追求华丽辞藻,不滥用文言词语。法律文书在用词造句上,应当力求大众化,接近口语,用人人易懂的普通话词语,避免用生僻难懂的词语。比如,法律文书一般使用"屡教不改",而不使用"怙恶不悛";使用"疑点",而不使用"疑窦"。(2)一般不使用描绘手段,不用形象化词语、艺术化句式。法律文书语言不重夸饰,而重平实,要如实反映客观情况,反对华而不实、浮词连篇。诸如"李某某天生丽质,犯罪嫌疑人一见钟情""犯罪嫌疑人血债累累,罪恶滔天""邓某某被打得皮开肉绽、血肉横飞"等夸张、描写的句子是有悖于法律文书语言的朴实风格的。(3)一般使用消极修辞。所谓消极修辞,就是要求明白、确切地表达概念,语辞平易、质朴,符合逻辑和语法的规律,即表达正确、通顺,能够正确反映客观事实,表达处理意见,不追求优美、生动。例如,法律文书在叙述行为方式时,应表述为"犯罪嫌疑人周某某手持菜刀向赵某某头部砍去",而不能说"犯罪嫌疑人周某某像恶魔一样手持菜刀向赵某某头部砍去";在叙述犯罪嫌疑人被公安人员抓获这一事实时,只说"犯罪嫌疑人史某某被公安人员抓获",而不说"犯罪嫌疑人史某某再凶狠狡猾,也难逃我公安人员的手心"。[①]

二、叙事规范

开展模拟法庭活动的教学,既要培养学生的口头表达能力,又要锻炼学生的书面表达能力,即提升学生法律文书写作能力。部分刑事法律文书关联着案件事实的叙述问题。在刑事司法实践中,刑事法律文书中对相关案件事实的叙述应包括:一是被指控犯罪构成要件事实,这包括犯罪客体、犯罪主体、犯罪客观方面和犯罪主观方面的事实。刑事法律文书中叙述事实应以这四个方面的内容为核心。二是被指控罪行轻重的量刑情节事实。刑事司法处理犯罪嫌疑人、被告人的刑事责任问题,必关联着对犯罪嫌疑人、被告人如何予以刑事处罚问题,即对犯罪嫌疑人、被告人是否应予以量刑、应如何量刑及如何确定刑期,包括法定量刑情节和酌定量刑情节。三是排除行为违法性、可罚性和行为人刑事责任的事实,如正当防卫、紧急避险事实等。四是程序事实。如控辩双方或当事人之间曾就刑事程序问题发生争议,主张该事实的一方当事人应在其法律文书中就该事实存在理由进行说明。学生在撰写法律文书过程中,对有关案件事实的叙述应遵守以下规范:

(一)根据不同案情采用不同叙事方法

刑事法律文书中最基本的叙事方法是自然顺序法,或称为时间顺序法,即按照案件事实发生和演进的时间顺序来叙述案情的方法。自然顺序法能清晰地将案件从头至尾全面呈现且不易引发理解上的偏差。在刑事案件中,一人犯一罪、多人犯一罪或一人犯数罪但数罪之间有因果联系的案件,通常也采用自然顺序法叙事。除此之外,刑事法律文书还可采用以下叙事方法:

---

① 雷莉:《论公安法律文书语言的朴实性》,《四川警官高等专科学校学报》2005年第4期,第80—81页。

1.主罪叙事法。当被告人实施多起不同性质的犯罪且罪行轻重区别较大时,也可采用突出主罪法叙事。这种叙事方法不拘泥于被告人实施各种犯罪行为的先后顺序,而是以其罪行的轻重来决定叙述的主次,重罪在前,轻罪在后,且重罪详述,轻罪略述。对于每一种犯罪行为本身,仍采用自然顺序法。

2.突出主犯法。共同犯罪,尤其是犯罪集团,涉案人员众多,如采用自然顺序法平铺直叙,难以突出主犯地位,也难以准确区分其他被告人在共同犯罪中所起作用和所处地位。因此,在存在主、从犯的共同犯罪案件中,可采用突出主犯法叙事,即以主犯为线索,经由主犯的行为轨迹推进和展现整个事实情节,既彰显主犯,又可使其他共同犯罪人在共同犯罪过程中的作用和所处地位得到清晰化。

3.综合归纳法。如一名或多名刑事被告人在一定时间段内、在相似地点,以大体相同手段多次实施同一种类型的犯罪行为,如采用时间顺序法予以叙述,极可能导致重复与冗长,可采用综合归纳法予以叙述,即在被告人多次犯罪行为中选取其中最为典型、最具有代表性的情节按照自然顺序法完整、细致地叙述清楚,其余各次犯罪行为则概括叙述或适当加以归纳。运用综合归纳法予以叙事应注意,应在叙述的开始或最后对所有犯罪事实进行总括,并与后面或之前具体叙述的相关部分保持细节及结论的对应和一致。①

(二)刑事法律文书叙事基本要求

1.完整。刑事案件事实必备要素通常包括:犯罪行为发生的时间、地点、行为人、行为起因(动机及目的)、行为经过(包括情节和手段)、行为后果、行为人事后态度、犯罪行为所涉及的人与事等。关于犯罪构成事实,英美法系国家或地区证据法理论有"七何"之说,即何时、何地、何人、何事、为何、如何及何种结果。刑事法律文书对某起犯罪事实的叙述,应务必做到完整性。以一起三人共同盗窃案件的事实叙述为例:

×年×月下旬,无业人员王某在帮助宏发贸易公司经理吴某搬家时,得知吴某在盛大花园小区的房子正在装修、尚未入住,于是起意到该房子内盗窃家电。×年×月×日下午,王某纠集刘某、李某二人,约定由王某负责盗窃,刘某负责在楼下接应,李某开面包车在小区东门外等候。×月×日晚11时,王某等3人开车来到盛大花园东门外,王某爬上二楼持长柄液压钳夹断防盗网铁条后进入屋内,发现卧室有联想手提电脑一台,于是将液压钳和电脑从窗户交给楼下守候的刘某。随后王某在拆客厅平板液晶电脑时,被返回房间拿东西的被害人吴某发现,王某随即亮出大号扳手指向吴某称"再喊就弄死你",然后从大门逃走。吴某下楼追赶并大叫抓小偷,王某跑向小区南门时被保安曾某、石某抓获。刘某听到叫喊后,将所盗笔记本电脑和液压钳藏于小区绿化带后往东门跑,与李某会合后二人逃至乙县。公安机关根据王某的交代,于×月×日将刘某和李某抓获归案。所盗笔记本电脑被小区群众拾得后交给公安机关,经鉴定价值3000元。

---

① 马宏俊:《法律文书学》(第二版),中国人民大学出版社2014年版,第54—56页。

通过上述叙事,可以清晰地看到案件的全部过程,包括犯罪预谋、实施过程、归案情况及作案工具、赃物处理情况,比较符合事实描述完整性的要求。[1]

2.详略得当。刑事法律文书的叙述必须做到详略得当。一般认为,刑事法律文书所述事实详略安排,通常与诉讼目的具有较大程度的关联。对于刑事控诉者如公诉人、自诉人而言,基于控诉犯罪目的,在刑事法律文书写作时通常会对犯罪构成要件事实、应从重量刑事实予以详述;而对于辩护方而言,在辩护词等法律文书中通常会对刑事被告人无罪、罪轻事实,排除行为违法性、可罚性和行为人刑事责任的事实,刑事被告人应或可从轻、减轻或免除刑事处罚事实予以详细描述。对于法官而言,基于体现司法处理公正性的诉讼目的,其在刑事裁判文书中通常会对犯罪构成要件事实、量刑事实予以详细叙述,对无争议的程序性事实通常会简略处理。

第二节 模拟庭审中法官、检察官、律师的语言规范

一、法官的语言规范

法官受人民法院委托依法对法律纠纷进行审理并作出裁决,是庭审活动组织者。基于刑事庭审活动的严肃性、不可回复性等特点,法官在庭审过程中应加强语言规范,应当善听慎言、语言规范、语气庄重、语速适当,中立、公正地对待双方当事人,不得使用带有倾向性的语言进行提问或者表现出对双方当事人态度上的差异。制止庭审过程中诉讼参与人的不当言行,应当遵守相关规定、注意语言文明,避免简单指责、粗暴训斥。另依据《法官行为规范》(2010年12月修订)第二十九条至三十二条规定,法官在庭审过程中应平等对待与庭审活动有关的人员,不与诉讼中的任何一方有亲近的表示;礼貌示意当事人及其他诉讼参加人发言;不得用带有倾向性的语言进行提问,不得与当事人及其他诉讼参加人争吵;不得随意打断当事人、代理人、辩护人等的陈述;当事人、代理人、辩护人发表意见重复或与案件无关的,要适当提醒制止,不得以生硬言辞进行指责;当事人情绪激动,在法庭上喊冤或者鸣不平时,法官应重申当事人必须遵守法庭纪律,法庭将会依法给其陈述时间。在模拟庭审过程中,扮演庭审法官的学生在庭审过程中的发言应遵守以下原则:

(一)严格遵守法官用语规范

为规范本辖区内法官用语,部分地方法院通过地方性司法文件方式明确规定法官庭审用语,如《陕西省人民法院刑事公诉案件第一审普通程序审判操作规程(试行)》等。因此,法官在庭审过程中应严格遵守庭审用语规范,严格使用法言法语,如对辩护律师提出

---

① 柏屹颖、卓凯:《刑事案件事实描述的规范化探析》,《中国检察官》2018年第5期,第35—36页。

的无理辩护主张,庭审法官可说"辩护律师提出的××辩护主张,因与事实不符,本院不予采纳",而不能说"辩护律师提出的×××说法,纯粹是胡说八道,本院不予理睬"。另据《人民法院文明用语基本规范》等规定,扮演模拟庭审法官角色的学生在庭审过程中应根据具体情况参考使用以下文明用语:

1.请你围绕诉讼请求陈述案件事实和相关理由,正面回答法庭提出的问题。

2.这些事情刚才你陈述过了,法庭已经认真听取并记录在案,由于时间关系,请不要再作重复。

3.请根据你的诉讼请求(答辩意见),向法庭提供相关证据材料。

4.请注意法庭秩序,遵守法庭纪律,让对方把话说完。未经法庭许可,请不要向对方发问。

5.旁听人员请遵守法庭纪律,保持肃静。

6.这是法庭审理笔录,请你认真阅看,如有遗漏或者错误,可以申请补正;如无异议,请在笔录上签名、捺印。

7.你的证言法庭已经记录在案,谢谢你的配合。休庭后将请你阅看庭审笔录中的证言部分,现在请你到庭外休息。

8.请你保持冷静。法庭已充分注意到你反映的情况,判决是根据事实、依照法律慎重作出的。如果你对本判决不服,可以在法定期限内向上级法院提起上诉。

(二)庄重、准确、简洁、通俗易懂

基于司法对公民守法行为的指引功能,法官在庭审活动中通常肩负着法治宣传教育之职责。这要求法官的庭审用语尽可能做到庄重、准确、简洁、通俗易懂,从而在有效维护司法权威的同时可充分发挥庭审法治宣传教育之功效。

1.法官庭审用语庄重。刑事庭审是一项非常严肃的司法活动。法官在庭审过程中不仅应严格遵守庭审行为礼仪规范,同时还必须用语庄重,不宜适用情绪化措辞。如法官当庭宣判叙述被告人的犯罪事实时说:"被告人王××为满足自己不正当的私欲,厚颜无耻,大肆贪赃枉法,恣意妄为,顶风作案,实属罪大恶极。"该法官的上述庭审用语过多使用描述性词汇,感情色彩过于浓厚,有损用语庄重要求。

2.法官庭审用语准确。准确是语言表达的最基本要求。法官庭审用语准确,在有效维系司法权威的同时也可避免产生歧义。这要求法官在庭审过程中尽可能避免以下用语缺陷:(1)称谓错误。如法官在庭审过程中将"被告人"错误称为"犯罪嫌疑人";将人民检察院制作的"起诉书"错误称为"起诉状";将自诉人提交的"自诉状"错误称为"起诉书"等。(2)措辞歧义。如庭审法官在开庭阶段讯问被告人时问"你何时被公安机关抓捕的?",便出现措辞不当情形。这是因为:"抓捕"仅指"逮捕"还是包括"刑事拘留""逮捕",并不明确。法官正确用语应是"你何时被公安机关刑事拘留?""你何时被公安机关执行逮捕的?"。(3)指代不当。如法官当庭宣判叙述被告人牛某杀害马某的犯罪意图时说:"牛马因性格不合,双方感情不佳,经常因家庭琐事争吵,导致牛某产生杀害马某的犯罪意图。"上述法官用语中便出现指代不当情形。

3.法官庭审用语简洁。所谓简洁,即为不重复,不啰嗦。法官庭审用语简洁,在显示法官干脆利落风范的同时也符合庭审法官少说多听、慎言之要求。这要求法官庭审用语时努力做到:(1)应问则问。庭审过程中的讯问、发问,主要由公诉人、辩护律师进行。根据庭审任务,法官庭审过程中的讯问或发问仅起查漏补缺之功效。法官庭审过程中应尽可能做到少问、慎问,不能进行诱导性讯问、发问,更不能采用威胁方式来逼取被告人口供或证人证言。(2)一问一答。在现实生活中,提问人如提出系列问题要求对方回答时,答问人通常选择对自己最有利、最易回答的问题作简要回答。刑事庭审实践中,也经常出现类似情形。因此,庭审法官在提出问题时,应尽可能做到一问一答,以避免答问人避重就轻,提升问答效果。

4.法官庭审用语通俗易懂。庭审活动的顺利进行,通常需要控辩双方的配合。因此,庭审法官提出程序性指示或告知当事人诉讼权利时,在追求法言法语、简洁的同时,应尽可能使庭审语言朴素化,即庭审法官根据当事人的年龄、职业、文化程度、社会地位等因素,将格式化、抽象化的法言法语转化成通俗易懂的大众化语言,使当事人能够听得清、听得懂,愿意回答,愿意配合实施。这不仅可体现出法官司法为民的情怀,也可有利于当事人诉讼权利的正确行使和合法权益的保障,从而避免引发日后的当事人上诉、申诉等情形发生。这要求庭审法官努力做好以下方面:(1)在少数民族聚居或多民族杂居区开展庭审活动,应使用当地通用语言,必要时可适用当地方言进行解释说明。(2)对庭审过程中出现的专业法律词汇如回避、上诉等,可用当地通常语言,当事人能够听得清、听得懂的言辞进行解释说明。(3)语气平缓。在现实庭审实践中,可能会有些当事人、辩护人在法庭上胡搅蛮缠、反复重复,或控诉双方脱离辩论焦点进行争论、纠缠时,庭审法官应采用平缓语气予以提醒或加以制止、说明,以避免当事人误认为自己依法享有的辩论权被法官非法限制、剥夺。例如,被告人反复陈述某一观点时,审判长可通过平缓、严肃语气讯问被告人:"被告人,你现在所说的,刚才你已经陈述清楚了,法庭已经记录在卷,希望你只对本事实发表新的意见,你还有新的意见要陈述吗?"如被告人回答"没有",则可组织下一个焦点的辩论。

(三)对回答不予以评论

在庭审实践中,法官不应对回答予以评论,更不应对当事人、证人、鉴定人等在法庭上的事实性问题予以回答。这是因为:法官的言行,在当事人眼中便代表着法律评价。法官个人在庭审过程中无法也不能代表法院对某些回答进行评论,更不能代表法院对某些事实性问题进行回答。另外,法官的当场评论极易体现出自身态度、观点,易使一方当事人误认为法官违反中立原则,易导致当事人对法官后期制作的法律裁决公正性产生怀疑。如下例中的庭审法官对被告人的回答显失妥当:

审判长:张三(被害人)喝敌敌畏后你做了什么?

被告人:我让女儿去找周老师。

审判长：敌敌畏都入肚了，你还等着，你怎么办？没采取任何措施？这五六分钟你干吗呢？

被告人：我叫她，毫无办法。

审判长：等一等，行了，行了。周老师是你们领导，他来了怎么办？什么事都必须叫他？现在情况变了，喝了敌敌畏了，还必须叫他，女儿叫不来，你还亲自去叫？应该找医生！你是个大学老师，我都没法问你了，我替你说了吧。[①]

二、检察官的语言规范

在刑事庭审过程中，人民检察官以公诉人身份出席法庭支持公诉并对法院审判活动进行监督。因此，公诉人庭审过程中的语言规范，有助于提升控诉质量，体现法律监督权威，同时也有助于法庭查明案情，正确处理刑事纠纷。最高人民检察院于2010年6月9日发布《检察机关文明用语规则》，明确规定"（检察人员）出席法庭用语应当严谨、理性、规范。宣读起诉书、发表公诉意见声音洪亮，吐字清晰。尊重法庭、服从审判长主持庭审活动，出示证据，询问证人、质证，讯问被告人时用语规范、文明。尊重辩护人，答辩合法、礼貌、说理"。因此，公诉人庭审中陈述相关事实、意见时应注意以下方面：

（一）措辞用语规范

《检察机关文明用语规则》对我国刑事庭审过程中公诉人陈述时措辞用语格式予以明确规范。主要有：

1.审判长，下面公诉人向法庭举证，证实指控被告人×××的犯罪事实。该证据是××公安局（检察院）于×年×月×日在××地方收集（或提取），主要证明本案××事实。该证据见××卷××页。

2.审判长，本案的有关证据已全部出示完毕。以上证据足以证实起诉书所指控的犯罪事实和情节，请法庭充分考虑并依法采纳。

3.被告人×××，公诉人现就起诉书指控的犯罪事实（就以下问题）对你进行讯问。根据我国法律规定，你应当如实回答，听清楚了吗？

4.审判长，公诉人对被告人×××的讯问暂时到此。

5.审判长，公诉人发问暂时到此。

6.审判长，公诉人要求继续发问。

7.审判长，鉴于被告人×××不如实供述犯罪事实，公诉人要求传唤同案被告人×××（或证人×××）到庭对质。

8.审判长，经当庭对质，被告人的辩解理由不能成立，请法庭不予采信。

9.公诉人提请法庭传证人×××到庭作证。

---

① 本节部分内容节选自陈学权：《模拟法庭实验教程》（第三版），高等教育出版社2016年版，第29页。

10.证人(被害人)×××,根据我国法律规定,你有如实提供证据的义务,伪造、隐匿或者毁灭证据的,要负法律责任。你听明白了吗?请你如实回答公诉人的提问。

11.审判长,证人×××当庭陈述与在侦查阶段、审查起诉阶段证词不一致,且与本案其他证据相互矛盾,不具有客观真实性,请法庭不予采信。

12.审判长,公诉人认为辩护人的提问方式(或内容)不当(或具有诱导性倾向),请审判长予以制止(或不予采纳)。

13.审判长,辩护人刚才……违反法律规定,请法庭予以制止。

14.请辩护人注意……辩护人刚才……违反法律规定,请正确行使辩护权。

15.公诉人认真听取了被告人×××及其辩护人的辩护意见,归纳起来,主要有以下×点,现分别答辩如下。

16.审判长,对上一轮答辩的×观点,为了使法庭对此有更加全面的了解,公诉人特作如下补充发言。

17.公诉人对本案有关意见均已作出答辩,答辩意见全部发表完毕。

18.鉴于……根据我国法律规定,公诉人提请法庭休庭,待相关事实查清后再开庭审理。

(二)用语文明

《检察机关文明用语规则》《检察机关文明用语基本规范》等规范化文件明确要求公诉人出席法庭询问证人、质证,讯问被告人时用语文明。用语文明是检察礼仪文化建设的基本要求,对内创造文明庄重的工作氛围,对外提升检察机关和检察队伍的公共形象,有利于提高检察队伍的文化素养并促进全社会的司法文明建设。公诉人法庭用语文明要求:(1)适用普通话或当地通用民族语言表述。公诉人法庭用语应以国家通用语言普通话为基本载体,同时尊重、使用少数民族语言、聋哑人语言以及地方方言,并应尽可能使用"法言法语",同时要符合出庭用语基本规范;[1](2)合法。《中华人民共和国刑事诉讼法》第五十二条明确规定"审判人员、检察人员、侦查人员必须依照法定程序,收集能够证实犯罪嫌疑人、被告人有罪或者无罪、犯罪情节轻重的各种证据。严禁刑讯逼供和以威胁、引诱、欺骗以及其他非法方法收集证据,不得强迫任何人证实自己有罪"。《人民检察院刑事诉讼规则》第四百零二条也明确规定出席法庭的公诉人在庭审过程中"讯问被告人、询问证人不得采取可能影响陈述或者证言客观真实的诱导性发问以及其他不当发问方式"。公诉人在法庭讯问时,语气要严肃,为促使被告人如实供述,可以对被告人进行必要的法制教育和政策攻心,但不能使用威胁性的语言。同时,公诉人应尊重被告人的人格尊严,不能盛气凌人,以势压人,不得有侮辱被告人,贬低其人格,损害其尊严的言行;不得以威胁方式强迫被告人自证其罪,禁止在讯问被告人、询问证人时适用"提醒""老实交代""警告"等用语。另外,公诉人在法庭上应避免以诱导方式提问。诱导性讯

---

① 赵福杰:《基层检察礼仪文化建设初探》,《环渤海经济瞭望》2015年第8期,第62页。

问,是指讯问者将其想要得到的答案添加在其所提的问题当中,或者将未经证明的事实假定为业已证明的事实作为发问的前提,强烈地暗示被讯问人按讯问人的意图作出回答。诱导性讯问下获得的被告人口供,一方面取证方式不合法,另一方面口供可能失去客观真实性。[①]依据我国现行检察机关文明用语基本规范,公诉人如违反文明用语规范,造成不良影响的,人民检察院应给予批评、训诫或者责令公开道歉;造成严重后果的,依照党纪、政纪及有关规定给予处分。(3)理性。一名优秀的公诉人能够在庭审过程中较好地控制自身情绪,不宜在法庭上发泄愤怒情绪,禁止侮辱、谩骂被告人、辩护律师及其他诉讼参与人,应理性阐述控诉观点。公诉人通过证据、事实驳斥被告人狡辩的同时,对辩护人提出的辩护观点应理性对待,可选择性答辩。通常认为:对辩护人在庭审过程中发表的关于证据、认定事实、罪名、罪责及法律适用等影响被告人定罪量刑的异议,公诉人应予以答辩;对无原则分歧、学术争执、与论辩事实无关的辩护观点,公诉人可不予以答辩。

(三)根据被告人及案件情况采取不同讯问方法

《中华人民共和国刑事诉讼法》第一百九十一条明确规定:"公诉人在法庭上宣读起诉书后,被告人、被害人可以就起诉书指控的犯罪进行陈述,公诉人可以讯问被告人。"公诉人庭审过程的讯问,有助于揭示被告人犯罪经过及其认罪悔罪态度,从而实现准确定罪量刑的刑事诉讼目的。为取得较好的讯问效果,公诉人应于庭审前熟悉案情和被告人基本情况,拟定讯问提纲,并针对不同情形采取不同讯问方法。

1.直接讯问法。所谓直接讯问法是指按照案件事实发生的时间顺序进行发问的方法,如按起意、预备、实施犯罪的过程依次发问。这种讯问方法通常适用于案件事实清楚,证据确实充分,被告人认罪伏法且真诚悔改的案件。公诉人采用直接讯问法,应坚持关联性原则,即指讯问的内容与案件事实是否有客观联系,是否能够对案件的待证事实有揭示作用。关联性要求公诉人讯问被告人应当在起诉书指控的范围内进行,应当避免与案件无关的讯问,否则将可能受到审判长的制止或者辩护人的反对。但对辩方或者被告人以"与犯罪无关"干扰公诉人必要讯问的,公诉人应当简要向审判长说明讯问的目的,继续必要的讯问。讯问被告人应当主要围绕以下事实进行:(1)指控的犯罪事实是否存在,是否系被告人所实施,被告人是否承认起诉书指控的罪行;(2)实施犯罪行为的时间、地点、方法、手段、结果,被告人犯罪后的表现等;(3)犯罪集团或者一般共同犯罪案件中参与犯罪人员的各自地位和应负的责任;(4)被告人有无刑事责任能力,有无故意或者过失行为的动机、目的;(5)有无依法不应当追究刑事责任的情况,有无法定的从重或者从轻、减轻以及免除处罚的法定情节;(6)犯罪对象、作案工具的主要特征,与犯罪有关的财务的来源、数量以及去向;(7)被告人全部或者部分否认起诉书指控的犯罪事实的,否认的根据和理由能否成立;(8)与定罪量刑有关的其他事实。[②]

---

① 徐志高:《公诉人法庭讯问艺术》,《中国检察官》2007年第1期,第13页。
② 牟胜:《公诉人在法庭上讯问被告人应把握的规则和方法》,《中国检察官》2006年11期,第47页。

2.间接讯问法。在一些疑难、复杂案件或共同犯罪案件中,部分被告人为推卸责任,在审查起诉以及法庭审判时可能会推翻侦查阶段的供述。对付这样的被告人,公诉人在法庭上直接讯问往往会吃闭门羹。因此,有经验的公诉人在庭审讯问时并不直接抛出需查证的材料,而是从侧面发问,先从外围和一些表面看上去并不重要的次要问题,甚至无关紧要的问题入手,以此消除被告人的对立情绪和戒备心理,然后步步推进,堵死被告人的退路,使其不能自圆其说,并适时向法庭出示有关证据,让其虚假口供在法庭上暴露无遗,迫使被告人最终如实陈述。请看下例:

公诉人:你去宾馆做什么?

被告人:我去宾馆看哥哥申玉刚,好长时间没见了。很是想念,和买卖假币没关系。

公诉人:你怎么知道你哥哥来了呢?

被告人:是刘洪发、张仲新和我说的。

公诉人:你去看你哥哥为什么带着"老郭"?

被告人:……(沉默,不语)

公诉人:老郭认识你哥申玉刚吗?

被告人:不认识。

公诉人:老郭去干什么?

被告人:买卖假币吧。

公诉人:你说你没有参与,没有你,老郭与你哥素不相识,怎么能找到你哥呢?

被告人:……(沉默,不语)

公诉人在上述买卖假币案的讯问中,庭审时被告人申玉华突然翻供,否认带老郭去宾馆找哥哥申玉刚接头买假币。公诉人接过这个话题,从细节入手讯问,达到预期效果,使得被告人最终如实交代了帮助买卖假币的事实。再如在审理王某和刘某盗窃案中,王某和刘某共同作案两次,盗窃汽车两辆,价值10万余元。两被告人深感罪责深重,利用在看守所劳动的机会串供,每人承担其中的一起犯罪事实。公诉人当庭讯问时被告人王某和刘某均翻供。公诉人立即回忆起在以前的数次供述中,王某交代自己不会开车,均是刘某将车开走,并且公诉人亲自到盗窃现场看过,在汽车没有打火的情况下,一个人是不可能将车推过那么高的坡的。于是,公诉人出其不意地问王某:"你会不会开车?"王某随口答道:"不会。"公诉人进一步追问:"那你是怎样将车偷到平阴的?"王某慌了手脚,不能自圆其说,只有坦白交代了。[①]

3.对质讯问法。被告人供述中有将重罪滑向轻罪的倾向时,公诉人要把握控罪的构成要件和关键的对应事实真相。如某起共同盗窃案,其中一名被告人利用其他被告人事先没有讲明盗窃,到案后始终否认有参与盗窃的故意,仅承认帮助销赃的行为及故意。其当庭供述称是其他共犯骗他驾车到现场运赃的,但其在黑暗中不能辨明真相,直到销赃地才得知系盗窃的。

---

① 陈学权:《模拟法庭实验教程》(第三版),高等教育出版社2016年版,第33页。

公诉人：你到现场后是从大门进去的，不是停在围墙外？

被告人：是他们叫我在离围墙蛮远的地方停车的，我不知道他们要干什么。

公诉人：他们装上车的是什么？

被告人：铅锭。

公诉人：你知道每块铅锭重达25千克吗？

被告人：是蛮重的。

公诉人：这么重的货不从大门运出去，这不反常吗？

被告人：我不知道。

公诉人：你是专业货运出租车主，对正当的装货常识你会不懂？

被告人：我没想那么多。

公诉人：后来有狗叫声，你听到后跑到围墙处让同伙快走是不是？

被告人：（沉默）是的。

公诉人：按你的说法没有感到不正常，那又为什么一听到狗叫声就怕了呢？

被告人：我怕狗咬。

公诉人：如果怕被狗咬，你关上车门坐车里就安全了，为什么反倒跑出车内去叫骑在墙上的人快下来快走？这样不矛盾吗？

被告人：……（沉默）

公诉人：这足以证明你是怕狗叫引来工厂门卫被发现，所以才催同案犯快逃，难道不是这样吗？

被告人无言以对。至此，被告人有帮助盗窃的故意已被揭示在庭。[①]

4.矛盾攻击法。抓住被告人当庭供述与证据矛盾，寻找破绽，通过层层设问，出其不意地揭示被告人辩解与行为的自相矛盾。使用这一方法的前提是，发问的问题都要有证据证实，公诉人可先问几个不争的事实，再抓住被告人辩解与证据证明的事实间的矛盾，通过有机地组合发问，置被告人于不能自圆其说的地步，揭尽被告人陈述的虚伪性。如徐某用煤气杀夫案庭审时，徐否认自己作案，称丈夫是因煤气意外泄尽致死。公诉人先问被告人是否除丈夫外与他人有性关系，是否因外遇提出离婚被丈夫拒绝，被告人承认。

公诉人：你如何肯定丈夫是意外死亡？

被告人：我当时在门外洗自行车，丈夫在家午睡，一个半小时后进门发现烧水的煤气被浇灭了，丈夫在床上人事不省，室内都是煤气味。

公诉人：你说你闻到煤气味，为何当时邻居进来称有煤气味，你连忙否认？你说煤气被浇灭，那灶具和地面应该有流下的水啊。为何当时进屋的数名邻居都证明灶具和地上没有水？你说你肯定丈夫是煤气中毒，为何当时对救护人员隐瞒并谎称丈夫是头痛病复发？

---

① 康猛：《公诉人庭审讯问的基本原则与常用方法》，《辽宁经济职业技术学院、辽宁经济管理干部学院学报》2004年第4期，第38页。

被告人语塞。公诉人又向法庭指出,被告人的这段陈述显然与事实不符。之后公诉人又宣读了被告人的有罪陈述,并向法庭指出公诉人将在举证阶段进行证明。这段讯问有效地震慑被告人的翻供。徐某最终被法院认定构成故意杀人罪。[①]

三、律师的语言规范

律师出庭的目的是要在法律许可的范围内最大限度地维护当事人的利益。要达到此目标,律师必须尽可能地说服裁判者。律师如何说服裁判者以便赢得诉讼,有人进行了总结。如美国学者R.阿龙、J.法斯特和R.克莱因在《审判交际技巧》一书中归纳了14个获得成功的要素和8个导致失败的因素与错误。其中,获得成功的要素为:(1)可信度;(2)吸引力;(3)对事实、法律和先例的掌握;(4)有力而且容易理解的、用短句表达的意思;(5)充分准备的论据(周密的调查、对证人和真实证据的细致准备、精心拟制的陈述提纲);(6)朴实的语言和常识;(7)陈述案情的两方面:有创意,有悬念;(8)合理分布最好的证人和最重要的事实,做到每次开庭开头能打动人,结尾让人难以忘怀;(9)陈述那些不仅能证明你对案子的说法还能吸引法庭注意的有力证据;(10)陈述有创意的辅助证据,帮助法庭更好地理解案子中的问题;(11)开宗明义,不要含含糊糊、拐弯抹角;(12)不要背诵法庭演说词,而是准备一份提纲,反复预演(最好的即兴演说是有准备的演说);(13)永远给法庭这样一个印象:你是在帮助做决定的人寻找案子公正合法的判决结果,而不是威胁上诉,推翻这个决定;(14)举止彬彬有礼,行动果断有力。导致失败的要素为:(1)总是在程序问题上对法官指手画脚;(2)不是驳斥对方的论据和观点,而是进行人身攻击;(3)无端地、一再地与对方律师、证人或者法官发生冲突;(4)没有任何法律依据就提出抗议;(5)盛气凌人,不可一世;(6)老想操纵别人;(7)满口"法言法语";(8)动辄暗示要上诉。[②]

(一)律师庭审发言应坚持的原则

一位优秀的辩护律师在庭审过程中发问、陈述辩护意见时应有的放矢,其直接目的是"还原事实,核对证据,突出情节,层层递进,说服法庭",根本目的在于履行辩护职责即根据事实和法律,提出犯罪嫌疑人、被告人无罪、罪轻或者减轻、免除其刑事责任的材料和意见,维护犯罪嫌疑人、被告人的诉讼权利和其他合法权益。为实现发问、陈述目的,律师在法庭发言时应始终坚持以下原则:

1.合法性原则。合法性原则是辩护律师在法庭发言时应始终坚持的最根本原则。《律师执业行为规范(试行)》(2018年修订)第七十二条明确规定:"律师在法庭或仲裁庭发言时应当举止庄重、大方,用词文明、得体。"《律师职业道德和执业纪律规范》(2001年

---

① 季刚:《试论公诉人在庭审中对被告人的讯问》,《政治与法律》2001年第2期,第68页。
② 廖美珍:《法庭语言技巧》(第二版),法律出版社2005年版,第172页。

修订)第十九条也明确规定:"律师出庭时按规定着装,举止文明礼貌,不得使用侮辱、谩骂或诽谤性语言。"《中华人民共和国律师法》(2017年修订)、《律师和律师事务所违法行为处罚办法》明确规定辩护律师不得在法庭上发表或者指使、诱导委托人发表扰乱诉讼、仲裁活动正常进行的言论;不得在承办代理、辩护业务期间,发表、散布危害国家安全,恶意诽谤法官、检察官、仲裁员及对方当事人、第三人,严重扰乱法庭秩序的言论。律师如在法庭违背上述规定,依据《中华人民共和国律师法》第四十九条规定,设区的市级或者直辖市的区人民政府司法行政部门对违规律师给予停止执业六个月以上一年以下的处罚,可以处五万元以下的罚款;有违法所得的,没收违法所得;情节严重的,由省、自治区、直辖市人民政府司法行政部门吊销其律师执业证书。另外,依据《中华人民共和国刑法》第三百零九条第三款规定,律师如在庭审过程中侮辱、诽谤、威胁司法工作人员或者诉讼参与人,不听法庭制止,严重扰乱法庭秩序的,人民法院将会以扰乱法庭秩序罪处三年以下有期徒刑、拘役、管制或者罚金。

2.关联性原则。我国刑事诉讼的基本原则是"以事实为依据,以法律为准绳"。因此辩护律师庭审发言必须围绕事实和法律。事实是案件处理的根据,也是刑事辩护的根据。事实既有真相和假象之分,又有控方认定的事实和辩方主张的事实、客观事实和法律事实的区别。但事实真相只有一个,案件审理中常会出现"一个事实,各自表述"的现象。作为律师庭审语言内容的事实,应是有证据支持的事实、应是法律事实。该事实是律师庭审语言前述内容——证据的提炼和总结,也是律师庭审语言后叙内容——法律适用的前提。在刑事案件中,律师关于证据真实与否、案件的事实,罪名成立与否、量刑的轻重、处罚的幅度、刑种适用的意见,必须以法律为准绳。控、辩、审三方的行为都应在法律规定的范围内实施,任何一方都无超越法律的特权,法律是三方最可能达成共识的平台,也是律师行使辩护权、维护被告人合法权益的必备"器械"。除事实、法律以外的其他发言,会冲淡律师表达的焦点、重点,会影响被告人、诉讼参与人、控方、法庭的信息收集和反馈,尤其不利于法庭理解辩护思路和要点,直接影响辩护意见的采纳。①

3.及时性原则。所谓及时性原则,即指律师在庭审过程中应根据庭审情况及时进行发问、发表意见,从而更好维护委托人合法权益。在现实庭审实践中,经常会意外出现不利于或有利于委托人的相关信息,如公诉人讯问被告人过程中被告人供述出辩护律师庭审前未掌握、不利于辩护的案件事实;或公诉人发问证人过程中证人陈述出辩护律师庭审前未掌握、有利于辩护的事实。刑事庭审节奏快,程序要求严格且具有不可回复之特点。这要求出庭律师反应灵敏、能及时察觉新信息的价值,并充分把握时机,通过及时补充发问或陈述意见来强化、固定有利于委托人的信息或事实;或及时纠正不利于委托人的错误信息或事实,以避免法官形成预判。另外,对于庭审过程中出现的委托人合法诉讼权益被损害情形,如公诉人对被告人进行诱导性讯问或以威胁方式讯问被告人,出庭律师应及时提出异议并请求法庭予以制止,从而及时维护委托人合法权益。

---

① 代倩、柳波:《律师庭审语言的运用——以刑事案件辩护为视角》,《中国律师》2015年第8期,第61页。

(二)律师庭审发言技巧

1.法庭调查阶段勇于质疑、善于质疑。刑事法庭调查的目的在于核实证据并通过所核实的证据材料来认定案件事实的全部或部分。基于庭审过程中控辩双方平等诉讼地位,帮助被告人行使辩护权的辩护律师应不惧公诉人压迫,对公诉人提出的控诉证据及控诉主张应勇于发表异议,从而帮助庭审法庭全面审核证据材料,准确认定全部或部分案件事实,从而更好地维护委托人的合法权益。辩护律师在发表质疑意见时,不宜对公诉人根据证据材料提出的事实认定建议通过偷换概念、诡辩等辩论方式来混淆视听,应根据社会经验、人情常理及现有证据、认定规则等因素提出合理性建议,从而促使法官认可、采纳自己提出的质证意见。对庭审过程中不利于被告人的证人证言、被害人陈述,可通过以下方式提出质疑:(1)针对证人前后不一的证词质疑证人在庭审过程中所出具的不利于被告人证词的真实性;(2)通过先前所出具的其他证据材料如物证、证人语言等来质疑被害人陈述的真实性;(3)利用证人的品德缺陷来质疑。辩护律师可通过当庭询问的方式揭露证人具有说谎的品行,从而动摇证人证言的真实可靠性。另外,在法庭已组织庭前非法证据排除活动的情形下,辩护律师通常不宜在庭审过程中再针对控诉证据的合法性提出质疑。

2.以理服人,以情动人。在我国部分地区的刑事庭审实践中,有些公诉人会以势压人,甚至会通过言词对辩护律师进行人身攻击。辩护律师可在庭审结束后向有关部门或机构投诉公诉人的不文明行为,在庭审过程中不宜言词回击。诉争事实的认定及案件处理的决定权属于法官。律师出庭发言的直接目的在于说服法官。因此,律师对与本案无关问题不宜与公诉人纠缠,应充分利用发言机会,结合证据、事实及自己所掌握的相关法学理论,讲证据、摆道理,做到以理服人。律师在陈述观点时应注意语言艺术性,应尽可能让听众(包括法官、公诉人及旁听群众)听得清、听得懂,通过不断变换语速、语调来使言论丰富多彩,使陈述更具有感染力。另外,辩护律师在庭审过程中还应学会以情动人:(1)获得法官同情。辩护律师可通过法庭陈述来说服法官在某些案件如被害人自身存在严重过错的案件中,能站在被告人角度设身处地综合考虑案发情形来评判被告人的犯罪行为,引发法官共鸣,促使法官充分运用自由裁量权来做出有利于被告人的处理结果;(2)安抚被害人及其家属。在一些被害人死亡、心理或身体遭受严重伤害的案件中,被告人的犯罪行为极易引发部分旁听群众及法官的"严打"情绪。辩护律师如能在庭审过程中做到以情感人,可一定程度地化解部分旁听群众的心中戾气,有利于被害人方谅解被告人,也可体现辩护律师的人文情怀。辩护律师对被害方宽慰、安抚的常见措辞为"我受被告人××的委托(或人民法院的指定)担任本案××审辩护人。我对于×年×月×日发生的不幸事件深表遗憾。在这里,请允许我代表被告人及其家属,对被害人表示深切的歉意和真挚的慰问,祝福被害人×××;祝愿被害人家属能早日××××"。

第四章

刑事第一审程序模拟庭审

第一节　刑事第一审普通程序模拟庭审

刑事案件经人民检察院向人民法院提起公诉或者自诉案件中的自诉人向人民法院起诉后,案件便进入审判阶段。我国人民法院对刑事案件的审理采取两审终审制。依法具有管辖权的各级人民法院对第一审刑事案件进行审判首先应按照第一审程序依法进行。第一审程序是指人民法院对人民检察院提起的公诉案件、自诉人提起的自诉案件进行初次审理所必须遵循的步骤、方式和方法。第一审程序也是人民法院对依法属于本院管辖的刑事案件代表国家行使审判权进行审判所必须遵循的活动程序。人民法院采用第一审程序审理的案件包括人民法院初次审理的案件、上级法院发回重审的案件和经第一审程序审结的再审案件。第一审程序包括公诉案件第一审普通程序、简易程序。第一审普通程序是人民法院处理刑事纠纷的基础程序,也是常用程序之一。

一、庭审前审查

根据《中华人民共和国刑事诉讼法》第一百八十六条规定,人民法院应对提起公诉的案件进行庭审前审查。对公诉案件的庭审前审查是指人民法院对人民检察院向本院提起的公诉案件是否具有法律规定的开庭审判的条件进行庭前审查,从而决定是否开庭审判的活动,性质是人民法院所进行的一种诉讼活动。人民法院对公诉案件的审查是一种程序性审查,即对公诉案件是否具有开庭审判的程序性要件进行审查,并非对案件进行实体审理。它有自己特定的任务,主要是查明起诉书中是否具有明确的指控犯罪事实。

对公诉案件的审查,是第一审程序中的一个必经的程序。人民法院对公诉案件的程序性审查可以保证开庭时有案需审、有据可查,从而防止把没有指控犯罪事实或完全无相关证据及其他不必要的案件混入审判法庭,避免不必要的浪费。同时也可杜绝开庭前法官接触案件实质的途径,从而避免法官先入为主,使审判流于形式,以维护法庭的严肃性,保护公民的合法权益。

(一)审查内容

根据刑事诉讼法有关规定和以往的审判实践,人民法院对公诉案件的审查可以由院长或庭长指定一名或数名审判人员采取书面阅卷方式进行审查。审查内容可以包括以下方面:

1.是否属于本院管辖。

2.起诉书是否写明被告人的身份,是否受过或者正在接受刑事处罚,被采取强制措施的种类、羁押地点,犯罪的时间、地点、手段、后果以及其他可能影响定罪量刑的情节。

3.是否移送证明指控犯罪事实的证据材料,包括采取技术侦查措施的批准决定和所收集的证据材料。

4.是否查封、扣押、冻结被告人的违法所得或者其他涉案财物,并附证明相关财物依法应当追缴的证据材料。

5.是否列明被害人的姓名、住址、联系方式;是否附有证人、鉴定人名单;是否申请法庭通知证人、鉴定人、有专门知识的人出庭,并列明有关人员的姓名、性别、年龄、职业、住址、联系方式;是否附有需要保护的证人、鉴定人、被害人名单。

6.当事人已委托辩护人、诉讼代理人,或者已接受法律援助的,是否列明辩护人、诉讼代理人的姓名、住址、联系方式。

7.是否提起附带民事诉讼;提起附带民事诉讼的,是否列明附带民事诉讼当事人的姓名、住址、联系方式,是否附有相关证据材料。

8.侦查、审查起诉程序的各种法律手续和诉讼文书是否齐全。

9.有无刑事诉讼法第十六条第二项至第六项规定的不追究刑事责任的情形。

(二)审查后的处理

人民法院应自受理之日起七日内根据不同情况作出如下处理:

1.属于告诉才处理的案件,应当退回人民检察院,并告知被害人有权提起自诉;

2.不属于本院管辖或者被告人不在案的,应当退回人民检察院;

3.不符合上述第二项至第八项规定之一,需要补充材料的,应当通知人民检察院在三日内补送;

4.依照《中华人民共和国刑事诉讼法》第二百条第三项规定宣告被告人无罪后,人民检察院根据新的事实、证据重新起诉的,应当依法受理;

5.依照《刑事诉讼解释》第二百九十六条规定裁定准许撤诉的案件,没有新的事实、证据,重新起诉的,应当退回人民检察院;

6.符合《中华人民共和国刑事诉讼法》第十六条第二项至第六项规定情形的,应当裁定终止审理或者退回人民检察院;

7.被告人真实身份不明,但符合《中华人民共和国刑事诉讼法》第一百六十条第二款规定的,应当依法受理。

二、开庭前准备

人民法院代表国家行使审判权依法对案件进行正确处理。这是一项关系到国家利益和公民合法权益的极其严肃、复杂的活动。人民法院为了更好地完成审判任务,保证法庭审判的顺利进行,须就开庭审判的各事项进行充分准备。这主要包括以下几点:

(一)确定合议庭的组成人员

人民法院决定开庭审判后,应由庭长或院长依法确定案件是独任审判还是合议审判。对于依法合议审判的案件则由院长或庭长指定一名审判员担任审判长。若院长或庭长参加案件审判,则由院长或庭长担任审判长。合议庭可由审判员或审判员和人民陪审员组成。对于依法应独任审判的案件,由院长或庭长指定一名审判员独任审判案件。

合议庭组成后,合议庭成员应共同商量、拟好庭审提纲,以保证庭审工作顺利进行。庭审计划主要包括:

1.合议庭成员在庭审中的分工;

2.起诉书指控的犯罪事实的重点和认定案件性质的要点;

3.讯问被告人时需了解的案情要点;

4.出庭的证人、鉴定人、有专门知识的人、侦查人员的名单;

5.控辩双方申请当庭出示的证据的目录;

6.庭审中可能出现的问题及应对措施。

为了便利合议庭或独任庭组成后迅速开展工作,办理有关审判过程中的事务性工作,应同时确定书记员、司法警察和其他人员。

(二)送达起诉书副本

根据刑事诉讼法规定,人民法院应将人民检察院的起诉书副本至迟到开庭十日以前送达被告人。对于被告人未委托辩护人的,告知被告人可以委托辩护人,或者在必要的时候指定承担法律援助义务的律师为其提供辩护。

人民法院送达起诉书副本时间由原定开庭七日前增至开庭十日前,便于被告人尽早知道被指控的罪行,有充分的时间准备辩护,切实保障被告人的辩护权。若案情复杂,被告人或辩护人难以在开庭前完成各项准备工作,可向人民法院提出适当迟延开庭申请。人民法院在不影响法定结案期限的前提下可予以考虑。

人民法院送达起诉书副本时,须严格按照法定的时间和程序送达,并且认真了解记录被告人对起诉书的意见和其他请求。对于未委托辩护人的被告人,人民法院应当依法履行告知义务。人民法院可以应被告人的要求为其指定或在人民法院认为必要时为被告人指定承担法律援助义务的律师作为辩护律师。

(三)通知当事人、法定代理人、辩护人、诉讼代理人在开庭五日前提供证人、鉴定人名单,以及拟当庭出示的证据

申请证人、鉴定人、有专门知识的人出庭的,应当列明有关人员的姓名、性别、年龄、职业、住址、联系方式。

(四)将开庭的时间、地点在开庭三日以前通知人民检察院

根据刑事诉讼法的规定,凡是由人民检察院提起公诉的案件,人民法院都应将开庭时间、地点在开庭三日以前通知提起公诉的人民检察院。人民检察院应派员出席法庭,支持公诉并对审判活动是否合法进行监督。出席法庭的检察人员发现审判活动违反法律规定的诉讼程序,有权向人民法院提出纠正意见。

(五)传唤、通知有关人员到庭

根据刑事诉讼法规定,开庭三日前将传唤当事人的传票和通知辩护人、诉讼代理人、法定代理人、证人、鉴定人等出庭的通知书送达;通知有关人员出庭,也可以采取电话、短信、传真、电子邮件等能够确认对方收悉的方式。

(六)公开审理的案件,在开庭三日以前先期公布案由、被告人姓名、开庭时间和地点

人民法院审判第一审案件应当公开进行。法律有明文规定可以不公开审理的案件除外。人民法院对于不公开审理的案件应当当庭宣布不公开审理的理由。对于决定公开审理的案件,应当将案由、被告人姓名、开庭时间和地点在开庭三日以前贴出公告,并保留到开庭审判时,以便公民旁听,新闻记者进行采访报道。

外国人要求旁听或者外国记者要求采访的,经人民法院许可,凭人民法院发出的旁听证、采访证到庭旁听、采访。

案件被依法决定进行独任审判的,由独任审判员做好上述各项准备工作。

开庭前的上述各项准备活动,都须由书记员制作笔录,由审判人员和书记员签名,附卷存查。

三、模拟庭审

法庭审判是审判人员通过开庭的方式,在公诉人、当事人和其他诉讼参与人的参加下,调查核实质证各种证据,查明案件事实,并依法对被告人作出是否有罪,应否处以刑罚和处以何种刑罚的裁判的诉讼活动。法庭审判在审判长或者独任审判员主持下进行。人民法院对人民检察院提起公诉的案件经审查决定开庭审判,在完成庭前周密的准备工作的基础上,由庭审人员对案件依法开庭审判。审判长或独任审判员在整个法庭审判过程中起着主导作用,组织和指挥整个法庭审判活动,有权决定是否许可控辩双方的讯问、询问和发问,有权组织合议庭成员对可疑证据通过休庭方式进行调查核实,有权制止与本案无关发言,有权决定是否同意一切向法庭提出的申请,可以指挥司法警察和其他值庭人员维护法庭秩序。法庭其他人员则应协助、听从审判长的指挥,遵守法庭秩序,以促进法庭审判的顺利进行。

根据刑事诉讼法规定,合议庭对刑事案件的法庭审判可由开庭、法庭调查、法庭辩论、被告人最后陈述、评议和宣判五阶段构成。

(一)开庭

宣布开庭标志着法庭审判的开端。在庭审人员对案件进行实体审理之前,由书记员

和审判长做好下列工作,为对案件进行实体审理做好准备。

1.书记员清点须到庭人员是否已到指定地点等候出庭。如有必须出庭的公诉人或者其他诉讼参与人因故未能出庭或当事人申请延期审理的,应立即报告审判长由其决定是否延期审理;对于公开审理的案件,书记员应向旁听公民宣读法庭规则后请审判长、审判员或人民陪审员入庭,并向审判长当庭报告开庭准备工作已经就绪。具体说来,开庭审理前,书记员应当依次进行下列工作:(1)受审判长委托,查明公诉人、当事人、证人及其他诉讼参与人是否到庭;(2)宣读法庭规则;(3)请公诉人及相关诉讼参与人入庭;(4)请审判长、审判员(人民陪审员)入庭;(5)审判人员就座后,向审判长报告开庭前的准备工作已经就绪。

2.审判长宣布开庭,传被告人到庭后,应当查明被告人的下列情况:(1)姓名、出生日期、民族、出生地、文化程度、职业、住址,或者被告单位的名称、住所地、诉讼代表人的姓名、职务;(2)是否受过法律处分及处分的种类、时间;(3)是否被采取强制措施及强制措施的种类、时间;(4)收到起诉书副本的日期;有附带民事诉讼的,附带民事诉讼被告人收到附带民事起诉状的日期。

3.审判长宣布案由及案件来源,附带民事诉讼的原被告姓名以及是否公开审理。依法不公开审理的,当庭宣布不公开审理的理由。

4.审判长宣布合议庭组成人员、书记员、公诉人、辩护人、诉讼代理人、鉴定人和翻译人员的名单。

5.审判长应当告知当事人及其法定代理人、辩护人、诉讼代理人在法庭审理过程中依法享有下列诉讼权利:(1)可以申请合议庭组成人员、书记员、公诉人、鉴定人和翻译人员回避;(2)可以提出证据,申请通知新的证人到庭、调取新的证据,申请重新鉴定或者勘验、检查;(3)被告人可以自行辩护;(4)被告人可以在法庭辩论终结后作最后陈述。

6.审判长应询问当事人及其法定代理人、辩护人、诉讼代理人是否申请回避,申请何人回避和申请回避的理由。当事人及其法定代理人、辩护人、诉讼代理人申请回避的,依照刑事诉讼法及本解释的有关规定处理。同意或者驳回回避申请的决定及复议决定,由审判长宣布,并说明理由。必要时,也可以由院长到庭宣布。

对于共同犯罪案件,应将各被告人一并传唤到庭,一起宣布告知上述各项内容,以节省庭审时间。

(二)法庭调查

审判长完成开庭诸事项工作后,即由审判长宣布法庭调查开始后,应当先由公诉人宣读起诉书;有附带民事诉讼的,再由附带民事诉讼原告人或者其法定代理人、诉讼代理人宣读附带民事起诉状。宣读人应严肃认真,不得出现错漏。只有在法庭上以言词方式宣读的起诉内容和范围才是法庭审判的依据。

共同犯罪案件各被告人在宣读起诉状时均应到庭。

公诉人宣读起诉书后,审判进入质证和辩论环节。

1.被告人陈述。公诉人宣读起诉书后,审判长应当询问被告人对起诉书指控的犯罪事实是否有异议,听取被告人的供述和辩解。对于被告人当庭认罪的案件,应当核实被告人认罪的自愿性和真实性,听取其供述和辩解。确认被告人知悉认罪的法律后果后,可以重点围绕量刑事实和其他有争议的问题进行调查。被告人应在法庭上如实陈述案情经过,实施犯罪行为的动机、目的、手段和情节等。被告人也可针对指控进行辩护。庭审人员应耐心听取和认真研究,以便掌握被告人对起诉书所持基本态度并及时采取相应措施,为以后讯问被告人做准备。

由于被告人身份的特殊性,其与案件处理结果具有切身的利害关系,故其陈述在真实程度上存在极为复杂的情况。司法人员应充分注意被告人陈述与起诉内容相矛盾之处,为以后进行重点讯问做准备。被告人在陈述时,如果检举本案被告人以外的他人在本案中犯罪,并存在一定的事实根据,可由检察人员提出建议,法庭决定延期审理,本案退回人民检察院补充侦查。若被告人在陈述时检举他人在他案中的犯罪,可由司法机关作为一种立案线索,本案继续审理。对于与本案无关内容的陈述,审判长有权予以制止。

共同犯罪案件,宣读起诉书或附带民事诉讼状后,由被告人分别陈述。某被告人陈述时,其他被告人均应退庭,以免相互影响,不利于法庭审查。

2.对被告人讯问、发问。被告人陈述后,在审判长主持下,公诉人可以就起诉书指控的犯罪事实讯问被告人,为防止庭审过分迟延,就证据问题向被告人的讯问可在举证、质证环节进行。经审判长准许,被害人及其法定代理人、诉讼代理人可以就公诉人讯问的犯罪事实补充发问;附带民事诉讼原告人及其法定代理人、诉讼代理人可以就附带民事部分的事实向被告人发问;被告人的法定代理人、辩护人,附带民事诉讼被告人及其法定代理人、诉讼代理人可以在控诉一方就某一问题讯问完毕后向被告人发问。有多名被告人的案件,辩护人对被告人的发问,应当在审判长主持下,先由被告人本人的辩护人进行,再由其他被告人的辩护人进行。有多名被告人的案件,对被告人的讯问应当分别进行。被告人供述之间存在实质性差异的,法庭可以传唤有关被告人到庭对质。审判长可以分别讯问被告人,就供述的实质性差异进行调查核实。经审判长准许,控辩双方可以向被告人讯问、发问。审判长认为有必要的,可以准许被告人之间相互发问。根据案件审理需要,审判长可以安排被告人与证人、被害人进行对质。

公诉人可根据起诉书指控的范围,围绕起诉的犯罪事实和其他相关情节对被告人进行讯问。讯问内容主要包括:犯罪的时间、地点、动机、目的、手段和过程;参与犯罪的人员及犯罪造成的后果和犯罪后各犯罪人的表现;若存在赃款、赃物的案件须问明赃款、赃物的去向;若属于集团或共同犯罪案件,问清同案各被告人在共同犯罪中的地位和作用。对于其他关系到罪与非罪、社会危害程度和影响定罪处刑的情节,也须问明。公诉人讯问被告人,可进一步揭露犯罪、支持公诉,同时也可使审判人员能客观公正地了解案情,从而拉开控、辩对抗的序幕。

审判人员可以讯问被告人。根据刑事诉讼法规定,审判人员认为公诉人、被害人、附带民事诉讼原告人和辩护人的讯问与发问未完全展露案情,有必要再行讯问,或审判人员认为有些问题仍不明确时,可以讯问被告人。人民法院在审判案件时应始终保持居中裁判,其讯问既可能有利于揭露犯罪,也可能属于辩护的范围。其讯问目的在于弄清法庭审理过程中出现的若干问题,如案件事实不清或者遗漏,对于影响定罪量刑的案件事实情节仍存在争议等,以便能进一步了解案情,为以后正确裁判打下基础。

审判人员和公诉人对被告人的讯问,须根据不同案情采取不同的策略、方法,但都必须文明讯问,以维护法庭尊严。审判人员应充分尊重并保护被告人的辩护权,不能压制被告人的辩解。对于审判人员、公诉人的讯问,被告人应如实陈述,不具有沉默权。但与本案无关的讯问,被告人可拒绝回答。被告人当庭供述与庭前供述的实质性内容一致的,可以不再出示庭前供述;当庭供述与庭前供述存在实质性差异的,可以出示、宣读庭前供述中存在实质性差异的内容。

根据刑事诉讼法的规定,被害人、附带民事诉讼的原告人和辩护人、诉讼代理人,经审判长许可可以向被告人发问。被害人、附带民事诉讼原告人对被告人的发问可进一步揭露犯罪行为并表明被告人的行为给自己带来物质或名誉上的损失,进一步澄清案件事实真相。辩护人对被告人的发问,可向法庭揭示有利于被告人的案件事实以维护被告人的合法权益。被害人、附带民事诉讼的原告人未出庭时,可由其诉讼代理人对被告人进行发问。审判长有权制止与本案无关的发问。被告人对与本案有关的发问无沉默权,但可根据事实和法律进行辩解,以维护自己的合法权益。

经审判长许可,对被告人的讯问、发问,对证人、鉴定人的发问,可以结合出示、核实证据进行,以使供证相互印证,提高庭审效率。案件的所有证据必须经法庭质证、核实后,才能作为定案依据。在对证据的质证核实过程中,控辩双方可以针对法庭上出示的各种证据的证明力在审判长许可下发表意见并且可相互辩论。审判长应善于引导辩论集中在对证据的核实方面,对离题的发言应及时加以制止。

3.被害人陈述。对被告人讯问、发问完毕后,其他证据出示前,在审判长主持下,参加庭审的被害人可以就起诉书指控的犯罪事实作出陈述。经审判长准许,控辩双方可以在被害人陈述后向被害人发问。申请参加庭审的被害人众多,且案件不属于附带民事诉讼范围的,被害人可以推选若干代表人参加或者旁听庭审,人民法院也可以指定若干代表人。由于被害人是被告人犯罪行为的直接受害者,被害人为维护自己的合法权益在法庭上一般都能积极主动地就其所知所感对犯罪行为作出陈述。被害人为法人或其他组织的,由其法定代表人或单位负责人就受害情况进行陈述。被害人本人或法定代表人、单位负责人未出庭的,可由被害人的诉讼代理人进行陈述。对于强奸案的被害人是否出庭,应充分尊重其意愿。若被害人不愿出庭,可由审判人员当庭宣读被害人陈述笔录。宣读时,一般情况下不公开被害人姓名,以维护被害人名誉。被害人不止一名的,被害人应分别进行陈述,其他被害人退庭,以免相互影响。

被害人在法庭上应如实陈述被告人的行为。但有时被害人强烈要求司法机关追究被告人的刑事责任,很容易夸大事实情节。也有个别被害人动机不纯或受人指使,捏造事实,作虚伪陈述。因此审判人员应慎重对待被害人陈述内容,不可偏听偏信。对于与本案无关的陈述,审判长有权制止。

4.核实证人证言、鉴定意见。对被告人讯问或发问、对被害人发问结束后,控辩双方可根据被告人陈述内容申请法庭进行相关证据调查核实。在刑事诉讼证据体系中,证人证言是一种常见的证据。根据刑事诉讼法的规定,凡是知道案件情况的人,都有作证义务。能出庭作证的证人须及时出庭提供证言。但根据《刑事诉讼解释》第二百五十三条规定,证人具有下列情形之一,无法出庭作证的,人民法院可以准许其不出庭:(1)在庭审期间身患严重疾病或者行动极为不便的;(2)居所远离开庭地点且交通极为不便的;(3)身处国外短期无法回国的;(4)有其他客观原因,确实无法出庭的。具有前款规定情形的,可以通过视频等方式作证,也可以向法庭请求出示经证人核实的书面证言。对于未出庭证人的证言应当庭宣读,但关于国家机密和个人隐私的除外。公诉人、当事人和辩护人、诉讼代理人可对证言提出异议,进行核实。公诉人、当事人或者辩护人、诉讼代理人对证人证言有异议,且该证人证言对定罪量刑有重大影响,或者对鉴定意见有异议,申请法庭通知证人、鉴定人出庭作证,人民法院认为有必要的,应当通知证人、鉴定人出庭;无法通知或者证人、鉴定人拒绝出庭的,应当及时告知申请人。控辩双方对侦破经过、证据来源、证据真实性或者证据收集合法性等有异议,申请侦查人员或者有关人员出庭,人民法院经审查认为有必要的,应当通知侦查人员或者有关人员出庭。应当出庭作证的证人、鉴定人、侦查人员,在庭审期间因身患严重疾病等客观原因确实无法出庭的,可以通过视频等方式作证。经人民法院通知,证人、鉴定人、侦查人员没有正当理由拒绝出庭或者出庭后拒绝作证,法庭对其证言的真实性无法确认的,该证据不得作为定案的根据。控辩双方对证人证言、被害人陈述、鉴定意见无异议,有关人员不需要出庭的,或者有关人员因客观原因无法出庭且无法通过视频等方式作证的,可以出示、宣读庭前收集的书面证据材料或者作证过程录音录像。

审判危害国家安全犯罪、恐怖活动犯罪、黑社会性质的组织犯罪、毒品犯罪等案件,证人、鉴定人、被害人因出庭作证,本人或者其近亲属的人身安全面临危险的,证人、鉴定人、被害人提出保护请求的,人民法院应当立即审查;认为确有保护必要的,应当及时决定采取相应保护措施。对证人、鉴定人、被害人的诉讼保护措施主要有采取不公开其真实姓名、住址和工作单位等个人信息,或者不暴露其外貌、真实声音等。决定对出庭作证的证人、鉴定人、被害人采取不公开个人信息的保护措施的,审判人员应当在开庭前核实其身份,对证人、鉴定人如实作证的保证书不得公开,在判决书、裁定书等法律文书中可以使用化名等代替其个人信息。对于其他不需要进行诉讼保护的证人、鉴定人,证人、鉴定人到庭后,审判人员应当核实其身份、与当事人以及本案的关系,并告知其有关作证的权利义务和法律责任,并要求证人、鉴定人在保证书上签名并保证向法庭如实提供证言、说明鉴定意见,然后由其就所知案情自由陈述。然后先由举证方发问;发问完毕后,对方也可以发问。根据案件审理需要,也可以先由申请方发问。控辩双方向证人发问完毕后,可以发表本方对证人证言的质证意见。控辩双方如有新的问题,经审判长准许,可以再行向证人发问。审判人员认为必要时,可以询问证人。法庭依职权通知证人出庭的情形,审判人员应当主导对证人的询问。经审判长准许,被告人可以向证人发问。向证人发问应当遵循以下规则:(1)发问的内容应当与本案事实有关;(2)不得以诱导方式发问;(3)不得威胁或误导证人;(4)不得损害证人的人格尊严;(5)不得泄露证人个人隐私。控辩双方的讯问、发问方式不当或者内容与本案无关的,对方可以提出异议,申请审判长制止,审判长应当判明情况予以支持或者驳回;对方未提出异议的,审判长也可以根据情况予以制止。证人陈述如偏离作证内容时,审判人员应及时加以提醒。向证人、鉴定人、有专门知识的人发问应当分别进行。证人、鉴定人、有专门知识的人经控辩双方发问或者审判人员询问后,审判长应当告知其退庭。证人、鉴定人、有专门知识的人不得旁听对本案的审理。证人证言之间存在实质性差异的,法庭可以传唤有关证人到庭对质。审判长可以分别询问证人,就证言的实质性差异进行调查核实。经审判长准许,控辩双方可以向证人发问。审判长认为有必要的,可以准许证人之间相互发问。

证人出庭作证的,其庭前证言一般不再出示、宣读,但下列情形除外:(1)证人出庭作证时遗忘或者遗漏庭前证言的关键内容,需要向证人作出必要提示的;(2)证人的当庭证言与庭前证言存在矛盾,需要证人作出合理解释的。为核实证据来源、证据真实性等问题,或者帮助证人回忆,经审判长准许,控辩双方可以在询问证人时向其出示物证、书证等证据。

法庭核实公诉案件的被害人陈述或陈述笔录,依照有关询问证人核实证人证言的程序进行。

5.核实其他证据材料。所有作为定案依据的证据均在法庭查证属实。法庭讯问、发问结束后,公诉人先行举证。公诉人举证完毕后,被告人及其辩护人举证。公诉人出示证据后,经审判长准许,被告人及其辩护人可以有针对性地出示证据予以反驳。控辩一方举证后,对方可以发表质证意见。必要时,控辩双方可以对争议证据进行多轮质证。被告人及其辩护人认为公诉人出示的有关证据对本方诉讼主张有利的,可以在发表质证意见时予以认可,或者在发表辩护意见时直接援引有关证据。

举证方当庭出示的证据,应事先移送人民法院。控辩双方随案移送或者庭前提交,但没有当庭出示的证据,审判长可以进行必要的提示;对于其中可能影响定罪量刑的关键证据,审判长应当提示控辩双方出示。举证方当庭出示证据后,由对方进行辨认并发表意见。控辩双方可以互相质问、辩论。对于案件中可能影响定罪量刑的事实、证据存在疑问,控辩双方没有提及的,审判长应当引导控辩双方发表质证意见,并依法调查核实。

法庭应当重视对证据收集合法性的审查,对证据收集的合法性有疑问的,应当调查核实证明取证合法性的证据材料。对于被告人及其辩护人申请排除非法证据,依法提供相关线索或者材料,法庭对证据收集的合法性有疑问,决定进行调查的,一般应当先进行当庭调查。对于可能影响定罪量刑的关键证据和控辩双方存在争议的证据,一般应当单独举证、质证,充分听取质证意见。对于控辩双方无异议的非关键性证据,举证方可以仅就证据的名称及其证明的事项作出说明,对方可以发表质证意见。

依据《人民检察院刑事诉讼规则》第一百四十七条规定,在法庭审理过程中,经审判长许可,公诉人可以逐一对正在调查的证据和案件情况发表意见,并同被告人、辩护人进行辩论。证据调查结束时,公诉人应当发表总结性意见。在法庭辩论中,公诉人与被害人、诉讼代理人意见不一致的,公诉人应当认真听取被害人、诉讼代理人的意见,阐明自己的意见和理由。法庭对证据有疑问的,可以告知公诉人、当事人及其法定代理人、辩护人、诉讼代理人补充证据或者作出说明;必要时,可以宣布休庭,对证据进行调查核实。对公诉人、当事人及其法定代理人、辩护人、诉讼代理人补充的和法庭庭外调查核实取得的证据,应当经过当庭质证才能作为定案的根据。但是,经庭外征求意见,控辩双方没有异议的除外。控辩双方申请出示开庭前未移送人民法院的证据,对方提出异议的,审判长应当要求申请人说明理由;理由成立并确有出示必要的,应当准许。对方提出需要对新的证据做辩论准备的,法庭可以宣布休庭,并确定准备辩论时间。

依据《刑事诉讼解释》规定,法庭审理过程中,当事人及其辩护人、诉讼代理人申请通知新的证人到庭,调取新的证据,申请重新鉴定或者勘验。公诉人如发现案件需要补充侦查,可建议延期审理。在模拟庭审组织过程中,为保障模拟庭审活动的顺利进行,拟定模拟庭审双方不在庭审过程中提出上述请求。

6.量刑证据材料的核实。法庭审理过程中,对与量刑有关的事实、证据,应当进行调查。人民法院除应当审查被告人是否具有法定量刑情节外,还应当根据案件情况审查以下影响量刑的情节:(1)案件起因;(2)被害人有无过错及过错程度,是否对矛盾激化负有责任及责任大小;(3)被告人的近亲属是否协助抓获被告人;(4)被告人平时表现,有无悔罪态度;(5)退赃、退赔及赔偿情况;(6)被告人是否取得被害人或者其近亲属谅解;(7)影响量刑的其他情节。审判期间,合议庭发现被告人可能有自首、坦白、立功等法定量刑情节,而人民检察院移送的案卷中没有相关证据材料的,应当通知人民检察院移送。审判期间,被告人提出新的立功线索的,人民法院可以建议人民检察院补充侦查。

审判期间,被告人及其辩护人提出有自首、坦白、立功等法定量刑情节,或者人民法院发现被告人可能有上述法定量刑情节,而人民检察院移送的案卷中没有相关证据材料的,应当通知人民检察院移送。审判期间,被告人及其辩护人提出新的立功情节,并提供相关线索或者材料的,人民法院可以建议人民检察院补充侦查。被告人当庭不认罪或者辩护人作无罪辩护的,法庭对定罪事实进行调查后,可以对与量刑有关的事实、证据进行调查。被告人及其辩护人可以当庭发表质证意见,出示证明被告人罪轻或者无罪的证据。被告人及其辩护人参加量刑事实、证据的调查,不影响无罪辩解或者辩护。

(三)法庭辩论

法庭辩论是在法庭核实的证据基础上,在审判长指挥下,由控辩双方围绕事实是否清楚,被告人的行为是否构成犯罪,犯什么罪及应如何处理等问题进行争论、辩驳的诉讼活动。法庭辩论对于审判人员全面听取控辩双方的意见,客观地认定案件事实,恰当定罪,正确适用法律,作出公正裁判有重要作用。同时也有利于发挥教育群众的作用和群众对审判活动的监督作用。法庭辩论是法庭审判中的一个重要阶段。依据《刑事诉讼解释》第二百八十条、第二百八十一条规定,合议庭认为案件事实已经调查清楚的,应当由审判长宣布法庭调查结束,开始就定罪、量刑的事实、证据和适用法律等问题进行法庭辩论。法庭辩论应当在审判长的主持下,按照下列顺序进行:

1.公诉人发言。公诉人在法庭辩论阶段,可就法庭调查阶段查证核实的证据情况,就被告人定罪、量刑事实、证据及如何适用法律等问题发表公诉意见。人民检察院向人民法院提出量刑建议的,公诉人应当在发表公诉意见时提出。人民检察院可以提出量刑建议并说明理由,量刑建议一般应当具有一定的幅度。当事人及其辩护人、诉讼代理人可以对量刑提出意见并说明理由。

2.被害人及其诉讼代理人发言。被害人及其诉讼代理人可就本案如何认定案件事实、如何适用法律、如何对刑事被告人定罪量刑等刑事部分问题发表意见。关于本案中的刑事附带民事部分,可一并提出赔偿要求,也可在刑事部分辩论结束后提出。

3.被告人自行辩护。法庭审理过程中,被告人可自行辩护也可委托辩护人辩护。自行辩护时,被告人应就法庭调查阶段证据出示、查证情况,就本案证据是否充分、是否可推断出某些案件事实、如何适用法律等问题发表辩护意见。

4.辩护人辩护。法庭辩论阶段,辩护人应综合被告人自行辩护意见、法庭调查阶段证据查实情况,对公诉意见发表辩护意见。辩护人发表的辩护意见应与被告人发表的辩护意见保持一致。被告人可拒绝辩护人继续为他辩护,辩护人应退出法庭。被告人可要求法庭许可另行委托辩护人。法庭根据其辞退现辩护人理由,作出决定。若允许其要求应宣告休庭,延期审理;若不同意其要求,由被告人自行辩护,继续开庭。

5.控辩双方进行辩论。在控辩双方发表公诉、辩护意见后,审判长可宣布由控辩双方进行法庭辩论。通常,审判长不总结双方辩论焦点,对于对被告人认罪的案件,法庭辩论时,可以引导控辩双方主要围绕量刑和其他有争议的问题进行。对被告人不认罪或者辩护人作无罪辩护的案件,法庭辩论时,可以引导控辩双方先辩论定罪问题,后辩论量刑问题。

附带民事部分的辩论应当在刑事部分的辩论结束后进行,先由附带民事诉讼原告人及其诉讼代理人发言,后由附带民事诉讼被告人及其诉讼代理人答辩。

在法庭辩论过程中,控辩双方都须以法律为准绳,围绕案情使用文明语言进行辩论,不能进行人身攻击。法庭辩论过程中,审判长在法庭相互辩论过程中始终处于主导地位,应当充分听取控辩双方的意见,应善于引导辩论集中在案件事实是否清楚、被告人行为是否构成犯罪、犯何罪及如何处理等方面,对控辩双方与案件无关、重复或者指责对方的发言应当提醒、制止。法庭辩论过程中,合议庭发现与定罪、量刑有关的新的事实,有必要调查的,审判长可以宣布暂停辩论,恢复法庭调查,在对新的事实调查后,继续法庭辩论。

案件经质证、辩论后,审判长认为案情已基本清楚,各种证据已核实,公诉人、当事人和辩护人、诉讼代理人对案情没有提出新的事实和证据时,由审判长宣布法庭辩论终结,开始由被告人最后陈述。

（四）被告人最后陈述

被告人最后陈述权是法律赋予被告人的一项重要诉讼权利。被告人在法庭质证、辩论后,可根据经质证核实的案情和证据充分陈述自己的意见,也可向法庭表明自己对所犯罪行的认识态度,以争取宽大处理。被告人可在本案范围内自由陈述。审判人员应充分尊重被告人的最后陈述权,认真听取其陈述意见,不可任意限制发言时间,压制或随意打断其最后陈述,但对与本案无关内容的陈述或陈述内容涉及国家机密、个人隐私以及发表反动言论时,审判长有权制止。若被告人反复陈述其意见,审判长应予提醒。被告人在最后陈述中提出新的事实、证据,合议庭认为可能影响正确裁判的,应当恢复法庭调查;被告人提出新的辩解理由,合议庭认为可能影响正确裁判的,应当恢复法庭辩论。

（五）评议、宣判

被告人最后陈述后,审判长宣布休庭,合议庭退庭进行评议。

合议庭评议案件,应当根据已经查明的事实、证据和有关法律规定,在充分考虑控辩双方意见的基础上,确定被告人是否有罪、构成何罪,有无从重、从轻、减轻或者免除处罚情节,应否处以刑罚、判处何种刑罚,附带民事诉讼如何解决,查封、扣押、冻结的财物及其孳息如何处理等,并依法作出判决、裁定。评议案件由审判长主持,一律秘密进行。评议案件时,合议庭组成人员具有同等的权利,实行民主集中制,按多数人意见决定。但少数人的意见必须记入评议笔录。院长、庭长可参加评议,但不具有表决权。对于疑难、复杂、重大的案件,合议庭认为难以作出决定的,由合议庭提请院长决定提交审判委员会讨论决定。审判委员会的决定,合议庭应当执行。评议的全部活动都必须由书记员制作评议笔录。评议笔录由合议庭组成人员签名后入卷备查。评议笔录除应宣告的评议结果部分外,其他部分一律对外保密。辩护人、当事人和其他诉讼参与人无权查阅。

对第一审公诉案件,人民法院审理后,应当按照下列情形分别作出判决、裁定:

1.起诉指控的事实清楚,证据确实、充分,依据法律认定指控被告人的罪名成立的,应当作出有罪判决。

2.起诉指控的事实清楚,证据确实、充分,指控的罪名与审理认定的罪名不一致的,应当按照审理认定的罪名作出有罪判决。人民法院应当在判决前听取控辩双方的意见,保障被告人、辩护人充分行使辩护权。必要时,可以重新开庭,组织控辩双方围绕被告人的行为构成何罪进行辩论。

3.案件事实清楚,证据确实、充分,依据法律认定被告人无罪的,应当判决宣告被告人无罪。

4.证据不足,不能认定被告人有罪的,应当以证据不足、指控的犯罪不能成立,判决宣告被告人无罪。

5.案件部分事实清楚,证据确实、充分的,应当作出有罪或者无罪的判决;对事实不清、证据不足部分,不予认定。

6.被告人因不满十六周岁,不予刑事处罚的,应当判决宣告被告人不负刑事责任。

7.被告人是精神病人,在不能辨认或者不能控制自己行为时造成危害结果,不予刑事处罚的,应当判决宣告被告人不负刑事责任。

8.犯罪已过追诉时效期限且不是必须追诉,或者经特赦令免除刑罚的,应当裁定终止审理。

9.被告人死亡的,应当裁定终止审理;根据已查明的案件事实和认定的证据,能够确认无罪的,应当判决宣告被告人无罪。

案件作出结论后,应及时宣判,宣判是人民法院向公诉人、当事人和辩护人、诉讼代理人、其他诉讼参与人及群众宣告对案件的处理决定。根据刑事诉讼法的规定,宣判一律公开进行。公诉人、辩护人、诉讼代理人、被害人、自诉人或者附带民事诉讼原告人未到庭的,不影响宣判的进行。宣告判决结果时,法庭内全体人员应当起立。

宣判据其方式不同有当庭宣判和定期宣判。当庭宣判的,案件评议后由审判长宣布继续开庭,口头宣告判决要点,并在五日内将判决书送达当事人和提起公诉的人民检察院。定期宣判的,可组织一定范围的群众参加,以便对群众进行法制宣传教育,震慑犯罪分子,宣告判决后立即将判决书送达当事人和提起公诉的人民检察院。有辩护人和诉讼代理人参加诉讼的,还应发给判决书副本。判决书应由合议庭组成人员和书记员署名。地方各级人民法院和专门人民法院制作的判决书还须注明上诉期限和上诉法院。为便于模拟法庭活动的顺利开展,通常要求模拟法庭予以当庭宣判。

司法实践中,对于宣判后未发生法律效力的判决、裁定,原审人民法院发现确有错误应根据不同情况采取下列方式处理:本案已经上诉或人民检察院已经抗诉,二审法院还未进行裁判的,由原审人民法院提出原判错误的意见转送给二审法院参考;如果本案未被上诉或抗诉或者本案不能上诉、抗诉的,原审人民法院应在判决生效后,按审判监督程序处理。

四、第一审普通程序模拟庭审流程及语言规范

(一)书记员做好开庭前系列准备性工作

书记员先行到庭。旁听人员进入法庭旁听席。书记员查验法庭电脑、音响等电子设备是否正常,并受审判长委托,查明公诉人、当事人、证人及其他诉讼参与人是否到庭。

(二)书记员宣读法庭规则

书记员宣布:"肃静!请公诉人、被害人、附带民事诉讼原告人、辩护人、法定代理人和诉讼代理人入庭。"(待入座后)"现在宣读法庭规则:依据《中华人民共和国人民法院法庭规则》的规定,全体人员在庭审活动中应当服从审判长或独任审判员的指挥,尊重

司法礼仪,遵守法庭纪律,不得实施下列行为:1.鼓掌、喧哗;2.吸烟、进食;3.拨打或接听电话;4.对庭审活动进行录音、录像、拍照或使用移动通信工具等传播庭审活动;5.其他危害法庭安全或妨害法庭秩序的行为;6.检察人员、诉讼参与人发言或提问,应当经审判长或独任审判员许可;7.旁听人员不得进入审判活动区,不得随意站立、走动,不得发言和提问;8.媒体记者经许可进行录音、录像、拍照等传播庭审活动行为,应当在指定的时间及区域进行,不得影响或干扰庭审活动。"

(三)书记员邀请审判人员入庭并报告庭审准备工作情况

书记员宣布:"全体起立。请审判长、审判员(人民陪审员)入庭。"审判人员就座后,书记员宣布:"坐下。"并面向合议庭:"报告审判长,开庭的准备工作已经就绪,可以开庭。"

(四)审判长宣布开庭

审判长(敲击法槌后)宣布开庭:"×××人民法院刑事审判庭现在开庭。传被告人×××到庭(一案多被告的,同时传唤到庭。对被告席不设囚笼,被告人出庭时不能着监管机关的识别服)。"法警带被告人到达被告席后,审判长宣布:"法警解除被告人的戒具(但人身危险性大,可能危害法庭安全的除外)。"

(五)审判长查明被告人身份等相关事项

审判长应当查明被告人下列情况:

1.被告人姓名、出生日期(法定临界年龄的应注意查明是公历还是农历)、身份证号、出生地、民族、籍贯、文化程度、职业、住址或被告人单位的名称、住所地,诉讼代表人的姓名、职务。

2.是否曾经受过法律处分及种类、时间。

3.是否被采取强制措施及种类、时间。

4.收到人民检察院起诉书副本的日期;如果附带民事诉讼的,附带民事诉讼被告人收到民事诉状的日期。

5.未成年的被告人,其法定代理人的姓名、地址、工作单位和与被告人的关系。

6.查明被害人和附带民事诉讼原告人的身份情况。

查明身份等相关事项,也可以由书记员受审判长委托在开庭前查明,开庭后向审判长报告。审判长在庭审时应予说明:"庭前书记员是否核实了你的身份及是否受过法律处分、采取强制措施种类及时间等事项,与你的基本情况是否一致?"

(六)告知被告人庭审组成人员并征询其回避意见

审判长:"根据《中华人民共和国刑事诉讼法》第一百八十八条的规定,本庭今天在此依法公开(不公开)审理×××人民检察院提起公诉的(和附带民事诉讼原告人提起附带民事诉讼的)被告人×××、××(案由)一案。(对不公开审理的案件,审判长当庭宣布不公开审理的理由)本庭由×××(职称或职务)×××(姓名)、×××(职称)×××(姓名)、×××(职称)×××(姓名)依法组成合议庭,××担任审判长,书记员×××担任法庭记录。×××人民检察院×××(职务或职称)×××(姓名)依法出庭支持公诉。×××律师事务所律师×××担任被告人×××的辩护人(辩护人如系亲属则宣布其姓名、职业、单位、与被告人的关系,如系公民则宣布其身份、职业、何单位推荐、相关证明和辩护委托书)出庭为其辩护,由×××(单位)×××(姓名)出庭担任翻译,由×××(单位)×××(职务)×××(姓名)为本案有关问题提出鉴定意见。据《中华人民共和国刑事诉讼法》第一百九十条的规定,本案的当事人及其法定代理人、辩护人、诉讼代理人可以申请合议庭组成人员、书记员、公诉人、鉴定人和翻译人员回避(对文化程度低者,用通俗语言略加解释)。被告人×××,你是否申请回避?"

如被告人申请回避,则应要求被告人陈述申请理由,如被告人不申请回避,则依次向未成年被告人的法定代理人、辩护人、被害人及其法定代理人、诉讼代理人询问是否申请回避及申请理由。对于回避申请,合议庭认为符合《中华人民共和国刑事诉讼法》第二十九条、第三十条规定情形的,应当宣布休庭,并按《中华人民共和国刑事诉讼法》第三十一条的规定处理。即审判人员、检察人员、侦查人员的回避,应当分别由院长、检察长、公安机关负责人决定;书记员、翻译人员及鉴定人的回避由本院院长决定;院长的回避,由本院审判委员会决定;检察长和公安机关负责人的回避,由同级人民检察院检察委员会决定。如果申请人当庭申请复议,应当宣布休庭,经复议后,决定是否同意回避申请及恢复庭审。决定休庭时审判长宣布将被告人带回候审室候审。合议庭认为回避申请不符合《中华人民共和国刑事诉讼法》第二十九条、第三十条规定情形的,当庭驳回,继续审理;并宣布不得申请复议。同意或者驳回回避申请的决定及复议决定,由审判长宣布,并说明理由,必要时也可以由院长到庭宣布。

(七)告知当事人其他诉讼权利

审判长:"本案的当事人及其法定代理人、辩护人、诉讼代理人可以提出证据,申请通知新的证人到庭,调取新的证据,申请重新鉴定或者勘验;被告人可以自行辩护;被告人可以在法庭辩论终结后作最后陈述。"(审判长分别询问当事人、法定代理人是否听清楚上述权利)

(八)审判长宣布开始法庭调查

1.审判长:"现在开始法庭调查,由公诉人宣读起诉书。"公诉人宣读起诉书。(有附带民事诉讼的,审判长宣布由附带民事诉讼原告或其代理人宣读附带民事诉状。)审判长:(如同案有多个被告人,审判长指挥法警:"被告人×××留下,其余被告人退庭候审。")"被告人×××,公诉人宣读的起诉书(及附带民事诉状)的内容,你是否听清?与你收到的起诉书副本是否一致?"

2.审判长组织法庭对被告人进行讯问、发问。审判长:"被告×××,现在你就起诉书指控你的犯罪事实进行陈述。"(告知被告人坐下)被告人陈述后,由审判长依下列顺序询问公诉人、诉讼参与人是否需要对被告人进行讯问(发问):(1)公诉人讯问被告人;(2)经审判长准许,被害人及其法定代理人、诉讼代理人可以就公诉人讯问的犯罪事实补充发问;(3)附带民事诉讼原告人及其法定代理人、诉讼代理人可以就附带民事部分的事实向被告人发问;(4)被告人的法定代理人、辩护人,附带民事诉讼被告人及其法定代理人、诉讼代理人可以在控诉一方就某一问题讯问完毕后向被告人发问。

对于控辩双方的讯问、发问方式不当或者内容与本案无关,重复讯问、发问的,对方可以提出异议,申请审判长制止,审判长应当判明情况予以支持或者驳回;对方未提出异议的,审判长也可根据情况予以制止。控辩双方认为对方讯问或者发问的内容与本案无关或者讯问、发问的方式不当并提出异议的,审判长判明情况后,应当宣布"异议成立(不成立)""反对意见成立(不成立)""对××的申请予以支持,请××方注意发(讯)问方式(内容)"或"对××方的申请不予支持,请××继续发问"等中性词汇予以支持或驳回。

3.在被害人出庭时,组织被害人陈述。被害人陈述后经审判长准许,控辩双方可以向被害人、附带民事诉讼原告人发问。

4.出示、质证诉讼证据。审判长:"现在由公诉人就起诉书指控被告人×××的犯罪事实向法庭提供证据,并就证据的来源、特征、所要证明的问题进行说明。"待公诉人举证并进行相关说明后,审判长应要求法警将出示的证据交被告人、辩护人辨认并要求被告人、辩护人对公诉人出示的某一证据或某组证据发表意见。针对被告人、辩护人的意见,审判长必要时可要求公诉人予以解释、说明,可组织控辩双方就某种证据或某组证据进行质证、辩论。待公诉人举证完毕后:

审判长:"被告人有无证明自己无罪的证据提交?"

被告人:"……"

审判长:"辩护人是否有证据向法庭提交?"

辩护人:"……"

对于被告人、辩护人当庭提交的证据,应要求法警将出示的证据交公诉人辨认并询问意见,必要时可组织控辩双方进行辩论。

5.审判长组织法庭就被告人量刑事实进行法庭调查。对被告人不认罪或者辩护人作无罪辩护的案件,法庭调查应当在查明定罪事实的基础上,查明有关量刑事实。这主要包括:(1)案件起因;(2)被害人有无过错及过错程度,是否对矛盾激化负有责任及责任大小;(3)被告人的近亲属是否协助抓获被告人;(4)被告人平时表现,有无悔罪态度;(5)退赃、退赔及赔偿情况;(6)被告人是否取得被害人或者其近亲属谅解;(7)影响量刑的其他情节。

审判长:"现在进行量刑事实及情节的调查和举证。下面由公诉人向法庭提交证据。"公诉人应向法庭提交控诉证据材料和辩护证据材料。审判期间,合议庭发现被告人可能有自首、坦白、立功等法定量刑情节,人民检察院移送的案卷中没有相关证据材料的,应通知人民检察院移送。被告人提出新的立功线索的,人民法院可以建议人民检察院补充侦查。待公诉人举证后,审判长可询问被告人、辩护人是否向法庭提交证据材料。对于公诉人、被告人及其辩护人提交的证据,审判长要求法警交对方辨认并发表意见,必要时组织控辩双方辩论。

6.审判长组织法庭对附带民事诉讼案件事实进行法庭调查。刑事诉讼部分调查结束后进行附带民事诉讼部分的调查。调查由审判长或者审判长指定的审判员主持。审判长宣布:刑事部分法庭调查结束,现在进行附带民事诉讼部分的法庭调查。附带民事诉讼部分的调查,先由附带民事诉讼原告及诉讼代理人发言,后由被告人及其法定代理人、诉讼代理人答辩。双方举证、质证和法庭认证的程序同上。

7.审判长询问控辩双方是否申请通知新的证人到庭、调取新的证据、申请重新鉴定或者勘验。在控辩双方举证、质证和法庭认证后,审判长询问双方是否申请通知新的证人到庭、调取新的证据、申请重新鉴定或者勘验。如果申请,申请人应当提供证人的基本身份情况、证据的存放地点,说明拟证明的案件事实、要求重新鉴定或者勘验的理由,合议庭认为有必要的,应当同意,并宣布延期审理;不同意的,应当说明理由并继续开庭审理。法院同意重新鉴定申请的,应及时委托鉴定,并将鉴定意见告知检察院、当事人及其辩护人、诉讼代理人。

(九)审判长宣布开始法庭辩论

1.审判长:"法庭调查结束,下面进行法庭辩论。首先由公诉人发表公诉意见。"公诉人就犯罪事实、证据及法律适用发表公诉意见的同时,应提出具有一定幅度的量刑建议并说明理由。

2.审判长:"被告人可就事实及量刑作自行辩护。"被告人及其法定代理人可就事实、证据及量刑问题进行自我辩护。

3.审判长:"下面由辩护人发表辩护意见。"辩护人应根据庭审调查情况、被告人当庭发表的辩护意见,就事实、证据及量刑问题发表辩护意见。

4.审判长:"公诉人发表公诉意见。"审判长应组织控辩双方进行相互辩论。如果涉及罪名可能变更时,提示围绕指控罪名和可能变更罪名进行辩论。对被告人认罪的案件,法庭辩论时,可以引导控辩双方主要围绕量刑和其他有争议的问题进行。对被告人不认罪或者辩护人作无罪辩护的案件,法庭辩论时,可以引导控辩双方先辩论定罪问题,后辩论量刑问题。

5.审判长:"下面进行第二轮法庭辩论。根据第一轮法庭辩论情况,第二轮法庭辩论应围绕以下问题……发表意见。下面由公诉人发表公诉意见。"审判长根据控辩双方的第一轮辩论情况,提出第二、第三轮辩论的焦点,对控辩双方与案件无关、重复或者指责对方的发言应当提醒、制止。审判长可根据第二轮法庭辩论情况,决定是否组织控辩双方进行第三轮法庭辩论。第三轮法庭辩论流程同上。在法庭辩论过程中,合议庭发现与定罪、量刑有关的新事实,有必要调查的,审判长可以宣布:"暂停辩论,恢复法庭调查。"

在对新的事实进行调查后,继续法庭辩论。

6.审判长组织法庭就刑事附带民事诉讼事实进行法庭辩论。附带民事诉讼部分的辩论应当在刑事部分辩论后进行,先由附带民事诉讼原告人及其诉讼代理人发言,后由附带民事诉讼被告人及其辩护人或诉讼代理人答辩,再相互辩论。辩论结束后,可当庭调解,不能达成协议的,亦可讲明庭后可继续调解,如若仍不能达成协议的,应同刑事诉讼部分一并判决。

7.审判长宣布法庭辩论结束。审判长宣布:"法庭已经充分听取了公诉人、被害人、被告人、辩护人等辩论各方的意见,并已记录在案。辩论各方如果还有意见,可以在休庭后用书面方式提供给法庭。现在法庭辩论结束。"

(十)审判长宣布被告人作最后陈述

1.审判长:"法庭辩论结束。下面由被告人作最后陈述。"

审判长在宣布法庭辩论结束后,由被告人向法庭作最后陈述。审判长可明确提示被告人就公诉机关指控的犯罪行为、对社会及被害人造成的危害性的认识、对被害人的真诚道歉及对法庭提出轻判的请求展开陈述。多个被告人的,分别陈述。

2.必要时审判长可恢复法庭调查、法庭辩论。如果被告人在最后陈述中,提出新的事实、证据,合议庭认为可能影响正确裁判的,应当恢复法庭调查;如果提出新的辩解理由,合议庭认为可能影响正确裁判的,应当恢复法庭辩论。

被告人在最后陈述中多次重复自己的意见的,审判长可以制止;如果陈述内容是蔑视法庭、公诉人、损害他人及社会公共利益或者与本案无关的,应予制止;在公开审理的案件中,陈述的内容涉及国家秘密、个人隐私或者商业秘密的,应当制止。

(十一)评议与宣判

1.(在被告人最后陈述后)审判长:"现在休庭,由合议庭进行评议。"当庭宣判的,应宣布:"××分钟后,开庭宣判。""将被告人带到候审区等待。现在休庭。"(敲击法槌)不当庭宣判的,宣布:"现在休庭,下次开庭时间、地点将另行公告"。"将被告人带出法庭。公诉人、辩护人及其他诉讼参与人庭后核对笔录签字,其他人员退庭。现在休庭(敲击法槌)。"

(审判人员退庭评议)

(审判人员回到审判庭)

2.书记员:"请公诉人、被害人、附带民事诉讼原告人、附带民事诉讼被告人、辩护人和诉讼代理人入庭。""请审判长、审判员(人民陪审员)入庭。"

审判长:(敲击法槌)"现在继续开庭。传被告人×××到庭。"

审判长:"××检察院提起公诉的(和附带民事诉讼原告×××提起附带民事诉讼的)被告人×××(姓名)×××(案由)一案,本庭在合议时充分考虑了公诉人、被害人及代理人、被告人及辩护人的意见,进行了认真的评议并依法作出裁决,现在宣判。"

3.审判长宣读判决书。(当审判长宣读到"判决如下"时)书记员:"全体起立。"审判长宣读判决结果。宣读完后,书记员:"坐下。"

审判长:"被告人×××是否听清?"

(待回答后)"把被告人×××带出法庭。公诉人、辩护人及其他诉讼参与人留下核对笔录签字,其他人员退庭。现在闭庭。"(敲击法槌)

书记员:"全体起立,请审判长、人民陪审员退庭。"

(书记员将法庭笔录交由被告人、辩护人、公诉人等核对内容并签字,拒签的,书记员应记明情况附卷)

定期宣告判决的操作程序同上。

第二节　刑事第一审简易程序模拟庭审

一、简易程序概述

简易程序是基层人民法院或其派出法庭审判自诉案件和某些公诉案件所采用的一种简便易行的独立诉讼程序。简易程序和公诉案件普通审理程序都是第一审人民法院审判刑事案件的法定程序,都同属于第一审程序。简易程序是在公诉案件普通审理程序的基础上对某些具体程序规定的简化,但又有其特别规定。简易程序中未规定的,适用公诉案件普通审理程序的有关规定。人民法院在采用简易程序审理案件过程中,发现不宜适用简易程序的,应终结简易程序,本案采用公诉案件普通审理程序重新审理。

简易程序的设立顺应世界刑事诉讼制度的发展趋势。简易程序的采用将缓解人民法院受理案件日益增多而人手不足的矛盾,同时又能发挥程序简便迅速的特点,便于人民法院及时迅速审判案件,满足当事人迅速结束诉讼的要求,充分体现了诉讼经济要求。

(一)简易程序的适用范围

根据刑事诉讼法关于管辖的明确规定可知,简易程序只适用于基层人民法院或其派出法庭。采用简易程序审理的案件,其事实清楚、证据充分、情节简单,基层人民法院或其派出法庭对此类案件有能力进行公正审理。简易程序只适用于第一审案件,不得适用于第二审案件。对于一审法院采用简易程序审理的案件,如果被告人提出上诉或者人民检察院提出抗诉的,二审法院采用普通程序进行审理,以弥补先前采用简易程序可能出现的不足。

基层人民法院或其派出法庭审判第一审刑事案件可采用普通程序和简易程序。根据刑事诉讼法的规定,适用简易程序审理的第一审刑事案件须同时符合以下条件:

1.案件事实清楚、证据充分的;

2.被告人承认自己所犯罪行,对指控的犯罪事实没有异议的;

3.被告人对适用简易程序没有异议的。

有下列情形之一的,不适用简易程序:

1.被告人是盲、聋、哑人;

2.被告人是尚未完全丧失辨认或者控制自己行为能力的精神病人;

3.有重大社会影响的;

4.共同犯罪案件中部分被告人不认罪或者对适用简易程序有异议的;

5.辩护人作无罪辩护的;

6.被告人认罪但经审查认为可能不构成犯罪的;

7.不宜适用简易程序审理的其他情形。

(二)简易程序的特别性规定

简易程序的特别性规定,除体现于适用条件的特殊性外,还体现于以下方面:

1.人民法院应当在开庭三日前,将开庭的时间、地点通知人民检察院、自诉人、被告人、辩护人,也可以通知其他诉讼参与人。通知可以采用简便方式,但应当记录在案。

2.适用简易程序审理案件,不受关于送达期限和讯问被告人,询问证人、鉴定人,出示证据,法庭辩论程序规定的限制。但在判决宣告前应当听取被告人的最后陈述意见。

3.适用简易程序审理案件,人民法院应当在受理后二十日以内审结;对可能判处的有期徒刑超过三年的,可以延长至一个半月。

4.人民法院适用简易程序审理案件,在法庭审理过程中,有下列情形之一的,应当转为普通程序审理:(1)被告人的行为可能不构成犯罪的;(2)被告人可能不负刑事责任的;(3)被告人当庭对起诉指控的犯罪事实予以否认的;(4)案件事实不清、证据不足的;(5)不应当或者不宜适用简易程序的其他情形。转为普通程序审理的案件,审理期限应当从决定转为普通程序之日起计算。

二、简易程序模拟庭审

简易程序审判案件简便迅速,因为是在普通程序的基础上对此程序进行简化的结果。刑事诉讼法对简易程序有特殊性规定,依照特殊性规定处理,其中未规定的,适用刑事案件普通程序的有关规定。

(一)开庭前的准备

依照刑事诉讼第一审普通程序相关规定进行开庭前准备工作并遵守以下特殊性规定:

1.征询被告人是否同意适用简易程序审理的意见。基层人民法院受理公诉案件后,对人民检察院建议适用简易程序审理的案件,或经审查认为案件事实清楚、证据充分的,在将起诉书副本送达被告人时,应当询问被告人对指控的犯罪事实的意见,告知其适用简易程序的法律规定。被告人对指控的犯罪事实没有异议并同意适用简易程序的,可以决定适用简易程序,并在开庭前通知人民检察院和辩护人。人民法院不认同人民检察院适用简易程序审理建议的,应当通知人民检察院。

2.可采用简便方式通知人民检察院、当事人及其他诉讼参与人到庭。

3.可采用独任庭进行审理。适用简易程序独任审判过程中,发现对被告人可能判处的有期徒刑超过三年的,应当转由合议庭审理。

(二)模拟庭审

简易程序模拟庭审可分为开庭、法庭调查、法庭辩论、被告人最后陈述、评议与宣判五个环节。

1.开庭。审判长或独任审判员宣布开庭后,依照普通程序对被告人身份进行审查、告知诉讼权利等活动的同时,应当当庭询问被告人对指控的犯罪事实的意见,告知被告人适用简易程序审理的法律规定,确认被告人是否同意适用简易程序。

2.法庭调查。人民法院采用简易程序审理案件,人民检察院应派员作为公诉人出席法庭。在审判长或独任审判员宣布开始法庭调查后,公诉人可以摘要宣读起诉书。公诉人、辩护人、审判人员对被告人的讯问、发问可以简化或者省略。对控辩双方无异议的证据,可以仅就证据的名称及所证明的事项作出说明。对控辩双方有异议,或者法庭认为有必要调查核实的证据,应当出示,并进行质证。

3.法庭辩论。控辩双方对与定罪量刑有关的事实、证据没有异议的,法庭审理可以直接围绕罪名确定和量刑问题进行。

4.被告人最后陈述。适用简易程序审理案件,判决宣告前应当听取被告人的最后陈述。被告人最后陈述应以认罪为前提,主要针对如何量刑、如何确定罪名等问题发表意见,也可当庭表示认罪悔罪,请求法庭宽大处理。

5.评议与宣判。评议依照普通程序有关规定进行。适用简易程序审理案件,一般应当当庭宣判。

三、刑事简易程序庭审流程及语言规范[①]

1.开庭审理前,书记员应当依次进行下列工作:

(1)受审判长委托,查明公诉人、当事人、证人及其他诉讼参与人是否到庭。

(2)宣读法庭规则。

书记员:根据《中华人民共和国人民法院法庭规则》,现在宣布法庭纪律:××××××。

---

① 本庭审流程及语言规范参照《庭审笔录刑初8号》:四川省马尔康市人民法院网站,2019年12月13日,https://www.mekcourt.gov.cn/fayuangaikuang/tingshengongkai/20191223/697.html。

书记员:请公诉人入庭。

书记员:请值庭法警入庭执行职务。

书记员:全体起立。请审判长、审判员以及人民陪审员入庭。

审判长:请坐下。

书记员:报告审判长,庭前准备工作已经就绪,报告完毕,请审判长开庭。

审判长:清楚。书记员就座,准备法庭记录。

审判长:(敲击法槌一下)×××市人民法院现在开庭。法警传被告人××到庭。

审判长:根据《中华人民共和国刑事诉讼法》第一百九十条的规定,法庭现在对被告人的基本情况进行核实。到庭被告人××,你还有无其他名字? 多大年龄? 出生年月日? 是什么族别? 出生地在哪里? 什么文化程度? 从事什么职业? 住址在什么地方?

被告人:××,没有其他名字,××岁,××年××月××日出生,藏族,四川××人,文盲,农民,住××市×××村二组。

审判长:你是什么时间因什么原因被刑事拘留的? 何时被取保候审的?

被告人:××年×月×日因涉嫌非法采伐国家重点保护植物罪被刑事拘留,取保候审时间记不住了。

审判长:在此之前是否受过其他法律处分?

被告人:没有。

审判长:你是否收到我院向你送达的×××市人民检察院的起诉书副本? 是什么时间收到的?

被告人:收到了。时间记不清了。

审判长:被告人××,你是否收到本院的开庭传票,何时收到的?

被告人:收到了。

审判长:四川省×××市人民检察院指控被告人××犯盗窃罪一案于××年×月×日向本院提起公诉,并建议适用简易程序,本院审查后依法受理。根据《中华人民共和国刑事诉讼法》第二百一十四条(简易程序)、第二百一十六条(简易程序组成合议庭)、第一百八十三条(合议庭人数)、第一百八十六条(开庭审理)、第一百八十八条(公开)的规定,依法组成合议庭适用简易程序在此对本案进行公开开庭审理。根据《中华人民共和国刑事诉讼法》第一百八十七条的规定,本庭已于××年×月×日对本案的案由、被告人姓名、开庭时间和地点进行了公告。本案由××担任审判长并主审此案,与审判员×××,人民陪审员×××组成合议庭,由××担任书记员;×××市人民检察院指派检察员××、助理检察员×××出庭支持公诉,被告人××,是否听清? 是否同意适用简易程序审理本案?

被告人:听清楚了,同意。

审判长:根据《中华人民共和国刑事诉讼法》第二十九条、第三十一条、第三十二条、第一百九十七条、第一百九十八条的规定,当事人在法庭审理过程中依法享有下列诉讼权利:

（一）申请合议庭组成人员、书记员、公诉人回避；

（二）提出证据，申请通知新的证人到庭、调取新的证据，申请重新鉴定或者勘验、检查；

（三）被告人自行辩护；

（四）被告人在法庭辩论终结后作最后陈述。

审判长：被告人××，以上权利你听清楚了吗？

被告人：听清楚了。

审判长：根据《中华人民共和国刑事诉讼法》第三十三条有关辩护的规定，本院在送达起诉书副本的同时告知了被告人除自己行使辩护权外，还可以委托1至2人为其辩护；如果因经济困难或者其他原因没有委托辩护人的，本人或者近亲属可以向法律援助机构提出法律援助申请；如果没有委托辩护人，法律援助机构没有指派律师为其辩护，有权约见值班律师，可以由值班律师为你提供法律帮助（内容包括：提供法律咨询、程序选择建议，申请变更强制措施，对案件处理提出意见）。被告人××表示不委托辩护人、不需要申请法律援助、不需要申请法律帮助，我院发函通知×××市法律援助中心为被告人××提供法律帮助，×××市法律援助中心已于××年×月××日会见被告人××，向被告人提供法律帮助，被告人××是否听清？是否属实？

被告人：听清楚了。属实。

审判长：被告人××，是否申请回避？

被告人：不申请。

审判长：根据刑事诉讼法的规定，被告人应当承担遵守法庭纪律，如实回答公诉人、审判人员的发问以及阅读法庭笔录并在笔录上签名的义务。被告人××，你听清楚没有？

被告人：听清楚了。

审判长：现在开始法庭调查。被告人××，在公诉人宣读起诉书，公诉人、合议庭在对你进行讯问时应起立，听清楚了吗？

被告人：听清楚了。

审判长：首先由公诉人宣读起诉书。

公诉人：（宣读起诉书）

审判长：被告人××，刚才公诉人宣读的起诉书，你听清楚没有？

被告人：听清楚了。

审判长：你对起诉书指控的犯罪事实及罪名有无异议？现在可以向法庭陈述。

被告人：没有意见。没有（要）陈述的。

审判长：下面公诉人可以对被告人进行发问。

公诉人：被告人××，你在侦查机关和检察机关的供述是否属实？

被告人：属实。

公诉人：被告人××，你是否当庭自愿认罪？

被告人:认罪。

审判长:在法庭调查阶段,控辩双方应当围绕案件事实进行举证、质证。本案适用简易程序审理,对无争议事实的证据可以简化出示,对有争议的证据应重点出示。根据《中华人民共和国刑事诉讼法》第一百九十五条之规定,下面由公诉人出示指控证据。

公诉人:书证:(1)受案登记表;(2)立案决定书1份、立案告知书1份、拘留证1份、拘留通知书1份、变更羁押期限通知书1份、提请逮捕书1份、不批准逮捕决定书1份、取保候审决定书1份、释放通知书1份、犯罪嫌疑人诉讼权利义务告知书1份、林业行政案件权利义务告知书2份、提讯证1份,正式案件来源及侦察程序合法;(3)吸毒现场检测报告书,证实被告人未吸毒;(4)扣押决定书4份、扣押清单1份,证实扣押物品情况;(5)抓获经过1份;(6)×××市环境保护和林业局未向其发放红豆杉采伐许可证证明1份;(7)归案情况说明;(8)常住人口基本信息;(9)承诺书、照片、村委会证明,证实被告人××购买30株树木补种。书证出示完毕,请法庭向被告人出示相关照片,请法庭质证。

审判长:法警,向被告人出示证据。

公诉人:公诉人继续出示物证:斧头1把、红豆杉原木4件;扣押决定书、扣押清单、发还清单、随案移送清单、车辆返还情况说明;先行登记保存通知单、涉案物品情况说明。

勘验、检查、辨认、侦查实验等笔录:现场勘验笔录、现场照片、现场图,证实1号盗伐现场位于×××市龙尔甲乡干木鸟村省道S220干木鸟道班西北面山坡上120米处;2号盗伐现场位于×××市龙尔甲乡干木鸟村村口西面200米处山沟往北方向350米处;被告人××对运输车辆以及砍伐的4件原木进行指认,王××对运输车辆进行指认;被告人××对盗伐工具斧头进行指认。

提取笔录,侦查机关对盗伐现场的木材枝丫进行鉴定检材提取,并对砍伐的4件原木进行鉴定检材提取;被告人××对砍伐的4件疑似红豆杉原木进行了辨认。

审判长:被告人××,刚才公诉人出示的证据,你听清楚没有?发表质证意见。

被告人:听清楚了,全部没有意见。

审判长:公诉人出示的补种的杉树照片是否是你补种的?

被告人:是我补种的,我保证存活。

审判长:对你对现场的辨认指认笔录,是否属实?有无意见?

被告人:没有意见。

审判长:被告人,公诉人出示的×××市环境保护和林业局没有向你发放采伐许可证的证明,是否属实?有无意见?

被告人:没有意见。

审判长:公诉人还有无其他证据出示?

公诉人:鉴定意见:四川××××中心鉴字(××)第××号报告,证实嫌疑人××砍伐树木为红豆杉科红豆杉属云南红豆杉,属国家Ⅰ级重点保护植物。

审判长:被告人××,对本组证据你有无意见?

被告人:没有意见。

审判长:公诉人继续举证。

公诉人:证人证言:证人×××的证言,证明被告人××在×××村砍伐树木的事实。

审判长:被告人××你对本组证据有无意见?

被告人:没有意见。

审判长:公诉人继续举证。

公诉人:被告人供述:证实被告人××于××年××月××日、××月××日在×××市×××村非法砍伐2株红豆杉的犯罪事实。

审判长:被告人××,你对公诉人出示的本组证据有无意见?

被告人:没有意见。

审判长:公诉人继续举证。

公诉人:报告审判长,本案全部证据已经出示完毕。

审判长:被告人××有无证据向法庭出示?

被告人:没有。

审判长:公诉人、被告人是否申请通知新的证人到庭、调取新的证据、重新鉴定或者勘验检查?

公诉人:不申请。

被告人:不申请。

审判长:经过刚才法庭调查,公诉人出示的证据,经当庭质证,被告人无异议,且证据来源合法、真实,与本案有密切联系,将作为定案依据予以采纳。

审判长:法庭调查结束,下面进行法庭辩论。由公诉人、被告人就本案的事实、证据及适用法律等问题展开辩论。首先由公诉人发表公诉意见。

公诉人:发表公诉意见,详见公诉意见。

审判长:被告人××,刚才公诉人发表的公诉意见你是否听清楚?针对公诉人发表的公诉意见有无为自己辩护的?

被告人:听清楚了,没意见。

审判长:公诉人有新的意见?

公诉人:没有了。

审判长:刚才控辩双方进行了法庭辩论,控辩双方就本案适用法律、量刑情节充分发表了各自的意见,本庭已经清楚并记录在案。现在法庭辩论结束。

审判长:根据《中华人民共和国刑事诉讼法》第一百九十八条的规定,被告人有最后陈述的权利。被告人××请起立,关于本案事实和适用法律,你最后还有什么要向法庭陈述的?

被告人:我不知道砍红豆杉的后果这么严重,我知道错了,我也给村里的村民和亲戚都宣传了,请你们从轻处罚,谢谢。

审判长:下面休庭十五分钟,合议庭进行评议。法警,带被告人退庭。(敲法槌)

（合议庭评议案件）

审判长：(敲法槌)现在复庭。

审判长：法警，传被告人××到庭。

审判长：×××市人民法院刑事审判庭，根据《中华人民共和国刑事诉讼法》的规定，就×××市人民检察院提起公诉的被告人××非法采伐国家重点保护植物罪一案，公开开庭进行了审理。通过法庭调查、法庭辩论、被告人陈述，本庭充分听取了公诉机关在法庭上出示的相关证据、发表的意见及被告人在法庭上的辩解及最后陈述意见。根据已经查明的事实、证据和有关法律，合议庭进行了认真评议。

经评议认为，被告人××违反国家法律规定，非法采伐国家重点保护植物，情节严重，其行为已触犯《中华人民共和国刑法》第三百四十四条之规定，犯罪事实清楚，证据确实、充分，构成非法采伐国家重点保护植物罪。公诉机关指控罪名成立，本院予以支持。被告人××主动到公安机关投案，并如实供述犯罪事实，符合《中华人民共和国刑法》第六十七条第一款规定之情节，系自首，可依法从轻或减轻处罚。被告人并当庭自愿认罪，且补种了树苗，有悔罪表现，本院在量刑时决定对被告人予以减轻处罚。经对被告人进行调查评估，本院认为对其适用缓刑不致再危害社会。依照《中华人民共和国刑法》第三百四十四条、第六十七条第一款、第五十二条、第五十三条、第六十四条、第七十二条、第七十三条，《最高人民法院关于审理破坏森林资源刑事案件具体应用法律若干问题的解释》第一条、第二条之规定，判决如下。

书记员：全体起立。

审判长：一、被告人××犯非法采伐国家重点保护植物罪，判处有期徒刑二年六个月，缓刑三年，并处罚金人民币3000元；

二、涉案红豆杉原木4件，由扣押机关依法处理；作案木工斧头一把，予以没收。

如不服本判决，可在收到判决书的第二日起十日内，通过本院或直接向四川省××××中级人民法院提出上诉。书面上诉的，应当提交上诉状正本一份、副本三份。

审判长：今天是口头宣判，书面判决将于五日内送达，除判决主文外，书面判决书与口头判决表述不一致的，以书面判决书为准。

审判长：宣判完毕，全体坐下。

审判长：被告人××，你是否听清楚宣判内容？是否上诉？

被告人：听清楚了，不上诉。

审判长：现在闭庭。

审判长：法警，将被告人××带出法庭。(敲法槌)

第三节　刑事第一审速裁程序模拟庭审

一、速裁程序概述

速裁程序是基层人民法院审理事实清楚、证据确实充分的刑事案件所采用一种简便易行的第一审程序。速裁程序的设立，体现诉讼效益理念，目的在于缓解人民法院受理案件日益增多而人手不足的矛盾。

(一)速裁程序适用条件

为避免审理程序简化导致可能出现刑事司法公正性被侵蚀的问题，我国严格速裁程序的适用条件。我国适用速裁程序处理刑事纠纷须同时符合以下条件：

1.仅适用于基层人民法院管辖的刑事审判案件。

2.可能判处三年有期徒刑以下刑罚的案件，案件事实清楚，证据确实、充分。

3.被告人认罪认罚并同意适用速裁程序。

4.具有下列情形之一的，人民法院不能适用速裁程序处理刑事纠纷：(1)被告人是盲、聋、哑人，或者是尚未完全丧失辨认或者控制自己行为能力的精神病人的；(2)被告人是未成年人的；(3)案件有重大社会影响的；(4)共同犯罪案件中部分被告人对指控的犯罪事实、罪名、量刑建议或者适用速裁程序有异议的；(5)被告人与被害人或者其法定代理人没有就附带民事诉讼赔偿等事项达成调解或者和解协议的；(6)其他不宜适用速裁程序审理的。

(二)速裁程序的特别性规定

速裁程序的特别性规定，除体现于适用条件的特殊性外，还体现于以下方面：

1.适用速裁程序审理案件，人民法院可采用简便方式向有关机构、人员送达开庭前应送达的相关司法文书，且不受送达期限的限制。

2.一般不进行法庭调查、法庭辩论，但在判决宣告前应当听取辩护人的意见和被告人的最后陈述意见。

3.适用速裁程序审理案件，人民法院应当在受理后十日以内审结；对可能判处有期徒刑超过一年的，可以延长至十五日。

4.人民法院适用速裁程序审理案件，在法庭审理过程中，有下列情形之一的，应当转为普通程序或简易程序审理：(1)被告人的行为不构成犯罪；(2)不应当追究其刑事责任；(3)被告人违背意愿认罪认罚；(4)被告人否认指控的犯罪事实；(5)其他不宜适用速裁程序审理的情形转为普通程序审理的案件，审理期限应当从决定转为普通程序或简易程序之日起计算。

二、速裁程序模拟庭审

（一）开庭前的准备

依照刑事诉讼第一审普通程序相关规定进行开庭前准备工作并遵守以下特殊性规定：

1.征询被告人是否同意适用速裁程序审理的意见。基层人民法院受理公诉案件后，对人民检察院建议适用速裁程序审理的案件，或经审查认为案件事实清楚、证据充分的，在将起诉书副本送达被告人时，应当询问被告人是否认罪认罚，告知其适用速裁程序的法律规定。被告人认罪认罚并同意适用速裁程序的，可以决定适用速裁程序，并在开庭前通知人民检察院和辩护人。

2.可采用简便方式通知人民检察院、当事人及其他诉讼参与人到庭且不受送达期限限制。

3.应采用独任庭进行审理。

（二）模拟庭审

速裁程序模拟庭审可分为开庭、法庭调查、法庭辩论、被告人最后陈述、评议与宣判五个环节。

1.开庭。独任审判员宣布开庭后，依照普通程序对被告人身份进行审查、告知诉讼权利等活动的同时，应当当庭询问被告人是否认罪认罚，告知被告人适用速裁程序审理的法律规定，确认被告人是否同意适用速裁程序。

2.法庭调查。人民法院采用速裁程序审理案件，人民检察院应派员作为公诉人出席法庭。在独任审判员宣布开始法庭调查后，公诉人可简要宣读起诉书指控的犯罪事实、证据、适用法律及量刑建议，一般不再讯问被告人、法庭调查。

3.法庭辩论。适用速裁程序审理案件，一般不进行法庭辩论。由公诉人发表公诉意见后直接听取被告人、辩护人意见。

4.被告人最后陈述。适用简易程序审理案件，判决宣告前应当听取被告人的最后陈述意见。被告人最后陈述应以认罪认罚为前提，可当庭表示认罪悔罪，请求法庭宽大处理。

5.评议与宣判。评议依照普通程序有关规定进行。适用速裁程序审理案件，应当当庭宣判。

三、危险驾驶罪刑事速裁程序庭审流程及语言规范①

书记员：宣布法庭纪律；请检察人员入庭就座；请审判员入庭就座；向审判员报告被告人的到庭情况，声明法庭准备就绪；请大家坐下。

审判员：(敲法槌)四川省×××人民法院现在开庭。

审判员：法警，传被告人×××到庭。

审判员：被告人×××，你的身份信息、采取强制措施情况及前科信息庭前已经核实，是否与起诉书载明一致？

被告人：是。

审判长：根据《中华人民共和国刑事诉讼法》第一百八十八条、第二百二十二条的规定，本院今天依法适用速裁程序公开开庭审理×××人民检察院提起公诉的被告人×××被控危险驾驶罪一案。

审判长：根据《中华人民共和国刑事诉讼法》第一百九十条的规定，现在宣布审判人员、公诉人名单。本案由本院审判员××独任审理，书记员××担任法庭记录，×××人民检察院指派检察员×××、助理检察员××出庭支持公诉，被告人×××，你是否听清？

被告人：清楚。

审判长：根据《中华人民共和国刑事诉讼法》第二十九条、第三十一条、第三十二条的规定，当事人如果认为本庭宣布的上列人员与本案有利害关系，可能影响案件公正处理的，可以举出事实和理由，申请审判人员、书记员、公诉人员回避。被告人×××你是否申请回避？

被告人：不申请。

审判长：被告人可以坐下。

审判长：被告人×××，你是否收到×××人民检察院起诉书副本、诉讼权利义务告知书？

被告人：收到。

审判长：你是否收到我院的被告人诉讼权利义务告知书？

被告人：收到。

审判长：相关诉讼权利及义务是否清楚？

被告人：清楚。

审判长：鉴于被告人对相关诉讼权利义务已清楚，本庭不再当庭宣读。

审判长：现在本庭当庭告知被告人关于认罪认罚的法律相关规定，根据《中华人民共

---

① 本庭审流程及语言规范参照《刑事庭审笔录刑初14号》：四川省马尔康市人民法院网站，2019年12月23日，https://www.mekcourt.gov.cn/fayuangaikuang/tingshengongkai/20191223/696.html。

和国刑事诉讼法》第十五条的规定,犯罪嫌疑人、被告人自愿如实供述自己的罪行,承认指控的犯罪事实,愿意接受处罚的,可以依法从宽处理。被告人,你听清楚没有?

被告人:听清楚了。

审判长:根据《中华人民共和国刑事诉讼法》第二百二十四条的规定,适用速裁程序审理本案,本庭不再进行法庭调查和法庭辩论。

审判长:下面由公诉人出示《认罪认罚具结书》。

公诉人:详细见书面《认罪认罚具结书》。

审判长:请法警将公诉人刚刚出示的《认罪认罚具结书》交由被告人辨认。

(被告人辨认《认罪认罚具结书》)

审判长:被告人×××,刚刚公诉人出示的《认罪认罚具结书》是否由你本人签署?

被告人:是。

审判长:是否是你真实意思的表示?

被告人:是。

审判长:你在签署该份《认罪认罚具结书》时是否获得律师帮助?

被告人:是。

审判长:你在签署该份《认罪认罚具结书》时是否知晓认罪认罚的法律后果?

被告人:知道。

审判长:被告人×××你是否自愿认罪?

被告人:认罪。

审判长:根据《中华人民共和国刑事诉讼法》第一百九十八条的规定,被告人有作最后陈述的权利,被告人×××,起立作最后陈述,有什么希望或者请求可以向法庭提出来。

被告人:没有陈述的。

审判长:经过刚才的庭审,法庭充分听取了控辩双方的意见,审查了案件证据,认为本案案件事实清楚,证据确实、充分。法庭审理查明的事实与公诉机关指控的犯罪事实一致。本院认为,被告人×××违反道路交通运输管理法规,在道路上醉酒驾驶机动车辆发生道路交通事故,经检验,被告人×××的血液中乙醇浓度为×××毫克/100毫升。公诉机关指控其犯危险驾驶罪事实清楚,证据确实、充分,案发后,被告人×××已取得被害人的谅解,自愿认罪认罚,依法可从轻处罚,依照《中华人民共和国刑法》第一百三十三条、第五十二条、第五十三条、第六十七条第三款、第七十二条、第七十三条之规定,判决如下:

书记员:全体起立。

被告人×××犯危险驾驶罪,判处××,并处罚金人民币××元。

审判长:全体坐下。

审判长:本次为口头宣判,书面判决在五日内送达。被告人你是否听清?

被告人:听清楚了。

审判长:如不服本判决,可在接到判决书的第二日起十日内通过本院或直接向四川省××××中级人民法院提出上诉,书面上诉的,应当提交上诉状正本一份、副本二份。

审判长:被告人你是否上诉?

被告人:不上诉。

审判长:现在闭庭。(敲击法槌)

审判长:法警,带被告人退庭。

第四节　庭审其他事务的处理

一、庭审秩序与安全的维护

为了保证庭审活动安全,促进法庭审判的顺利进行,我国现行《中华人民共和国刑事诉讼法》《刑事诉讼解释》《人民法院法庭规则》等法律法规对庭审秩序的维护进行明确规定。主要内容如下:

(一)入庭前安全检查

依据《人民法院法庭规则》第六条、第七条规定,进入法庭的人员应当出示有效身份证件,并接受人身及携带物品的安全检查。持有效工作证件和出庭通知履行职务的检察人员、律师可以通过专门通道进入法庭。需要安全检查的,人民法院对检察人员和律师平等对待。除经人民法院许可,需要在法庭上出示的证据外,下列物品不得携带进入法庭:

1.枪支、弹药、管制刀具以及其他具有杀伤力的器具;

2.易燃易爆物、疑似爆炸物;

3.放射性、毒害性、腐蚀性、强气味性物质以及传染病病原体;

4.液体及胶状、粉末状物品;

5.标语、条幅、传单;

6.其他可能危害法庭安全或妨害法庭秩序的物品。

(二)限制旁听人员范围及人数

依据《人民法院法庭规则》第九条规定,公开的庭审活动,公民可以旁听。旁听席位不能满足需要时,人民法院可以根据申请的先后顺序或者通过抽签、摇号等方式发放旁听证,但应当优先安排当事人的近亲属或其他与案件有利害关系的人旁听。下列人员不得旁听:

1.证人、鉴定人以及准备出庭提出意见的有专门知识的人;

2.未获得人民法院批准的未成年人；

3.拒绝接受安全检查的人；

4.醉酒的人、精神病人或其他精神状态异常的人；

5.其他有可能危害法庭安全或妨害法庭秩序的人；

6.依法有可能封存犯罪记录的公开庭审活动，任何单位或个人不得组织人员旁听；

7.依法不公开的庭审活动，除法律另有规定外，任何人不得旁听。

（三）书记员在开庭前应向诉讼参与人、旁听人员宣读庭审纪律

依据《人民法院法庭规则》第十四条、第十七条规定，庭审活动开始前，书记员应当向诉讼参与人、旁听人员宣布如下法庭纪律：全体人员在庭审活动中应当服从审判长或独任审判员的指挥，尊重司法礼仪，遵守法庭纪律，不得实施下列行为：

1.鼓掌、喧哗；

2.吸烟、进食；

3.拨打或接听电话；

4.对庭审活动进行录音、录像、拍照或使用移动通信工具等传播庭审活动；

5.其他危害法庭安全或妨害法庭秩序的行为；

6.检察人员、诉讼参与人发言或提问，应当经审判长或独任审判员许可；

7.旁听人员不得进入审判活动区，不得随意站立、走动，不得发言和提问。

8.媒体记者经许可实施录音、录像、拍照或使用移动通信工具等传播庭审活动的行为，应当在指定的时间及区域进行，不得影响或干扰庭审活动。

（四）对违反法庭纪律行为依法进行处理

依据我国现行《中华人民共和国刑事诉讼法》《刑事诉讼解释》《人民法院法庭规则》等法律法规规定，对违反庭审纪律行为，审判长可依法进行如下处理。

1.法庭审理过程中，诉讼参与人或者旁听人员扰乱法庭秩序的，审判长应当按照下列情形分别处理：(1)情节较轻的，应当警告制止并进行训诫；(2)不听制止的，可以指令法警强行带出法庭；(3)情节严重的，报经院长批准后，可以对行为人处一千元以下的罚款或者十五日以下的拘留。诉讼参与人、旁听人员对罚款、拘留的决定不服的，可以直接向上一级人民法院申请复议，也可以通过决定罚款、拘留的人民法院向上一级人民法院申请复议。通过决定罚款、拘留的人民法院申请复议的，该人民法院应当自收到复议申请之日起三日内，将复议申请、罚款或者拘留决定书和有关事实、证据材料一并报上一级人民法院复议。复议期间，不停止决定的执行。(4)未经许可录音、录像、摄影或者通过邮件、博客、微博客等方式传播庭审情况的，可以暂扣存储介质或者相关设备。

2.担任辩护人、诉讼代理人的律师严重扰乱法庭秩序，被强行带出法庭或者被处以罚款、拘留的，人民法院应当通报司法行政机关，并可以建议依法给予相应处罚。

3.行为人实施下列行为之一，危及法庭安全或扰乱法庭秩序的，根据相关法律规定，

予以罚款、拘留;构成犯罪的,依法追究其刑事责任:(1)非法携带枪支、弹药、管制刀具或者爆炸性、易燃性、放射性、毒害性、腐蚀性物品以及传染病病原体进入法庭;(2)哄闹、冲击法庭;(3)侮辱、诽谤、威胁、殴打司法工作人员或诉讼参与人;(4)毁坏法庭设施,抢夺、损毁诉讼文书、证据;(5)其他危害法庭安全或扰乱法庭秩序的行为。

4.司法警察依照审判长或独任审判员的指令维持法庭秩序。出现危及法庭内人员人身安全或者严重扰乱法庭秩序等紧急情况时,司法警察可以直接采取必要的处置措施。人民法院依法对违反法庭纪律的人采取扣押物品、强行带出法庭以及罚款、拘留等强制措施,由司法警察执行。

因参与模拟法庭活动的师生之间无现实生活中刑事被告人与被害人之间的紧张关系,因此模拟庭审安全问题不突出。在模拟庭审实践中,仍存在着许多违反庭审纪律的行为,如部分旁听学生迟到,庭审期间随意走动、进食、拨打或接听电话、鼓掌、喧哗等。对于模拟庭审过程中违反庭审纪律的行为,审判长可及时提醒,必要时可指令法警强行带出法庭。

二、庭审笔录

根据刑事诉讼法的规定,法庭审判的全部活动都应由书记员制成笔录。法庭审判笔录是由书记员制作的如实记载法庭审判全部活动的文件。它不仅可供审判人员研究分析案情,而且还是审查一审活动是否合法的主要依据。审判笔录必须明确、详细、字迹清楚。书记员在法庭审判过程中应认真负责、实事求是地制作笔录,如实反映审判活动的全貌。审判人员在法庭审判过程中密切配合,协助书记员高质量地完成笔录工作。

审判笔录应载明法庭审理的时间、地点,法庭组成人员和书记员、公诉人、当事人、辩护人、诉讼代理人和其他诉讼参与人的姓名、身份和到庭情况;案由;公开审理或不公开审理的理由;公诉人、审判人员对被告人的讯问;被告人、被害人的陈述;质证出庭各证据的过程、情况及控辩双方辩论内容;被告人最后陈述内容。审判笔录须详细、客观、真实,不能出现漏、错现象。

根据刑事诉讼法的规定,法庭笔录应当交给当事人阅读或者向他宣读。当事人认为记载有遗漏或差错的,可以请求补充或者改正。当事人承认没有错误后,应当签名或者盖章。法庭笔录中的证人证言部分,应当当庭宣读或者交给证人阅读。证人在承认没有错误后,应当签名或盖章。

审判笔录须经审判长审阅后,由审判长和书记员签名,入卷存档备查。

为顺利完成庭审记录工作,书记员须掌握较熟练的记录技术并耗费大量时间、精力。在刑事模拟庭审实践中,大部分承担书记员工作的同学,因庭审记录能力、时间、精力有限,庭审记录将导致书记员参与模拟庭审活动的积极性降低。因此,在模拟庭审活动组织实践中,必要时考虑制作庭审笔录存档备查。

第五章

刑事第二审程序模拟庭审

第一节　刑事第二审程序概述

一、刑事第二审程序的概念及启动条件

刑事第二审程序是指我国人民法院对未生效的第一审刑事裁判再次审理应遵守的步骤、方式方法的总称。刑事第二审程序是我国刑事审判普通程序,但并非必经程序,须具备合法上诉或抗诉条件。依据我国现行《中华人民共和国刑事诉讼法》第二百二十七条、《刑事诉讼解释》第三百七十八条规定,刑事被告人、自诉人及其法定代理人不服判决、裁定的,有权在法定期限内以书面或者口头形式,通过第一审人民法院或者直接向上一级人民法院提出上诉;被告人的辩护人、近亲属经被告人同意,也可以提出上诉;附带民事诉讼当事人及其法定代理人,可以对判决、裁定中的附带民事部分提出上诉。刑事案件中的被害人及其法定代理人,无法定刑事上诉权,如其不服地方各级人民法院第一审的判决的,自收到判决书后五日以内,有权请求人民检察院提出抗诉。人民检察院自收到被害人及其法定代理人的请求后五日以内,应当作出是否抗诉的决定并且答复请求人。另据《中华人民共和国刑事诉讼法》第二百二十八条、《刑事诉讼解释》第三百八十四条规定,地方各级人民检察院认为本级人民法院第一审的判决、裁定在认定事实、适用法律方面确有错误的时候,应当通过第一审人民法院向上一级人民法院提出二审程序的抗诉,并且将抗诉书抄送上一级人民检察院。依据《中华人民共和国刑事诉讼法》第二百三十条规定,不服判决的上诉和抗诉的期限为十日,不服裁定的上诉和抗诉的期限为五日,从接到判决书、裁定书的第二日起算。

第一审人民法院收到上诉人直接提交的上诉状或第二审人民法院转交的上诉状后,应对上诉是否符合条件进行审查。如认为上诉符合法律规定,应当在接到上诉状后三日内将上诉状连同案卷、证据移送上一级人民法院,并将上诉状副本送交同级人民检察院和对方当事人。第一审人民法院收到同级人民检察院提交的抗诉状后,应当在抗诉期满后三日内将抗诉书连同案卷、证据移送上一级人民法院,并将抗诉书副本送交当事人。

二、第二审人民法院对上诉、抗诉案件审查范围及方式

根据《刑事诉讼解释》规定,第二审人民法院对第一审人民法院移送的上诉、抗诉案卷、证据,应当先通过书面审查方式进行程序性审查,主要审查上诉、抗诉案件是否包括下列内容:移送上诉、抗诉案件函;上诉状或者抗诉书;第一审判决书、裁定书八份(每增加一名被告人增加一份)及其电子文本;全部案卷、证据,包括案件审理报告和其他应当移送的材料。上述材料齐全的,第二审人民法院应当收案;材料不全的,应当通知第一审

人民法院及时补送。

第二审人民法院对上诉、抗诉案件进行程序性审查后,对符合法定条件的上诉、抗诉案件则进行实质审查。第二审人民法院对上诉、抗诉案件的审查方式有开庭审理和不开庭审理。依据《刑事诉讼解释》第三百九十三条规定,第二审人民法院对符合下列条件的上诉、抗诉案件,应当开庭审理:

1.被告人、自诉人及其法定代理人对第一审认定的事实、证据提出异议,可能影响定罪量刑的上诉案件;

2.被告人被判处死刑的上诉案件;

3.人民检察院抗诉的案件;

4.被判处死刑的被告人没有上诉,同案的其他被告人上诉的案件,第二审人民法院应当开庭审理;

5.应当开庭审理的其他案件。

第二审人民法院也可对符合下列条件的上诉、抗诉案件进行不开庭审理:

1.认为原判事实不清、证据不足。

2.第一审人民法院违反下列法定诉讼程序情形,需要发回重新审判的:(1)违反本法有关公开审判的规定的;(2)违反回避制度的;(3)剥夺或者限制了当事人的法定诉讼权利,可能影响公正审判的;(4)审判组织的组成不合法的;(5)其他违反法律规定的诉讼程序,可能影响公正审判的。

依据《中华人民共和国刑事诉讼法》《刑事诉讼解释》规定,第二审人民法院审理上诉、抗诉案件,应当就第一审判决、裁定认定的事实和适用法律进行全面审查,不受上诉、抗诉范围的限制。共同犯罪案件,只有部分被告人提出上诉,或者自诉人只对部分被告人的判决提出上诉,或者人民检察院只对部分被告人的判决提出抗诉的,第二审人民法院应当对全案进行审查,一并处理。共同犯罪案件,上诉的被告人死亡,其他被告人未上诉的,第二审人民法院仍应对全案进行审查。经审查,死亡的被告人不构成犯罪的,应当宣告无罪;构成犯罪的,应当终止审理,对其他同案被告人仍应作出判决、裁定。刑事附带民事诉讼案件,只有附带民事诉讼当事人及其法定代理人上诉的,第二审人民法院应当对全案进行审查。经审查,第一审判决的刑事部分并无不当的,第二审人民法院只需就附带民事部分作出处理;第一审判决的附带民事部分事实清楚,适用法律正确的,应当以刑事附带民事裁定维持原判,驳回上诉。依据《刑事诉讼解释》第三百九十一条规定,第二人民法院对上诉、抗诉案件进行审查时,应当着重审查下列内容:

1.第一审判决认定的事实是否清楚,证据是否确实、充分;

2.第一审判决适用法律是否正确,量刑是否适当;

3.在调查、侦查、审查起诉、第一审程序中,有无违反法定程序的情形;

4.上诉、抗诉是否提出新的事实、证据;

5.被告人的供述和辩解情况;

6.辩护人的辩护意见及采纳情况;

7.附带民事部分的判决、裁定是否合法、适当;

8.对涉案财物的处理是否正确;

9.第一审人民法院合议庭、审判委员会讨论的意见。

第二节　刑事第二审程序模拟庭审

模拟庭审前的准备活动,如分组、认真研读案情等,与刑事第一审程序相同。在此不再累述。值得一提的是,参与刑事二审程序模拟庭审活动的部分人员的称呼发生一些变化,如被告人变成上诉人,公诉人变成检察员。为便于刑事二审模拟法庭庭审活动的顺利开展,假定为刑事一审被告人不服刑事判决提起上诉,从而启动刑事二审程序。辩护组的刑事被告人及辩护律师应首先研读案情及一审判决后商定二审辩护策略,并在规定时间制作上诉状并提交二审法官组。法官组接到上诉状后应做好以下庭审前的准备工作:确定合议庭组成人员;承办法官认真阅卷并制作《阅卷笔录》、商定庭审提纲;确定开庭时间及地点,并及时通知人民检察院查阅案卷;在开庭三日前,发布开庭公告并将开庭通知书、出庭通知书、开庭传票分别送达检察机关、当事人和辩护人、法定代理人等诉讼参与人。

一、开庭准备与开庭

1.开庭前准备。书记员先行到达法庭,核对检察官和诉讼参与人等出庭人员的到庭情况,宣读庭审纪律,请审判长、审判员入庭和报告庭审前准备情况。

2.审判长宣布开庭,核实上诉人情况、案由、审理程序和方式:(1)审判长先敲击法槌,宣布××××人民法院刑事审判××庭,公开审理上诉人×××涉嫌×××案,现在开庭!传上诉人×××到庭;(2)核实上诉人身份情况;(3)宣告案由等。

3.宣布合议庭组成人员和诉讼参与人的基本情况。

4.告知上诉人诉讼权利并征询回避意见。

5.审判长宣布开始法庭调查。

二、法庭调查

依据《刑事诉讼解释》第三百九十八条第一款规定,法庭调查阶段,审判人员宣读第一审判决书、裁定书后,上诉案件由上诉人或者辩护人先宣读上诉状或者陈述上诉理由,抗诉案件由检察员先宣读抗诉书;既有上诉又有抗诉的案件,先由检察员宣读抗诉书,再由上诉人或者辩护人宣读上诉状或者陈述上诉理由。二审程序的法庭调查依照以下步骤进行:

1.审判长宣布现在开始法庭调查,由审判人员宣读第一审判决书、裁定书。宣读第一审判决书,可以只宣读案由、主要事实、证据名称和判决主文等。宣读完毕后,核实与上诉人收到的判决书、裁定书是否一致。

2.上诉人或者辩护人先宣读上诉状或者陈述上诉理由。

3.讯问和发问。检察官法庭调查期间可经审判长允许讯问上诉人;审判人员也可主动讯问上诉人;辩护律师经审判长许可可向上诉人发问;二审案件中的当事人也可经审判长许可相互发问。

4.异议事实的调查核实。法庭调查应当重点围绕对第一审判决提出异议的事实、证据以及提交的新的证据等进行。被告人犯有数罪的案件,对其中事实清楚且无异议的犯罪,可以不在庭审时审理。二审法庭庭审调查期间,当事人经审判长允许可对一审认定的事实提出异议或提出新的事实并提出相关证据或新的证据予以证实。举证方当庭提交证据时应说明新证据来源、未能在一审庭审程序中出示的原因、证明目的等并接受双方质证。

5.对没有异议的事实、证据和情节,可以直接确认,一般不再进行法庭调查;对同案审理案件中未上诉的被告人,未被申请出庭或者人民法院认为没有必要到庭的,可以不再传唤到庭;同案审理的案件,未提出上诉、人民检察院也未对其判决提出抗诉的被告人要求出庭的,应当准许。出庭的被告人可以参加法庭调查和辩论。

6.宣布法庭调查结束。经确认各方无新证据或其他新的事实需要予以法庭调查后,审判长宣布法庭调查结束,进入法庭辩论阶段。

三、法庭辩论

依据《刑事诉讼解释》第三百九十八条第二款规定,法庭辩论阶段,上诉案件,先由上诉人、辩护人发言,后由检察员、诉讼代理人发言;抗诉案件,先由检察员、诉讼代理人发言,后由被告人、辩护人发言;既有上诉又有抗诉的案件,先由检察员、诉讼代理人发言,后由上诉人、辩护人发言。因刑事被告人上诉引发的第二审法庭辩论,依下列顺序依次进行:

1.审判长宣布结束法庭调查,开始法庭辩论。由上诉人自行辩护后再由辩护人发表辩护意见。

2.由检察人员发表出庭意见。

3.审判长根据辩护意见和检察人员发表的出庭意见,组织双方进行法庭辩论,必要时可确定法庭辩论的焦点并要求控辩双方围绕焦点展开辩论并强调法庭辩论规则。第一轮法庭辩论结束后,审判长可根据双方辩论情况决定是否进行下一轮辩论。如进行第二轮法庭辩论,则强调第二轮辩论发言内容不能重复。

4.审判长宣布法庭辩论结束。

四、被告人最后陈述

审判长宣布法庭辩论结束,由被告人作最后陈述。在被告人最后陈述期间,通常不宜打断被告人发言,但可及时制止被告人不断重复发言或陈述与案件无关或有损国家、社会公共利益的发言。如被告人最后陈述过程中又涉及新的事实,必要时应恢复法庭调查或延期审理。

五、评议与宣判

1.宣布休庭。被告人最后陈述完毕后,审判长应宣布休庭,然后敲击法槌。如决定当庭宣判,则宣布休庭后应及时告知复庭时间,如决定不当庭宣判,则告知宣判时间另行通知。

2.评议。决定当庭宣判的,应在休庭后及时进行评议并形成判决或裁定。

3.复庭。书记员应做好复庭前准备工作。(1)评议结束后,书记员宣布全体起立,请审判长、审判员入庭。待合议庭成员落座后,书记员再宣布:请坐下。(2)审判长敲击法槌,宣布:现在继续开庭。

4.宣判。审判长宣布传上诉人到庭后进行宣判。审判长宣读裁判文书至"判决(或裁定)如下"时,应暂停,待书记员宣布全体起立后宣告裁判结果,结束后再敲击法槌,书记员应声宣布全体坐下。(1)审判长宣布:请法警将上诉人×××带出法庭重新羁押或将上诉人当庭释放。(2)宣布闭庭。审判长宣布审理法院、案名及审理完毕后宣布闭庭,敲击法槌。(3)书记员应声宣布全体起立,待审判长、审判员退庭后宣布散庭。检察人员、诉讼参加人和旁听人员退庭。

六、刑事上诉第二审庭审流程及语言规范

(一)开庭前准备性流程

书记员应先期到达法庭,做好开庭前准备工作,核对诉讼参与人、检察官等出庭人员到庭情况。

书记员宣读法庭纪律。

书记员:(待检察官、辩护人等入庭就座后)全体起立! 请审判长、审判员入庭。

审判长:坐下。

书记员:报告审判长,上诉人李××犯××××案的公诉人和诉讼参与人已到庭。开庭准备工作就绪,可以开庭,请指示。

(二)审判长宣布开庭并核实上诉人身份

审判长:(敲击法槌)××××人民法院×××庭,公开审理上诉人李××犯××××一案,现在开庭!传上诉人李××到庭。

(上诉人李××由法警带到被告席)

审判长:上诉人李××,你的出生年月日、民族、文化程度、职业、住址等信息是什么?以前是否受过刑事处分?何时被拘留、逮捕的?

李:××××。

审判长:上诉人李××,你是否收到××××判决书?是否提出上诉?

李:我收到了判决书,也提出了上诉。

审判长:坐下。

审判长:依据《中华人民共和国刑事诉讼法》规定,××××法院×××庭现在依法公开开庭审理被告人李××犯××××一案。本案经××××于×年×月×日作出×××判决。宣判后被告人李××不服,向本院提出上诉。本院依法组成合议庭对此案进行审理。现宣布合议庭组成人员和诉讼参与人基本情况。

(三)审判长告知诉讼权利

审判长:依据《中华人民共和国刑事诉讼法》规定,本案在庭审过程中,上诉人李××依法享有以下诉讼权利:××××××。

审判长:上诉人李××,刚才本庭宣读的合议庭组成人员、书记员、检察人员及你在庭审中享有的诉讼权利,你是否听清楚了?是否申请回避?

李:我听清楚了。不申请回避。

(四)法庭调查

审判长:现在开始法庭调查。下面由××法官宣读一审刑事判决书。

(法官宣读一审刑事判决书)

审判长:上诉人李××,刚才法院宣读的刑事判决,与你收到的是否一致?

李:与我收到的判决书一致。

审判长:下面由上诉人李××陈述上诉的主要理由。

李:由我的辩护人替我讲上诉理由。(上诉人也可自行陈述。待上诉人自行陈述上诉理由后,审判长问辩护人是否还需要补充辩护理由)

审判长:下面由检察人员讯问上诉人李××。

(检察人员讯问上诉人李××。在此过程中,审判人员可主动讯问上诉人)

审判长:辩护人,是否需要向上诉人李××发问。

(辩护人发问上诉人李××。在此过程中,审判人员可主动讯问上诉人)

审判长:控辩双方是否还需要向上诉人李××补充讯问、发问?

检察员:不需要。

辩护人:不需要。

审判长:下面进行举证、质证。先由检察人员举证。

检察员:一审出具的证据真实、合法、有效。已经经过举证、质证,客观真实、收集程序合法、可作为本案依据,今天庭审不再重复进行举证、质证,建议法庭采信。

审判长:上诉人李××及辩护人××对一审认定你犯×××罪的证据是否有意见?有何意见?

李:×××。

辩护人:×××。

(如上诉人及其辩护人在庭审过程中提出证据异议,审判长应组织法庭对此进行质证、辩论。具体操作流程见公诉案件普通程序一审模拟庭审)

审判长:上诉人李××及辩护人,你们有权向本庭举证。是否申请新的证人出庭或有新的证据向本庭出示?

李:××。

辩护人:××。

(如上诉人及辩护人在庭审过程中提出新的证据,审判长应组织法庭进行质证、辩论。具体操作流程见公诉案件普通程序一审模拟庭审)

审判长:检察人员是否有新的证据向法庭出示?

检察员:××。

(如检察人员在庭审过程中提出新的证据,审判长应组织法庭进行质证、辩论。具体操作流程见公诉案件普通程序一审模拟庭审)

审判长:刚才××在法庭出示的×××证据材料经过质证,合议庭在评议时将予以考虑。

(五)法庭辩论

审判长:法庭调查结束。现在开始法庭辩论。控辩双方应当主要围绕××××问题展开辩论。在法庭辩论中,辩论发言应当经法庭许可;注意用语文明,不得使用讽刺、侮辱的语言;语速要适中,以便法庭记录;发言的内容应当避免重复。先由上诉人李××自行辩护。

李:×××。

审判长:下面由辩护人发表辩护意见。

辩护人:××××。

审判长:现在由检察人员发表出庭意见。

检察员:×××。

审判长:刚才控辩双方就××××各自发表意见;下面开始法庭的第二轮辩论。第二轮辩论主要针对××××问题展开,对已经发表的意见不再重复。先由上诉人发表新的辩护意见。

李:×××。

审判长:辩护人是否有新的辩护意见?

辩护人:×××。

审判长:检察人员是否有新的出庭意见?

检察员:××。

审判长:刚才控辩双方就本案有关事实、情节、法律适用充分发表意见。本庭均已记录在案。合议庭将在评议时予以充分考虑。法庭辩论现在结束。

(六)被告人最后陈述

审判长:依据《中华人民共和国刑事诉讼法》第一百九十八条规定,被告人有最后陈述的权利。下面由上诉人李××进行最后陈述。

李:×××。

(七)休庭评议

审判长:被告人最后陈述完毕,现在休庭。(敲击法槌)由合议庭进行评议,×××分钟后继续开庭。(如果决定不当庭宣判的,应当告知宣判的时间或者交代:宣判时间另行通知)请法警将上诉人李××带出法庭候审。

休庭结束后,庭审准备就绪,书记员宣布:全体起立! 请审判长、审判员(人民陪审员)入庭。待合议庭成员坐定后,书记员再宣布:请坐下。

审判长:(敲击法槌)现在继续开庭。传上诉人李××到庭。上诉人李××犯××××案,通过今天的开庭审理,合议庭认真听取了上诉人李××的当庭供述和辩解、辩护人的辩护意见及检察人员发表的出庭意见。合议庭认为:××××××,本案将定期宣判。请法警将上诉人李××带出法庭重新羁押。

审判长:(待上诉人被带出法庭后)请书记员将法庭笔录交由相关人员阅读、补正并签名盖章。

审判长:休庭。(敲击法槌)

(八)定期宣判

开庭前系列准确性工作,同第一审普通程序庭审。

审判长:××××人民法院公开审理原审被告人李××犯××××案,现在继续开庭(敲击法槌)。传上诉人李××到庭。

(法警将上诉人李××带到法庭被告席)

审判长:本案经过法庭调查、法庭辩论、被告人当庭陈述及后来的休庭评议,现在宣判。

审判长:(宣判)××××裁定(判决)如下。

书记员:全体起立。

审判长:×××。(宣读审判结果后敲击法槌)本判决(裁定)为终审判决(裁定)。

书记员:全体坐下。

宣判后,审判长依次询问检察人员和当事人:对本判决有何意见?

检察人员和当事人陈述意见后,审判长指示书记员:请将检察人员和当事人的意见记录在案。

审判长:请法警将上诉人李××带出法庭重新羁押。

审判长:××××人民法院公开审理上诉人李××犯××××案,现在审理完毕。现在宣布——闭庭!(敲击法槌)

书记员宣布:全体起立!(待合议庭成员退庭后,宣布)散庭。

检察人员、诉讼参加人和旁听人员退庭。

第六章

模拟庭审过程中的证据审查判断

第一节　审查判断证据的任务

审查判断证据的任务便是查清单一证据的证明能力、证明力和证据体系是否完善、充分。

一、审查判断单一证据的证明能力和证明力

单一证据的证明能力和证明力则体现在证据是否具有客观真实性、关联性及合法性方面。因此审查主体在对证据进行审查判断过程中应审查单一证据是否符合"三性"要求，是否具有证明力及证明力大小，以及能否作为定案依据。

(一)审查判断证据的客观真实性

证据的客观真实性是指作为证据的客观物质痕迹和主观知觉痕迹均为已经发生的案件事实的客观反映，均为不以人们的主观意志为转移而存在的事实。证据的客观真实性是证据的本质属性，也是证据具有证明能力的前提。任何证据必须查证属实才能作为定案依据。因此查清证据的客观真实性是审查判断证据的首要任务。由于证据的客观真实性在现实生活中通常会受多方面因素影响，因此审查主体在审查判断证据的客观真实性时要注意以下方面：

1.证据的来源。从证据的来源方面审查判断证据的客观真实性时可审查提供证据者的身份、动机、与本案是否有利害关系；提供证据者的思想品德、一贯表现以及其感知条件和状况，是否有影响其真实反映的因素存在如被贿买、逼迫等；该证据的提取方法是否科学；鉴定条件和鉴定人的能力是否足够解决证据的确凿性问题以及其他发现证据时的主客观条件。[①]

2.证据的内容。由于证据的内容能充分显示证据是否具有客观真实性及其程度，因此对证据客观真实性的审查判断应以证据所反映的内容为重点。对证据内容是否具有客观真实性的审查判断可从以下方面进行：(1)证据所反映的社会现象或事实是否符合情理。所谓"情理"是指"人的常情和事情的一般道理"[②]，通常体现为人之常情、自然法则及蕴藏在大量民间习俗中的某些风俗习惯和地方性知识。证据内容的合情理性包括两个方面：第一证据本身所表明的情况或事实是否合乎情理；第二证据内容与其要证明的案件事实之间是否存在合理的逻辑关系。如杀人凶器上的指纹只能证明某人曾接触过该杀人凶器却不能证明其是凶手。因为该指纹和凶手身份的确立之间无合理的逻辑关

[①] 樊崇义：《证据法学》(第三版)，法律出版社2003年版，第327页。

[②] 中国社会科学院语言研究所词典编辑室：《现代汉语词典》，商务印书馆1980年版，第1035页。

系。悖于情理的证据内容可信度低,必须通过其他证据对其佐证。(2)证据内容本身及证据之间在内容方面是否存在矛盾。内容不一致的证据真实性差。证据内容不一致可以有三种表现形式:第一是证据内容内部自相矛盾,即证据内容的不同组成部分之间有不一致之处。第二是该证据内容与本案中其他证据内容不一致。如同一个证人就同一事实的两次陈述不一致。第三是该证据内容与本案中已知事实不一致。所谓"已知事实"通常是诉讼双方都无异议的事实或者是经查证属实的证据所证明的事实如公证文书所证明的事实等。①

(二)审查判断证据的关联性

证据的关联性,又称为证据的相关性,是指证据与待证案件事实之间的联系及联系程度。证据的作用在于其能一定程度地展示案件事实。如证据所反映的事实与待证事实间无任何联系,则该证据也就不存在证明作用,应从证据体系中剔除。证据的关联性体现着证据对于待证事实的证明力大小。根据我国相关法律法规规定和司法实践,审查主体在对证据关联性审查判断过程中可注意以下方面:

1.证据的关联性是否客观存在。证据与待证事实间的联系是客观存在的,而非审查主体主观想象,是不以审查主体的主观意志为转移的。审查主体应尊重二者间的这种客观联系,不能牵强附会,否则易导致冤假错案的出现。

2.证据与待证事实间的联系形式及联系程度。证据与待证事实间的联系十分复杂,既有因果联系、内在联系、直接联系,又有非因果联系、外在联系和间接联系。审查主体应审查判断各种证据的证明对象及其与待证事实间的联系形式。证据与待证事实间的联系形式通常决定着其证明力的大小。通常而言,证据与待证事实如客观存在着因果联系、内在联系或直接联系,则其证明力较强。

3.证据与案件事实间联系的确定性程度。证据与案件事实间联系的确定性程度是由证据的确定性程度决定的。证据的确定性程度通常依据证据的种类属性来确定。以人身同一认定为例,指纹鉴定结论与辩论结果均可作为认定人身同一与否的证据,但因指纹鉴定结论来源于精密仪器和科学方法测定,故其确定性较强,而辩论结果因受辨认人主观因素影响较大,因而相对于鉴定结论,其确定性程度较低。但在司法实践中,也应具体情况具体分析,如该指纹不清晰且纹线数量较少,则鉴定结果的确定性就偏低;如辨认主体对辨认对象非常熟悉,则其辨认结果的确定性会偏高。通常而言,证据的确定性程度与其证明力成正比。确定性程度高的证据通常可单独作为认定某一案件事实的证据,而确定性程度低的证据必须与其他证据结合在一起,才能作为认定某一案件事实的证据。②依据《刑事诉讼解释》第一百四十六条规定,审查被告人实施被指控的犯罪时或者审判时是否达到相应法定责任年龄,应当根据户籍证明、出生证明文件、学籍卡、人口

---

① 何家弘、刘品新:《证据法学》(第二版),法律出版社2007年版,第384页。
② 卞建林主编:《证据法学》(第二版),中国政法大学出版社2007年版,第330页。

普查登记、无利害关系人的证言等证据综合判断。证明被告人已满十二周岁、十四周岁、十六周岁、十八周岁或者不满七十五周岁的证据不足的,应当作出有利于被告人的认定。

(三)证据的合法性

证据的合法性,又称为证据的法律性,是指证据的形式及收集应符合我国现行法律法规相关规定。证据的合法性问题,尽管法学界对此还存在一些争论,但已得到司法界的普遍认同。根据目前我国相关法律法规和司法实践,对证据合法性的审查判断应注意以下方面:

1.证据是否具有合法的形式。证据要符合法定的表现形式。《中华人民共和国刑事诉讼法》规定的证据形式有物证、书证、证人证言,被害人陈述,犯罪嫌疑人、被告人供述和辩解,鉴定意见,勘验、检查、辨认、侦查实验等笔录,视听资料、电子数据。审查主体在对证据进行审查判断过程中,如发现即使有些事实或材料与案件有一定关联,但无上述法定证据表现形式,也不能作为认定案件事实的根据。除上述基本表现形式外,我国现行法律法规对各种证据应具备的表现形式还作出一些特殊性规定。依据《刑事诉讼解释》规定,调查收集证据主体向有关单位收集、调取的书面证据材料,必须由提供人署名,并加盖单位印章;向个人收集、调取的书面证据材料,必须由本人确认无误后签名或者盖章。对侦查机关出具的被告人到案经过、抓获经过等材料,应当审查是否有出具该说明材料的办案人、办案机关的签名、盖章。对到案经过、抓获经过或者确定被告人有重大嫌疑的根据有疑问的,应当要求侦查机关补充说明。证明被告人自首、坦白、立功的证据材料,没有加盖接受被告人投案、坦白、检举揭发等的单位的印章,或者接受人员没有签名的,不得作为定案的根据。对被告人及其辩护人提出有自首、坦白、立功的事实和理由,有关机关未予认定,或者有关机关提出被告人有自首、坦白、立功表现,但证据材料不全的,人民法院应当要求有关机关提供证明材料,或者要求相关人员作证,并结合其他证据作出认定。证明被告人构成累犯、毒品再犯的证据材料,应当包括前罪的裁判文书、释放证明等材料;材料不全的,应当要求有关机关提供。

2.证据是否由法定人员依照合法的程序和方法收集或提供。根据《中华人民共和国刑事诉讼法》等相关法律法规规定,在刑事诉讼过程中依法享有调查取证权的主体是公安、司法人员和辩护律师、代理律师;在民事诉讼、行政诉讼过程中依法享有调查取证权的主体是人民法院、当事人及其代理人。另外,我国诉讼法律法规对于司法人员、当事人及其辩护人、代理人收集或提供证据的权利或义务、方法与途径均作出明确的规定。如《中华人民共和国刑事诉讼法》第五十二条规定:"严禁刑讯逼供和以威胁、引诱、欺骗以及其他非法的方法收集证据。"

3.证据是否具有合法的来源。作为定案依据的任何证据都应来源合法。如证人证言、鉴定笔录,均应由具备证人资格、鉴定人资格的自然人提供。《中华人民共和国刑事诉讼法》第六十二条第二款规定:"生理上、精神上有缺陷或者年幼,不能辨别是非、不能正确表达的人,不能作证人。"《中华人民共和国刑事诉讼法》第四十三条规定:"辩护律师经证人或者其他有关单位和个人同意,可以向他们收集与本案有关的材料,也可以申请人民检察院、人民法院收集调取证据,或者申请人民法院通知证人出庭作证。辩护律师经人民检察院或者人民法院许可,并且经被害人或者其近亲属、被害人提供的证人同意,可以向他们收集与本案有关的材料。"

4.证据是否经过法定程序查证属实。一切证据必须查证属实,才能作为认定案件事实的根据。《刑事诉讼解释》第七十一条规定:"证据未经当庭出示、辨认、质证等法庭调查程序查证属实,不得作为定案的根据。"

二、审查判断全案证据的充分性

通常而言,符合"三性"要求并经依法查证属实的单一证据只能证明案件事实的某一方面。案件客观事实则是由多个方面组成的。因此在司法实践中,审查主体在对单一证据是否符合"三性"要求进行审查判断的同时应对本案证据是否具备充分性进行审查判断。根据相关法律法规和司法实践,审查主体在审查判断本案证据是否具备充分性时应注意以下问题:

(一)证据数量问题

证据充分性是针对证明整个案件真实情况的证据体系来说的,首先是指证据的数量问题。充分,是要求证据要有一定的数量,能够成为足以认定案件事实的依据。只有有了一定数量的证据,才能互相印证、互相支持、互相强化,共同证明案情。根据这个要求,在将言词证据作为直接证据使用时,必须要有其他证据予以印证,才能定案。这是因为这些直接证据都是人的陈述,它的真实性很容易受到主观因素的影响。而任何一个间接证据,只能证明有关整个案情的某一个环节,它不能证明案件的全貌和本质。如果有其他几个相应的间接证据也证明了案件中的其他几个环节并达到足以认定案件事实的程度,那么这些间接证据就形成了完整的证据链条,就达到了充分的要求。因此我们一方面对证据提出了充分的要求,一方面又不能有一个具体数量的规定。但这不是说证据的数量越多,它的证明力就越大。如果所有的证据形成不了完整的锁链,那么这样的证据再多,对认定案情也没有多大意义。究竟多少证据才能达到充分的要求,要由得出某一案件必然结论的需要而定。[①]从形式上看,充分的证据体系中应该符合对待证事实各要素全面证明的要求,也就是说,对待证事实中所包含的时间、地点、人物、原因、行为、手段、结果等要素都应有相应种类的证据来加以证明,这些证据可以是书证,也可以是物证,或者是勘验笔录、鉴定结论等。所谓待证事实,仅指有法律意义的事实,而非全部案件客观事实。在司法实践中因各种因素干扰,有些案件可能无法收集到全部证据。但对于那些"必要"的证据,是非收集不可的。例如对于伤害案件,为了查明伤者的伤情程度,

---

① 陆良民:《浅谈证据的确实、充分》,《河北法学》1985年第4期,第41页。

鉴定结论就是不可缺少的。从内容上看,本案中已被收集到的所有证据能够证明的内容,应该符合法律对该待证事实构成要件的要求。在刑事案件中,证据的充分性应表现为对被指控的某一犯罪,所提供的证据已能满足对该犯罪构成要件的证明要求。也就是说,对于某种具体的犯罪,法律已经规定了明确的构成要件。而对这些构成要件中涉及的事实,所提供的证据已经能够予以确实、充分的证明。在民事、行政案件中,证据的充分性则表现为对需要确认的法律关系及其构成要素,导致法律关系产生、变更、消灭的法律事实及其后果等内容,所提供的证据已经能够予以确实、充分的证明。[1]

（二）证据与待证事实间的逻辑关系问题

证据的充分必然要求有一定数量。但审查主体不能将证据的"充分性"等同于证据的"齐全性"。充分含有相对性,齐全则具有绝对性。"证据充分"与否在于证据与案件事实之间是否具有必然的逻辑联系,一定数量的证据能否必然推导出所要证明的案件事实。"'证据充分'并不是从数量上要求证据有多少,而是从案件事实上,从案件的证明对象上要求能否将其证明清楚。即案件事实证明清楚了,证据为充分,否则,证据为不足。"[2]在司法实践中,具备下列情形之一通常可被认为"证据不充分":(一)据以定案的证据存在疑问,无法查证属实的;(二)案件主要事实缺乏必要的证据予以证明的;(三)据以定案的证据之间的矛盾不能合理排除的;(四)根据证据得出的结论具有其他可能性的。

第二节　审查判断证据的步骤和方法

一、审查判断证据的步骤

对已收集到的证据进行审查判断是理性认识活动,是达到证明目的的必经程序和查明案件事实真相的根本方法,也是检查前期调查收集证据工作的成效。审查主体在对证据进行审查判断过程中应坚持以辩证唯物主义的认识论为指导,联系实际,具体问题具体分析,并结合证据调查收集工作有条不紊,由点到面,循序渐进。如发现证据有瑕疵或遗漏,应及时进行调查取证以消除疑问或完善证据体系,将调查取证工作贯穿于对证据审查判断的整个过程。由于不同案件对证明要求各有特点,对证据进行审查判断的步骤也有所不同,但都可采取以下步骤进行。

---

① 蔡作斌:《证据链完整性的标准及其审查判断》,《律师世界》2003年第3期,第12—13页。
② 王振河:《证据与定案》,陕西人民出版社1993年版,第147页。

(一)单一证据的审查判断步骤

鉴别证据的真伪及证明力,首先要从单个证据本身的审查核实入手。对单个证据的审查判断,应当注意从以下几个方面进行:

1.证据的来源。每个证据都有一定的来源,只有来源于客观实际的证据才能证明案件的事实真相,这既包括控告、检举、自首所提供的证据,也包括通过勘验、检查、搜查、扣押或讯问、询问所收集到的证据,其对案件事实的了解各自都有确定的来源。一切来历不明的证据或捕风捉影的议论,只能作为查证的线索,而不能作为诉讼证据加以使用。

2.证据的内容。在刑事案件发生过程中,行为作用于外界的方式不同,形成的证据形式也不一样,证明案件的内容也迥然不同。例如,有作用于客观外界而留下的物品、痕迹;有因犯罪行为被人们耳闻目睹所感知而在大脑里留下的记忆等。通过对证据形成过程中可能影响其真实性的时间、地点、条件等一切因素的审查,可以确定证据内容的真实性。

3.证据的关联性。证据之所以能够证明案件,是因为它与案件之间存在联系。因此,在对证据逐个进行审查时,不仅要判明这个证据本身是不是客观存在的,而且要查明这个客观存在的事实与需要证明的案件事实之间是否有联系。如果没有联系,即使是客观存在的,也不能作为定案的根据。同时,不能满足于证据材料与案件事实表面上的联系,而要查明二者之间有无内在的联系。由于刑事案件的事实包括是否发生犯罪行为的事实和犯罪行为是否为犯罪嫌疑人、被告人所实施的事实,因此审查判断证据与案件事实之间的联系,不但要审查判断该证据与犯罪行为有无联系,而且还必须审查判断其与犯罪嫌疑人、被告人之间有无客观联系。经过控辩双方质证的证据,法庭应当结合控辩双方质证意见,从证据与待证事实的关联程度、证据之间的印证联系、证据自身的真实性程度等方面,综合判断证据能否作为定案的根据。证据与待证事实没有关联,或者证据自身存在无法解释的疑问,或者证据与待证事实以及其他证据存在无法排除的矛盾的,不得作为定案的根据。

4.证据的收集程序。以符合法律要求的合法方式收集的证据才具有证据效力,一切以非法方法收集的证据均不能如实反映证据的真实性,特别是采取刑讯的方法逼取的口供或以威胁、引诱、欺骗等非法方法取得的证据,其虚假性更大。因此,在审查判断证据时,一定要了解每个证据是以什么方法,在什么情况下取得的,是否违背了法定的取证程序和要求。只有这样,才能判明证据的真伪。收集证据的程序、方式不符合法律规定,严重影响证据真实性的,人民法院应当建议人民检察院予以补正或者作出合理解释;不能补正或者作出合理解释的,有关证据不得作为定案的根据。

(二)单一证据的审查判断方式

《中华人民共和国刑事诉讼法》第五十条规定:"证据包括:(一)物证;(二)书证;(三)证人证言;(四)被害人陈述;(五)犯罪嫌疑人、被告人供述和辩解;(六)鉴定意见;(七)勘验、检查、辨认、侦查实验等笔录;(八)视听资料、电子数据。"各种证据因其表现形式各异,核实方式有所不同。

1.物证、书证的审查判断。物证是以其外部特征、存在状态或者内在属性来证明案情的证据,因此,对物证的审查判断,主要通过检验其外形、质地、属性等特征,以鉴别其真伪,查明其与案件事实有无内在联系。书证是以其记载的思想内容来证明案情的证据。依据《刑事诉讼解释》第八十二条规定,对物证、书证应当着重审查以下内容:(1)物证、书证是否为原物、原件,是否经过辨认、鉴定;物证的照片、录像、复制品或者书证的副本、复制件是否与原物、原件相符,是否由二人以上制作,有无制作人关于制作过程以及原物、原件存放于何处的文字说明和签名。(2)物证、书证的收集程序、方式是否符合法律、有关规定;经勘验、检查、搜查提取、扣押的物证、书证,是否附有相关笔录、清单,笔录、清单是否经侦查人员、物品持有人、见证人签名,没有物品持有人签名的,是否注明原因;物品的名称、特征、数量、质量等是否注明清楚。在勘验、检查、搜查过程中提取、扣押的物证、书证,未附笔录或者清单,不能证明物证、书证来源的,不得作为定案的根据。物证、书证的收集程序、方式有下列瑕疵,经补正或者作出合理解释的,可以采用:一是勘验、检查、搜查、提取笔录或者扣押清单上没有侦查人员、物品持有人、见证人签名,或者对物品的名称、特征、数量、质量等注明不详的;二是物证的照片、录像、复制品,书证的副本、复制件未注明与原件核对无异,无复制时间或者无被收集、调取人签名、盖章的;三是物证的照片、录像、复制品,书证的副本、复制件没有制作人关于制作过程和原物、原件存放地点的说明,或者说明中无签名的;四是有其他瑕疵的。对物证、书证的来源、收集程序有疑问,不能作出合理解释的,该物证、书证不得作为定案的根据。(3)物证、书证在收集、保管、鉴定过程中是否受损或者改变。(4)物证、书证与案件事实有无关联;对现场遗留与犯罪有关的具备鉴定条件的血迹、体液、毛发、指纹等生物样本、痕迹、物品,是否已做DNA鉴定、指纹鉴定等,并与被告人或者被害人的相应生物检材、生物特征、物品等比对。(5)与案件事实有关联的物证、书证是否全面收集。对与案件事实可能有关联的血迹、体液、毛发、人体组织、指纹、足迹、字迹等生物样本、痕迹和物品,应当提取而没有提取,应当检验而没有检验,导致案件事实存疑的,人民法院应当向人民检察院说明情况,由人民检察院依法补充收集、调取证据或者作出合理说明。

物证是大多数刑事诉讼中普遍存在的证据种类。依据我国现行刑事法律规范规定,对物证的审查判断应当从以下几个方面进行:(1)审查物证的来源。物证的来源是指物证的出处以及它是如何得到的,不论是办案人员自己发现的还是有关机关、群众提供的,都要追本溯源,查清物证的原始出处,防止将疑似的物品当作物证使用,尤其要注意是否有栽赃陷害的情况,例如,犯罪人作案后将凶器扔在别人家的后院里,或者偷穿别人的鞋子作案,或者认定为被告人盗窃的电动车实际上是他自己在旧货市场买来的,等等。查明物证的来源对于查清物证是不是客观真实的、同案件事实是否有联系等问题都具有十分重要的意义。(2)审查物证是否真实可靠。物证的外部特征、存在状况等极易因客观条件的变化或者人为因素发生变异,从而妨碍其以真实的内容证明案情,影响其证明力。

因此,首先要检验物证的外形、属性等特征,并注意时间、条件的变化对这些特征有无影响,如是否有褪色、变色、变形、缺损、变质等情况;其次,要注意物证有无伪造的可能,例如,犯罪人把留有别人指纹的茶杯故意遗留在现场,把勒死伪装成上吊自杀,等等。(3)审查物证与案件事实是否具有客观联系。一个物品能够成为证据的根本属性还在于其与案件事实有一定的内在联系,能够起到证明作用,物证是"哑巴"证据,其与案件事实的联系需要办案人员去鉴别判断。在司法实践中必须防止不加区别地将发现的所有物品都当作物证使用,例如,在现场发现的指纹、脚印不一定都是本案的物证,只有犯罪人在作案时遗留现场的指纹、脚印即与案件事实有客观联系的物证才是证据,而其他人也有多种可能在现场遗留指纹或者脚印,不加区别一概认定为证据就会造成冤假错案。(4)审查物证的形式。依据《刑事诉讼解释》第八十三条规定,据以定案的物证应当是原物。原物不便搬运,不易保存,依法应当由有关部门保管、处理,或者依法应当返还的,可以拍摄、制作足以反映原物外形和特征的照片、录像、复制品。物证的照片、录像、复制品,不能反映原物的外形和特征的,不得作为定案的根据。物证的照片、录像、复制品,经与原物核对无误、经鉴定为真实或者以其他方式确认为真实的,可以作为定案的根据。

对书证的审查判断应当从以下几个方面进行:(1)审查书证的制作情况。任何书证都是制作者基于一定的目的制作的,只有查明书证的制作者,才能查明其制作书证所想要表达的思想和制作的过程。例如,查明书证载明的制作主体并未制作该书证,就表明书证系他人冒用别人名字制作而属伪造的,则不具有证明作用。确定制作主体后还需查明书证是否反映制作者真实的思想,有无暴力、威胁、欺骗等情况导致书证内容失实。(2)审查书证的内容是否真实。即审查书证是否伪造或者变造以及有无非故意的错误。在刑事诉讼中,犯罪分子常出于各种动机,通过挖补、涂改、增添等方式对有关书证进行伪造或者变造,从而使书证的内容完全失实,或者嫁祸于人。有时,书证制作者虽非故意,但也可能因记忆、书写、打印等问题而造成书证内容错误,应注意加以区别。(3)审查书证内容与案件事实有无客观联系。只有查清书证记载内容的真实含义以及它与证明对象之间的关系,才能确定能否将其作为认定案件事实的根据。(4)审查书证的形式。依据《刑事诉讼解释》第八十四条规定,据以定案的书证应当是原件。取得原件确有困难的,可以使用副本、复制件。书证有更改或者更改迹象不能作出合理解释,或者书证的副本、复制件不能反映原件及其内容的,不得作为定案的根据。书证的副本、复制件,经与原件核对无误、经鉴定为真实或者以其他方式确认为真实的,可以作为定案的根据。

2.证人证言的审查判断。证人证言,作为大多数刑事案件普遍存在的证据种类,在反映案件事实的同时也可核实其他证据真伪。依据《刑事诉讼解释》第八十七条规定,对证人证言应当着重审查以下内容:(1)证言的内容是否为证人直接感知。证人的猜测性、评论性、推断性的证言,不得作为证据使用,但根据一般生活经验判断符合事实的除外。(2)证人作证时的年龄,认知、记忆和表达能力,生理和精神状态是否影响作证。处于明显醉酒、中毒或者麻醉等状态,不能正常感知或者正确表达的证人所提供的证言,不得作为证据使用。(3)证人与案件当事人、案件处理结果有无利害关系;(4)询问证人是否个别进行;(5)询问笔录的制作、修改是否符合法律、有关规定,是否注明询问的起止时间和地点,首次询问时是否告知证人有关作证的权利义务和法律责任,证人对询问笔录是否核对确认;(6)询问未成年证人时,是否通知其法定代理人或者有关人员到场,其法定代理人或者有关人员是否到场;(7)证人证言有无以暴力、威胁等非法方法收集的情形;(8)证言之间以及与其他证据之间能否相互印证,有无矛盾。证人没有出庭作证,其庭前证言真实性无法确认的,不得作为定案的根据。证人当庭作出的证言与其庭前证言矛盾,证人能够作出合理解释,并与相关证据印证的,应当采信其庭审证言;不能作出合理解释,而其庭前证言与相关证据印证的,可以采信其庭前证言。

作为自然人对案件事实的感知,证人证言容易受到主客观因素的影响而导致其证明力的削弱或者消失。因此,对证人证言的审查判断应当注意从以下几个方面进行:(1)审查证人证言的来源。对于证人陈述的案件事实,首先要查明证人是在什么情况下知道案件事实的,是自己直接感知的,还是听别人转述的。如果是听别人转述的,还要尽可能找到直接感知的证人进行询问、查对。至于道听途说的东西只能作为调查线索,而不能直接作为证据使用。(2)审查证人与当事人以及案件处理结果有无利害关系。由于我国法律对证人资格未作严格的限定,任何人只要知道案情、有作证能力均可成为证人,因此,与案件当事人有近亲属、同学、朋友或者仇怨关系的人都可能成为本案的证人,但该利害关系的存在,不可避免地会影响证人证言的客观真实性,因此必须慎重审查。(3)审查证人证言形成的过程。审查证人证言是否真实,应当注意其形成的具体过程,如案件发生时的天气情况、光线的明暗程度、距离的远近、声音的强弱等,都会影响证人证言的真实性。同时,还要注意审查证人作证时是否受到外界的影响(如威胁、恐吓、收买、指使等),取证时的程序是否合法等。这可以通过对证言内容前后是否有矛盾、证言与其他证据是否协调一致来审查判断。(4)审查证人的作证能力。即审查证人的感知能力、记忆能力和表达能力,《中华人民共和国刑事诉讼法》第六十条第二款规定:"生理上、精神上有缺陷或者年幼,不能辨别是非,不能正确表达的人,不能作证。"因此,要通过对证人的年龄、生理、精神状况的审查判断,确定其证言的真伪,在必要时还可以通过鉴定来判断证人有无作证能力。

我国现行刑事法律规范对证人证言的收集程序、方式有着严格规定。依据《刑事诉讼解释》第八十九条、第九十条规定,证人证言具有下列情形之一的,不得作为定案的根据:(1)询问证人没有个别进行的;(2)书面证言没有经证人核对确认的;(3)询问聋、哑人,应当提供通晓聋、哑手势的人员而未提供的;(4)询问不通晓当地通用语言、文字的证人,应当提供翻译人员而未提供的。证人证言的收集程序、方式有下列瑕疵,经补正或者作出合理解释的,可以采用;不能补正或者作出合理解释的,不得作为定案的根据:(1)询问笔录没有填写询问人、记录人、法定代理人姓名以及询问的起止时间、地点的;(2)询问地点不符合规定的;(3)询问笔录没有记录告知证人有关作证的权利义务和法律责任的;(4)询问笔录反映出在同一时段,同一询问人员询问不同证人的。

3.被害人陈述的审查判断。被害人陈述是刑事诉讼证据之一,由于被害人对犯罪行为的了解较一般人清楚,其陈述一经查证属实,即可直接证明案件事实。所以必须特别重视对其陈述进行审查判断,鉴别真伪。审查判断被害人陈述,应注意从以下几个方面进行:(1)审查被害人与犯罪嫌疑人、被告人的关系。如果被害人与犯罪嫌疑人、被告人素不相识,其陈述的真实性较大;如果被害人与犯罪嫌疑人、被告人有一定的特殊关系,如亲属关系或者矛盾关系,则可能影响其陈述的证明力。因此,不可忽视他们之间所存在的特殊关系。(2)审查被害人陈述的来源。主要是查明其陈述是来源于被害人自己的感知,还是他人的告知。如果是被害人自己的感知,那么还要查明其感知的条件;对于他人告知的,要查明告知的人员、时间和地点,以判断其陈述是否准确。(3)审查被害人陈述时有无思想顾虑。实践证明,不论是受到外界威胁、利诱,还是由于考虑自身名誉、利害等,都可能使被害人不敢或不愿陈述被害的真实情况。因此,必须对被害人陈述时的情况包括动机、表情、语言表达、神态等进行综合分析,判断其有无思想顾虑和外在因素的影响,以确定其真实性。(4)审查被害人陈述的内容。即审查被害人陈述的内容本身是否合情合理,前后有无矛盾,以及和其他证据有无矛盾。同时,对年幼或者其他限制行为能力被害人的陈述要结合其自身特点进行判断,注意其语言表达特点及习惯,防止有外来因素的影响。

4.犯罪嫌疑人、被告人供述和辩解的审查判断。犯罪嫌疑人、被告人供述和辩解,在司法实践中又被称为口供,能够证明案件主要事实,即犯罪行为是否发生以及谁是犯罪行为实施者。鉴于犯罪嫌疑人、被告人口供的证据价值,在庭审实践中,犯罪嫌疑人、被告人的口供通常是重点审查对象。依据《刑事诉讼解释》第九十三条规定,对被告人供述和辩解应当着重审查以下内容:(1)讯问的时间、地点,讯问人的身份、人数以及讯问方式等是否符合法律、有关规定。(2)讯问笔录的制作、修改是否符合法律、有关规定,是否注明讯问的具体起止时间和地点,首次讯问时是否告知被告人相关权利和法律规定,被告人是否核对确认。(3)讯问未成年被告人时,是否通知其法定代理人或者有关人员到场,其法定代理人或者有关人员是否到场。(4)被告人的供述有无以刑讯逼供等非法方法收集的情形。(5)被告人的供述是否前后一致,有无反复以及出现反复的原因;被告人的所有供述和辩解是否均已随案移送。审查被告人供述和辩解,应当结合控辩双方提供的所有证据以及被告人的全部供述和辩解进行。被告人庭审中翻供,但不能合理说明翻供原因或者其辩解与全案证据矛盾,而其庭前供述与其他证据相互印证的,可以采信其庭前供述。被告人庭前供述和辩解存在反复,但庭审中供认,且与其他证据相互印证的,可以采信其庭审供述;被告人庭前供述和辩解存在反复,庭审中不供认,且无其他证据与庭前供述印证的,不得采信其庭前供述。(6)被告人的辩解内容是否符合案情和常理,有无矛盾。(7)被告人的供述和辩解与同案被告人的供述和辩解以及其他证据能否相互印证,有无矛盾。必要时,可以调取讯问过程的录音录像、被告人进出看守所的健康检查记录、笔录,并结合录音录像、记录、笔录对上述内容进行审查。

犯罪嫌疑人、被告人供述和辩解的显著特点是真假并存,一方面犯罪嫌疑人、被告人是最了解案件情况的人,另一方面其又有逃避惩罚的基本心理,因此,根据我国现行刑事法律规范,对该种证据进行审查判断,应当注意从以下几个方面进行:(1)审查取得供述和辩解的程序是否合法。犯罪嫌疑人、被告人的供述必须完全出于自愿才能具有证据效力,而在证据的取得上,最容易出现违法现象的就是口供,因此,必须查明在对犯罪嫌疑人、被告人进行讯问时有无刑讯逼供、诱供、骗供等情况。如果查明是采取非法方法取得的供述,则不得作为证据使用。(2)审查犯罪嫌疑人、被告人供述和辩解的内容。真实的口供,无论是供述还是辩解,都应当是合情合理、没有矛盾的,亦即符合案件发生的基本规律。如果口供内容有反复,即便是一些细微的差别也要注意进行审查,查明其出现反复或者矛盾的原因,尤其是在犯罪嫌疑人、被告人的口供出现屡供屡翻的情况时,必须特别注意区别其真假。(3)审查犯罪嫌疑人、被告人供述和辩解的动机。不论是供述还是辩解,必然是出于一定动机而为之,而动机不同,决定了其陈述内容真假不同。例如,供述的动机有真心悔罪的,有不堪刑讯的,有替人受过的,等等;辩解的动机有为了逃避惩罚的,有没有犯罪的,有认为司法机关没有掌握自己证据的,等等。因此,通过查明其供述和辩解的动机,可以进而查明口供的真伪,特别是不能轻易相信其供述而只注重审查其辩解。(4)审查犯罪嫌疑人、被告人供述和辩解与其他证据有无矛盾。由于犯罪嫌疑人、被告人的特殊身份,使其供述成为办案人员最为重视的证据之一,一旦取得就容易轻信。但在对口供运用时除了看其本身内容是否有矛盾外,还要重视其与本案其他证据的关系。如果口供真实,它与其他证据应当是协调一致的,因为它们证明的是同一案件事实;如果与其他证据发生矛盾,则要考虑口供是否有假。另外,对于共同犯罪案件,还要注意审查同案犯罪嫌疑人、被告人供述和辩解是否一致,如果同案犯口供有矛盾,则可以证明其中有的同案犯的口供是虚假的,但是,在同案犯口供完全一致的情况下,也要注意审查是否有订立攻守同盟、串供等情形,切不可轻信。总之,对供述和辩解不可轻信,只有经过反复查证、核对,具有充分根据确认口供是真实的,才能将其作为定案的根据。

经审查,如被告人供述具有下列情形之一的,不得作为定案的根据:(1)讯问笔录没有经被告人核对确认的;(2)讯问聋、哑人,应当提供通晓聋、哑手势的人员而未提供的;(3)讯问不通晓当地通用语言、文字的被告人,应当提供翻译人员而未提供的。另外,如讯问笔录有下列瑕疵,经补正或者作出合理解释的,可以采用;不能补正或者作出合理解释的,不得作为定案的根据:(1)讯问笔录填写的讯问时间、讯问人、记录人、法定代理人等有误或者存在矛盾的;(2)讯问人没有签名的;(3)首次讯问笔录没有记录告知被讯问人相关权利和法律规定的。被告人的当庭供述与庭前供述、自书材料存在矛盾,被告人能够作出合理解释,并与相关证据印证的,应当采信其当庭供述;不能作出合理解释,而其庭前供述、自书材料与相关证据印证的,可以采信其庭前供述、自书材料。法庭应当结合讯问录音录像对讯问笔录进行全面审查。讯问笔录记载的内容与讯问录音录像存在实质性差异的,以讯问录音录像为准。

5.鉴定意见的审查判断。鉴定意见是受公安司法机关委托或指定的鉴定人就案件中某些专门性问题进行鉴定后提供的某种书面意见。鉴定意见在某些案件中通常具有决定性作用。依据《刑事诉讼解释》第九十七条规定,对鉴定意见应当着重审查以下内容：（1）鉴定机构和鉴定人是否具有法定资质；（2）鉴定人是否存在应当回避的情形；（3）检材的来源、取得、保管、送检是否符合法律、有关规定，与相关提取笔录、扣押物品清单等记载的内容是否相符，检材是否充足、可靠；（4）鉴定意见的形式要件是否完备，是否注明提起鉴定的事由、鉴定委托人、鉴定机构、鉴定要求、鉴定过程、鉴定方法、鉴定日期等相关内容，是否由鉴定机构加盖司法鉴定专用章并由鉴定人签名、盖章；（5）鉴定程序是否符合法律、有关规定；（6）鉴定的过程和方法是否符合相关专业的规范要求；（7）鉴定意见是否明确；（8）鉴定意见与案件待证事实有无关联；（9）鉴定意见与勘验、检查笔录及相关照片等其他证据是否矛盾；（10）鉴定意见是否依法及时告知相关人员，当事人对鉴定意见有无异议。

由于刑事案件涉及诸多领域和学科知识，对有关案件事实的认定仅依靠公安司法人员的知识和经验是远远不够的，为解决案件中的专门性问题而求助于鉴定人是现代诉讼之必需，而当根据鉴定人出具的意见来证明案件事实时，必须从以下几个方面对鉴定意见进行审查判断：（1）审查鉴定人的资格。在刑事诉讼中遇到专门性问题之所以要聘请或指派鉴定人进行鉴定，是因为鉴定人具有这方面的知识或技能，能够凭这些专门知识或技能去解决普通人无法解决的问题。如果所聘请或指派的鉴定人不具备解决该专门性问题所应具有的专门知识或技能，就无法作出正确的鉴定意见。因此，具有解决需要鉴定的专门性问题的能力是鉴定人首先必须具备的条件。同时，鉴定人还是法定回避的对象，所以还要审查鉴定人是否与案件或者案件当事人有利害关系，如果有利害关系，则不能作为本案的鉴定人。（2）审查鉴定所依据的材料是否充分、可靠。为鉴定人提供充分、可靠的材料，是正确鉴定的基础。如果材料不可靠，鉴定意见就不可能正确；材料虽然可靠但不充分，鉴定意见也很可能不正确。例如，提取的脚印不是本案犯罪嫌疑人的，或者提取的脚印模糊不清只有半幅等，均有可能导致鉴定意见不正确。因此，需要从所提供材料的质和量两个方面进行审查。（3）审查鉴定的方法是否科学。鉴定意见是科学证据，其必须依据先进的技术设备、优良的鉴定方法，通过充分、合理的论证才能做出，同时也必须反映出鉴定过程中发现的现象及其科学原理。因此，采用的鉴定方法和程序是否科学也直接影响鉴定意见的正确性。（4）审查鉴定人进行鉴定时是否受到外界的影响。即使鉴定人本身与案件没有利害关系，但若受到利害关系人的威胁、收买、欺骗等，也有可能作出虚假的鉴定意见。而且，由于鉴定的问题是包括办案人员在内的普通人员所无法解决的专门问题，因此这方面的审查尤为重要，可以从程序上保障鉴定意见的正确性。（5）审查鉴定意见与其他证据是否有矛盾。鉴定意见只是对某一专门性问题进行鉴定作出的结论性意见，如果正确，应与其他证据相一致；如果与其他证据出现矛盾，则说明其可能有虚假的成分，要进行分析，必要时可以进行补充鉴定或者聘请、指派其他鉴定人重新进行鉴定。这是审查判断鉴定意见的一种基本方法。

经审查，鉴定意见如具有下列情形之一的，不得作为定案的根据：（1）鉴定机构不具备法定资质，或者鉴定事项超出该鉴定机构业务范围、技术条件的；（2）鉴定人不具备法定资质，不具有相关专业技术或者职称，或者违反回避规定的；（3）送检材料、样本来源不明,或者因污染不具备鉴定条件的;(4)鉴定对象与送检材料、样本不一致的;(5)鉴定程序违反规定的;(6)鉴定过程和方法不符合相关专业的规范要求的;(7)鉴定文书缺少签名、盖章的;(8)鉴定意见与案件待证事实没有关联的;(9)经人民法院通知,鉴定人拒不出庭作证的,鉴定意见不得作为定案的根据;(10)对案件中的专门性问题需要鉴定,但没有法定司法鉴定机构,或者法律、司法解释规定可以进行检验的,可以指派、聘请有专门知识的人进行检验,检验报告可以作为定罪量刑的参考。经人民法院通知,检验人拒不出庭作证的,检验报告不得作为定罪量刑的参考。有专门知识的人当庭对鉴定意见提出质疑,鉴定人能够作出合理解释,并与相关证据印证的,应当采信鉴定意见;不能作出合理解释,无法确认鉴定意见可靠性的,有关鉴定意见不能作为定案的根据。

6.勘验、检查、辨认、侦查实验笔录等的审查判断。勘验、检查、辨认、侦查实验等笔录虽然是公安司法人员制作的,但是也可能由于各种主客观原因而造成失实。因此,对勘验、检查、辨认、侦查实验笔录的审查判断,应当注意从以下几个方面进行:(1)审查勘验、检查、辨认、侦查实验笔录的制作是否符合法律要求。刑事诉讼法对每一勘验、检查、辨认、侦查实验行为都有严格的程序要求,这是保证笔录真实有效的必要条件。因此,对于勘验、检查、辨认、侦查实验笔录,首先要审查笔录的制作过程是否合法。具体包括:勘验、检查人员,辨认人,侦查实验人员是否符合法律规定,勘验、检查人员和见证人、辨认人、侦查实验人员是否在笔录上签名或盖章,等等。(2)审查勘验、检查、辨认、侦查实验笔录的内容。即该笔录是否全面、准确、完整地记载了勘验、检查对象,辨认、侦查实验全过程,有无遗漏或者记载错误。例如,笔录的记载同现场、物品、痕迹、尸体和人身特征的实际情况是否相吻合;文字表述是否准确,与其他照片、录像等是否相冲突等。(3)审查笔录记载的对象是否有伪造或者破坏的迹象。犯罪分子为了逃避侦查和审判,常会伪装现场、破坏现场;人身的特征、伤害情况等也有可能伪装或者变化。只有认真审查,才能确定勘验、检查、辨认、侦查实验的真实性。(4)审查勘验、检查、辨认、侦查实验人员的业务能力及工作责任心。笔录记载的有关勘验、检查、辨认、侦查实验的情况是否属实,还与相关人员的业务能力、工作态度、专业技术水平等密切相关,在审查时应当予以注意。

由于勘验、检查笔录,辨认笔录及侦查实验笔录制作要求各有不同,因此在庭审证据核实过程中,核实方法各有不同。依据《刑事诉讼解释》第一百零二条至一百零七条规定,对勘验、检查笔录应当着重审查以下内容:(1)勘验、检查是否依法进行,笔录的制作是否符合法律、有关规定,勘验、检查人员和见证人是否签名或者盖章。(2)勘验、检查笔录是否记录了提起勘验、检查的事由,勘验、检查的时间、地点,在场人员、现场方位、周围环境等,现场的物品、人身、尸体等的位置、特征等情况,以及勘验、检查、搜查的过程;文字记录与实物或者绘图、照片、录像是否相符;现场、物品、痕迹等是否伪造、有无破坏;人身特征、伤害情况、生理状态有无伪装或者变化等。(3)补充进行勘验、检查的,是否说明了再次勘验、检查的缘由,前后勘验、检查的情况是否矛盾。经审查发现勘验、检查笔录存在明显不符合法律、有关规定的情形,不能作出合理解释或者说明的,不得作为定案的根据。对辨认笔录应当着重审查辨认的过程、方法,以及辨认笔录的制作是否符合有关规定。辨认笔录具有下列情形之一的,不得作为定案的根据:(1)辨认不是在侦查人员主持下进行的;(2)辨认前使辨认人见到辨认对象的;(3)辨认活动没有个别进行的;(4)辨认对象混杂在具有类似特征的其他对象中,或者供辨认的对象数量不符合规定的;(5)辨认中给辨认人明显暗示或者明显有指认嫌疑的;(6)违反有关规定、不能确定辨认笔录真实性的其他情形。对侦查实验笔录应当着重审查实验的过程、方法,以及笔录的制作是否符合有关规定。侦查实验的条件与事件发生时的条件有明显差异,或者存在影响实验结论科学性的其他情形的,侦查实验笔录不得作为定案的根据。

7.视听资料、电子数据的审查判断。视听资料、电子数据作为科技时代产生的新型证据,在其以直观、生动、形象的特点证明案情的同时,对其真实性的审查判断也不可忽视。依据《刑事诉讼解释》第一百零八条、第一百零九条规定,对视听资料应当着重审查以下内容:(1)是否附有提取过程的说明,来源是否合法;(2)是否为原件,有无复制及复制份数;是复制件的,是否附有无法调取原件的原因、复制件制作过程和原件存放地点的说明,制作人、原视听资料持有人是否签名或者盖章;(3)制作过程中是否存在威胁、引诱当事人等违反法律、有关规定的情形;(4)是否写明制作人、持有人的身份,制作的时间、地点、条件和方法;(5)内容和制作过程是否真实,有无剪辑、增加、删改等情形;(6)内容与案件事实有无关联。对电子邮件、电子数据交换、网上聊天记录、博客、微博客、手机短信、电子签名、域名等电子数据,应当着重审查以下内容:(1)是否随原始存储介质移送;在原始存储介质无法封存、不便移动或者依法应当由有关部门保管、处理、返还时,提取、复制电子数据是否由二人以上进行,是否足以保证电子数据的完整性,有无提取、复制过程及原始存储介质存放地点的文字说明和签名;(2)收集程序、方式是否符合法律及有关技术规范;经勘验、检查、搜查等侦查活动收集的电子数据,是否附有笔录、清单,并经侦查人员、电子数据持有人、见证人签名;没有持有人签名的,是否注明原因;远程调取境外或者异地的电子数据的,是否注明相关情况;对电子数据的规格、类别、文件格式等注明是否清楚;(3)电子数据内容是否真实,有无删除、修改、增加等情形;(4)电子数据与案件事实有无关联;(5)与案件事实关联的电子数据是否全面收集。

对视听资料的审查判断,应当从以下几个方面进行:(1)审查视听资料、电子数据的来源和制作过程。即审查视听资料、电子数据是原始制作的还是经过复制、复录的,制作设备、技术是否科学、完备,制作过程中有无非法行为,如被录音、录像人在录制时是否出于自愿,有无被威胁或诱骗现象等。这些情形均会直接影响视听资料的真实性,在审查时应当予以注意。(2)审查视听资料、电子数据的内容。即审查视听资料、电子数据是否被伪造或篡改。视听资料、电子数据是通过技术手段取得的,因此,通过技术手段可以改变视听资料、电子数据的原始内容,而且这种改变同样需要经过技术手段来发现。例如,犯罪分子可对视听资料进行伪造、剪接、模仿,以达到逃避罪责的目的。所以,在审查时特别要注意有无通过剪接、消磁、仿音、叠音、篡改计算机数据等方法伪造、篡改视听资料、电子数据的情况。必要时还可以进行鉴定。(3)审查视听资料、电子数据的内容与案件有无客观联系。视听资料、电子数据的证明对象一般比较清晰明了,但能否作为证据使用还要看其与案件事实之间的关系。只有与案件事实有客观联系的视听资料、电子数据,才能作为证据使用,所以,即便其记载的内容是真实的,但与案件没有客观联系,也不能作为认定案件事实的证据。

在对视听资料、电子数据进行审查过程中,如控辩双方对视听资料、电子数据有疑问的,应当进行鉴定或者检验。经审查视听资料、电子数据具有下列情形之一的,不得作为定案的根据:(1)经审查无法确定真伪的;(2)制作、取得的时间、地点、方式等有疑问,不能提供必要证明或者作出合理解释的。

(三)证据的审查判断方法

对证据进行审查判断是审查主体依据自身理性,运用逻辑思维进行的一项主观认识活动。由于大多数案件中被收集到的证据通常数量较多且真伪难辨,因此对证据进行审查判断是一项复杂活动,需运用一种或多种方法进行去粗取精、去伪存真、由此及彼、由表及里以完成审查判断证据的任务。在司法实践中,审查主体审查判断证据的主要方法有:

1.鉴别法。鉴别法是根据客观事物发生、发展、变化的一般规律和常识去分析、判断单一证据是否符合"三性"要求及证明力大小的方法。事物发生、发展、变化的一般规律和生活常识通常由审查判断主体通过日积月累的生活积累而成。如在无灯光和月光的夜晚,自然人通常难以辨清行为人的脸部特征;行为人通常不可能从后面重力击打被害人的腹部等。该法通常是审判判断证据最常用、最先使用的方法。使用该法可对证据进行初次净化和筛选,为以后的审查判断缩小范围。

2.比对法。比对法是指将证据体系中多个具有可比性的证据进行比较对照,判断它们所反映的案件事实是否一致并据此判断其是否符合"三性"要求及证明力的方法。所谓"可比性"是指用以比对的证据所证明的对象必须是同一事实或事物。比如,将遗留在现场不可移动物上的指纹和被告人(或嫌疑人)平时留下或特意令他捺下的指纹相比较。如果两者完全相同,便可以得出该待证的指纹系被告人(或嫌疑人)所留下的结论。否则,便予以排除。

3.印证法。印证法是指将若干证据分别证明的若干事实联系起来进行考察,以判明它们之间是否相互协调一致的证明方法。按照事物是互相联系的辩证原理,案件发生后,证据和一定的案件事实,以及证据与证据之间必然存在着一定的联系。也就是说,某个证据的存在往往和有关证据的存在互为条件。这样,为判明一定证据素材的真伪就可以而且必须通过对与有关证据的关系去加以考察。以相互协调与否作为判断其真伪的标准。这是在实践中普遍采用的方法。比如,从现场收集到的一把带血的匕首,侦查人员为了判明它是否为作案的凶器,除了对它本身进行研究之外,还需要查对刀上血迹和死者血型是否一致;刀形和伤口形状是否吻合。只有得出肯定性的认识,才能作为本案证据加以运用。[①]

---

① 曾斯孔:《证据的审查判断新探》,《西北政法学院学报》1998年第1期,第52—53页。

4.实验法。实验法是指为了分析判断某一现象或事实在某种条件下能否发生或者怎样发生而按原来的条件,将该事件或事实加以重演或者进行试验的一种侦查活动。验证法通常用于核实某些言词证据的真实可靠性时加以采用。在刑事诉讼过程中,侦查人员经过公安局长批准,可以进行侦查实验。通过侦查实验,可帮助审查主体判明在某种条件或情形下,能否听到、看到某种声音或现象;或使用某种工具能否留下某种痕迹等问题,从而判明言词证据的真伪。依据相关法律法规定,审查主体在进行侦查实验时应遵守以下规则:(1)侦查实验,在自然条件方面应当和被审查事件的条件一致或相似,应尽可能使用原有物品或工具并尽可能在案件发生地进行。(2)侦查实验,在必要的时候可以聘请有关人员参加,也可以要求犯罪嫌疑人、被害人、证人参加。侦查实验可反复多次进行,以保证准确性。(3)侦查实验,禁止一切足以造成危险、侮辱人格或者有伤风化的行为。(4)侦查实验,应当制作笔录,记明侦查实验的条件、经过和结果,由参加侦查实验的人员签名或者盖章。

5.鉴定法。鉴定法是指对于案件中的某些专门性问题,由具有专门知识的人进行鉴别判断并作出结论性意见的方法。对于某些物证、书证或视听资料,仅凭审查主体的感官通常难以辨别真伪,由鉴定人员利用科技手段进行检查验证并作出鉴定结论后才能作为定案依据。司法实践中,常见的鉴定有法医鉴定、司法精神病鉴定、司法会计鉴定、刑事科技鉴定等。对于鉴定结论,还需要和其他证据联系起来进行对比分析,经查证属实后才能作为定案依据。法庭对鉴定意见有疑问的,可以重新鉴定。

6.辨认法。辨认法是指对与案件有关的物证、书证或犯罪嫌疑人不能确定时,组织相关人员加以指认与确定的活动。辨论有助于审查主体判明物证、书证的真伪和犯罪嫌疑人是否是作案人。辨认在刑事侦查活动中经常被采用,为了查明案情,在必要的时候,侦查人员可以让被害人、犯罪嫌疑人或者证人对与犯罪有关的物品、文件、尸体、场所或者犯罪嫌疑人进行辨认。但对犯罪嫌疑人进行辨认,应当经办案部门负责人批准。在司法实践中,辨认活动应遵循以下规则:(1)主持辨认的审查主体不得少于二人。组织辨认前,应当向辨认人详细询问辨认对象的具体特征,避免辨认人见到辨认对象,并应当告知辨认人有意作假辨认应负的法律责任。几名辨认人对同一辨认对象进行辨认时,应当由辨认人个别进行。必要的时候,可以有见证人在场。(2)辨认时,应当将辨认对象混杂在其他对象中,不得给辨认人任何暗示。被辨认对象的数量应符合相关法律规定。如在由公安机关组织辨认犯罪嫌疑人时,被辨认的人数不得少于七人;对犯罪嫌疑人照片进行辨认的,不得少于十人的照片。(3)对犯罪嫌疑人的辨认,辨认人不愿意公开进行时,可以在不暴露辨认人的情况下进行,侦查人员应当为其保守秘密。(4)辨认的情况,应当制作笔录,由参加辨认的有关人员签名或者盖章。

通过勘验、检查、搜查等方式收集的物证、书证等证据,未通过辨认、鉴定等方式确定其与案件事实的关联的,不得作为定案的根据。

7.对质法。对质法是指审查主体就某一案件事实出现相反陈述时按照法定程序组织和指挥了解该案件事实的多个自然人进行互相质询和盘诘以判明其陈述真实性的方法。对质应在个别询问的基础上进行,由参加对质的自然人就所了解的事实情况分别进行陈述后再组织其他对质人就其陈述中相矛盾之处提出问题进行质证。由于对质易导致相互串供或出现集体口供现象,因此在司法实践中,组织者应在涉及案件的重要问题无法查清时才采用这种审查判断方法。

(四)全案证据的审查判断步骤与方法

全案证据的审查判断,是指公安、司法人员对收集到的各种证据材料进行综合审查、对比、鉴别、分析,以确定各种证据的证明能力、证明力以及证据体系是否完善,从而确定案件事实的活动。对全案证据进行审查判断,是一项复杂的系统工程,应当有重点、有步骤地进行。根据司法实践,对全案证据的审查判断大体可包含以下步骤:

1.明确待证事实。在对全案证据进行审查、判断之前,首先,要明确待证事实。不管是刑事案件的诉、辩双方,还是民事、行政案件的当事人各方,在诉讼过程中都会提出自己的诉讼主张,以及用以支持其主张的相关法律事实,这些主张和事实有的是与案件有关的,有的则是与案件无关的。在与案件有关的事实中,有一些是不具有法律意义的。它们即使被证明,甚至被确证,但其结果对案件性质的认定不起作用,或在证明案件中涉及的法律关系时处于可有可无的地位。这就使得审查主体应先明确本案中的待证事实。审查主体在对民事、行政案件的全案证据进行审查判断前,通常应对待证事实中的无争议部分和有争议部分经归纳后予以明确。在无争议事实被确认后,审查主体可仅就"有争议事实"进行审查判断。在对刑事证据进行审判前,各审查主体应对案件进行全面审查,此时的"待证事实"应是起诉书所指控的全部犯罪事实,以及与此相关的、由辩护方提出或法院认为需要审查的其他事实。其次,对待证事实要确定其审查顺序。在通常情况下,这种审查顺序应与事件发生的时间顺序相一致,以便于以后的进一步审查和判断。但从实际案情出发,也可另定审查顺序,如在刑事案件审理时先审查起诉书指控被告人触犯的重罪,在民事侵权案件中先审查侵权行为、损害后果、主观过错,最后审查因果关系等。①

2.整理到案证据。待证事实确定之后,就应当对诉讼各方收集到的证据进行整理。首先,面对诸多的证据,应当从是否符合证据的"三性"入手来加以过滤。不具备合法性的证据不能纳入证据链。这是由于采用非法手段取得的证据特别脆弱,其内容往往是在外力或其他外界因素影响下形成的,很容易由于外界条件的改变而改变,如证人证言、当事人陈述等。尽管在制作此类证据时叙述者可能也作过叙述,但是因为在证据内容上存在不稳定性,所以,当这些外界因素变化时,叙述也会跟着变化,使得其所证明的内容反复多变,无法使用。不具备客观性的证据同样不能纳入证据链。因为证据的客观性对于认定案件事实是至关重要的。如果证据不是对客观现实的正确反映,或者仅是其部分的、片面的反映,那么将其纳入证据链的结果,势必出现严重的内部矛盾,甚至歪曲事实,

---

① 蔡作斌:《证据链完整性的标准及其审查判断》,《律师世界》2003年第3期,第12—13页。

形成虚假的证据链,或使得证据链脱节或断裂。不具备关联性的证据没有必要纳入证据链。这一类证据即使是合法取得的,能够反映客观真实,但是由于它与我们将要证明的事实没有关系,它既不能证明某些或某个具体的待证事实,也不能在证明具体事实的证据之间起到联结作用。因而,对于案件事实的证明,它是可有可无的。其次,应区分程序证据和实体证据。在刑事诉讼过程中,区分实体证据与程序证据,并进而在刑事诉讼中审查有关诉讼当事人是否适格,有关办案机关是否依法办案,其违反法定程序的行为是否影响案件的公正审理,是十分必要的。对于待证的各种法律事实,通常都有一定数量的证据可用于证实,我们的任务则是按照这些证据证明力的大小,将其分为主要证据和次要证据。刑事诉讼的主要证据,主要包括:(1)起诉书中涉及的《中华人民共和国刑事诉讼法》第五十条规定的证据种类中的主要证据。(2)同种类多个证据中被确定为主要证据的;如果某一种类证据只有一个证据,该证据即为主要证据。(3)作为法定量刑情节的自首、立功、累犯、中止、未遂、防卫过当等证据。需要说明的是,对于主要证据和次要证据的区分,并不是否定次要证据的作用,把它排除在证据链之外。在某些情况下,特别是主要证据不足以证明重要的案件事实时,次要证据就起着极为重要的作用。[①]

3.进行逻辑判断。在明确待证事实、整理到案证据后,就必须采用逻辑方法,将现有证据与待证事实进行对照,以确定各待证事实是否均有有效证据与其相对应。如能做到一一对应,该步骤即告完成。如发现某些待证事实尚无相应证据可资证明,则须进一步审查这些待证事实在整个案件事实中的地位,以及这一证据欠缺对全案事实认定的影响,如认为这一证据欠缺使得已被证明的案件各事实中存在脱节现象,足以对案件的定性或当事人的诉讼请求产生影响时,就应该认定该证据链不具有完整性,则应要求证据收集主体对证据进行补充或补强。当各待证事实均有有效证据与其相对应时,就需进一步分析各个证据的具体内容,审查这些内容是否合理,有无矛盾,并进而确定其与待证事实之间存在何种联系,以及这种联系的紧密程度。对于证据反映的内容不合理,或者自相矛盾的,无疑不应采信。对全案证据审查判断的重点是审查判断各证据与同案中其他证据的关系。通过把每个证据与其他证据进行对照、印证、归纳分析,从相互的联系上考察它们对待证事实的证明是否吻合,是否一致。在诉讼双方或各方均有较多证据且内容相反,甚至可能出现数条"证据链",分别证明"是甲杀人"与"非甲杀人","甲向乙借钱"与"甲未向乙借钱"的命题时,更应注意区分不同种类证据和同种类的不同证据的证明力,运用逻辑方法进行比较、分析、推理,根据不同的案件事实,选用不同的证据规则,作出理性的判断。在有两条以上证据链存在,且完整性较接近,均难以否定时,应当采信说服程度相对较高者。最后,还有一个重要问题不能忽略,那就是证据链与相应法律规范的关系。我们论证证据链具有完整性并不是目的,而是借此证明待证事实,从而用被证明了的案件事实去适用相应的法律规范。因而,在证据链的完整性被确认之后,必须将其与相应的法律规范(即逻辑学"三段论"的大前提)相对照。通过对大、小前提的对照,才能

---

① 蔡作斌:《证据链完整性的标准及其审查判断》,《律师世界》2003年第3期,第12—13页。

最后判定案件的性质或法律关系的内容,对各方当事人的诉讼请求和主张作出支持或不支持的司法结论。[①]

(四)全案证据的审查判断方法

全案证据的综合审查判断,是指在对证据逐个进行审查核实的基础上,综合全案的证据材料进行的分析、比较和判断。对逐个证据的审查判断和案件部分事实、情节的认定,并不等于全案证据和事实的完全清楚和确定,因为仅将单个证据进行排列堆积,并不能对全部事实得出正确结论。只有把所有证据联系起来,全面分析,综合判断,才能对所有证据能否证明、认定案件真实情况作出正确结论。对全案证据的综合审查判断,可采用以下方式:

1.比较印证。要将本案中的所有证据放在一起进行比较印证。有比较才能鉴别,单个证据似乎都是真实的,但将其进行对照比较,才能够真正辨别它的真伪。例如,在盗窃案件中,要把在现场提取的脚印、抽屉被撬的痕迹进行的鉴定结论,与查获的螺丝刀等作案工具,犯罪嫌疑人、被告人供述有关盗窃经过,被害人、证人的陈述等证据联系起来分析,如果内容一致,能够相互印证,就能确定它们的可靠性。如果内容不一致,证据与证据之间出现矛盾,则说明其中必然有真有假,必须在排除虚假证据的基础上认定案情。办案人员在对证据进行审查时,必须注意发现这些矛盾,分析产生矛盾的原因,通过进一步收集证据、查证核实来解决这些矛盾,进而对证据的真伪作出正确的判断。依据《刑事诉讼解释》第一百四十三条规定,下列证据应当慎重使用,有其他证据印证的,可以采信:(1)生理上、精神上有缺陷,对案件事实的认知和表达存在一定困难,但尚未丧失正确认知、表达能力的被害人、证人和被告人所作的陈述、证言和供述;(2)与被告人有亲属关系或者其他密切关系的证人所作的有利被告人的证言,或者与被告人有利害冲突的证人所作的不利被告人的证言。

2.综合分析。要将证据与案件事实联系起来加以考察。要判断证据与案件事实之间是否具有客观联系以及具有何种联系,从而确定证据在证明案件事实方面所能起到的作用,就要分析证据与案件事实之间有无矛盾,以及审查全案证据对案件事实的证明方向是否一致,进而最终确认根据所有证据能否对案件事实得出统一的结论。同时,还要注意所有证据是否已经充分。具体来说,就是不仅要判断证据是否属实,而且还要判断证据是否符合法律的规定,以及对每一案件事实、情节是否都能进行证明,且无一遗漏,这在实质上是对证据证明力的综合判断。只有在全案证据能够形成完整的证据锁链,对案件事实的证明能够达到充分程度时,才能最终认定案件事实。依据《刑事诉讼解释》第一百四十条、第一百四十一条规定,没有直接证据,但间接证据同时符合下列条件的,可以认定被告人有罪:(1)证据已经查证属实;(2)证据之间相互印证,不存在无法排除的矛盾和无法解释的疑问;(3)全案证据已经形成完整的证明体系;(4)根据证据认定案件事

[①] 蔡作斌:《证据链完整性的标准及其审查判断》,《律师世界》2003年第3期,第12—13页。

实足以排除合理怀疑,结论具有唯一性;(5)运用证据进行的推理符合逻辑和经验。[①]另外,根据被告人的供述、指认提取到了隐蔽性很强的物证、书证,且被告人的供述与其他证明犯罪事实发生的证据相互印证,并排除串供、逼供、诱供等可能性的,可以认定被告人有罪。

第三节　审查判断证据的基本法则

审查判断证据的基本法则是指我国公安机关、司法行政机关的司法行政人员在对证据进行综合审查判断时依法应遵守的基本准则。审查判断证据的基本法则是调整我国审查主体对证据进行审查判断活动的基本原则,也是我国公安、司法人员在对证据进行审查判断时的基本行为准则。

如果说审查判断证据是证据问题的关键,那么审查判断证据的基本法则则是证据问题的核心。由于审查判断证据原则在指导我国审查主体在审查判断证据过程中所起到的重要作用,我国相关法律法规对此作出一些原则性规定。

一、全面、客观原则

全面、客观原则是我国公安、司法人员审查判断证据时应遵循的首要原则。该原则要求我国公安、司法人员在对各种证据进行判断时应实事求是,不以自己或其他人员主观意志为转移,根据证据所承载的信息客观、全面地审查判断各种证据的客观性、关联性、合法性及证明力的大小,同时应根据事物产生、发展的客观规律来审查判断所有证据间是否协调一致,是否能够形成完整的证据链条来揭示案件事实真相。

二、依法审查判断原则

诉讼的合法性原则是我国公安、司法机关在诉讼过程中应遵循的基本准则,也是我国审查主体在对各种形式的证据进行审查判断时应遵循的基本行为准则。该原则主要包括以下内容:

1.依据实体法、程序法对证据是否符合"三性"要求进行审查判断。我国立法机关在单行法或司法解释中对各种诉讼证据的法律要求均作出明确规定。因此审查主体在司法实践中对各种证据是否符合法律要求进行审查判断时应遵循相关法律法规规定。这

---

① 依据我国证据法理论,直接证据通常是指单独一个证据能够证明案件主要事实即犯罪行为是否发生及谁是犯罪行为实施者;间接证据是指单独一个证据无法证明案件主要事实,必须结合其他证据共同作用来证明案件主要事实。

里所说的"法律法规"应包括实体法和程序法。实体法的法律要件规定,不仅为审查判断证据确定证明对象的范围、证据的关联性、证明的充分性提供了重要尺度,而且其有关推定或法律拟制的规定,如"以……论""视为……"可直接作为审查判断证据的依据。程序法为审查判断证据规定了必须遵循的程序。审查主体在审查判断证据时必须严格依照法定程序进行,严禁刑讯逼供和以威胁、引诱、欺骗等非法的方法审查判断证据。同时程序法的某些规定,如对证据规则、证据能力、证据证明力的规定,可直接作为审查判断证据的取舍和采信证据的依据。[①]

2.依据法定规则确定证据的证明力。审查主体在对证据进行审查判断时还应严格依照法定规则确定有关证据的证明力并据以确定有关案件事实。例如,法律或司法解释明确规定,在刑事诉讼中某些证据材料没有证据能力,诸如以刑讯、威胁、引诱、欺骗等非法手段取得的犯罪嫌疑人、被告人供述,证人证言,被害人陈述,不能作为定案根据。在民事、行政诉讼中,以侵害他人合法权益或者以违反法律禁止性规定的方法取得的证据,不能作为认定案件事实的依据;有疑点的视听资料、无正当理由未出庭作证的证人证言等,不能单独作为认定案件事实的依据;已为有效公证文书所证明的事实推定为真实,在无反证足以推翻该公证文书的情况下,就可据此直接对有关证据或案件事实加以确定。[②]

3.依据相关法律法规规定来审查判断证据体系是否完善,是否能形成完整的证据链条。关于证据体系的充分性及是否能形成完整的证据链条,我国三大诉讼法及相关司法解释均作出相同或相类似的规定。根据我国相关法律法规规定和司法实践经验,完整的证据体系应同时具备以下情形:1.本案中所有待证事实均有相应的证据予以证明;2.任何单一证据均符合客观性、关联性及合法性要求;3.证据之间能协调一致或相互间的矛盾能得以合理排除;4.全案证据经综合分析后,所得到的结论只能是一个或能排除其他可能性。法庭认定被告人有罪,必须达到犯罪事实清楚,证据确实、充分,对于定罪事实应当综合全案证据排除合理怀疑。定罪证据不足的案件,不能认定被告人有罪,应当作出证据不足、指控的犯罪不能成立的无罪判决。定罪证据确实、充分,量刑证据存疑的,应当作出有利于被告人的认定。

三、运用逻辑推理和生活经验进行审查判断原则

审查判断证据是通过逻辑推理、判断等思维形式进行事实推定的一种主观思维活动。事实推定是指审查主体依据已知事实、根据经验法则、通过逻辑上的演绎从而得出待证事实存在与否的推定。事实推定依据的是生活经验和日常常识,若甲事实一经确立,即可推断与之有内在联系的乙事实的存在。例如,根据合同已经得到履行的事实,便

---

① 裴国智、彭剑鸣、王彬:《证据法学教程》,中国人民公安大学出版社2005年版,第280页。
② 刘金友:《试论我国审查判断证据的原则及其理论根据》,《政法论坛》(中国政法大学学报)2004年第2期,第77—78页。

可推定当事人之间存在着合同关系;原告经过一块高尔夫球场时,被一只高尔夫球击中,如果这一事实得到证明,同时没有证据表明球来自何处,审查主体可推定球是从高尔夫球场飞出的。运用事实推定时审查主体必须基于经验法则,根据人们在日常生活中的常识,熟知的道理、情理和司法经验审慎进行推定,必要时可运用自己所掌握或由相关专家提供的某些专业知识进行事实推定。审查主体通过逻辑思维作出的事实推定必须符合常识、常情、常理,具有可接受性。因为法官进行事实推定时,不以法律法规为依据而以经验法则为基础,而由于经验法则一般具有主观性、相对性,它在诉讼中的运用要通过法官的主观思维活动,这样就必然带有一定的偶然性和随意性,因此法官作出的事实推定应符合常识、常情、常理,能为普通大众所接受和认可,具有可接受性。①

推定应属于自由心证范畴。为追求司法理性,各国法律法规赋予公安、司法人员在审查判断证据时实行自由心证原则。该原则意味着审查主体在审查判断证据证明力大小时拥有较大的自由裁量权,但并不表明审查主体在对证据进行审查判断时拥有绝对自由而任意擅断。审查主体对证据进行的审查判断行为应受审查判断理由公开原则、符合逻辑推理规则等诸多因素制约。逻辑推理方式主要有演绎、归纳、类比。不同的逻辑推理方式有着不同的规则要求,但都包括:(1)推理的前提要真实,概念要明确,判断要恰当;(2)推理的形式要正确,要遵循同一律、不矛盾律、排中律等基本规律。②事实推定时法官自由裁量权较大,为防止事实推定的滥用,必须强调:基础事实与推定事实之间具有高度盖然性时,方能进行事实推定。运用事实推定得出的结果必须同时具备以下要件:无法直接证明待证事实的存否,只能借助间接事实推断待证事实;前提事实已得到确认;前提事实与推定事实之间有内在必然的逻辑联系;对方当事人提出反证,并以反证的成立与否确认推定的成立与否。事实推定的思维过程也可以表述为演绎推理形式,它的大前提是经验法则,小前提是符合经验法则特点的确认的基础事实,结论是与基础事实之间具有高度盖然性联系的推定事实(待证事实)。事实推定和法律推定都属于推定,都是由基础事实推出推定事实。但二者在逻辑推导中的逻辑大前提不同,法律推定的逻辑大前提是法律规定,小前提是基础事实,结论是推定事实。而事实推定的逻辑大前提是经验法则,小前提是基础事实,结论是推定事实。③

四、遵循司法职业道德原则

司法职业道德是指与司法职业活动联系紧密、具有自身职业特征的道德准则和规范。司法职业道德具有严肃性、政治性、独立性和约束性等特征。公安司法人员除了要

---

① 王书堂:《司法审判实践中事实认定的方法及逻辑推理应用研究——以民事诉讼为例》,《河南省政法管理干部学院学报》2008年第3期,第86页。

② 何家弘、刘品新:《证据法学》(第二版),法律出版社2007年版,第387－388页。

③ 王书堂:《司法审判实践中事实认定的方法及逻辑推理应用研究——以民事诉讼为例》,《河南省政法管理干部学院学报》2008年第3期,第86页。

遵守基本的社会道德规范之外,还应遵守与其职业相适应的社会主义司法职业道德规范。根据我国社会主义司法活动的特点,司法职业道德规范应当包括:约束公安、司法人员自身行为的道德规范,处理公安、司法人员与其同事之间关系的道德规范,处理公安、司法人员与当事人之间的关系及处理公安、司法人员与司法机关以外的一般社会成员之间关系的道德规范四个方面。社会主义司法职业道德规范的核心是秉公执法、清正廉明、无私无畏。具体包括:要忠诚于国家的法律及自己的正义信念,提高法律素养,不断加强自身的道德修养;要顾全大局、相互尊重、通力协作;司法人员的从业态度及日常行为要严肃端正,不允许有偏见,不徇私情,保持公正司法;要勇于与一切损害司法独立的外来影响做合法的抗争,与有损于司法独立的商业及政治活动保持距离;忠于事实真相,严禁枉法裁判和主观擅断。[①]

第四节　模拟庭审中的举证与质证

模拟庭审过程中的法庭调查,是模拟庭审活动中的重要环节。法庭调查的核心任务便是核实证据,主要方式是举证、质证。

一、举证

(一)举证内涵及特征

举证是指诉讼双方在证据交换或审判过程中向法庭提供证据来证明其所主张案件事实的诉讼活动。举证活动通常包括讯问被告人,询问证人、被害人、鉴定人,在法庭上宣读未出庭证人的证人证言、鉴定结论,出示相关物证、书证等活动。证明案件事实应以相关证据为基础,举证、质证是查清案件事实的重要手段。举证是法庭查明案情的前提,也是诉讼过程中一项重要的诉讼活动。举证不同于证明,是证明活动的一个必要组成部分,其主要特征有:

1.举证主体是提出诉讼主张的当事人和刑事诉讼中的公诉人。举证主体的举证行为在庭审过程中应得到法庭许可。据我国现行诉讼法律法规规定,人民法院在特定情形下可依照职权和相关程序规定调查收集一部分证据。该部分证据在司法实践中通常由法官自行在法庭中出示。对此,有证据法学者认为法官不是举证主体,也不能作为举证主体在法庭上出示相关证据。由于法官自行调查收集的证据可能与一方诉讼当事人存在某种利害关系,法官自行在法庭中出示该部分证据将会影响法官公正形象,建议法官

---

① 耿劲松:《我国司法职业道德存在的问题与对策》,《信阳农业高等专科学校学报》2006第1期,第30页。

将自行调查收集的这部分证据交由一方或双方当事人在法庭出示。[①]而证明主体是人民法院,人民法院通过审判活动来证明案件事实,刑事诉讼中的当事人和公诉人通过举证行为来协助人民法院证明案件事实真相。

2.举证客体是对举证方有利的证据,在有些教材中也称为本证。但在刑事诉讼过程中,侦查人员依照职权全面调查收集证据,其中包括对犯罪嫌疑人、被告人(后简称为被控方)有利、不利的证据。公诉人应在法庭上出示能证明被控方无罪或罪轻的证据,即反证。而证明的客体则为案件客观事实。

3.庭审中举证的目的在于自己提出的证据能得到法庭质证属实,以证实自己提出的诉讼主张;而证明的目的在于查清案件事实真相,使法庭通过证明活动所产生的法律事实尽可能与客观事实重合,为正确适用法律法规奠定基础。

(二)举证要求及方式

为最大限度地再现案件客观事实,公诉人和当事人向法庭提交的言词证据应采取供证人当庭陈述为主,举证方宣读书面陈述和笔录为辅原则。公诉人和当事人向法庭提交言词证据时,原则应要求相关证人、鉴定人、被害人、勘验人、检查人出庭直接向法庭陈述证据内容及形成过程,在法定特殊情形下,经法庭许可,公诉人或当事人才可向法庭宣读相关书面证词、鉴定结论或勘验、检查笔录。公诉人和当事人向法庭提交实物证据时,原则应要求提交原物或原件,只有原始物件确实无法提供时,经法庭许可才可以复制物件方式举证。

所有证据都须经法庭质证属实后才能展示案件事实,才能作为人民法院的定案依据。公诉人和当事人应首先向法庭提交相关证据材料。根据我国现行法律法规及司法解释规定和司法实践,公诉人和当事人向法庭提交相关证据材料的方式主要有:

1.随案移送、提交或按照人民法院的要求在开庭前提出补充证据。据《中华人民共和国刑事诉讼法》及相关司法解释规定,人民检察院提起公诉时,其起诉书中所列证据应随案移送。刑事自诉人在提起刑事自诉时应随案提交相关证据。如人民法院经审查认为起诉证据不充足,可要求刑事自诉人补充证据。

2.当庭讯问、发问或询问。据《中华人民共和国刑事诉讼法》及相关司法解释规定,在庭审中,法官可讯问被告人,公诉人经审判长许可后可讯问被告人;经审判长许可,被害人、辩护人可向被告人发问;经审判长许可,控辩双方均可向证人、鉴定人询问。

3.当庭出示、播放或宣读。在刑事诉讼庭审过程中,控辩双方或原、被告双方经审判长许可,均可当庭出示物证、书证,播放视听资料,宣读勘验、检查笔录或未出庭证人的证人证言、未出庭鉴定人所作出的鉴定结论。在刑事诉讼过程中,对于控方依照职权收集到的对被控方有利的反证,公诉人应在法庭上主动出示。如公诉人在法庭中不出示,被控方可申请法庭向公诉机关调取这些证据并交由被控方在法庭中出示,由控方对此发表质证意见。

---

① 何家弘、刘品新:《证据法学》(第二版),法律出版社2007年版,第231页。

二、质证

质证是刑事诉讼的控辩双方在法官的主持下,通过询问、辨认、解答等形式对任何被提交法庭核实的证据是否符合客观性、关联性、合法性要求及该证据是否具有证明力及证明力大小的问题进行解释、说明的诉讼活动。

质证是刑事诉讼的控辩双方在法庭上向法庭展示、说明证据证明力的一种诉讼活动,也是法官对证据进行审查判断的一种方式。质证主体是诉讼双方当事人或刑事诉讼的控辩双方,在依法行使质疑权的同时有义务解答对方或法官的疑问。质证主体通过质证活动来帮助、影响法庭对案件事实进行认证,从而使自己提出的诉讼主张能得到法庭支持。法官依照职权控制整个质证活动,通过质证活动来分析、判断证据是否符合客观性、关联性、合法性要求及该证据证明力的大小,对于质证过程中的疑难问题,可主动询问质证双方以进一步查清案件客观事实。由于法官在整个庭审过程中根据需要只进行质问活动,并不进行相关答疑,因此法官并不是质证主体。

由于任何作为定案依据的证据都必须经法庭查证属实,因此质证的对象应是包括言词证据、实物证据在内的任何形式的证据。证据成为质证对象应考虑以下3个方面的问题:(1)该种证据质证的必要性,有疑才质;(2)该种证据质证的可能性;(3)兼顾诉讼效率。

在庭审中对一些不需要证明的事实,应该免除控辩双方间的相互质证。根据最高人民检察院《人民检察院刑事诉讼规则》第三百三十四条规定,以下事实在刑事庭审过程中可以免予质证:(1)为一般人共同知晓的常识性事实;(2)人民法院生效判决所确认的并且未依审判监督程序重新审理的事实;(3)法律法规的内容以及适用于审判人员履行职务所应当知晓的事实;(4)在法庭审理中不存在异议的程序性事实;(5)法律推定的事实。在刑事司法实践中,对承认也应该免予质证。承认,是指控辩一方对于对方所主张的不利于己的事实不持异议,作出与对方相一致的陈述。承认必须同时具备以下条件:(1)只限于具体事实和证据;(2)应对不利于自己的事实或证据作出;(3)承认内容与对方主张一致。[1]

(一)质证原则

质证原则是质证主体在质证活动中应遵循的基本行为准则。根据我国相关法律法规规定及司法实践,质证原则主要有:

1.当庭质证。当事人或公诉人参与庭审调查的目的是在说服法官相信己方证据和事实主张的同时尽可能地驳斥对方的诉讼主张。要使法官不相信对方提交的证据和诉讼主张,最有效的方法就是在法庭上对对方提出的证据进行质问。法官作为纠纷的最终裁判者,欲使自己作出的司法裁决取得较好的法律效果和社会效果,应亲自审查核实证据,做到"兼听则明"进而准确认定案件事实。在现在的司法实践中,对诉讼当事人及其

---

[1] 王力:《刑事审判质证、认证规则研究》,《咸宁学院学报》2006年第4期,第22页。

代理人或公诉机关在法庭调查结束后重新取得的新证据或补充证据,法庭应重新组织庭审程序对这部分证据进行质证、核实。对于控辩双方提出的事实证据争议,法庭应当当庭进行审查,经审查后作出处理的,应当当庭说明理由,并在裁判文书中写明;需要庭后评议作出处理的,应当在裁判文书中说明理由。

当庭质证的方式有公开质证和不公开质证两种。所谓公开质证就是法庭应将对证据质证的过程及质证结果向群众和社会公开,允许群众旁听,允许记者采访报道。《中华人民共和国刑事诉讼法》第一百八十八条规定,人民法院审判第一审案件应当公开进行。但是有关国家秘密或者个人隐私的案件,不公开审理;涉及商业秘密的案件,当事人申请不公开审理的,可以不公开审理。所谓"国家秘密",依照《中华人民共和国保守国家秘密法》第二条的规定,是指"关系国家安全和利益,依照法定程序确定,在一定时间内只限一定范围的人员知悉的事项"。其范围包括下列秘密事项:(1)国家事务的重大决策中的秘密事项;(2)国防建设和武装力量活动中的秘密事项;(3)外交和外事活动中的秘密事项以及对外承担保密义务的事项;(4)国民经济和社会发展中的秘密事项;(5)科学技术中的秘密事项;(6)维护国家安全活动和追查刑事犯罪中的秘密事项;(7)其他经国家保密工作部门确定应当保密的国家秘密事项。所谓"个人隐私",目前在我国的立法和司法解释中尚未对其内涵有明确的规定,在学术界对其概念也有不同的解释,一般而言,隐私是指一种与公共利益、群众利益无关的,当事人不愿他人知道或他人不便知道的信息,当事人不愿他人干涉或他人不便干涉的个人私事和当事人不愿他人侵入或他人不便侵入的个人领域。因此,隐私有三种形态,一是个人信息,为无形的隐私;二是个人私事,为动态的隐私;三是个人领域,为有形的隐私。① 由于个人隐私涉及当事人私生活中不宜公开的内容,扩散出去,容易对个人和社会产生不良影响。因此,当证据涉及个人隐私时,不得在开庭时进行公开质证。依照《中华人民共和国反不正当竞争法》第十条的规定,商业秘密是指不为公众所知悉,能为权利人带来经济利益,具有实用性并经权利人采取保密措施的技术信息和经营信息,它既包括那些依靠技能或经验产生的,在实际中特别是在工业中使用的技术信息(如化学配方、工艺流程、技术秘诀、设计图纸等),也包括那些具有秘密性质的经营管理方法、与经营管理方法密切相关的经营信息(如管理方法、营销策略、客户名单、货源情报等)。但并非所有的技术信息和经营信息都是商业秘密,只有符合以下三个条件的技术信息和经营信息,才能构成商业秘密,这些条件是:(1)这些信息必须是不为公众所知悉的,即不是已经公开或者普遍为公众所知晓的信息、资料和方法;(2)这些信息必须具有实用性,能够为权利人带来实际的或潜在的经济利益和竞争优势;(3)权利人必须为这些信息采取了适当的保密措施。上述三个条件是构成商业秘密的要件,必须同时具备,缺一不可。

---

① 王利明:《人格权法新论》,吉林人民出版社1994年版,第480—482页。

（二）直接质证

所谓直接质证是指一切证据都必须经当事人在法庭上的直接质疑和质问,才能作为定案的依据。直接质证与当庭质证相辅相成,共同保障质证效果。我国诉讼法和有关司法解释的相关规定也都在一定程度体现了直接质证规则的精神。如《中华人民共和国刑事诉讼法》第一百九十四条第一款规定:"……公诉人、当事人和辩护人、诉讼代理人经审判长许可,可以对证人、鉴定人发问。……"该法第一百九十八条规定:"经审判长许可,公诉人、当事人和辩护人、诉讼代理人可以对证据和案件情况发表意见并且可以互相辩论。……"

直接质证原则通常适用于法庭对言词证据进行审查判断。对此我国诉讼法律法规及相关司法解释也有明确规定。如《刑事诉讼解释》第二百四十六条规定,公诉人及被告人及其法定代理人、辩护人可以提请审判长通知证人、鉴定人出庭作证。对书面证言和鉴定结论等进行的质疑和反驳属于间接质证。虽然书面证词或鉴定结论都具有提供证据的自然人作出的诸如"以上所述属实"等形式的真实性保证,但该书面证词是否真实,是否准确、完整地表达了供证人的真实意思,法庭通常可通过直接质证方式进行审查判断。如确实无法或无必要进行直接质证,法庭可采取间接质证方式对言词证据进行审查判断。由于间接质证方式无法使法官和各质证主体直接感受该言词证据的形成及内容等情况,故言词证据的真实可靠性有时仅通过间接质证方式难以作出准确判断,法庭应综合其他证据来进行审查判断。

（三）质证顺序

关于刑事诉讼证据质证的顺序,我国刑事诉讼法及相关司法解释对此仅作出一些原则性规定。《中华人民共和国刑事诉讼法》第六十一条规定:"证人证言必须在法庭上经过公诉人、被害人和被告人、辩护人双方质证并且查实以后,才能作为定案的根据。"该法第一百九十五条同时规定:"公诉人、辩护人应当向法庭出示物证,让当事人辨认,对未到庭的证人的证言笔录、鉴定人的鉴定意见、勘验笔录和其他作为证据的文书,应当当庭宣读。审判人员应当听取公诉人、当事人和辩护人、诉讼代理人的意见。"因此在司法实践中,法庭通常依照先控后辩的举证顺序为基础,先对控方提出的证据进行质证,然后就辩方提出的辩护证据进行质证。至于各种证据的质证顺序,通常依照出证顺序由法庭根据不同案件情况灵活处理。

在刑事诉讼庭审过程中,法庭对各种证据进行的质证达到以下标准应视作对某一证据的质证程序已经完结,无须再进行质证:(1)控辩一方明确表示认可的证据;(2)控辩一方默示认可的证据;(3)对一方所提证据有异议,并有反证或充足理由足以推翻对方的证据;(4)对对方的证据提出证据予以反驳,对方对反驳证据已认可或无力推翻反驳证据;(5)对一方所提证据虽有异议,但未能提出反证或充足理由予以推翻。①

---

① 王力:《刑事审判质证、认证规则研究》,《咸宁学院学报》2006年第4期,第22页。

第七章

刑事法律文书写作

第一节　刑事起诉法律文书

一、刑事起诉书概念及内容

刑事起诉书,是人民检察院对移送审查起诉的案件进行审查后认为案件符合我国现行法定起诉条件,从而代表国家将犯罪嫌疑人提起公诉,交付人民法院审判时所制作的法律文书。人民检察院是我国唯一的刑事公诉机关,其所制作的刑事起诉书是我国人民法院启动刑事审判程序的重要法律依据。依据告诉才处理理念,刑事起诉书所载内容通常也是人民法院的审理对象及活动指向。因此刑事起诉书所记载的案件事实应清楚,应有明确的指控犯罪事实;刑事起诉书应行文简练、逻辑严谨、格式规范,引用法律准确、恰当。

刑事起诉书的内容主要包括首部、被告人(被告单位)的基本情况、案由和案件来源、案件事实、证据、起诉的根据和理由、被告人认罪认罚情况、尾部、附项。

(一)首部

1.制作文书的人民检察院名称(应与院印一致)。

2.文书名称,即起诉书。

3.文书编号,由制作文书的人民检察院简称、案件性质(即刑事诉讼)、起诉年度、案件顺序号组成(其中年度必须由四位数字表述)。

(二)被告人基本情况

被告人基本情况包括姓名、性别、出生年月日、出生地和户籍地、公民身份证号码、民族、文化程度、职业、工作单位及职务、住址,是否受过刑事处罚及处罚的种类和时间,采取强制措施的情况等;如果是单位犯罪,应当写明犯罪单位的名称和组织机构代码、所在地址、联系方式,法定代表人和诉讼代表人的姓名、职务、联系方式;如果还有应当负刑事责任的直接负责的主管人员或其他直接责任人员,应当按上述被告人基本情况的内容叙写。被告人真实姓名、住址无法查清的,可以按其绰号或者自报的姓名、住址制作起诉书,并在起诉书中注明。被告人自报的姓名可能造成损害他人名誉、败坏道德风俗等不良影响的,可以对被告人编号并按编号制作起诉书,附具被告人的照片,记明足以确定被告人面貌、体格、指纹以及其他反映被告人特征的事项。

(三)案由和案件来源

案由通常由被告人姓名和人民检察院认定的罪名组成。案件如由公安机关侦查终结的,起诉书中应写作移送审查起诉的公安机关名称、移送时间等;如自行侦查终结,则写明"经本院侦查终结"。

(四)案件事实

案件事实,包括犯罪的时间、地点、经过、手段、动机、目的、危害后果等与定罪量刑有关的事实要素。起诉书叙述的指控犯罪事实的必备要素应当明晰、准确。被告人被控有多项犯罪事实的,应当逐一列举,对于犯罪手段相同的同一犯罪可以概括叙写。

(五)证据

起诉书中应列明刑事起诉的主要证据,方式主要是列出证据种类及证据名称,不必对证据与事实、证据之间关系进行分析、论证。如犯罪嫌疑人涉嫌多起犯罪事实,则应采取"一事(一罪)一证"方式列出证据。

(六)起诉的根据和理由

起诉的根据和理由,包括被告人触犯的刑法条款,犯罪的性质及认定的罪名,处罚条款,法定从轻、减轻或者从重处罚的情节,共同犯罪各被告人应负的罪责,等等。

(七)被告人认罪认罚情况

被告人认罪认罚情况,包括认罪认罚的内容、具结书签署情况等。

(八)尾部

写明起诉书送达的人民法院名称,本案承办人的法律职务和姓名,制作起诉书的时间,并加盖人民检察院公章。

(九)附项

起诉书应当附有被告人现在处所,证人、鉴定人、需要出庭的有专门知识的人的名单,需要保护的被害人、证人、鉴定人的化名名单,查封、扣押、冻结的财物及孳息的清单,附带民事诉讼、附带民事公益诉讼情况以及其他需要附注的情况。证人、鉴定人、有专门知识的人的名单应当列明姓名、性别、年龄、职业、住址、联系方式,并注明证人、鉴定人是否出庭。

二、刑事起诉书格式及范文

(一)自然人犯罪适用普通程序审理所适用的刑事起诉书格式示例：

××××人民检察院

起诉书

××检××刑诉〔20××〕×号

被告人……(写明姓名、性别、出生年月日、公民身份号码、民族、文化程度、职业或者工作单位及职务、是否系人大代表或政协委员、户籍地、住址、曾受到刑事处罚以及与本案定罪量刑相关的行政处罚的情况和因本案采取强制措施的情况等)

本案由×××(监察/侦查机关)调查/侦查终结,以被告人×××涉嫌×××罪,于(受理日期)向本院移送起诉。本院受理后,于××××年××月××日已告知被告人有权委托辩护人,××××年××月××日已告知被害人及其法定代理人(近亲属)、附带民事诉讼的当事人及其法定代理人有权委托诉讼代理人,依法讯问了被告人,听取了辩护人、被害人及其诉讼代理人的意见,审查了全部案件材料。本院于(一次退查日期、二次退查日期)退回侦查机关补充侦查,侦查机关于(一次重报日期、二次重报日期)补充侦查完毕移送起诉。本院于(一次延长日期、二次延长日期、三次延长日期)延长审查起诉期限15日。

经依法审查查明：

……(写明经检察机关审查认定的犯罪事实包括犯罪时间、地点、经过、手段、目的、动机、危害后果等与定罪、量刑有关的事实要素。应当根据具体案件情况,围绕刑法规定的该罪的构成要件叙写)

认定上述事实的证据如下：

1.物证：……2.书证：……3.证人证言：证人×××的证言。4.被害人陈述：被害人×××的陈述。5.被告人供述和辩解：被告人×××的供述和辩解。6.鉴定意见：……7.勘验、检查、辨认、侦查实验等笔录：……8.视听资料、电子数据：……

本院认为,被告人……(概述被告人行为的性质、危害程度、情节轻重),其行为触犯了《中华人民共和国刑法》第××条(引用罪状、法定刑条款),犯罪事实清楚,证据确实、充分,应当以××罪追究其刑事责任。根据《中华人民共和国刑事诉讼法》第一百七十六条的规定,提起公诉,请依法判处。

此致

×××人民法院

检察官：×××

检察官助理：×××

20××年×月×日

(院印)

附件:1.被告人现在处所:具体包括在押被告人的羁押场所或监视居住、取保候审的处所;

2.案卷材料和证据××册;

3.证人、鉴定人、需要出庭的具有专门知识的人的名单,需要保护的被害人、证人、鉴定人的名单;

4.有关涉案款物情况;

5.被害人(单位)附带民事诉讼情况;

6.其他需要附注的事项。

(二)自然人犯罪适用普通程序审理所适用的刑事起诉书范文①

××省××县人民检察院

起诉书

淳检公诉刑诉〔20××〕×××号

被告人胡某某,男,1998年×月×日出生,公民身份号码3301271998××××××××,汉族,大专文化,无业,住××县××镇××幢××单元××室。2018年7月12日因容留他人吸毒被××县公安局行政拘留十日;2018年10月30日因吸食毒品被××市公安局××区分局行政拘留十日;2018年11月21日因吸食毒品被××市公安局××区分局行政拘留十日;2019年5月21日因犯贩卖毒品罪被××市××区人民法院判处有期徒刑一年二个月并处罚金人民币3000元,同年12月29日刑满释放。本案于2019年12月29日由××县公安局决定取保候审。

本案由××县公安局侦查终结,以被告人胡某某涉嫌容留他人吸毒罪、贩卖毒品罪,于2020年1月16日向本院移送审查起诉。本院受理后,于2020年1月16日已告知被告人有权委托辩护人及认罪认罚可能导致的法律后果,依法讯问了被告人,听取了被告人及其值班律师的意见,审查了全部案件材料。

经依法审查查明:

(一)贩卖毒品

2018年8月份,被告人胡某某因汪某甲为其扎脏辫,拖欠汪某甲人民币500元费用未结清,被告人胡某某在××县×××镇将3个大麻给汪某甲,用于抵扣500元欠款。

认定上述事实的证据如下:

1.书证:支付宝交易记录、归案经过、户籍证明、情况说明、行政处罚决定书、刑事判决书、刑满释放证明等;

2.证人证言:证人汪某甲、洪某某、徐某某等的证言;

3.被告人胡某某的供述和辩解。

---

① 本范文改编自《浙江省淳安县人民检察院起诉书》(胡某某贩卖毒品、容留他人吸毒案):12309中国检察网,2020年7月31日,https://www.12309.gov.cn/12309/gj/zj/hzsa/cax/zjxflws/202007/t20200731_8358193.shtml.

（二）容留他人吸毒

1.2018年5月份的一天晚上，被告人胡某某在其居住的××县××镇××幢××单元××室，容留张某某、汪某乙、方某某等人吸食毒品大麻。

2.2018年5月至8月期间，被告人胡某某在其居住的××县××镇××幢××单元××室，两次容留方某某吸食毒品大麻。

3.2018年8月下旬的一天晚上，被告人胡某某在其居住的××县××镇××幢××单元××室，容留洪某某、方某某等人吸食毒品大麻。

认定上述事实的证据如下：

1.证人证言：证人张某某、汪某乙、方某某、洪某某等的证言；

2.被告人胡某某的供述和辩解。

本院认为，被告人胡某某贩卖毒品大麻，并且多次容留他人吸食毒品，其行为已分别触犯《中华人民共和国刑法》第三百四十七条、第三百五十四条、第三百五十七条。犯罪事实清楚，证据确实、充分，应当以贩卖毒品罪、容留他人吸毒罪追究其刑事责任。被告人胡某某犯数罪，适用《中华人民共和国刑法》第六十九条。根据《中华人民共和国刑事诉讼法》第一百七十六条第一款的规定，提起公诉，请依法判处。

此致

××县人民法院

检察员：余××

20××年×月×日

附件：1.被告人胡某某现在家候审；

2.案卷材料和证据二册。

（三）自然人犯罪后认罪认罚案件所适用的刑事起诉书格式示例

××××× 人民检察院

起诉书

××检××刑诉〔20××〕×号

被告人×××。（写明姓名、性别、出生年月日、公民身份号码、民族、文化程度、职业或者工作单位及职务、户籍地、住址、曾受到刑事处罚以及与本案定罪量刑相关的行政处罚的情况和因本案采取强制措施的情况等）

本案由×××（监察/侦查机关）调查/侦查终结，以被告人×××涉嫌××罪，于××××年××月××日向本院移送起诉。本院受理后，于××××年××月××日已告知被告人有权委托辩护人和认罪认罚可能导致的法律后果，××××年××月××日已告知被害人及其法定代理人（近亲属）、附带民事诉讼的当事人及其法定代理人有权委托诉讼代理人，依法讯问了被告人，听取了被告人及其辩护人（值班律师）、被害人及其诉讼代理人的意见，审查了全部案件材料……（写明退回补充调查/侦查、延长审查起诉期限等情况)被告人同意本案适用速裁/简易／普通程序审理。

经依法审查查明：

……(写明经检察机关审查认定的犯罪事实包括犯罪时间、地点、经过、手段、目的、动机、危害后果，以及被告人到案后自愿如实供述自己的罪行，与被害人达成和解协议或者赔偿被害人损失，取得被害人谅解等与定罪、量刑有关的事实要素。应当根据具体案件情况，围绕刑法规定的该罪的构成要件叙写)

(对于只有一个犯罪嫌疑人的案件，犯罪嫌疑人实施多次犯罪的，犯罪事实应逐一列举；同时触犯数个罪名的犯罪嫌疑人的犯罪事实应该按照主次顺序分类列举。对于共同犯罪的案件，写明犯罪嫌疑人的共同犯罪事实及各自在共同犯罪中的地位和作用后，按照犯罪嫌疑人的主次顺序，分别叙明各个犯罪嫌疑人的单独犯罪事实)

认定上述事实的证据如下：

……(针对上述犯罪事实，列举证据，包括犯罪事实证据和量刑情节证据)

上述证据收集程序合法，内容客观真实，足以认定指控事实。被告人×××对指控的犯罪事实和证据没有异议，并自愿认罪认罚。

本院认为，……(概述被告人行为的性质、危害程度、情节轻重)，其行为触犯了《中华人民共和国刑法》第××条(引用罪状、法定刑条款)，犯罪事实清楚，证据确实、充分，应当以××罪追究其刑事责任。被告人×××认罪认罚，依据《中华人民共和国刑事诉讼法》第十五条的规定，可以从宽处理。……(阐述认定的法定、酌定量刑情节，并引用相关法律条款)，建议判处被告人×××……(阐述具体量刑建议，包括主刑、附加刑的刑种、刑期及刑罚执行方式；建议判处财产刑的，写明确定的数额。也可以单独附量刑建议书，量刑建议不在起诉书中表述)根据《中华人民共和国刑事诉讼法》第一百七十六条的规定，提起公诉，请依法判处。

此致
×××人民法院

检察官：×××
检察官助理：×××
20××年×月×日
(院印)

附件：1.被告人现在处所：具体包括在押被告人的羁押场所或监视居住、取保候审的处所；

2.案卷材料和证据××册；

3.《认罪认罚具结书》一份；

4.《量刑建议书》一份(单独制作量刑建议书时移送)；

5.有关涉案款物情况；

6.被害人(单位)附带民事诉讼情况；

7.其他需要附注的事项。

（四）自然人犯罪后认罪认罚案件适用简易程序的刑事起诉书范文①

××省××市人民检察院

起诉书

乐检一部刑诉〔20××〕××××号

被告人石某某，男，1973年××月××日出生，公民身份号码4202221973××××××××，汉族，小学文化程度，无业，户籍所在地湖北省阳新县××镇××村××号。曾因寻衅滋事于2018年9月28日被湖北省阳新县公安局行政拘留十五日。因涉嫌本案，于2019年3月16日被刑事拘留，同年3月29日经本院批准，于当日被××市公安局取保候审。2019年9月18日被本院决定取保候审。

本案由××市公安局侦查终结，以被告人石某某涉嫌故意伤害罪，于2019年9月18日向本院移送审查起诉。本院受理后，于2019年9月18日已告知被告人有权委托辩护人和认罪认罚可能导致的法律后果，2019年9月18日已告知被害人有权委托诉讼代理人，依法讯问了被告人，听取了被告人、被害人的意见，审查了全部案件材料。被告人同意本案适用简易程序审理。

经依法审查查明：

2018年10月27日晚，被告人石某某在××市××镇××村文化大院内与被害人吴某甲发生口角，继而用拳头殴打吴某甲胸口；之后在文化大院外面，双方继续争吵，石某某用脚踹吴某甲，被周边人劝开。经鉴定，被害人吴某甲右侧第2、3根肋骨骨折，构成轻伤二级。

2018年10月28日，被告人石某某与吴某甲达成调解，赔偿3500元；2019年3月29日，被告人石某某与吴某甲再次达成调解，石某某赔偿吴某甲19000元，吴某甲表示谅解。

2019年3月16日，武汉市××工地处发现一处高空坠物事件，民警将现场施工人员被告人石某某带至派出所，发现其系网上逃犯，民警遂将其临时羁押在看守所，后被带回××市看守所。

认定上述事实的证据如下：

1.书证：接受证据材料清单、CT单、和解协议书、前科情况核实证明、户籍信息；

2.证人证言：证人黄某某、殷某某、吴某乙的证言，抓获经过；

3.被害人陈述：被害人吴某甲的陈述；

4.被告人的供述与辩解：被告人石某某的供述与辩解；

5.鉴定意见：法医学人体损伤程度鉴定书；

6.勘验、检查、辨认、侦查实验等笔录：检查笔录；

7.视听资料、电子数据：现场视频。

---

① 本范文改编自《浙江省乐清市人民检察院起诉书》（石某某故意伤害案）：12309中国检察网，2020年7月30日，https://www.12309.gov.cn/12309/gj/zj/wzs/lqsa/zjxflws/202007/t20200730_8348300.shtml。

上述证据收集程序合法,内容客观真实,足以认定指控事实。被告人石某某对指控的犯罪事实和证据没有异议,并自愿认罪认罚。

本院认为,被告人石某某故意伤害他人身体,致一人轻伤,其行为触犯了《中华人民共和国刑法》第二百三十四条,犯罪事实清楚,证据确实、充分,应当以故意伤害罪追究其刑事责任。被告人石某某认罪认罚,依据《中华人民共和国刑事诉讼法》第十五条的规定,可以从宽处理。被告人石某某到案后如实供述自己的罪行,根据《中华人民共和国刑法》第六十七条第三款的规定,可以从轻处罚。被告人石某某曾因寻衅滋事被行政处罚;本案已经调解、石某某取得被害人谅解。综合前述,建议判处石某某有期徒刑六个月。根据《中华人民共和国刑事诉讼法》第一百七十六条的规定,提起公诉,请依法判处。

此致

××省××市人民法院

检察官:×××

20××年××月××日

附件:1.被告人石某某现被取保候审;

2.《认罪认罚具结书》一份、《律师提供法律帮助工作记录表》一份、《适用简易程序建议书》一份。

(五)自然人犯罪后认罪认罚案件适用速裁程序的刑事起诉书范文①

××市××区人民检察院

起诉书

天麦检一部刑诉〔20××〕××号

被告人马某某,男,1994年××月××日出生,居民身份证号码3412241994××××
××××,汉族,初中文化,户籍所在地安徽省亳州市蒙城县,住××市××区××
镇××村,农民,无前科。2019年6月1日,因涉嫌盗窃罪被××市公安局麦积分局取保候审。我院于2019年10月16日重新办理取保候审。

本案由××市公安局麦积分局侦查终结,以被告人马某某涉嫌盗窃罪,于2019年10月15日向本院移送审查起诉。本院受理后,于同年10月17日已告知被告人有权委托辩护人和认罪认罚可能导致的法律后果,依法讯问了被告人,听取了被告人及辩护律师的意见,审查了全部案件材料。被告人马某某同意适用速裁程序审理。

经依法审查查明:2019年4月30日10时许,被告人马某某窜至××市××区××
镇××村××河河坝内,趁无人之机,用携带的氧割工具对被害人张某某的采砂设备实施盗窃后离开现场,张某某发现后报案,马某某被民警当场抓获。2019年9月10日,××
市公安局麦积分局将被盗财物已发还被害人张某某。

---

① 本范文改编自《天水市麦积区人民检察院起诉书》(马某某盗窃案):12309中国检察网,2019年11月28日,
https://www.12309.gov.cn/12309/gj/gs/tss/tssmjq/zjxflws/201911/t20191128_7292035.shtml。

经××市××区价格认证中心鉴定:被盗物品认定价值为人民币3105元。

认定上述事实的证据如下:受案登记表、立案决定书、拘留证、取保候审决定书、到案经过、扣押物品清单、发还清单、赃物及作案工具照片、办案说明、户籍信息、证人陈某某的证言、被害人张某某的陈述、被告人马某某的供述与辩解、鉴定意见、指认现场笔录、辨认笔录等。

被告人马某某对指控的犯罪事实和证据没有异议,并自愿认罪认罚。

本院认为,被告人马某某以非法占有为目的,秘密窃取他人财物,数额较大,其行为触犯了《中华人民共和国刑法》第二百六十四条的规定,犯罪事实清楚,证据确实、充分,应当以盗窃罪追究其刑事责任。

其自愿认罪认罚并签署了《认罪认罚具结书》,应对其从轻处罚,建议判处被告人马某某单处罚金人民币2000元,并建议适用速裁程序。根据《中华人民共和国刑事诉讼法》第一百七十六条第一款、第二百二十二条的规定,提起公诉,并建议适用刑事速裁程序依法判处。

此致

××市××区人民法院

检察员:×××
20××年××月××日

附件:1.被告人马某某现取保候审。

2.侦查卷一册、起诉书十二份、量刑建议三份、认罪认罚具结书一份。

三、刑事自诉状概念与内容

刑事自诉状是指自诉案件中的被害人或其法定代理人,根据事实与法律直接向人民法院控告被告人犯罪行为,要求追究被告人刑事责任的法律文书。

依据我国现行法律法规,刑事自诉状所指控的犯罪行为应属于自诉案件范畴,且通常由被害人本人提起。依据《刑事诉讼解释》第三百一十七条规定,如果被害人死亡、丧失行为能力或者因受强制、威吓等无法告诉,或者是限制行为能力人以及因年老、患病、盲、聋、哑等不能亲自告诉,其法定代理人、近亲属告诉或者代为告诉的,人民法院应当依法受理。被害人的法定代理人、近亲属告诉或者代为告诉,应当提供与被害人关系的证明和被害人不能亲自告诉的原因的证明。

另外,在部分地区的自诉实践中,自诉人在提起刑事自诉的同时通常会提起附带民事诉讼。所谓刑事附带民事诉讼,是指人民法院在处理刑事纠纷的同时附带处理由被害人提起的物质损失赔偿问题。依据《刑事诉讼解释》第一百七十五条、第一百八十条规定,被害人因人身权利受到犯罪侵犯或者财物被犯罪分子毁坏而遭受物质损失的,有权在刑事诉讼过程中提起附带民事诉讼;被害人死亡或者丧失行为能力的,其法定代理人、近亲属有权提起附带民事诉讼。附带民事诉讼中依法负有赔偿责任的人包括:(1)刑事被告人以及未被追究刑事责任的其他共同侵害人;(2)刑事被告人的监护人;(3)死刑罪犯的遗产继承人;(4)共同犯罪案件中,案件审结前死亡的被告人的遗产继承人;(5)对被害人的物质损失依法应当承担赔偿责任的其他单位和个人。

自诉状的格式并不作严格要求,一般由首部、正文及尾部构成。

(一)首部

1.文书名称,即"刑事自诉状",如同时提起附带民事诉讼,则为"刑事自诉暨附带民事起诉状"。

2.当事人基本情况。分别写明自诉人(暨附带民事诉讼原告人)、被告人(暨附带民事诉讼被告人)的姓名、性别、年龄、民族、住址等。

(二)正文

1.诉讼请求。通常包括刑事部分和附带民事部分。刑事部分只须写明控诉罪名,不需写明具体刑罚,通常表述为"请求人民法院依法追究被告人××罪的刑事责任";附带民事部分须明确载明要求赔偿的具体数额。

2.事实与理由。事实部分包括犯罪事实与物质损失事实。犯罪事实部分的陈述,可根据时间顺序依次载明被告人实施犯罪行为的时间、地点、方式、手段、行为过程和自己所遭受的损害后果。对被告人犯罪事实的陈述,应实事求是,依据客观事实如实载明,必要时可载明能证实所控犯罪的证据。物质损失事实的表述,应包括物质损失的组成种类及具体数额。理由部分的表述应当写明被告人的行为为何构成犯罪、构成何种犯罪,附带民事诉讼被告为何应履行赔偿责任。理由部分表述应列明相应的法律规范。事实部分与理由部分一般分段表述。最后可进行总结性表述,通常为格式化语言,即"综上所述,被告人××触犯了《中华人民共和国刑法》第××条第×款规定,已构成××罪,请人民法院依法追究被告人的刑事责任。同时依据《中华人民共和国刑事诉讼法》第××条规定,被告人暨附带民事诉讼被告人应赔偿自诉人所有物质损失共计人民币××元"。

(三)尾部

1.致送人民法院名称;

2.自诉人或代为自诉人签名;

3.提起自诉日期;

4.附项,包括自诉状副本×份;物证×件;书证×件。

四、刑事自诉状格式及范文

(一)刑事自诉状格式①

刑事自诉暨附带民事起诉状

(参考样式)

自诉人暨附带民事诉讼原告人:(当事人为公民)××,性别,出生年月日,民族,籍贯,文化,工作职务,居住地址,居民身份证号码,电话。

被告人:(当事人为公民)××,性别,出生年月日,民族,籍贯,文化,工作职务,居住地址,居民身份证号码,电话。

(当事人为法人或其他机构)名称:××公司　组织机构代码:××××。

法定代表人/主要负责人:姓名,职务,地址,联系电话。

诉讼请求

1.请求法院追究被告人××罪的刑事责任。

2.请求法院判令××赔偿自诉人××的经济损失××元。

事实和理由

(案件事实经过)_____

_____。

　　××触犯了《中华人民共和国刑法》第××条第×款规定,已构成××罪,请人民法院依法追究被告人的刑事责任并判令附带民事诉讼被告人××赔偿自诉人××人民币××元。

此致

×××人民法院

自诉人:_____

_____年_____月_____日

附件:1.本诉状副本_____份;

2.证据副本_____份;

3.其他证明文件_____份。

注:刑事自诉状应当记明以下事项:

1.自诉人或者代为告诉人、被告人的姓名、性别、年龄、民族、文化程度、职业、工作单位、住址、联系方式;

2.被告人实施犯罪的时间、地点、手段、情节和危害后果等;

---

① 此格式摘自《刑事自诉暨附带民事起诉状(参考样式)》:云南省楚雄市人民法院,2018年3月14日,http://cxcxfy.chinacourt.gov.cn/article/detail/2018/03/id/3229320.shtml。

3.具体的诉讼请求;

4.致送的人民法院和具状时间;

5.证据的名称、来源等;

6.有证人的,载明证人的姓名、住所、联系方式等。

(二)刑事自诉状范文①

刑事自诉暨附带民事起诉状

自诉人暨附带民事诉讼原告:××,女,1949年7月3日出生;汉族,住×××;身份证号:××××;电话:××××。

被告人暨附带民事诉讼被告:×××,男,1949年7月3日出生;汉族,住××××;身份证号:××××;电话:××××。

诉讼请求

1.要求依法追究被告人×××的×××罪刑事责任。

2.判令被告人×××赔偿因其伤害造成自诉人的经济损失×××元。

事实与理由

自诉人与被告人系同院邻居,平时因为琐事两家已有纠葛,××年×月××日早7时许,自诉人之女案外人××在自家门口干活,此时被告人×××端尿盆,故意将尿泼到××身上,××与被告人理论时,被告人×××破口辱骂,其秽言不堪入耳,并不问青红皂白动手打××,此时,自诉人上前劝阻,被告人×××随即从地上抄起石头向自诉人左手猛砸,后经派出所指定医院鉴定为××××,并造成自诉人物质损失共计人民币××,其中包括医疗费××,住院费××,营养费××,护理费××,交通费××。

综上所述,被告人目无国法,肆意对自诉人施加暴力造成严重后果,根据《中华人民共和国刑法》第××条规定,被告人的行为构成故意伤害罪。依据《中华人民共和国刑事诉讼法》第××条规定,被告人应赔偿自诉人因被告人的加害行为所引起的一切经济损失×××元。

自诉人:××(签名)

××年×月×日

附件:1.自诉状副本××份;

2.证人×××,女,住×××;

3.×××医院诊断证明及医疗发票;

4.鉴定意见;

5.……

---

① 此范文摘自《刑事自诉起诉状格式》:黑龙江省大庆市龙凤区法院,2014年8月21日,http://dqlf.hljcourt.gov.cn/public/detail.php? id=1871。

五、刑事附带民事起诉状概念及内容

刑事附带民事起诉状是指在刑事诉讼过程中,在解决被告人刑事责任的同时,受害人可向人民法院提起因被告人的犯罪行为所造成的物质损失的赔偿问题而提交的文书。遭受犯罪行为侵害致物质损失的被害人,或以自诉人身份提起刑事自诉并提出附带民事诉讼请求,或以附带民事诉讼原告身份提起刑事附带民事起诉状的方式参与刑事诉讼。

刑事附带民事起诉状无严格的格式要求,与民事起诉状格式相似,通常包括首部、正文和尾部三部分。

(一)首部

1.名称,即"刑事附带民事诉讼状"。

2.当事人基本情况,主要是指附带民事诉讼原告和附带民事诉讼被告,通常包括姓名、性别、出生年月、民族、住址、身份证号码、联系电话。(当事人如为单位,应写明单位名称、法定代表人姓名及职务、单位地址)

(二)正文

1.诉讼请求:通常包括刑事部分和民事部分,格式为:

(1)依法判令刑事被告人×××构成×××罪并对被告人从重处罚;

(2)依法判令附带民事诉讼被告人对众附带民事诉讼原告人赔偿造成被害人×××物质损失共计人民币×××元。

2.事实与理由:

(1)事实部分:犯罪事实部分可略写,应详细论述刑事被告人的犯罪行为致附带民事诉讼原告物质损失的事实。应当写明被告人实施犯罪行为的时间、地点、手段、情节和危害后果及物质损失构成情况。

(2)理由部分:从犯罪构成角度,简要论述刑事被告人的行为构成犯罪,并详细列明应从重处罚刑事被告人的量刑情节及相关法律依据。列明附带民事诉讼被告人进行赔偿的法律依据。

(3)总结性陈述:被告人×××行为已触犯《中华人民共和国刑法》第×××条之规定,构成×××罪,应依法追究其刑事责任并从重处罚。另外,依据《中华人民共和国刑事诉讼法》第××条之规定,被告人×××的犯罪行为给附带民事诉讼原告人×××造成的所有损失应由附带民事诉讼被告人承担赔偿责任。为维护附带民事诉讼原告的合法权益,特依法提起诉讼,请给予公正裁决,判如诉请。

(三)尾部

1.此诉状送交的人民法院名称;

2.附带民事诉讼原告的签名;

3.制作日期;

4.附件:(1)此诉状副本份数;(2)证据目录及证据份数。

六、刑事附带民事起诉状格式及范文

(一)刑事附带民事起诉状格式

刑事附带民事起诉状

附带民事诉讼原告人:姓名、性别、出生年月、民族、住址、身份证号码、联系电话。(原告人如为单位,应写明单位名称、法定代表人姓名及职务、单位地址)

附带民事诉讼被告人:姓名、性别、出生年月、民族、住址、身份证号码、联系电话。(被告人如为单位,应写明单位名称、法定代表人姓名及职务、单位地址)

请求事项:(写明向法院起诉所要达到的目的)

1.……

2.……

事实与理由:(写明起诉或提出主张的事实依据和法律依据)

此致

××人民法院

附带民事诉讼原告人:(签名或盖章)

××年××月××日

附件:1.起诉状副本××份(按被告人数加一份准备);

2.证据目录及证据××份;

3.其他材料××份。

(二)刑事附带民事起诉状范文[①]

刑事附带民事起诉状

附带民事诉讼原告人:×××,女,汉族,××年××月××日出生,×××,系受害人×××之妻。

附带民事诉讼原告人:×××,女,汉族,××年××月××日出生,住址同上,系受害人×××之女。

附带民事诉讼原告人:×××,女,汉族,××年××月××日出生,住址同上,系受害人×××之女。

---

① 本范文摘自《刑事附带民事诉讼起诉状范本》:巴彦淖尔市中级人民法院,2013年1月6日,http://bynrzy.chinacourt.gov.cn/article/detail/2013/01/id/810151.shtml。

附带民事诉讼被告人:×××,男,汉族,成年,×××,现在押。

诉讼请求

1.依法判令刑事被告人××构成××罪对其从重处罚。

2.依法判令附带民事诉讼被告人对众附带民事诉讼原告人赔偿造成被害人×××人身损害的赔偿金共计人民币×××元。

事实与理由

××××年××月××日晚××时许,在被害人×××家中,被害人×××因与附带民事诉讼被告人发生纠纷,被被告人×××用刀砍死。(详见检察院对×××的起诉书)根据以上事实,众附带民事诉讼原告人认为:

一、被告人×××构成××罪,应依法从重处罚。

1.被告人×××构成××罪。

被告人×××作为一个有正常民事行为能力的成年人,应当知道用刀朝被害人头部猛砍会发生致人死亡的后果,而仍然实施了这一犯罪行为,显然是希望致受害人死亡的后果发生;退一步,即使被告人×××没有杀人的直接故意,但在应当知道用刀朝被害人头部猛砍可能会发生致人死亡的后果的情况下,而仍然实施了这一犯罪行为,至少是放任致受害人死亡的后果发生。《中华人民共和国刑法》第×××条规定:"明知自己的行为会发生危害社会的结果,并且希望或者放任这种结果发生,因而构成犯罪的,是故意犯罪。"故被告人×××的犯罪行为不论是希望还是放任致受害人死亡的结果,都已经构成×××罪。

2.对被告人×××应从重处罚。

根据《中华人民共和国刑法》第×××条规定:"故意杀人的,处死刑、无期徒刑或者十年以上有期徒刑。"故意杀人的判刑原则第一选择是死刑,应当判处死刑;根据本次犯罪致人死亡拒不赔偿事实和手段特别残忍的表现,并且激起了很大的民愤,不判死刑于法、于情、于理不符!

二、附带民事诉讼被告应对附带民事诉讼原告赔偿××元。

根据最高人民法院《刑事诉讼解释》第十七条第三款、第二十七条、第二十八条、第二十九条,应当赔偿附带民事诉讼原告人丧葬费、死亡补偿费以及受害人亲属办理丧葬事宜支出的交通费、住宿费和误工损失等其他合理费用;根据××省道路交通事故损害赔偿项目计算标准公布的数据,被告对众原告应当赔偿的具体数额如下:(一)丧葬费:按照受诉法院所在地上一年度职工月平均工资标准,以六个月总额计算为月工资××元;(二)死亡赔偿金:按照受诉法院所在地上一年度农村居民人均纯收入标准,按二十年计算×××元;(三)其他损失:包括交通费、住宿费、误工费共计××元。以上合计:××元。

被告人×××的行为已触犯《中华人民共和国刑法》第×××条之规定,构成×××罪,应依法追究其刑事责任并从重处罚。另外,依据《中华人民共和国刑事诉讼法》第××条之规定,被告人×××的犯罪行为给附带民事诉讼原告人×××造成的所有损失应由附带民事诉讼被告人承担赔偿责任。为维护附带民事诉讼原告的合法权益,特依法提起诉讼,请给予公正裁决,判如诉请。

此致

××市×××人民法院

刑事附带民事诉讼原告:××××××

×年×月×日

附件:1.起诉书副本×份;

2.证据目录。

第二节　公诉词

一、概念及内容

公诉词又称为公诉意见书,是指受人民检察院指派出席法庭支持公诉的公诉人,在法庭上就案件事实、证据及法律适用等问题当庭发表意见时所使用的一种法律文书。公诉词只适用于一审程序,检察人员参加二审程序当庭发表的意见通常称为"出庭检察员意见书"。

依据我国现行法律法规规定,公诉案件开庭审理时,公诉人均应出席法庭,均应在法庭调查结束后,就证据、案件事实及如何定罪量刑等问题发表总体性意见。发表公诉意见既是公诉人出席法庭支持公诉的体现,也是辩护人发表辩护意见的参照体,同时还是公诉人对旁听群众进行法治宣传教育的重要方式。鉴于当庭发表公诉意见所发挥的价值及积极功能,公诉人应在出庭前,根据阅卷及对案件事实分析研究情况,预制公诉意见书草稿,在庭中再根据法庭调查情况进行必要修整、补充。

公诉词主要包括首部、正文及尾部。

(一)首部

主要包括制作文书的人民检察院名称和文书种类即公诉意见书。因当庭发表,故无须文书编号。

(二)正文

1.案件情况:主要包括被告人姓名、案由、起诉书文号。庭审过程中无须宣读。

2.抬头:即"审判长、审判员(人民陪审员)"。

3.公诉人身份、职责、出庭的法律根据。具体表述为:"根据《中华人民共和国刑事诉讼法》第一百八十九条、第一百九十八条和第二百零九条等规定,我(们)受××××人民检察院的指派,代表本院,以国家公诉人的身份,出席法庭支持公诉,并依法对刑事诉讼实行法律监督。现对本案证据和案件情况发表如下意见,请法庭注意。"

　　4.支持公诉的具体意见。这主要包括:(1)根据法庭调查的情况,概述法庭质证的情况、各证据的证明作用,并运用各证据之间的逻辑关系证明被告人的犯罪事实清楚,证据确实、充分;(2)根据被告人的犯罪事实,论证应适用的法律条款并提出定罪及从重、从轻、减轻处罚等意见;(3)根据庭审情况,在揭露被告人犯罪行为的社会危害性的基础上,做必要的法制宣传和教育工作。对未成年人犯罪,还应就犯罪原因、思想及如何落实"教育为主,惩罚为辅"原则等问题进行分析,以便增强法制教育效果。

　　5.总结性意见。即结束语,总括全文,就被告人应负刑事责任提出从轻或从重处理意见供法庭参考。用语具体表述为:"综上所述,起诉书认定本案被告人×××的犯罪事实清楚,证据确实、充分,依法应当认定被告人有罪,并建议_____(根据是否认罪认罚等情况提出量刑建议或从重、从轻、减轻处罚等意见)。"

(三)尾部

　　尾部包括公诉人姓名、制作时间,并注明当庭发表字样。

二、公诉词(检察人员出庭意见书)样式

××××人民检察院

公诉意见书

被　告　人:×××

案　　　由:×××

起诉书号:×××

审判长、审判员(人民陪审员):

　　根据《中华人民共和国刑事诉讼法》第一百八十九条、第一百九十八条和第二百零九条等规定,我(们)受××××人民检察院的指派,代表本院,以国家公诉人的身份,出席法庭支持公诉,并依法对刑事诉讼实行法律监督。现对本案证据和案件情况发表如下意见,请法庭注意。

　　……(结合案情重点阐述以下问题:一、根据法庭调查的情况,概述法庭质证的情况、各证据的证明作用,并运用各证据之间的逻辑关系证明被告人的犯罪事实清楚,证据确实、充分。二、根据被告人的犯罪事实,论证应适用的法律条款并提出定罪及从重、从轻、减轻处罚等意见。三、根据庭审情况,在揭露被告人犯罪行为的社会危害性的基础上,做必要的法制宣传和教育工作。)

　　综上所述,起诉书认定本案被告人×××的犯罪事实清楚,证据确实、充分,依法应当认定被告人有罪,并建议_____(根据是否认罪认罚等情况提出量刑建议或从重、从轻、减轻处罚等意见)。

公诉人:×××

20××年×月×日当庭发表

三、公诉词范文

汉中市人民检察院公诉意见书

被告人：张扣扣

案由：故意杀人罪、故意毁坏财物罪

起诉书号：（略）

审判长、审判员、人民陪审员：

2018年2月15日，正值农历年三十，人们都处在欢度春节的喜庆、祥和气氛中。被告人张扣扣故意杀人、故意毁坏财物案，因其作案手段特别残忍，情节特别恶劣，危害后果特别严重，引起了当地人民群众的惊愕恐慌，更是引发了全国人民的震惊和广泛关注。

案件发生后，检察机关高度重视，在随后的审查逮捕、审查起诉过程中，严格执行各项办案规定，遵守办案期限，以程序合法确保案件实体公正。

根据《中华人民共和国刑事诉讼法》第一百八十九条、第一百九十八条和第二百零九条的规定，我们受陕西省汉中市人民检察院的指派，以国家公诉人的身份出席今天的法庭，支持公诉，并依法履行法律监督。现对本案证据和案件情况发表如下意见，请法庭注意。

一、被告人张扣扣犯故意杀人罪、故意毁坏财物罪事实清楚，证据确实、充分

通过今天的当庭举证，我们已经充分证明了起诉书指控的被告人张扣扣的犯罪事实。

1. 现场二十余位群众目睹了被告人张扣扣行凶及毁坏财物的全过程

案发时正值2018年大年三十的中午，三民村村民祭祖返回之际，被告人张扣扣头戴黑色长檐帽子、面戴深色口罩、脖缠粉色T恤，突然窜入人群，手持事先准备的单刃尖刀，首先对毫无防备的王正军进行割喉、捅刺致其倒地；在众人惊慌逃散时追上王校军捅刺其胸部，并将其追至路边水沟中反复戳刺其要害部位，将其杀死后又迅速返回对王正军进行第二次捅刺；接着窜入王自新家院中，对王自新反复捅刺致其当场死亡。后返回自家，取出事先准备好的菜刀及自制汽油燃烧瓶，到被害人王校军的小轿车停放处，对该车进行砍击、燃烧，并对前来阻止的村民持枪威胁。上述各细节过程均有多位证人予以证明。

2. 收集在案的多组客观性证据可以锁定本案系被告人张扣扣所为

在被告人张扣扣所穿衣物上分别鉴定出了三被害人的血迹，证明这些血迹是张扣扣在三处不同地点连续向三被害人行凶时喷溅所致。在张扣扣指认下打捞出的作案工具单刃刀上检出两人以上血迹，该隐蔽性证据证明其为张扣扣杀害三名被害人时所持凶器，并于案发后被其丢弃；在烧损车辆后座上提取的菜刀上检测出张扣扣的血迹，证明张扣扣是在连续用力向三名被害人捅刺时致自己手部受伤，后又手持该菜刀击打毁损被害人车辆的事实；以上物证分别经被告人、相关证人的辨认予以确认，与鉴定意见相互印

证,能够确认是被告人张扣扣实施了本案的犯罪行为。

上述证据结合现场勘查、尸检鉴定意见、相关证人证言及被告人供述等其他证据,已形成完整的证据锁链,充分证明了起诉书所指控的被告人张扣扣故意杀人、故意毁坏财物的犯罪事实。

二、被告人张扣扣犯罪手段特别残忍、后果极其严重,社会危害性极大

1.本案是一起有预谋、有准备的严重暴力犯罪

被告人张扣扣作案前几日便通过其家中窗户观察分析被害人一家的活动情况。在掌握了被害人一家的进出活动规律之后,伺机作案。先后在集镇上购买了单刃刀、玩具手枪。考虑到被害人可能驾车躲避,又借用他人摩托车,从中抽出汽油做了多个燃烧瓶。同时还准备了用来伪装自己的口罩、长檐帽等物品,精心地进行犯罪准备工作。案发过程中,被告人持单刃刀,直接对三名被害人致命部位进行反复捅刺。当王校军被刺倒后,又返回对已经倒在血泊中的王正军继续进行捅刺;在连续多刀捅刺年过七旬的王自新之后,怀疑其倒地装死,又扯开其衣领,在脖颈补刀。尸检表明,被害人王正军身中24刀,王校军身中9刀,王自新身中16刀;这49刀主要围绕被害人的胸、腹、颈部等要害部位,足见其杀人犯意之坚决,作案手段之凶残。

2.本案是一起社会影响极其恶劣的恶性案件

被告人张扣扣选择的作案时间是中国人最重要的传统节日春节,在年终岁满的大年三十的正午;其选择的作案地点是在村委会旁、村民返乡回家的必经之路上;其选择的作案时机是在大多数村民阖家团圆、祭祖回乡之时;在光天化日之中、在众目睽睽之下、在老弱妇孺之前,刻意伪装、公然行凶连杀三人,其恐怖的行为造成周围群众惊愕、恐惧和逃散。又在纵火烧损汽车之后,掏枪威胁前来劝阻之人,并在作案后潜逃。其极大的人身危险性,给人民群众的心理蒙上了阴影,也给社会造成了巨大的恐慌。

三、被告人张扣扣主观恶性极深,罪行极其严重,应当依法予以严惩

综观全案,无论是犯罪前、犯罪中,还是犯罪后,其藐视法律实施暴力犯罪的故意坚决,甚至至今仍无任何悔罪表示,足见其主观恶性之深。

1.作案前,其选择的作案对象不仅仅是三名被害人

张扣扣曾多次供述"本来我想等老二回来一起动手报仇,但是老二一直没有回来,我等不及就动手了";事实上,从其犯罪预备来看,其就是在等待被害人全家祭祖时四名男性同时在场的杀人时机,其杀害对象还包括王家二子王富军,只是王富军因故一直未返回,张扣扣才未能得逞。

2.作案后,投案并非其接受法律制裁的真实意思表示

在投案后,张扣扣供述"从我作案之后我一直都在逃跑,躲避你们民警对我的抓捕,我逃跑累得没办法了,身上又没有钱和吃的东西,以我的性格是不会束手就擒的,我选择投案主要是身上没有钱,如果有钱的话我肯定不会投案,我能跑多远就跑多远",可见其投案只是出于走投无路,在本人没有钱财证件、没有可以信赖的亲朋,同时又受到公安机关布网抓捕的客观压力下,才做出的被迫之举。

3.到案后,故意误导侦查,浪费司法资源

张扣扣起初对于杀人凶器的去向故意作虚假供述,误导侦查人员耗费大量人力物力财力在错误的地点进行打捞,其目的是"我随便说个地方让你们警察慢慢去捞,鹿头堰水域比较复杂,水面比较大,打捞比较困难,给你们警察增加工作难度,反正就是不想让你们捞到刀,好毁灭证据",足见其对抗侦查,不愿悔罪,浪费司法资源的恶意。

4.时至今日,被告人仍无任何悔罪表现

被告人张扣扣当众行凶杀害被害人三人,应当认识到任何人都无权非法剥夺他人生命,应当认识到其行为会造成被害人家属的极度痛苦,应当认识到其行为造成了群众的恐慌不安,破坏了安定祥和的节日氛围;应当认识到其行为严重破坏了社会秩序和社会和谐;对此,被告人张扣扣应当对被害人亲属表示忏悔,应当对父老乡亲表示忏悔。但是被告人张扣扣直到今日庭审,仍然坚持其所谓的"报仇有理",认罪但不悔罪。

以上四点表明,被告人张扣扣虽当庭认罪具有自首情节,但其主观恶性极深,犯罪后又无悔罪表现,属于罪行极其严重的犯罪分子,不足以对其从轻处罚,应当依法予以严惩。

四、被告人张扣扣走向犯罪的根源

案件发生后,被告人张扣扣称其杀人是"为母报仇",其父张福如、其姐张丽波也向媒体宣称是由于1996年其母被杀、判案不公引发本案,事实真相真是如此吗?

1.揭示本案的犯罪根源,需要了解被告人的工作生活经历

被告人张扣扣初中毕业后即外出打工,其间曾因找工作被骗;2003年服役两年后的张扣扣回乡,用曾经辛苦劳作积攒的钱款,两次帮助家里修建新房,但这与其想要有钱有车,能够自驾游的目标相去甚远;为赚取更多钱财,其选择与他人合伙做生意,辗转于安徽、河南等地时,却又两次被传销所骗;后由于被告人自身文化程度不高、学习适应能力不强,也无一技之长,虽然在杭州等地打工,还是收入不高,不能满足其旅游爱好。后为能尽快挣大钱而远赴阿根廷、斐济,在远洋货轮上打工,但仅三个月就因工作环境艰苦、收入比预想要低,又与同事交恶等原因,于2017年8月返乡;至案发前,其再未外出打工。在家期间,又因未成家、需要钱交电费、修房子等琐事与其父多次争吵。

纵观张扣扣工作生活经历,不难看出随着我国经济的高速发展,外出打工、经商都会面临各种困难和挑战,需要不断丰富自身知识储备、增强竞争意识、提高自身技能、增加社会经验来应对。但张扣扣对自身能力认识不清,遇到挫折后不从自身寻找原因,反省自身的短板和不足,没有通过改变和提高自我来适应当下的竞争环境,反而好高骛远,一蹶不振,正如其供述的"打工打工,两手空空,穷得只剩一条命了,对未来看不到希望,对人生也迷茫了"。

2.揭示本案的犯罪根源,需要探寻被告人的真实心理活动

被告人张扣扣遇到挫折不能正确面对,他自己供述"我在外面打工好多次被骗,生活工作也不太顺利。这个社会没有人情味,人与人之间没有信任感。从我被骗以后,我不相信任何人,我只相信钱,因为钱是万能的,所以我就想办法挣钱,没有挣到钱,加上我多

次外出旅游,相当花钱,手头上也没有多少存款,思想压力非常大,经常晚上睡不着觉";这说明张扣扣已经因其工作生活的不如意,陷入了金钱至上的错误观念;后在其二次返乡之时,因为无法自我排解而将负面情绪完全归结于他人,陷入了更大的错误逻辑之中,他说"我是一个不甘平平凡凡过一辈子的人,如果平凡过一辈子还不如死了。那天我在我家窗口又看到王自新的三儿子王三娃,我当时就在想我妈22年前被他用棒打死,王三娃认为这个事情对他来说过去了,但是对我来说这事还没有结束。我认为报仇的机会来了,于是我就产生了把王三娃杀了的想法";可见此时的张扣扣已经因为没有宣泄途径,而选择了被害人一家作为宣泄对象。他其实是打着"为母报仇"的旗号,掩盖其宣泄工作生活不如意之实;其杀人动机的产生并非由1996年案件引起,而是因为其自身原因,对生活现状不满,对未来失去信心,为宣泄其情绪所寻找的出口。所以其才供述"如果我生活过得好了,自己有钱娶妻生子了,也不会发生今天杀人的悲剧"。对此,其姐张丽波也证明"我弟弟张扣扣如果早点结婚成家了,就不会发生杀人的事情了,他自己有家庭了,心里头就有牵挂,做事情考虑的就多了";所以说,1996年案件只不过是张扣扣杀人的借口而已。

3.揭示本案的犯罪根源,需要明辨1996年案件的事实真相

1996年案件在本案案发之后,经过张扣扣家人申诉和上诉,已经由汉中市中级人民法院和陕西省高级人民法院两级法院审查,认定1996年案件判决依法有效,不存在司法不公的问题。两级法院依照法律规定,均对该案进行了实体部分和程序部分的复查,对包括媒体关注的如"张福如申诉原审判决内容是什么、案发时王正军是否是未成年人、是否存在他人顶包的情形、对王正军为何以故意伤害罪定罪、是否存在影响公正审判的情形、赔偿款是如何确定的、王正军为何被准予假释"等问题均进行了审查,并依法作出裁定,刚才质证环节也已经详细出示。我院也本着实事求是、客观公正的态度对1996年案件进行了调卷审查,对其事实认定是否准确、证据是否确实充分、适用法律是否正确、量刑是否适当、服刑是否符合法律规定,均进行了核查,未发现任何不当之处,与两级法院对该案刑事部分的认定结论相一致。

1996年案件系邻里之间的琐事引发,张扣扣母亲汪秀萍先向王富军脸上吐唾沫,引起争吵后又先持扁铁打伤王正军头面部并致其流血,王正军才临时起意从现场捡起木棒,向其头部击打一下,之后再无其他加害行为。这些事实都有张扣扣的父亲张福如、姐姐张丽波及其他数名目击证人证明,且张丽波证明王正军与她同岁当时未满十八周岁;故原审判决认定被害人张扣扣之母汪秀萍有过错无疑,认定伤害行为系王正军实施不存在顶包问题无疑,认定王正军作案时系未成年人无疑,对其以故意伤害定罪适用法律正确,对其处以七年有期徒刑的量刑适当。这说明无论是对现在还是对过去的案件审查,司法部门都是以事实为依据,以法律为准绳,让证据来说话,而非任何个人的主观臆断。22年前对于1996年案件,有6名现场目击证人的证言都一致,其中包括张扣扣的父亲张福如、姐姐张丽波,为何现在因为张福如、张丽波做出与当初证言完全相反的陈述,就引起了对1996年案件的质疑?这些质疑很多都是对事实的误解。为何在22年前,张家任

何人都未对案件的任何问题提出质疑？为何张扣扣之姐张丽波明知王正军当年不满十八岁，却在现在质疑其年龄？为何在本案案发后张丽波和张福如向媒体作出与之前完全相反的陈述？显然，在1996年案件判决刑事部分处理没有任何问题的情况下，张扣扣家人提出的这些质疑理由，其根本目的不是针对原1996年案件，而是为张扣扣杀人所寻找的借口。

所以，以上所揭示的张扣扣犯罪根源的三个方面，足以说明本案系多因一果。张扣扣将自己生活工作中的种种不如意完全归结为其母的死亡和王家人所为，在这种荒谬逻辑下，在这种严重扭曲的心理支配下，最终用这种违反天理、国法、人情的，极端残忍的方式，来发泄自己对生活的不满，来逃避现实中的困境，这才是张扣扣杀人的真实动机所在。

五、本案的警示教育

本案之所以受到媒体和社会公众的高度关注，其焦点问题就在于本案和1996年案件的关联性，"为母报仇"是否是其杀人动机？1996年案件是否存在司法不公？这两个问题引起社会大众的广泛关注，而网络上的大多数讨论也是没有任何证据基础的，基于证据和事实的法律判断，才是现代文明社会对于任何不法行为应有的态度。围绕这两个问题，公诉人以本案的事实证据为基础，结合本案特点提出如下意见。

1.极端自私的个人"恩仇"，绝不是凌驾于法律之上的借口和理由

本案的被告人张扣扣实施其所谓"为母报仇"的杀人行为，是我国刑法严厉禁止的犯罪行为。众所周知，杀人行为根本没有对错之分，法治社会只能用法律的手段来解决矛盾和问题，任何人都无权使用法律之外的手段来惩罚他人。如果人人都把自己当作正义的使者滥用私刑，那么人人都可以枉顾法律，任意犯罪，如此社会秩序如何稳定，社会和谐如何实现？以牙还牙，以暴制暴，只会让社会处于混乱和无序的状态，必须坚决杜绝。如果给连杀三人的张扣扣贴上"为母报仇"的"英雄标签"，那就混淆了一个法治社会基本的是非观念。

更何况本案的被告人张扣扣只是以"替母报仇"为借口，来肆意宣泄自己的压力和生活不如意的怨气。如果每个人在遇到挫折、困难、不快时，不寻求正当合法的途径解决问题，而是违背法律规定、打击报复他人或社会，那还有何安全感可言？在法治社会中，善良公允的行为准则从来都不是快意恩仇，不是个人好恶，而是体现群体共同意志的良法之治。

2.促进司法公信力提升，推进国家法治进程，需要大众、媒体更加合法、理性、有效参与

该案发生至今，大众通过网络参与度极高，体现了人民群众的法治理念在不断提高。司法机关也将群众监督与舆论作为提高司法公信力的"加速器"，因此，我们司法机关也要始终将事实和法律作为我们坚守的原则，让人民群众在每一起案件中都能够感受到公平正义。但是，法治社会的建设，良好秩序的维护，司法公信力的树立，不仅仅需要司法机关的公正司法，也需要大众共同努力和维护，需要大家用理性平和的视角来观察，不要

想当然地提出质疑。

例如在本案当中,被告人张扣扣的父亲张福如、姐姐张丽波在案发后,发表一些与1996年案件真相不符的言论,引发了大家的各种质疑,造成了恶劣的社会影响。今天,我们已经当庭揭示了本案的事实真相,当再次面对其他案件时,我们应该有怎样的反思?在试图去了解、探寻真相的同时,除了好奇心、同情心,我们是否更需要平和的心态、理性的认识、严谨的思考和对未知的敬畏? 面对那些我们没有亲身经历的司法案件,我们能否不再轻信那些没有证据支持的猜测和推断,不再轻信谣言、传播谣言? 我们能否擦亮双眼,对那些杜撰案情、利用我们朴素的正义感来恶意炒作的行为坚决地说不? 尤其是对那些血腥暴力、恐怖惊悚、网络谣言、标题党、仇恨煽动等负面有害信息清晰辨别、坚决遏制。

我们相信,通过广大人民群众、法律工作者、各级司法机关、职能部门与舆论宣传媒体等的共同努力,公众对法治的信仰和司法的公信力将会不断提高,全面推进依法治国的目标才能早日实现。

公诉人:×××

20××年×月×日当庭发表

第三节　刑事辩护状

一、概念与内容

辩护词是受当事人委托或人民法院指定,担任犯罪嫌疑人、被告人的辩护人,依据事实与法律,在刑事诉讼过程中提出证明犯罪嫌疑人、被告人无罪或罪轻,应从轻、减轻或免除刑事处罚意见所形成的文字材料。一般说来,以书面形式准备并提交的辩护观点称为辩护词;以口头形式当庭发表的辩护观点称为辩护意见。辩护词或辩护意见,是担任辩护职能的辩护人就犯罪嫌疑人、被告人如何定罪量刑问题发表观点,与公诉人发表的公诉意见或制作的公诉词,共同帮助人民法院准确查明案情、正确适用法律,从而实现刑事诉讼目的。

相较于其他刑事司法文书,辩护词无固定严格的格式要求。为更好展示辩护观点,司法实践中的辩护词通常包括首部、正文、尾部三部分。

(一)首部

通常包括标题即"辩护词";称呼语"尊敬的审判长、审判员(人民陪审员)";辩护的法律依据、当事人的授权与委托及辩护人对全案的基本观点,通常表述为:依照法律规定,受被告人×××委托和××律师事务所的指派(或经××法律援助中心指派并取得犯罪嫌疑人(被告人)×××的同意),我担任本案被告人(犯罪嫌疑人)的辩护人。开庭前,我查阅了本案案卷材料,进行了必要调查并会见了犯罪嫌疑人(被告人)×××。(如在庭审阶段,则加上"刚才又参加了法庭调查")我认为:……(说明辩护基本观点。辩护词观点必须清楚、明确,不能出现模棱两可的情形)

(二)正文

正文是辩护词的重点和核心内容。正文的撰写必须秉承"以事实为根据,以法律为准绳"理念,无根据的辩护事实和情节不宜写入辩护词中。辩护人应针对起诉书(一审辩护词针对起诉书;二审辩护词针对一审;再审辩护词则针对已经生效的裁判)所载明的犯罪事实和犯罪证据,从定罪、量刑及诉讼程序三个方面发表辩护意见:

1.对犯罪嫌疑人、被告人是否构成犯罪进行辩护。指控犯罪成立,须由公诉人提出客观、充分证据来证实犯罪嫌疑人、被告人实施某种犯罪行为。因此,辩护人在与犯罪嫌疑人、被告人充分协商下确定进行无罪辩护时,应从单一证据是否符合客观性、关联性及合法性要求,全案证据是否符合充分、可排除合理怀疑要求,对犯罪嫌疑人、被告人没有实施刑事法律所规定的指控犯罪事实发表辩护意见。辩护人在制作辩护词时无须提出辩护证据,只要指出控诉观点、证据存在漏洞,使人民法院对控方观点产生足够怀疑即可。如在事实认定方面没有异议,但对指控犯罪罪名有异议,在与犯罪嫌疑人、被告人充分协商下,可从维护委托人合法权益角度提出新的罪名;也可继续进行无罪辩护,但必须告知委托人:依据我国现行法律法规规定,对于事实认定无误、指控罪名错误,人民法院判决时可直接改变起诉罪名。

2.对犯罪嫌疑人、被告人如何量刑问题发表辩护意见。如对指控的犯罪事实无异议,辩护人应着重分析案情,从案情中找出依法应当或可以从轻、减轻、免除刑事处罚的法定情节,供法院在量刑时考虑。

3.对诉讼程序的合法性问题发表辩护意见。这通常适用于二审程序的辩护和再审程序的辩护中。对于第一审裁判或已经生效的再审裁判制作过程中出现违反法定程序,可能或已经严重损害犯罪嫌疑人、被告人合法权益的情形,辩护人应在二审程序辩护词或再审程序辩护词中提出,从而保护犯罪嫌疑人、被告人的合法权益。

(三)尾部

制作人署名及制作日期。

二、辩护词格式

辩护词

尊敬的审判长、审判员(人民陪审员):

依照法律规定,受被告人×××委托和××律师事务所的指派(或经××法律援助中心指派并取得犯罪嫌疑人(被告人)×××的同意),我担任本案被告人(犯罪嫌疑人)的辩护人。开庭前,我查阅了本案案卷材料,进行了必要调查并会见了犯罪嫌疑人(被告人)×××。(如在庭审阶段,则加上"刚才又参加了法庭调查")我认为:……理由如下:

……(运用事实与法律,论证辩护基本观点)

……(提出量刑建议,征得委托人同意后可提出新的罪名并进行论证)

××律师事务所律师:×××

××年××月××日

三、辩护词范文①

辩护词

审判长、审判员、人民陪审员:

××省××市××律师事务所依法接受本案被告人张××之亲属许××的委托,指派我担任张××的一审辩护人。接受委托后,我仔细查阅了全部案件材料,并会见了被告人,还进行了大量的调查取证工作。经过认真的调查和严密的分析,我认为,本案事实不清,存在诸多疑点,难以定案。现依法发表如下辩护意见:

一、关于本案中公诉书认定张××作案的证据

公诉人所列举的能够据以认定张××强奸杀人的证据主要有两个:一是××公安局对被害人和被告人所作的血刑试验结论,二是被告人身上的伤痕。由于其他证据只能证明案件确实发生,但并不能证明罪犯是谁,因此,我仅就这两份证据的真实性和证明力,根据事实和法律提出如下看法。

关于血刑试验结论。根据××公安局所制作的刑事科学鉴定书,死者血型为B型,阴道内精液为A型,犯罪嫌疑人张××血型为A型,唾液为A型,公诉人遂将此认定为张××强奸杀人的一条主要证据。对此,我作为辩护人认为,死者阴道内精液与犯罪嫌疑人张××同属一种血型,并不能证明就是张××作的案。因为现代法医学认为血型鉴定毕竟不同于DNA、指纹鉴定,它只能作排除认定,而不能作同一认定。具体到本案来看,死者阴道内精液为A型,可以据此排除血型B型、O型、AB型的人作案的可能性,但不能得出必然是张××作案的结论。因为世界上A型血的人有很多。

关于被告人身上的伤痕认定。根据公诉人提供的照片,张××的伤痕均在右侧,即右侧肩部、右耳后、右额和右手。这是与张××的供述相一致的。张××对此的解释是:案发第二天上午正值家里买煤,他作为家中唯一的男子干体力活是责无旁贷的,由于肩挑、肩背和爬楼梯,造成了身体右部的多处划伤。按常理讲,犯罪嫌疑人或被告人的解释是有待辩证分析的,但我们可以通过张××身上的伤痕形成时间来具体分析他的这一供

---

① 本范文改编自《辩护词》:黑龙江省大庆市龙凤区法院,2019年4月29日,http://dqlf.hljcourt.gov.cn/public/detail.php? id＝6175。

述是否真实。按照公诉人发表的公诉词，张××是在××年××月××日××时许作的案，这也就是说，张××身上、耳后及额上的伤应形成于此时，但问题的关键在于在案发当天，并没有人发现他有伤。因为案发当天下午，张××去单位值班，单位里的人并未看见他的脸上、额上有伤。张××单位的同事刘××和王××提供的书面证据证明。并且，张××当天值完班回家后，邻居也未曾见过其脸上、额上有伤。

二、关于本案中公诉书认定的张××的作案时间

无论是人民检察院的公诉书，还是公诉人在法庭上提出的公诉意见，都认定被告人张××是在××年××月××日××时许作的案。但当天××时左右，张××单位的同事刘××和王××以及门卫黄××都能证明张××在单位值班。这有刘××、王××和黄××提供的书面证词予以证明。而且，张××在单位值班时，其翻阅的报纸和写的读书笔记也能证明张××在××月××日××时许不在作案现场。以上证据与张××本人的辩解相印证，证明了张××在××时许没有作案时间。

综上所述，辩护人认为本案事实不清，认定被告人张××作案的证据严重不足。因为事关人命，我认为人民法院在采证时不可不慎。我请求人民法院根据××年××月××日修正实施的《中华人民共和国刑事诉讼法》第××条第××款之规定，宣判被告人张××无罪。

×××律师事务所律师：××

××年××月××日

第四节　刑事第一审判决书

一、概念及内容

刑事第一审判决书是人民法院采用第一审程序对案件进行审理，针对被指控罪行所制作的一种司法文书。依据《中华人民共和国刑事诉讼法》规定，人民法院初次审理刑事案件，可采用普通程序、简易程序和速裁程序进行审理，因此刑事第一审判决书可分为一审公诉案件适用普通程序审理刑事判决书、一审公诉案件适用简易程序审理刑事判决书和一审公诉案件适用速裁程序审理刑事判决书。

为体现司法权威、公正，最高人民法院对刑事判决书的格式作了明确、严格的规定。刑事第一审判决书共分五个部分，即首部、事实、理由、判决结果和尾部。制作时应注意以下事项：

（一）首部

1.标题中的法院名称，一般应与院印的文字一致，但是基层法院应冠以省、自治区、

直辖市的名称;判处涉外案件时,各级法院均应冠以"中华人民共和国"。法院名称的字体比正文大一号字;文书种类写在法院名称的下一行,比正文大两号字;二者均应居中。

2.案号,包括立案年度、制作法院、案件性质、审判程序的代字和案件的顺序号。如某院2012年立案的第1号刑事案件,如(2012)北刑初字第1号。案号写在标题文书名称下一行的右端,其最末一字与下面的正文右端各行看齐。案号上下各空一行。

3.公诉机关,如写为"公诉机关绥化市北林区人民检察院"。在"公诉机关"与"绥化市北林区人民检察院"之间无标点符号和空格。

4.在审判经过段的"出庭人员"中应写明出庭参加诉讼的被害人和法定代理人、诉讼代理人。(未出庭的不写)

5.书写被告人基本情况时,应根据不同情况分别写明:

(1)被告人如有与案情有关的别名、化名或绰号的,应在姓名后用括号加以注明。

(2)被告人的职业,一般应写从业情况,如有工作单位,应写明其单位和职务。

(3)被告人的"出生年月日",应写明被告人准确的出生年月日;如确实查不清出生年月日,也可以写年龄。但未成年被告人出生年月日必须写明。

(4)被告人有法定或者酌定从重处罚情节的,如受过刑事处罚、行政处罚,或者在限制人身自由期间有逃跑的,应写明事由、时间。

(5)"因本案所受强制措施情况",应写明被拘留、逮捕等羁押时间,以便于折抵刑期。

(6)被告人项下书写的各种情况之间,一般可用逗号隔开;如果某项内容较多,可视行为需要,另行采用分号、句号。

(7)被告人的住址应写住所所在地。若住所所在地与经常居住地不一致,写经常居住地。

(8)被告人有二人以上的,按主从关系的顺序列项书写。

(9)被告人是外国人的,应在其中文译名后用括号注明其外文姓名、护照号码、国籍。

(10)被告人身份证号码,写为"公民身份号码"后直接加编号。

6.被告人是未成年人的,应当在写明被告人基本情况后,另行续写法定代理人的情况,包括法定代理人姓名、与被告人的关系、工作单位、职务及住址。

7.辩护人是律师的,只写姓名、工作单位和职务,即"辩护人×××,×××律师事务所律师";辩护人是人民团体或者被告人单位推荐的,只写姓名、性别、工作单位和职务;辩护人是被告人的监护人、亲友的,还应写明其与被告人的关系;辩护人如果是人民法院指定的,应写为"指定辩护人",并在审判经过段中做相应改动。同案被告人有二人以上并各有辩护人的,分别在各被告人项下,另起一行写辩护人情况。

8.在案件由来和审判经过段中,检察院起诉日期为法院签收起诉书等材料的日期;出庭的被告人、辩护人有多人的,可以概写为"上列被告人及其辩护人";出庭支持公诉的如系检察长、副检察长、助理检察员,应分别表述为"检察长""副检察长""代理检察员"。

9.对于人民法院依据《中华人民共和国刑事诉讼法》第一百六十二条第三项规定作出无罪判决的案件,人民检察院又起诉,原判决不予撤销,但应在案件审理经过段"×××人民检察院以×检×诉〔××××〕××号起诉书"一句前,增写"被告人×××

曾于××××年××月××日被×××人民检察院以××罪向×××人民法院提起公诉。因证据不足,指控的犯罪不能成立,被×××人民法院依法判决宣告无罪"。

10.对于经过第二审人民法院发回重审的案件,原审法院重审以后,在制作判决书时,在"开庭审理了本案"一句之后,增写"于××××年××月××日作出(××××)×刑初字第××号刑事判决,被告人提出上诉(或者×××人民检察院提出抗诉)。×××人民法院于××××年××月××日作出(××××)×刑终字第××号刑事裁定,撤销原判,发回重审。本院依法另行组成合议庭,公开(或者不公开)开庭审理了本案"。

(二)事实部分

为尊重当事人的诉讼权利,加强刑事判决的透明度,提高审判质量,应将控辩双方的意见写入判决书,并增强说理成分。法院认定的事实和证据,是判决的主要根据,必须查证属实,并应当作为重点分析论定。书写事实部分时,应注意以下内容:

1.按照文书规定,实施部分的内容有四个方面:人民检察院指控被告人犯罪的事实和证据,被告人的供述、辩解和辩护人的意见,经法庭审理查明的事实和据以定案的证据。为充分体现控辩式的审理方式,这些内容应分四个自然段书写。

2.叙述案情时,应写明案件发生的时间、地点、动机、目的、手段、行为过程、危害结果和被告人案发后的表现等,并以是否具备犯罪构成要件为重点兼叙影响量刑轻重的各种情节。依法公开审理的案件,案件事实未经法庭公开调查的,不能认定。

3.叙述事实要层次清楚,重点突出。一般按时间先后顺序进行,并着重写明主要情节。若一人犯数罪,则主罪详写,若数罪之间没有因果关系,则按罪行主次的顺序叙述。一般共同犯罪案件,应以主犯为主线进行叙述。集团犯罪案件,可先综述集团的形成和共同的犯罪行为,再按首要分子、主犯、从犯、胁从犯或者罪重、罪轻的次序分别叙述各个被告人的犯罪事实。

4.认定事实的证据应注意以下几点:(1)依法公开审理的案件,除无须举证的事实外,证明案件事实的证据必须经法庭公开举证、质证,否则不能认证。(2)必须经过具体分析、认证来证明判决所确认的犯罪事实,不得用抽象、笼统的说法或者罗列证据的方式,来代替分析、认证。法官认证和采信证据的过程应当在判决书中充分体现出来。(3)证据要尽量写得明确、具体,其写法因案而异。对于案情简单或均无异议的,可以集中表述;对于案情复杂或有异议的,应予分析、认证;对于一人犯数罪或者共同犯罪案件,还可以分项或者逐人逐罪叙述证据或者对证据进行分析、认证。控辩双方没有争议的证据,可不在控辩主张中叙述,以避免与"经审理查明"的证据重复。

5.在叙事举证时,须保守国家秘密,保护报案人、控告人、举报人、被害人、证人的安全、名誉。

(三)理由部分

这是判决的灵魂,是判决结果与事实联系的纽带,是围绕案情焦点,运用法律依据、政策精神及相关刑法原理、犯罪构成要件来着重分析被告人的行为,用以论证处理方式的正确性,并作为判决结果的正当基础。书写判决理由时,还应做到以下几点:

1.论述理由须有针对性,因案而异。分析时应以案情为基础,摆事实、讲道理并做到逻辑严谨,说理透彻。从思想的高度、人文的角度,使理由具有说服力。须使用法言法语,不可说套话、空话。

2.罪名的确定是以《中华人民共和国刑法》,《最高人民法院关于〈中华人民共和国刑法〉确定罪名的规定》,《最高人民检察院关于适用刑法分则规定的犯罪的罪名的意见》,《最高人民法院、最高人民检察院关于执行〈中华人民共和国刑法〉确定罪名的补充规定》(一)、(二)、(三)、(四)等为依据。确定规则为:一人犯数罪的,一般先定重罪,后定轻罪;共同犯罪案件,应首先分清各被告人在共同犯罪中的地位、作用和刑事责任,然后依次确定首要分子、主犯、从犯或者胁从犯、教唆犯的罪名。

3.当被告人具有一种或数种从轻、减轻、免除处罚或者从重处罚等情节时,可以分别认定或综合认定。

4.是否采纳控辩双方关于本案法律适用方面的意见,应当加以分析,阐明理由。

5.根据《最高人民法院关于司法解释工作的规定》,判决的法律依据包括司法解释。引用法律条文作依据时,应思考缜密,选择慎重,并做到以下几点:(1)准确、完整、具体。准确是指恰如其分地与判决结果相吻合;完整是指据以定性的相关法律规定、司法解释予以全部引用;具体是指引出条文规定的条、款、项,不分项或不分款的可以只写明条下第几款或第几项。(2)有条理和先后顺序。一般而言,当同一判决文书需引用两条以上法律条文时,与定罪及确定量刑幅度有关的条文在先,从轻、减轻和免除处罚或者从重处罚的条文在后;当判决结果有主刑、附加刑内容并存时,适用主刑的条文在先,适用附加刑的条文在后;若某种犯罪需援引法定刑(即要援引其他条款的法定刑处罚),则本条条文在先,并依据本条规定,相应的他罪条文在后;当一人犯数罪时,需逐罪引用法律条文;当数人共同犯罪时,则既可集中引用,也可逐人逐罪引用。另外,若相关法律依据既有法律条文又有司法解释,则应法律条文在先,司法解释在后;若存在实体法与程序法共同引用时,一般先引用实体法,后引用程序法。

(四)判决结果部分

判决结果是指依据相关法律规定,对被告人的行为予以定性,并作出处理决定的结论。这是裁判文书的"主文",更是"画龙点睛"的要点,需用词严密、言语谨慎。书写判决结果时应做到以下几点:

1.对各种刑罚都应写明全称,严格依据法律规定,不能克简或克繁。

2.在表述有期徒刑的刑罚时,应当写明刑种、刑期、主刑的折抵办法、起止时间。本判决书的起止时间是针对有期徒刑、拘役进行设计。若判处刑罚为死刑缓期二年执行,则起止时间表述为:"死刑缓期执行的期间,从高级人民法院核准之日起计算。"若判处管制,则应为:"刑期从判决执行之日起计算。判决执行以前先行羁押的,羁押一日折抵刑期二日,即自××××年××月××日起至××××年××月××日止。"

3.表述三类特殊案件判决结果时,应分别根据《刑事诉讼解释》第二百九十五条第(六)项、第(七)项、第(十)项的规定予以写明。对被告人因不满十六周岁不予刑事处罚和被告人是精神病人,在不能辨认或者不能控制自己行为的时候造成危害结果不予刑事处罚的,均应在判决结果中宣告"被告人×××不负刑事责任";对被告人死亡的案件,根据已查明的案件事实和认定的证据材料,能够确认被告人无罪的,应当在判决结果中宣告"被告人×××无罪"。

4.符合《中华人民共和国刑事诉讼法》第一百六十二条第(三)项规定,应宣告被告人无罪的,"证据不足,×××人民检察院指控的犯罪不能成立"是判决的理由,而非判决的主文。

5.若该案件存在追缴、退赔和发还被害人、没收的财物,则应将财物的名称、种类和数额写明。若财物种类繁杂,则在判决书中仅概括表述,另列清单为附件。

6.对于数罪并罚的案件,应将主刑和附加刑分别定罪量刑,然后依据《中华人民共和国刑法》第六十九条至第七十一条的规定,计算执行的刑罚。

7.若一案有多人犯罪,则应按罪责的主次或应判刑法的重轻为顺序,逐人、分项、依次定罪判处。

(五)尾部

尾部的书写应注意以下问题:

1.如果是在法定刑以下判处刑罚(适用《中华人民共和国刑法》第六十三条第二款规定),应当在交代上诉权之后,另起一行写明"本判决依法报请最高人民法院核准后生效"。

2.判决书的尾部应由参加审判案件的合议庭组成人员署名。合议庭的一般成员是陪审员的,署名为"人民陪审员×××";合议庭的一般成员是助理审判员的,署名为"代理审判员×××";助理审判员担任合议庭审判长的,与审判员担任合议庭审判长的一样,均署名为"审判长×××";院长(副院长)或庭长(副庭长)参加合议庭的,应担任审判长,均署名为"审判长×××"。

3.判决的决定日期即为判决书尾部的年月日,包括两种:当庭宣判的,应当写当庭宣判的日期;定期或者委托宣判的,应当写签发判决书的日期(裁定书亦同)。当庭宣告判决的,其不服判决的上诉和抗诉期限,仍应当从接到判决书的第二日起计算。

4.书记员在正本与原本校对无异之后,将"本件与原本核对无异"专用印戳加盖在正本末页的年月日的左下方、书记员署名的左上方。判决书原本上没有此文字。裁判文书若有个别涂改,应加盖校对章。

二、第一审刑事判决书格式

(一)刑事附带民事判决书(一审自诉案件用)

×××人民法院

刑事附带民事判决书

(一审自诉案件用)

(××××)×刑初字第××号

自诉人暨附带民事诉讼原告人：……(写明姓名、性别、出生年月日、民族、出生地、文化程度、职业或工作单位和职务、住址等)

诉讼代理人：……(写明姓名、工作单位和职务)

被告人：……(写明姓名、性别、出生年月日、民族、出生地、文化程度、职业或工作单位和职务、住址等)

辩护人：……(写明姓名、工作单位和职务)

自诉人×××以被告人×××犯××罪,并由此造成经济损失为由,于××××年××月××日向本院提起控诉。本院受理后,依法实行独任审判(或者组成合议庭),公开(或不公开)开庭审理了本案,自诉人×××及其诉讼代理人×××、被告人×××及其辩护人×××等到庭参加诉讼。现已审理终结。

自诉人×××诉称……(概述自诉人指控被告人犯罪和由此造成经济损失的事实、证据和诉讼请求)

被告人×××辩称……(概述被告人对自诉人的指控予以供述、辩解、自行辩护的意见和有关证据)辩护人×××提出的辩护意见是……(概述辩护人的辩护意见和有关证据)

经审理查明,……(首先写明经法庭审理查明的被告人的犯罪事实包括由此造成被害人经济损失的事实;其次写明据以定案的证据及其来源;最后对控辩双方有异议的事实、证据进行分析、认证)

本院认为,……(写明根据查证属实的事实、证据和法律规定,论证自诉人暨附带民事诉讼原告人的指控是否成立,被告人的行为是否构成犯罪,应如何处罚,被告人的行为是否给被害人造成经济损失和应否承担民事赔偿责任。对于控辩双方有关适用法律方面的意见,应当有分析地表示是否予以采纳,并阐明理由)依照……(写明判决的法律依据)的规定,判决如下:……(写明判决结果)

分四种情况。

第一,定罪判刑并应当赔偿经济损失的,表述为:

"一、被告人×××犯××罪,……(写明判处的刑罚)

(刑期从判决执行之日起计算。判决执行以前先行羁押的,羁押一日折抵刑期一日,即自××××年××月××日起至××××年××月××日止)

二、被告人×××赔偿自诉人×××……(写明赔偿的金额和支付日期)"

第二,定罪免刑并应当赔偿经济损失的,表述为:

"一、被告人×××犯××罪,免予刑事处罚;

二、被告人×××赔偿自诉人×××……(写明赔偿的金额和支付日期)"

第三,宣告无罪但应当赔偿经济损失的,表述为:

"一、被告人×××无罪;

二、被告人×××赔偿自诉人×××……(写明赔偿的金额和支付日期)"

第四,宣告无罪且不赔偿经济损失的,表述为:

"一、被告人×××无罪;

二、被告人×××不承担民事赔偿责任。"

如不服本判决,可在接到判决书的第二日起十日内,通过本院或者直接向×××人民法院提出上诉。书面上诉的,应当提交上诉状正本一份,副本×份。

审判员:×××

××××年××月××日

(院印)

本件与原件核对无异。

书记员:×××

(二)刑事第一审普通程序刑事判决书

×××人民法院

刑事判决书

(××××)×刑初字第××号

公诉机关:×××人民检察院。

被告人:……(写明姓名、性别、出生年月日、民族、出生地、文化程度、职业或者工作单位和职务、住址和因本案所受强制措施情况等,现羁押处所)

辩护人:……(写明姓名、工作单位和职务)

×××人民检察院以×检×诉×〔××××〕××号起诉书指控被告人×××犯××罪,于××××年××月××日向本院提起公诉。本院依法组成合议庭,公开(或者不公开)开庭审理了本案。×××人民检察院指派检察员×××出庭支持公诉,被害人×××及其法定代理人×××、诉讼代理人×××,被告人×××及其法定代理人×××、辩护人×××,证人×××,鉴定人×××,翻译人员×××等到庭参加诉讼。现已审理终结。

×××人民检察院指控……(概述人民检察院指控被告人犯罪的事实、证据和适用法律的意见)

被告人×××辩称……(概述被告人对指控的犯罪事实予以供述、辩解、自行辩护的意见和有关证据)。辩护人×××提出的辩护意见是……(概述辩护人的辩护意见和有

关证据）

经审理查明,……(首先写明经庭审查明的事实;其次写明经举证、质证定案的证据及其来源;最后对控辩双方有异议的事实证据进行分析、认证)

本院认为,……(根据查证属实的事实、证据和有关法律规定,论证公诉机关指控的犯罪是否成立,被告人的行为是否构成犯罪,犯的什么罪,应否从轻、减轻、免除处罚或者从重处罚。对于控辩双方关于适用法律方面的意见应当有分析地表示是否予以采纳,并阐明理由)依照……(写明判决的法律依据)的规定,判决如下:……(写明判决结果)。分三种情况:

第一,定罪判刑的表述为:

"一、被告人×××犯××罪判处……(写明主刑、附加刑)(刑期从判决执行之日起计算。判决执行以前先行羁押的,羁押一日折抵刑期一日即自××××年××月××日起至××××年××月××日止)

二、被告人×××……(写明决定追缴、退赔或者发还被害人、没收财物的名称、种类和数额)"

第二,定罪免刑的,表述为:

"被告人×××犯××罪,免予刑事处罚(如有追缴、退赔或者没收财物的,续写第二项)。"

第三,宣告无罪的,无论是适用《中华人民共和国刑事诉讼法》第一百六十二条第(二)项还是第(三)项,均应表述为:

"被告人×××无罪。"

如不服本判决可在接到判决书的第二日起十日内,通过本院或者直接向×××人民法院提出上诉。书面上诉的应当提交上诉状正本一份,副本×份。

审判长:×××
审判员:×××
审判员:×××
××××年××月××日
(院印)

本件与原件核对无异。

书记员:×××

(三)刑事第一审简易程序刑事判决书格式

×××× 人民法院
刑事判决书
(一审公诉案件适用简易程序用)

(××××)×刑初字第××号

公诉机关:×××人民检察院。

被告人:×××,男(或女),××××年××月××日出生于××省(或自治区、直辖市)××县(或区),×族,××文化程度,工作单位和职务,住址。因本案于××××年××月××日所受强制措施情况。现羁押处所。

辩护人:×××,工作单位和职务。

××××人民检察院以×检×诉〔××××〕××号起诉书指控被告人×××犯××罪,于××××年××月××日向本院提起公诉。本院依法适用简易程序,实行独任审判,公开(或不公开)开庭审理了本案。(×××人民检察院检察员×××、)被告人×××(、辩护人×××)等到庭参加了诉讼。现已审理终结。

公诉机关指控被告人(简要概括起诉书指控犯罪事实内容)。

上述事实,被告人在开庭审理过程中亦无异议,并有物证××、书证××、证人×××的证言、被害人×××的陈述、××公安机关(或检察机关)的勘验、检查笔录和××鉴定结论等证据证实,足以认定。

本院认为,被告人×××的行为(具体)已构成××罪。(对控辩双方争议的采纳或者驳斥理由)(从轻、减轻或者免除处罚的理由)依照《中华人民共和国刑法》第×条(第×款)的规定,判决如下:

被告人×××犯××罪,判处……(写明判处的具体内容)

(刑期从判决执行之日起计算。判决执行以前先行羁押的,羁押一日折抵刑期一日。即自××××年××月××日起至××××年××月××日止)

如不服本判决,可在接到判决书的第二日起十日内,通过本院或者直接向×××人民法院提出上诉。书面上诉的,应当提交上诉状正本一份,副本×份。

审判员:×××

××××年××月××日

(院印)

本件与原本核对无异。

书记员:×××

(四)刑事第一审速裁程序刑事判决书格式

×××人民法院

刑事判决书

(速裁程序)

(××××)×××刑初××号

公诉机关	×××人民法院
被告人基本情况	被告人×××,……(列明被告人姓名、性别、出生年月日、居民身份证号码、民族、文化程度、职业或者工作单位和职务、户籍地、现住址、曾受法律处分情况、被采取强制措施情况、羁押场所)

续表

辩护人	×××,××律师事务所律师	
公诉机关指控情况	起诉书文号	
	指控事实	(简要概述指控的犯罪事实)
	指控罪名	
	量刑建议	
被告人及辩护人意见	被告人×××对指控事实、罪名及量刑建设没有异议,同意适用速裁程序且签字具结,在开庭审理过程中亦无异议。其辩护人提出的辩护意见是××××	
裁决理由	公诉机关指控被告人×××犯××罪罪名成立,量刑建议适当,应予采纳。辩护人的辩护意见是否采纳。被告人对判决理由认罪认罚,且具有……情节,对其可以从轻(减轻)处罚(依次叙述被告人具有的从重、减轻、从轻等法定和酌定情节)	
法律依据	《中华人民共和国刑法》第×条	
判决结果	被告人××犯××罪,判处××× (刑期自×年×月×日起至×年×月×日止)	
权利告知	如不服本判决,可在接到判决书的第二日起十日内,通过本院或者直接向××××中级人民法院提出上诉。书面上诉的,应当提交上诉状正本一份,副本二份	
本件与原件核对无异	审判员:×× ××年××月××日 (院印) 法官助理:×× 书记员:××	

说明:人民法院适用速裁程序审理刑事案件,判决时使用本样式。依法不需要签署认罪认罚具结书的,不用表述"且签字具结"。

三、第一审刑事判决书范文

（一）刑事自诉暨附带民事诉讼第一审刑事判决书范文①

××省××市人民法院

刑事附带民事判决书

（2019）云××刑初××号

自诉人暨附带民事诉讼原告人：王某来，男，1966年2月18日生，××省××市人，汉族，文盲，农民，住××市。

诉讼代理人：何××、胡××，××天方律师事务所律师。代理权限为特别授权。

被告人：王某学，男，1964年9月5日生，××省××市人，汉族，文盲，农民，住××市。

辩护人暨附带民事诉讼代理人：尚××，××信修律师事务所律师。代理权限为特别授权。

自诉人王某来以被告人王某学犯故意伤害罪并要求赔偿其经济损失为由，于2019年4月10日向本院提起控诉。本院受理后，依法组成合议庭，适用普通程序，公开开庭审理了本案。自诉人王某来及其诉讼代理人何××、胡××，被告人王某学及其辩护人暨附带民事诉讼代理人尚××到庭参加诉讼。现已审理终结。

自诉人王某来诉称：原告与被告人系亲兄弟关系。2018年8月18日上午10时许，在××市新安镇振兴街原告与被告人住宅附近，双方因原告房屋屋顶漏水流入被告人房屋一事发生纠纷，原告随即遭到被告人持棍棒殴打致伤，原告被打伤后因疼痛难忍于第二日到红河州第一人民医院就诊，被诊断为闭合性颅脑损伤轻型；多发骨折（左侧颧弓、右手第一掌骨、第二近节指骨基底部、左食指近节指骨体部骨折）。2018年8月20日，原告转入中国人民解放军第五十九中心医院入院治疗，在该院治疗3天，在此期间需专人陪护，原告出院后在红河州第一人民医院进行后续治疗。2018年8月21日，原告向新安镇派出所报警。后经××红河明诚司法鉴定所伤情鉴定，原告伤情鉴定为轻伤二级，伤残等级为十级伤残。2019年3月8日，××市公安局出具《不予立案通知书》，案号为蒙公（新）不立字（2019）0301号，认定被告人王某学故意伤害一案为刑事自诉案件。综上所述，被告人王某学故意伤害原告王某来，导致原告轻伤二级，其行为已触犯《中华人民共和国刑法》第二百三十四条之规定，构成故意伤害罪，应依法追究其刑事责任。另外，依据《中华人民共和国刑事诉讼法》之规定，被害人由于被告人的犯罪行为而遭受物质损失的，在刑事诉讼过程中，有权提起附带民事诉讼。因此，被告人的犯罪行为给原告造成的各项

---

① 本范文改编自《王明学故意伤害一审刑事判决书》：中国裁判文书网，2020年1月23日，http://wenshu.court.gov.cn/website/wenshu/181107ANFZ0BXSK4/index.html? docId=74a31d31e00349b5920fab4b0104ea21。

经济损失应由被告人承担赔偿责任。其中医疗费7209.71元、误工费20100元、护理费20100元、交通费1357.03元、住宿费1320元、住院伙食补助费400元、残疾赔偿金61992元、精神抚慰金30000元、鉴定费2000元，共计144478.74元。针对指控的事实，自诉人向法庭提供了身份证复印件、不予立案通知书、××红河明诚司法鉴定所司法鉴定意见书、××省红河州第一人民医院急诊病历、检查报告单、诊断证明、中国人民解放军第五十九中心医院住院病案、入院证、诊断报告单、检查报告单、门诊收费票据、住院收费票据、刑事侦查卷宗一册、××省增值税普通发票、车位租赁合同、收据、售车协议、情况说明和证明。

自诉人王某来的诉讼代理人何××、胡××认为：1.本案事实清楚，证据确实、充分，应追究被告人王某学的刑事责任，被告人持竹竿与自诉人互打，具有攻击、伤害的意图，不属于正当防卫；2.双方房屋之间的矛盾不影响本案犯罪的成立；3.本案中王某1的笔录中存在矛盾，不应予以采纳；4.被告人王某学击打自诉人，造成其轻伤二级，被告人王某学的行为已经构成犯罪；5.被告人王某学对于给自诉人造成的经济损失应该予以赔偿，自诉人的请求符合法律规定，应予以支持。

被告人王某学认为是自诉人使用砍刀对其实施伤害，自己才用竹竿进行阻挡，自己的行为是正当防卫，自己的行为不构成犯罪，对于自诉人的民事赔偿请求也不应予以赔偿。

被告人王某学的辩护人暨诉讼代理人尚××认为：1.本案中证人王某1的证言、自诉人王某来的陈述均存在矛盾，不应作为本案证据予以证实，且证据证实是王某来持刀砍向王某学时，王某学用竹竿进行阻挡，被告人王某学在遭到暴力伤害时，才用竹竿进行阻挡，被告人王某学的行为是正当防卫，其行为不构成犯罪。2.自诉人的请求存在不合理的部分，不应予以支持。3.本案中被告人王某学是正当防卫，不应对自诉人的请求予以赔偿。综上，认为本案事实不清，证据不足，且被告人的行为构成正当防卫，应宣告无罪，对于其赔偿请求应依法驳回。

经审理查明：自诉人王某来与被告人王某学系亲兄弟关系。2018年8月18日上午10时许，在××市新安镇振兴街自诉人王某来与被告人王某学家住宅附近，双方因房屋屋顶漏水发生纠纷。自诉人王某来先回家拿了一根钢管出来，被告人王某学看见自诉人拿出钢管后亦回家拿了一根竹竿出来，双方继续争吵。自诉人再次回家拿了一把刀出来，被告人王某学随即用其持有的竹竿殴打自诉人的头、手。经××红河明诚司法鉴定所鉴定，自诉人王某来伤情鉴定为轻伤二级，伤残等级为十级伤残。

案发后，自诉人暨附带民事诉讼原告人王某来到红河州第一人民医院、××市人民医院、中国人民解放军第五十九中心医院治疗，其中到中国人民解放军第五十九中心医院住院治疗3天，住院期间需1人陪护，并产生相应费用。

上述事实，有经法庭质证、认证的下列证据予以证实：

1.接处警登记表、不予立案通知书，证实2018年8月21日，王某3到××市公安局新安镇派出所报案，称其父亲被大伯打伤了手指骨。2019年3月7日，王某来向该局申请该案不予立案，2019年3月8日，××市公安局以"该案属于自诉案件"为由，决定对该案不予立案。

2.身份证复印件、户口簿复印件,证实被告人王某学、自诉人王某来的出生日期等基本情况,同时证实被告人王某学已达刑事责任年龄。

3.提取物证笔录、扣押笔录、扣押决定书,证实××市公安局从王某学处提取打架时使用的竹竿一根,并予以扣押;接受了王某来提交的钢管一根、管制刀具一把。

4.××红河明诚司法鉴定所鉴定意见书,证实经鉴定,王某来的伤情鉴定为轻伤二级,伤残等级鉴定为十级伤残。

5.自诉人王某来的陈述,证实王某来和王某学是亲兄弟,但是因为滴水巷的问题,两家之间产生矛盾。2018年8月18日王某来听见淌水的声音,就去查看,看见王某学家的屋檐处接了一个水槽,王某来家房顶的水就从水槽里淌到了王某来家的院子里。过了一会儿,王某学从家里面出来,王某来就问王某学是否要打架,双方就争吵起来。之后王某来回家拿了一根钢管出来,王某学也从家里面拿了一根竹竿出来。双方继续吵着。王某来看见王某学拿的竹竿比较长,就回家拿了一把刀出来。王某来拿刀出来后被王某学用竹竿打到了手部。之后王某学就回家去了。后来,王某学的儿子王某3拿了5000元给王某来,让其去医院医治。

6.证人王某1的证言,证实王某学和王某来是亲兄弟,两人因为滴水巷的问题,已经很多年不说话了。2018年8月18日上午10时许,因为滴水巷的问题,王某学和王某来吵了起来。双方在对骂过程中,王某来跑回家拿了一根钢管出来,王某学看见之后也回家拿了一根竹竿出来。双方继续争吵,王某1就去劝、拉双方,但是拉不开。接着王某来又回家重新拿了一把刀出来,王某来拿刀出来后,与王某学发生斗斗,怎么打的没有看见,自己当时去哥哥家了。等王某1出来时,只看见王某来坐在地上,头的左额处有伤,刀在旁边的地上。王某1把王某来送回家中,王某来让王某1帮其把刀拿回来,王某1又出去把刀捡起来,并把刀插进刀鞘内,之后将刀拿回来给王某来。

7.证人王某2的证言,证实王某学和王某来是亲兄弟,因为滴水巷的问题,两家已经30多年没有讲话了。2018年8月18日,因为滴水巷的问题,王某学和王某来对骂起来。在对骂过程中,王某来就回家拿了一根钢管出来,王某学看见之后也回家拿了一根竹竿出来。并用竹竿打了王某来的头部一下,王某来就回家拿了一把砍刀出来,王某学看见之后,用竹竿打王某来的手和头。

8.证人沈某的证言,证实2018年8月的一天,沈某回家的时候看见邻居王某来,王某来眼睛处肿着,手也肿着。沈某问怎么了,王某来说被其哥哥打了。

9.出庭作证证人王某3的证言,证实王某3是王某学的儿子。王某学与王某来系亲兄弟。2018年8月18日,因为滴水巷的问题,王某学和王某来吵了起来。王某来回家拿钢管出来,王某学拿竹竿挡开,双方还在吵。后来王某来又回家拿了一把刀出来,并拿刀向王某学砍过来,王某学就拿竹竿挡开了。

10.被告人王某学的供述,证实王某学和王某来是兄弟关系。两人之间因为滴水巷的问题产生矛盾。2018年8月18日上午10时许,王某学在家里面房屋屋檐上安装了一个水槽。之后王某学听见王某来在骂,并说要把水槽拆了。王某学不服气就出去,双方就对骂起来。对骂过程中,王某来回家拿了一根钢管出来,后来王某来又回家重新拿了一把刀出来。王某学也回家拿了一根竹竿出来。王某来拿刀向王某学砍过来,王某学就拿竹竿打王某来的手和头,王某来拿着的刀掉在地上。王某学被其儿子王某3拉开,王某1也把王某来拉开,并把王某来送回家中。第二天,王某来媳妇说王某来去医院医手,王某学的儿子王某3就拿了5000元给王某来媳妇。

11.××省红河州第一人民医院急诊病历、检查报告单、诊断证明,中国人民解放军第五十九中心医院住院病案、入院证、诊断报告单、检查报告单,××市人民医院处置单、××省医疗门诊收费票据、××省医疗住院收费票据,××省增值税普通发票,证实:(1)自诉人王某来到红河州人民医院、××市人民医院、中国人民解放军第五十九中心医院治疗,其中到中国人民解放军第五十九中心医院住院治疗3天,共计支付医药费7209.71元;(2)支付伤情、伤残鉴定费共计2000元。

上述证据经当庭举证、质证,证据来源合法,内容客观真实,并能相互印证,本院予以确认。对于自诉人王某来提交的车位租赁合同、证明、售车协议书,证实其平时从事二手车交易,但不能证实其具体经济收入情况,但在对其误工损失进行计算时,可按照每天100元予以支持。

本院认为,被告人王某学无视国家法律,故意伤害他人身体,致一人轻伤,其行为已构成故意伤害罪。自诉人王某来指控的犯罪事实清楚,证据确实、充分,罪名成立,本院予以确认。本案证据证实,在被告人王某学和自诉人王某来发生争吵之后,被告人王某学看见自诉人王某来回家拿了一根钢管,亦回家拿了一根竹竿,之后双方继续争吵,且在场证人王某1对双方进行劝阻,双方均未予以理睬,仍继续争吵。后来被告人王某学看见回家拿刀出来的王某来之后,即用竹竿击打自诉人。综上,本院认为,被告人王某学对与王某来进行打斗,持有积极故意的心态。被告人王某学故意伤害他人身体,致一人轻伤二级,被告人王某学的行为已构成故意伤害罪,其行为不符合正当防卫的构成条件。被告人王某学及其辩护人认为被告人王某学系正当防卫的辩护意见不能成立,本院不予采纳。本案中,自诉人王某来与被告人王某学争吵过程中,先拿钢管,后又拿刀,进一步激化矛盾,在案发起因上具有一定过错。对于被害人有过错的,可对被告人酌情从轻处罚。本案系因邻里纠纷矛盾激化而引发本案,对被告人王某学酌情从宽处罚。

被告人王某学的行为给被害人造成了经济损失,在承担刑事责任的同时,还应承担相应的民事赔偿责任。自诉人王某来在案发起因上具有一定过错,应承担相应的民事责任。被告人王某学及其代理人认为被告人王某学不应承担赔偿责任的意见不能成立,本院不予采纳。附带民事诉讼原告人王某来请求的医药费7209.71元、误工费20100元、鉴定费2000元,符合法律规定,本院予以支持;其请求的护理费,按住院期间,1人护理,每天100元予以支持,即3天×1人×100元/天=300元;其请求的住院伙食补助费,按住院期间,每天100元予以支持,即3天×100元/天=300元;其请求的交通费,酌情支持400元;其请求的住宿费,没有提供相应的依据予以证实,本院不予支持;其请求的残疾赔偿金、精神抚慰金不符合法律规定,本院不予支持。即自诉人暨附带民事诉讼原告人王某来因伤造成的经济损失为：医药费7209.71元、误工费20100元、鉴定费2000元、护理费300元、住院伙食补助费300元、交通费400元，共计30309.71元。据此，依照《中华人民共和国刑法》第二百三十四条第一款、第七十二条第一款、第七十三条第二款和第三款、第七十六条、第六十四条、第三十六条第一款，最高人民法院《关于适用〈中华人民共和国刑事诉讼法〉的解释》第一百五十五条第一款和第二款之规定，判决如下：

一、被告人王某学犯故意伤害罪，判处有期徒刑六个月，缓刑六个月；依法实行社区矫正(缓刑考验期，从判决确定之日起计算)。

二、由被告人王某学赔偿附带民事诉讼原告人王某来因伤造成的经济损失30309.71元的70%，即21216.80元。扣除已经支付的5000元，还应支付16216.80元。上述赔偿款限在判决生效后三十日内一次性付清。

三、扣押的作案工具钢管一根、管制刀具一把、竹竿一根依法予以没收。

如不服本判决，可在接到判决书的第二日起十日内，通过本院或直接向红河哈尼族彝族自治州中级人民法院提起上诉。书面上诉的，应交上诉状正本一份，副本二份。

审判长：×××

人民陪审员：×××

人民陪审员：×××

二〇一九年十月八日

书记员：×××

(二)刑事第一审普通程序刑事判决书[①]

北京市海淀区人民法院

刑事判决书

(2020)京××刑初×××号

公诉机关：北京市海淀区人民检察院。

被告人：××，男，1988年3月27日出生于××省×××市，公民身份号码×××，满族，初中文化，务工，户籍所在地为××省××市。曾因犯寻衅滋事罪，于2013年3月29日被判处有期徒刑八个月，2013年6月14日刑满释放。现因涉嫌犯故意伤害罪，于2017年11月15日被刑事传唤至公安机关，次日被解除刑事传唤，2017年11月18日被取保候审，后脱保，2019年12月10日被羁押，2019年12月11日被逮捕。现羁押在北京市海淀区看守所。

指定辩护人：×××，北京深宽律师事务所律师。

北京市海淀区人民检察院以京海检三部刑诉〔20××〕×××号起诉书指控被告人××犯故意伤害罪，向本院提起公诉。本院于2020年3月6日立案，并依法组成合议庭，公开开庭审理了本案。北京市海淀区人民检察院指派检察员×××出庭支持公诉，

---

① 本范文改编自《××故意伤害一审刑事判决书》：中国裁判文书网，2020年7月16日，http://wenshu.court. gov.cn/website/wenshu/181107ANFZ0BXSK4/index.html? docId=0f95c35802154d36801cabfa000e1210。

被告人××及其辩护人×××到庭参加诉讼。现已审理终结。

北京市海淀区人民检察院指控,2017年7月19日3时许,被告人××在本市海淀区田村路43号京粮广场三层鑫金源会所大厅内,因琐事与被害人杨某(女,31岁)产生纠纷。其间,被告人××用脚踢被害人杨某左肋部,致被害人杨某左侧第6—10肋骨骨折等伤,经鉴定为轻伤二级。

被告人××脱保后于2019年12月10日被公安机关抓获,后如实供述了上述犯罪事实。案发后,被告人××赔偿被害人杨某人民币80000元,被害人杨某对被告人××表示谅解。

针对上述指控,公诉机关向本院提供了相应的证据材料,认为被告人××的行为已构成故意伤害罪,提请本院依照《中华人民共和国刑法》第二百三十四条第一款之规定,对被告人××定罪处罚。

被告人××对起诉书的指控事实和指控罪名没有提出异议。其辩护人发表的辩护意见为,被告人××认罪态度较好,已经赔偿被害人经济损失并获得谅解,提请法庭对其从轻处罚。

经审理查明:

被告人××于2017年7月19日凌晨3时许,在本市海淀区田村路43号京粮广场三层鑫金源会所大厅内,因琐事与被害人杨某(女,31岁)产生纠纷。其间,被告人××用脚踢被害人杨某左肋部,致被害人杨某左侧6—10肋骨骨折等伤,经鉴定为轻伤二级。后被告人××赔偿被害人杨某人民币80000元,被害人杨某对被告人××表示谅解。

2017年11月15日,被告人××被公安机关刑事传唤,次日被解除刑事传唤。2017年11月18日,被告人××被公安机关取保候审,后脱保。2019年12月10日,被告人××被公安机关抓获归案。

上述事实,被告人××及其辩护人在开庭审理过程中亦无异议,且有公诉人当庭宣读并出示的被告人××的供述,被害人杨某的陈述,证人张某、刘某、李某的证言,辨认笔录,视听资料,诊断证明书,鉴定书,谅解书,受案登记表,到案经过,前科材料,身份信息等证据材料予以证实,足以认定。

本院认为,被告人××故意伤害他人身体,致人轻伤,其行为已构成故意伤害罪,应予惩处。北京市海淀区人民检察院指控被告人××犯故意伤害罪的事实清楚,证据确实、充分,指控罪名成立。被告人××曾因故意犯罪被判处有期徒刑,在刑罚执行完毕后五年内再犯应当判处有期徒刑以上刑罚之罪,系累犯,应依法从重处罚。鉴于被告人××能如实供述自己的罪行,认罪态度较好;且已与被害人达成调解协议并获得谅解,本院依法对其从轻处罚。辩护人的相关辩护意见,本院酌予采纳。依照《中华人民共和国刑法》第二百三十四条第一款、第六十五条第一款、第六十七条第三款之规定,判决如下:

被告人××犯故意伤害罪,判处有期徒刑十个月。

(刑期从判决执行之日起计算;判决执行以前先行羁押的,羁押一日折抵刑期一日,即自2019年12月10日起至2020年10月7日止。)

如不服本判决,可在接到判决书的第二日起十日内,通过本院或者直接向北京市第一中级人民法院提出上诉。书面上诉的,应当提交上诉状正本一份,副本一份。

审判长:×××

人民陪审员:×××

人民陪审员:×××

二○二○年五月十五日

书记员:×××

(三)刑事第一审简易程序判决书范文①

××省××市××区人民法院

刑事判决书

(2020)浙××××刑初×××号

公诉机关:××市××区人民检察院。

被告人:×××,男,1970年5月22日出生于××省××市,汉族,初中文化,经商,住××市黄岩区。2020年7月3日因本案被××市公安局××分局刑事拘留,2020年7月10日经本院决定被逮捕。现押××市××区看守所。

辩护人:××,××律师事务所律师。

××市××区人民检察院以台路检二部刑诉[2020]×××号起诉书指控被告人×××犯危险驾驶罪,于2020年7月9日向本院提起公诉,并建议适用速裁程序。本院受理后,发现本案不宜适用速裁程序,依法转为简易程序,实行独任审判,公开开庭审理了本案。××市××区人民检察院检察员×××、被告人×××及其辩护人××到庭参加诉讼。现已审理终结。

××市××区人民检察院指控,2020年7月1日20时41分许,被告人×××无证酒后驾驶浙J×××××小型轿车,从××市椒江区三甲街道十塘村驶往××区金清镇双盟村方向,途经××区时被执勤民警当场查获。经检测,被告人×××的血液中乙醇含量为97毫克/100毫升,属于醉酒。

被告人×××归案后能如实供述自己的罪行,并自愿认罪认罚。

上述事实,被告人×××在开庭审理过程中亦无异议,并有证人王某的证言、交通管理行政强制措施凭证、呼气酒精含量检测单、当事人血样提取登记表、现场照片、驾驶证状态查询证明、驾驶人信息查询结果单、机动车信息查询结果单、行驶证复印件、检验报告、查获经过、人口信息、电话查询记录证据证实,足以认定。

同时公诉机关认为被告人×××具有坦白、无证等处罚情节,且自侦查阶段自愿认罪认罚,建议对其判处拘役一个月,并处罚金人民币二千元。

---

① 本范文改编自《林文辉危险驾驶罪一审刑事判决书》:中国裁判文书网,2020年7月24日,http://wenshu.court.gov.cn/website/wenshu/181107ANFZ0BXSK4/index.html? docId=85598d3679574b948ca5ac0800acaf1f。

被告人×××对指控的犯罪事实、罪名及量刑建议没有异议且签字具结,在开庭审理过程中亦无异议。

本院认为,被告人×××违反交通管理法规,无证在道路上醉酒驾驶机动车,其行为已构成危险驾驶罪。被告人×××归案后如实供述自己的犯罪事实,且自侦查阶段自愿认罪认罚,依法予以从宽处罚。公诉机关的指控,事实清楚,罪名成立;公诉机关的量刑建议适当,本院予以采纳。辩护人提出被告人×××没有前科劣迹,虽醉酒驾驶车辆但没有造成事故,且归案后具有坦白、自愿认罪认罚等从轻情节,与事实相符,本院予以采纳。综合考虑被告人×××的具体犯罪事实、性质和情节,依照《中华人民共和国刑法》第一百三十三条之一第一款第(二)项、第六十七条第三款,《中华人民共和国刑事诉讼法》第十五条之规定,判决如下:

被告人×××犯危险驾驶罪,判处拘役一个月,并处罚金人民币二千元(刑期从判决执行之日起计算。判决执行以前先行羁押的,羁押一日折抵刑期一日,即自2020年7月3日起至2020年8月2日止。罚金限判决发生法律效力之日起一个月内缴纳)。

如不服本判决,可在接到判决书的第二日起十日内,通过本院或者直接向××省××市中级人民法院提出上诉。书面上诉的,应交上诉状正本一份,副本二份。

审判员:××

二〇二〇年七月二十四日

代书记员:××

附件:

本案判决所依据的法律条文

《中华人民共和国刑法》

第一百三十三条之一　在道路上驾驶机动车,有下列情形之一的,处拘役,并处罚金:

(一)追逐竞驶,情节恶劣的;

(二)醉酒驾驶机动车的;

(三)从事校车业务或者旅客运输,严重超过额定乘员载客,或者严重超过规定时速行驶的;

(四)违反危险化学品安全管理规定运输危险化学品,危及公共安全的。

机动车所有人、管理人对前款第三项、第四项行为负有直接责任的,依照前款的规定处罚。

有前两款行为,同时构成其他犯罪的,依照处罚较重的规定定罪处罚。

第六十七条　犯罪以后自动投案,如实供述自己的罪行的,是自首。对于自首的犯罪分子,可以从轻或者减轻处罚。其中,犯罪较轻的,可以免除处罚。

被采取强制措施的犯罪嫌疑人、被告人和正在服刑的罪犯,如实供述司法机关还未掌握的本人其他罪行的,以自首论。

犯罪嫌疑人虽不具有前两款规定的自首情节,但是如实供述自己罪行的,可以从轻处罚;因其如实供述自己罪行,避免特别严重后果发生的,可以减轻处罚。

《中华人民共和国刑事诉讼法》

第十五条 犯罪嫌疑人、被告人自愿如实供述自己的罪行,承认指控的犯罪事实,愿意接受处罚的,可以依法从宽处理。

(四)刑事第一审速裁程序判决书范文①

××省××县人民法院

刑 事 判 决 书

(速裁程序)

(2020)皖××××刑初×××号

公诉机关	××县人民检察院	
被告人基本情况	被告人××,男,汉族,1988年6月19日出生,××省××县人,小学文化,农民,住××××××。因涉嫌犯危险驾驶罪,2020年4月28日被取保候审	
公诉机关指控情况	起诉书文号	××××号
	指控事实	2020年4月20日21时许,被告人××无有效机动车驾驶证,驾驶一辆无号牌二轮摩托车,行驶至××县环保局西边附近路段处,被查获。经鉴定,其血液酒精含量达到115毫克/100毫升,属醉酒状态
	指控罪名	危险驾驶罪
	量刑建议	拘役一个月,宣告缓刑二个月,并处罚金二千元
被告人意见	被告人××对指控的罪名、犯罪事实及量刑建议没有异议,同意适用速裁程序且签字具结,在开庭审理过程中亦无异议	
判决理由	公诉机关指控被告人××犯危险驾驶罪名成立,量刑建议适当,应予采纳。鉴于××自愿认罪认罚,且具有坦白情节,可依法对其从轻处罚	
法律依据	《中华人民共和国刑法》第一百三十三条之一第一款第二项,第七十二条第一款、第三款,第七十三条第一款、第三款,第六十七条第三款,《中华人民共和国刑事诉讼法》第二百零一条	
判决结果	被告人××犯危险驾驶罪,判处拘役一个月,宣告缓刑二个月,并处罚金人民币二千元,罚金已缴纳(缓刑考验期限,从判决确定之日起计算)	
权利告知	如不服本判决,可在接到判决书的第二日起十日内,通过本院或者直接向××省亳州市中级人民法院提出上诉。书面上诉的,应当提交上诉状正本一份,副本二份	
	审判员:×× 二〇二〇年七月三十一日 书记员:××	

---

① 本范文改编自《孙效强危险驾驶罪一审刑事判决书》:中国裁判文书网,2020年7月31日,http://wenshu.court.gov.cn/website/wenshu/181107ANFZ0BXSK4/index.html? docId=e78516bfc61040b9b9c8ac0d003ad120。

第五节　刑事抗诉书

一、概念及内容

刑事抗诉书是指人民检察院认为人民法院的刑事判决、裁定确有错误,依法定程序向人民法院提出抗诉,要求重新审理、纠正错误时制作的司法文书。

依据现行《中华人民共和国刑事诉讼法》规定,刑事抗诉包括两审程序的抗诉和审判监督程序的抗诉(或称为再审抗诉)。由于二者在抗诉对象、程序等方面存在着众多不同,因此两种抗诉书在格式及内容方面也有些差别。这主要体现于:再审抗诉书需列明原审被告人基本情况且需写明检察院审查后认定的案件事实;而二审抗诉书不必列明当事人情况,也不必写明事实。另外,两种抗诉书应列明的法律依据也有所不同。刑事抗诉书的主要内容包括以下内容:

(一)首部

包括名称、编号等。

(二)正文

1.原审判决、裁定情况。只需写明原裁判结果即可。

2.审查意见。简要写明人民检察院对原裁决的审查意见,明确指出原裁决的错误所在。

3.抗诉理由。抗诉理由是抗诉书的核心,应针对原裁决认定事实确有错误、适用法律不当和量刑畸轻畸重或审判程序严重违法等情况详写抗诉理由。通常分段论述。要求说理透彻,法律依据充分,促使人民法院采纳抗诉主张。

4.抗诉意见、法律根据和要求事项。抗诉意见是综合抗诉理由的结论性意见,要求简洁、明了。法律根据为《中华人民共和国刑事诉讼法》第二百二十八条规定;要求事项,通常表述为:"特提出抗诉,请依法判处。"

(三)尾部

写明抗诉书送达的人民法院名称、制作抗诉书的人民检察院名称及制作时间,并加盖人民检察院公章。

(四)附项

附被告人现在处所等。

二、刑事抗诉书格式

(一)二审程序抗诉书格式

××××人民检察院

刑事抗诉书

(二审程序适用)

××检××诉刑抗〔20××〕×号

×××人民法院以××号刑事判决(裁定)书对被告人×××(姓名)××(案由)一案判决(裁定)……(判决、裁定结果)。本院依法审查后认为(如果是被害人及其法定代理人不服地方各级人民法院第一审的判决而请求人民检察院提出抗诉的,应当写明这一程序,然后再写"本院依法审查后认为"),该判决(裁定)确有错误(包括认定事实有误、适用法律不当、审判程序严重违法),理由如下:

……(根据不同情况,理由从认定事实错误、适用法律不当和审判程序严重违法等几个方面阐述。)

综上所述……(概括上述理由),为维护司法公正,准确惩治犯罪,依照《中华人民共和国刑事诉讼法》第二百二十八条的规定,特提出抗诉,请依法判处。

此致

人民法院

××××人民检察院

20××年×月×日

(院印)

附件:1.被告人×××现羁押于×××(或者现住×××);

2.其他有关材料。

(二)审判监督程序抗诉书格式

××××人民检察院

刑事抗诉书

(审判监督程序适用)

××检××审刑抗〔20××〕×号

原审被告人……(依次写明姓名、性别、出生年月日、民族、职业、单位及职务、住址、服刑情况。有数名被告人的,依犯罪事实情节由重至轻的顺序分别列出)。

×××人民法院以×××号刑事判决书(裁定书)对被告人×××(姓名)×××(案由)一案判决(裁定)……(写明生效的一审判决、裁定或者一审及二审判决、裁定情况)。经依法审查(如果是被告人及其法定代理人不服地方各级人民法院的生效判决、裁定而

请求人民检察院提出抗诉的,或者有关人民检察院提请抗诉的,应当写明这一程序,然后再写"经依法审查"),本案的事实如下:

……(概括叙述检察机关认定的事实、情节。应当根据具体案件事实、证据情况,围绕刑法规定该罪构成要件特别是争议问题,简明扼要地叙述案件事实、情节。一般应当具备时间、地点、动机、目的、关键行为情节、数额、危害结果、作案后表现等有关定罪量刑的事实、情节要素。一案有数罪、各罪有数次作案的,应当依由重至轻或者时间顺序叙述)

本院认为,该判决(裁定)确有错误(包括认定事实有误、适用法律不当、审判程序严重违法),理由如下:

……(根据情况,理由可以从认定事实错误、适用法律不当和审判程序严重违法等几个方面分别论述)

综上所述……(概括上述理由),为维护司法公正,准确惩治犯罪,依照《中华人民共和国刑事诉讼法》第二百五十四条第三款的规定,对×××法院×××号刑事判决(裁定)书,提出抗诉,请依法判处。

此致
×××人民法院

×××××人民检察院
20××年×月×日
(院印)

附件:1.被告人×××现服刑于×××(或者现住×××);
2.其他有关材料。

三、刑事抗诉书范文

(一)二审程序无罪抗诉[①]

×××省××市××区人民检察院
刑事抗诉书

青黄岛检公诉刑抗〔20××〕×号

×××省××市××区人民法院以(2018)鲁××××刑初××××号书对被告人殷某甲、殷某乙涉嫌过失致人死亡一案判决:认为指控二被告过失致人死亡罪事实不清、证据不足,判决二被告均无罪。本院依法审查后认为,该判决确有错误,理由如下:

---

① 本范文改编自《山东省青岛市黄岛区人民检察院刑事抗诉书》(殷某甲、殷某乙故意伤害案):12309中国检察网,2020年7月29日,https://www.12309.gov.cn/12309/gj/sd/sdqdsy/sdhdqyb/zjxflws/202007/t20200729_8342971.shtml。

1.二被告人在主观上明知被害人有心脏病是事实。

综合本案证据,姜某某(死者妻子)、殷某丁(死者哥哥)、张某某(被告人殷某乙妻子)、法某某(村民,证人)、尹某某(村民,证人)等多名证人证言证实被害人殷某丙有心脏病,心脏曾搭过支架的事村里人都知道,被告人殷某乙也供认明知,曾经拿着东西去殷某丙家看过。被告人殷某甲虽辩称自己不知道殷某丙有心脏病,但与其他证人证言矛盾,且殷某丁、姜某某证言均证实殷某甲与殷某丙在村委会院内发生争执时,殷某丁提醒过殷某甲殷某丙患有心脏病,但殷某甲不予理会继续与殷某丙发生争执。殷某甲与被害人有亲戚关系,都在一个村共同生活,两家也离得很近,作为村书记的被害人做心脏手术应当可以认定。因此,可以认定二被告人均明知殷某丙有心脏病的事实。

2.二被告人在客观上实施了言语争吵、指点及推搡、拉扯等轻微身体接触行为,该行为具有实行行为性,是类型性的法益侵害行为。

以上证据与视频资料、证人证言、被告人供述等相互印证证实:被告人殷某甲明知殷某丙有严重心脏病的情况下,因自己父亲退休金发放问题与时任村书记的殷某丙发生争执,双方冲突时间从案发当日8时14分许至8时24分许,地点从村委会院内延续到殷某乙家小卖部门口,冲突方式为言语争吵、指点及推搡、撕扯等轻微身体接触,其中在小卖部墙跟附近,殷某甲倚着墙,殷某丙站在殷某甲面前上前拉扯殷某甲,殷某甲朝着殷某丙身上推了一把,殷某丙也推了殷某甲一把。因过程中始终有殷某丁等人居中搂抱拦阻,双方未产生激烈的身体对抗性接触;而被告人殷某乙,在案发当日8时17分许到村委会院内,欲将殷某甲劝离被殷某甲踢了一脚予以拒绝,后与殷某丙言语争执1分钟(未发生身体接触)后离开村委会,直至8时20分许,殷某甲与殷某丁、殷某丙相互撕扯着来到殷某乙家小卖部门前,殷某甲与殷某丙继续争吵、撕扯被他人劝开后,因殷某丙在小卖部门外继续争吵,8时22分,殷某乙与殷某丙再次发生冲突。视频监控显示当时双方情绪激动,欲冲向彼此,但被他人拦阻,二人用脚互踢,殷某乙踢向殷某丙的一脚落空,未踢到殷某丙。8时24分许,殷某丙倒地。根据法医鉴定,殷某丙符合冠状动脉粥样硬化性心脏病死亡,情绪激动、争吵、拉扯等可引起心脏负荷加重的情形均能诱发其发作。

判断一个行为是否具有实行行为性,是否是类型性的法益侵害行为,要看这种危险在日常生活中是否被人所接受,如果按照一般人的生活经验法则,行为不会导致死亡的结果发生,那么这种行为就不具有实行行为性,如劝人乘坐飞机,飞机出事故死亡;将人打成轻伤,在去医院的路上被车撞死等,这些行为毫无疑问与死亡结果的发生有因果关系,但是这些危险在日常生活中能被人所接受,按照一般人的生活经验法则,也不会导致死亡的结果发生,所以劝人乘坐飞机、将人打成轻伤的行为就不具有死亡这一后果出现的实行行为性。此外,判断一个行为是否具有实行行为性,还必须考虑到行为人主观是否明知等,就该案而言,二被告人在明知被害人有心脏病的前提下,持续实施言语争吵、指点及推搡、拉扯等轻微身体接触行为,这些行为就是损害对方生命健康法益的实行行为,法院提出的该轻微暴力不具有实行行为性是脱离了行为人主观方面的认识的片面评价。

3.二被告人作为正常的成年人,应当预见自己的行为可能发生的危害后果。

行为人能否预见，应该以一般人在通常情况下的预见能力为标准。就本案而言，二被告人对于死者有心脏病是明知的，作为具备生活经验的正常成年人来说，一般都知道心脏病具有发病急促、死亡率高的特点，生气、情绪上的激动都会诱发发作，心脏病人是不能生气、不能激动的。被告人殷某甲在现场有人提示的情况下仍然与被害人争吵、拉扯，其在当时的情形下应当能够预见心脏病人因情绪激动、争吵等，可能会发作从而发生死亡的危害结果的发生，但因为疏忽大意没有尽到注意义务，导致了被害人死亡结果的发生。被告人殷某乙虽然一开始只是去劝架，但是后来，尤其是在小卖部门口，也参与到争吵中，且较为激烈，有脚踢、向前冲等激烈的动作，其角色是不断转化的，此时已不是劝架人的身份，已具备积极的实行行为，在明知被害人有心脏病的情况下，应当能够预见心脏病人因情绪激动、争吵等，可能会发作从而导致死亡的危害结果的发生，同样因为疏忽大意没有尽到注意义务。

4.二被告人的行为与被害人的死亡结果之间具有刑法上的因果关系。

根据法医鉴定，殷某丙符合冠状动脉粥样硬化性心脏病死亡，情绪激动、争吵、拉扯等可引起心脏负荷加重的情形均能诱发其发作。本案中，被害人殷某丙的死亡原因属多因一果。死亡的直接原因是心脏病，而引发心脏病的原因是纠纷后情绪激动，争吵、拉扯等引起心脏负荷加重。因此，虽然被害人的特异体质是其死亡的内在原因，但不可否认的是，正是因为被告人殷某甲持续的争吵、撕扯导致被害人殷某丙身体发生应激反应，从而促发其病变心脏骤停而死亡，并非被害人自身原因促发死亡。被害人的特殊体质并不会引起先前行为和危害后果之间的因果关系的中断，因此，被告人的行为是被害人死亡结果发生的必要条件，二者具有刑法上的因果关系。被告人殷某甲明知被害人殷某丙有心脏病，应当预见到与被害人争吵、拉扯可能导致其病发致死的危害后果，却疏忽大意而没有预见，未尽到应有的注意义务，与被害人发生持续争吵，并产生推搡、撕扯等身体接触，虽因他人介入未产生剧烈的身体对抗性冲突，但其行为足以致使被害人情绪激动、心脏负荷加重从而导致死亡，其行为依法构成过失致人死亡罪。被告人殷某乙虽然前期与殷某丙没有肢体接触，但殷某丙是在与其直接的争吵后死亡的，且在小卖部门口的视频监控可以看出其与殷某丙的对抗较为激烈，且有争吵、指点、撕扯（被拉住）、踢打（没有踢到）行为，该行为均能诱发或加剧殷某丙的心脏负荷加重，其明知被害人有心脏病，但因为疏忽大意而没有预见到可能会发作从而导致死亡的危害结果的发生，产生了被害人死亡的危害结果，故应当以过失致人死亡罪定罪处罚。殷某丙的死亡是二被告人共同作用的结果，虽然每个人的作用大小不一样，但不宜分开来讨论，二人均构成过失致人死亡罪。

5.认定二被告人的行为构成过失致人死亡罪更符合公众的一般心理预期，且已有先例。

《刑事审判参考》第103期《轻微暴力致人死亡案件定性研究》一文：由于行为人的暴力行为诱发被害人的严重疾病导致死亡的结果，从因果关系角度看，往往被害人的自身疾病是致死的主要原因，暴力行为只是诱发因素。一方面应当排除认定故意伤害（致人死亡罪），因为将仅属次要诱因的危害行为独立作为重罪处罚，显然容易导致罪刑失衡；

另一方面,暴力行为与死亡结果之间毕竟存在一定的因果关系,且行为人应当对此具有概括性的认识;之所以当时没有认识,绝大多数都可以归为疏忽大意的原因,故认定为过失致人死亡罪,当属合法有据。轻微暴力致人死亡案件在整体上与过失致人死亡罪具有实质上的该当性,故以本罪论处为原则,其他处理为例外是合适的。在实践中,2007年发生在我市的"母女俩街头谩骂致人死亡一案",市北区人民法院以过失致人死亡罪分别判处二被告人毕某某及女儿有期徒刑三年缓刑五年和有期徒刑三年缓刑三年。

总之,为了合理明确刑罚处罚范围,对于处在罪与非罪、重罪与轻罪边缘的行为,应当结合一般人的生活和社会常理作出判断。在一般的争执致人死亡案件中,被告人的行为并未直接造成被害人轻伤以上的后果,而是因被害人原有疾病发作等复杂原因导致死亡,因果关系具有"多因一果"的特征,死亡结果具有某种程度的偶发性,对此情形以过失致人死亡罪定罪处罚更能获得社会认同。

综上所述,(2018)鲁××××刑初××××号刑事判决书对被告人殷某甲、殷某乙涉嫌过失致人死亡罪的无罪判决,属于适用法律错误。为维护司法公正,准确惩治犯罪,依照《中华人民共和国刑事诉讼法》第二百二十八条的规定,特提出抗诉,请依法判处。

此致

××省××市××区人民法院

××××人民检察院

2019年7月1日

(二)二审程序轻罪抗诉[①]

湖南省长沙市天心区人民检察院

刑事抗诉书

长天检公诉刑抗〔20××〕×号

湖南省长沙市天心区人民法院以(2017)湘×××刑初×××号刑事判决书对被告人罗某某犯危险驾驶罪一案判决如下:被告人罗某某犯危险驾驶罪,免予刑事处罚。本院依法审查后认为:该案判决适用法律不当,量刑畸轻,且诉讼程序违法。理由如下:

一、被告人罗某某的行为社会危害性较大,一审判决书判决被告人罗某某免予刑事处罚属于适用法律不当

本案中,被告人罗某某在血液中乙醇含量高达118.5毫克/100毫升的情形下,仍然醉酒驾驶机动车在交通道路上行驶,且行驶的路段系本市交通主干道××路,严重危害公共安全。根据《中华人民共和国刑法》第一百三十三条之一第一款第(二)项及《关于办理醉酒驾驶机动车刑事案件适用法律若干问题的意见》,被告人罗某某的行为具有较大的社会危害性,不属于犯罪情节轻微不需要判处刑罚的情形,应判处拘役刑,并处罚金。

---

① 本范文改编自《湖南省长沙市天心区人民检察院刑事抗诉书》(罗某某危险驾驶案):12309中国检察网,2020年7月31日,https://www.12309.gov.cn/12309/gj/hun/css/csstxq/zjxflws/202007/t20200731_8356761.shtml。

二、一审判决书判决被告人罗某某免予刑事处罚，破坏了法律的正确、统一实施，显失公平正义

从本案提起公诉时间2017年12月21日至本案判决时间2018年6月20日期间，本院共对危险驾驶罪类犯罪案件向长沙市天心区人民法院提起公诉147件，已判决128件。其中，已判决案件中血液中乙醇含量80—100毫克/100毫升为32件、乙醇含量100—120毫克/100毫升为38件，除被告人罗某某案件外，全部已判决案件均处拘役，并处罚金，且罚金金额一般均为人民币10000元。醉驾案件通常案情较为简单，上述已提起公诉的醉驾案件与本案犯罪事实及情节除血液酒精含量不同外，其他基本一致，且本案也无特别需要从轻处罚的情形，判处免予刑事处罚属"同案不同罚"，我国宪法规定法律面前人人平等，我国刑法第四条也规定了"对任何人犯罪，在适用法律上一律平等，不允许任何人有超越法律的特权"，在刑罚的适用上，不能以人的身份不同而适用不同刑罚，否则破坏了法律的正确、统一实施，显失公平正义。

三、本案审理程序违法

1.本案系认罪认罚案件，被告人罗某某在本院审查起诉阶段自愿认罪认罚，签署认罪认罚具结书，在庭审过程中也未对量刑提出异议；一审法院也是适用认罪认罚程序审理本案。根据最高人民法院、最高人民检察院、公安部、国家安全部、司法部于2016年11月11日联合下发的《关于在部分地区开展刑事案件认罪认罚从宽制度试点工作的办法》第二十条规定："对于认罪认罚案件，人民法院依法作出判决时，一般应当采纳人民检察院指控的罪名和量刑建议。"本院对被告人罗某某的量刑建议为"对被告人罗某某犯危险驾驶罪处拘役三个月，缓刑四个月，并处罚金人民币10000元"。本案一审法院在未建议人民检察院调整量刑建议情况下，径行作出了免予刑事处罚的判决，违反了试点办法的规定，审理程序违法。

2.湖南省长沙市天心区人民法院于2018年3月7日开庭审理，并于2018年6月20日宣告判决，时至2018年6月26日向本院送达判决书。《中华人民共和国刑事诉讼法》第一百九十六条第二款规定"当庭宣告判决的，应当在五日以内将判决书送达当事人和提起公诉的人民检察院。定期宣告判决的，应当在宣告后立即将判决书送达当事人和提起公诉的人民检察院。"该案属于开庭审理后定期宣告判决情形，湖南省长沙市天心区人民法院超期限送达判决书，程序违法。

综上所述，湖南省长沙市天心区人民法院（2017）湘0103刑初771号刑事判决书，适用法律不当，诉讼程序违法，为维护法律的正确、统一实施，维护司法公正，准确惩治犯罪，依照《中华人民共和国刑事诉讼法》第二百一十七条的规定，特提出抗诉，请依法判处。

此致
湖南省长沙市中级人民法院

湖南省长沙市天心区人民检察院

2018年6月29日

附：被告人罗某某现住长沙市雨花区××街道××社区××路××号××部××局××处××栋××单元××号,联系电话1397488××××。

第六节　刑事上诉状

一、概念与内容

刑事上诉状是指刑事自诉人、刑事被告人及其法定代理人,不服第一审人民法院刑事裁决,在法定期限内依法提出上诉而制作的文书。刑事上诉状通常包括首部、正文和尾部三部分。

(一)首部

1.文书名称即刑事上诉状。

2.当事人基本情况,通常仅指上诉人基本情况,不列被上诉人。基本情况包括姓名、性别、出生年月日、民族、文化程度、工作单位、职业、住址。

(二)正文

1.上诉请求:上诉请求应具体、明确,通常要求第二审人民法院部分或全部撤销原审判决,或要求第二审人民法院重新审理,依法改判。

2.上诉理由:针对一审裁判在认定事实、证据、法律适用或审判程序中存在的问题,依理、依法充分论述观点,以获第二审人民法院认同上诉请求。

(三)尾部

1.送达人民法院的名称。

2.上诉人签名。

3.上诉日期。

4.附项,即上诉状副本份数。

二、刑事上诉状格式

刑事上诉状

上诉人:姓名、性别、出生年月日、民族、文化程度、工作单位、职业、住址。

(上诉人如为单位,应写明单位名称、法定代表人姓名及职务、单位地址)

因_____(写明案由,即纠纷的性质)一案不服_____人民法院(写明一审法院

名称)_____第_____号_____刑事判决,现提出上诉,上诉请求及理由如下:

请求事项:(写明提出上诉所要达到的目的)

事实和理由:(写明上诉的事实依据和法律依据,应针对一审判决认定事实、适用法律或审判程序上存在的问题和错误陈述理由)

此致

_____人民法院(送达的上诉法院是一审裁判法院的上一级法院)

上诉人:(签名或盖章)

_____年_____月_____日

附:本上诉状副本_____份。(按被上诉人人数确定份数)

三、刑事上诉状范文[①]

刑事上诉状

上诉人:赵××,男,汉族,1979年9月26日生,四川省南充市人,身份证号×××××××××××××××××××,住××××××××××号,现在押。

上诉人因交通肇事一案,不服××市人民法院于××年×月×日作出的××××号刑事判决,现提出上诉,上诉请求及理由如下:

一、上诉请求:依法撤销××××号刑事判决第××项,依法改判并对上诉人适用缓刑。

二、上诉理由:

(一)对于该判决书判定上诉人赵××构成交通肇事罪的定性,上诉人不持异议。

(二)上诉人认为该一审判决量刑过重,理由如下:

1.上诉人赵××系初犯,没有前科。上诉人平时一贯表现良好,无违法违纪之前科。且上诉人从领取驾驶执照至事故发生前,一贯遵守交通规则,从未发生过交通事故,此次事故纯属偶然的意外。

2.上诉人赵××归案后认罪态度好,能如实供述案件的相关事实。归案笔录显示,赵××归案前,接到公安交警部门的电话后,两次积极主动地协助公安机关的调查工作,并对事发当时的情况进行回忆,能如实供述案件的相关事实,听从公安机关的安排,表现出良好的认罪悔罪态度。

3.上诉人赵××归案后主动要求对本案受害人的家属作出赔偿,愿意承担相关的民事赔偿责任。目前,虽然上诉人赵××处于被羁押状态,但在上诉人家属及肇事车主的努力下,已经对事故中的死者××及16名伤者中的15名伤者先行进行了民事赔付,仅有伤者××因锁骨骨折需在4个月复查期之后主张赔偿而尚未进行民事赔付。

---

① 此范文摘自马培杰:《刑事上诉状(范文)》:平安南平网,2020年12月15日,http://www.fznp.gov.cn/article.asp?ID=188。

4.本案交通事故的对方驾驶员×××存在严重的交通违法行为,对此次事故的发生负有不可推卸的责任。××市公安局交警二大队大公、交二认字××××号交通事故认定书确定:×××所驾驶云××××大型卧铺客车发生事故时的速度为×××,在限速为40千米/小时的事故发生路段而言,超速达到92.50%,存在严重的交通违法行为。正是由于××××大型卧铺客车驾驶员殷××的严重超速行为遇到被告人×××的实线超车行为,才导致了致人伤亡的严重交通事故。

(三)请求上级人民法院对上诉人适用缓刑,理由如下:

1.上诉人赵××构成交通肇事罪的行为应在三年以下有期徒刑或者拘役的量刑档考虑量刑。

2.结合本案事实及根据上诉人赵××的实际情况,请求上级法院对上诉人赵××适用缓刑。

(1)上诉人赵××除具备上述酌定从轻处罚情节外,还存在重重的家庭困难。赵××2009年离婚,带着一个9岁的女儿,家中还有没有劳动能力的将近70岁的老母亲。这样一个特殊的三口之家,赵××是唯一具有劳动能力的人,这个家庭需要上诉人赵××去支撑。

(2)上诉人赵××不具有社会危害性,对其适用缓刑符合法律规定。上诉人具有从轻或者减轻处罚的酌定情节,又不会有危害社会的可能性,符合缓刑条件,上诉人请求上级法院综合本案事实情况,依法对上诉人适用缓刑。

综上所述,鉴于上诉人认罪态度好,又系初犯,主观恶性不深,不具有危害社会的可能性,上诉人请求上级法院充分考虑上诉人的一贯表现、认罪态度和愿意积极赔付相关民事损失的悔罪表现,充分考虑本案交通事故的对方驾驶员殷××存在严重的交通违法行为的事实,给予上诉人赵××从宽处罚。上诉人希望上级法院能够给予从轻、减轻处罚,给上诉人一个改过自新、重新做人的机会。

此致

×××中级人民法院

上诉人:×××

××××年××月××日

附:本上诉状副本××份。

第七节　刑事二审裁判文书

一、概念及内容

刑事二审裁判文书是指第二审人民法院依法采用第二审程序对上诉或抗诉案件进

行审理后作出的裁判性文件,其主要内容包括首部、事实与理由、裁判结果和尾部四部分。

(一)首部

主要包括文书标题、文书编号、上诉人或抗诉人的称谓及身份事项等。

(二)事实与理由

1.着力于针对一审判决中的错误以及上诉、抗诉的意见和理由,进行叙事和说理。

2.对各方意见有分歧的要详写,没有异议的可以略写;对上诉、抗诉意见都应当进行分析、论证,充分阐明肯定或者否定的理由。

3.避免文字上不必要的重复。二审判决认定的事实和证据与原判没有变动的,可重点叙述原判认定的事实和证据,而对第二审"审理查明"的事实和证据,则进行概括叙述。

4.判决理由中的"法律依据",包括程序法和实体法。在具体引用时,应当先引用程序法的有关规定,再引用实体法的有关规定。如适用司法解释的,应在其后一并引用。

(三)裁判结果

先撤销部分或全部原判,再写如何改判。另外,在裁判结果的下一行要写明:"本判决(裁定)为终审判决(裁定)。"如改判原审被告人死刑的,判决书尾部应当写明:"对原审被告人×××改判死刑的判决,由本院依法报请最高人民法院核准。"

(四)尾部

1.参加审判案件的合议庭组成人员署名。

2.裁判日期。

3.(助理审判员)书记员签名。

4.本件与原本核对无异。

二、刑事二审裁判文书格式

(一)二审刑事裁定书

××××人民法院

刑事裁定书

(××××)×刑终字第××号

原公诉机关:××××人民检察院。

上诉人(原审被告人):……(写明姓名、性别、出生年月日、民族、籍贯、职业或工作单位和职务、住址和因本案所受强制措施情况等,现在何处)

辩护人：……（写明姓名、性别、工作单位和职务）

××××人民法院审理被告人……（写明姓名和案由）一案，于××××年××月××日作出（××××）×刑初字第××号刑事判决。被告人×××不服，提出上诉。本院依法组成合议庭，公开（或不公开）开庭审理了本案。××××人民检察院检察长（或员）×××出庭支持公诉，上诉人（原审被告人）×××及其辩护人×××、证人×××等到庭参加诉讼。本案现已审理终结。（未开庭的改为："本院依法组成合议庭审理了本案，现已审理终结。"）

……（首先概述原判决的基本内容，其次写明上诉、辩护的主要意见，再次写明检察院在二审提出的新意见）

经审理查明，……（肯定原判决认定的事实、情节是正确的，证据确凿、充分。如果上诉、辩护等对事实、情节提出异议，应予重点分析否定）

本院认为，……（根据二审确认的事实、情节和有关法律规定，分析、批驳上诉、辩护等对原判决定罪量刑方面的主要意见和理由，论证原审判决结果的正确性）依照……（写明裁定所依据的法律条款项）的规定，裁定如下：

驳回上诉，维持原判。

本裁定为终审裁定。

审判长：×××

审判员：×××

审判员：×××

××××年××月××日

（院印）

本件与原本核对无异。

书记员：×××

（二）二审判决书（改判）

×××人民法院

刑事判决书

（二审改判用）

（××××）×刑终字第××号

原公诉机关：×××人民检察院。

上诉人（原审被告人）：……（写明姓名、性别、出生年月日、民族、出生地、文化程度、职业或者工作单位和职务、住址和因本案所受强制措施情况等，现羁押处所）

辩护人：……（写明姓名、工作单位和职务）

×××人民法院审理×××人民检察院指控原审被告人×××犯××罪一案，

于××××年××月××日作出(××××)×刑初字第××号刑事判决。原审被告人×××不服,提出上诉。本院依法组成合议庭,公开(或者不公开)开庭审理了本案。×××人民检察院指派检察员×××出庭履行职务。上诉人(原审被告人)×××及其辩护人×××等到庭参加诉讼。现已审理终结。

……(首先概述原判决认定的事实、证据、理由和判处结果;其次概述上诉、辩护的意见;最后概述人民检察院在二审中提出的新意见)

经审理查明,……(首先写明经二审审理查明的事实;其次写明二审据以定案的证据;最后针对上诉理由中与原判认定的事实、证据有异议的问题进行分析、认证)

本院认为,……(根据二审查明的事实、证据和有关法律规定,论证原审法院判决认定的事实、证据和适用法律是否正确。对于上诉人、辩护人或者出庭履行职务的检察人员等在适用法律、定性处理方面的意见,应当有分析地表示是否予以采纳,并阐明理由)依照……(写明判决的法律依据)的规定,判决如下:

……(写明判决结果,分两种情况。)

第一,全部改判的,表述为:

一、撤销×××人民法院(××××)×刑初字第××号刑事判决;

二、上诉人(原审被告人)×××……(写明改判的内容、刑期从……)

第二,部分改判的,表述为:

一、维持×××人民法院(××××)×刑初字第××号刑事判决的第×项,即……(写明维持的具体内容)

二、撤销×××人民法院(××××)×刑初字第××号刑事判决的第×项,即……(写明撤销的具体内容)

三、上诉人(原审被告人)×××……(写明部分改判的具体内容、刑期从……)

本判决为终审判决。

审判长:×××

审判员:×××

审判员:×××

××××年××月××日

(院印)

本件与原本核对无异。

书记员:×××

三、刑事二审裁判文书范文

（一）刑事二审裁定范文①

××省××市中级人民法院

刑事裁定书

（20××）苏××刑终×××号

原公诉机关：××省××市人民检察院。

上诉人（原审被告人）：××，男，1954年10月16日出生，汉族，住××市，户籍地××市。因涉嫌犯故意伤害罪，于2019年7月17日被监视居住，同年12月12日被逮捕，2020年4月26日被取保候审。

××省××市人民法院审理××省××市人民检察院指控原审被告人××犯故意伤害罪一案，于2020年4月7日作出（××××）苏××××刑初×××号刑事判决。宣判后，原审被告人××不服，提出上诉。本院受理后，依法组成合议庭，经阅卷，讯问了上诉人××，合议庭对全案进行了审查，认为本案事实清楚，决定不开庭审理。现已审理终结。

原判决认定，马某系被告人××儿媳。2019年5月22日7时许，被告人××在××市新安街道瑞丰南侧其经营的豆脑摊处，因家庭矛盾纠纷，与马某发生争执，后双方相互殴打，其间，被告人××殴打马某头、面部，并持棍抽打马某肋部，致马某受伤。经××市公安局物证鉴定所法医学人体损伤程度鉴定，被害人马某右侧第3、4肋骨骨折，复检见断端骨痂形成，符合本次外伤后表现，其胸部损伤构成轻伤二级。被害人马某在打斗过程中亦致被告人××左侧第6、7肋骨骨折，经法医鉴定构成轻伤二级。2019年7月17日，被告人××被××市公安局新安派出所民警传唤到案。

原判决认定上述事实的证据有被害人马某的陈述，证人王某、童某的证言，法医学人体损伤程度鉴定书，马某CT检查报告单，案发现场监控视频，发破案经过及到案经过，被告人××的供述等。

原审人民法院认为，被告人××因家庭矛盾纠纷，故意伤害他人身体，致一人轻伤，其行为已构成故意伤害罪，依法应处三年以下有期徒刑、拘役或者管制。鉴于本案系家庭矛盾引发的伤害案件，且被害人马某出具谅解书，对被告人××的行为表示谅解，结合本案的具体情节、被害人马某的过错，依照《中华人民共和国刑法》第二百三十四条第一款等规定，判决被告人××犯故意伤害罪，判处拘役四个月十五天。

上诉人××的上诉理由：原判决认定事实错误，其并未打马某，马某的伤情是假的，

---

① 本范文改编自《256力德亮故意伤害罪二审刑事裁定书》：中国裁判文书网，2020年7月31日，http://wenshu.court.gov.cn/website/wenshu/181107ANFZ0BXSK4/index.html? docId=df1bba0b9060459090f3ac09011e5466。

并申请对马某伤情重新鉴定;本案起因是马某到其家闹事,并殴打其和其爱人,其是正当防卫,不负刑事责任。

经审理查明的事实、证据与一审一致。原判决据以定案的证据均经一审庭审查证属实,本院予以确认。二审期间,上诉人××未提供新的证据。

关于上诉人××提出其未殴打马某及对马某伤情真实性的上诉理由,经查认为,上诉人××与马某因家庭矛盾纠纷升级演化为互相辱骂、殴打,其间××殴打马某肋部及头、面部等部位,致马某右侧第3、4肋骨骨折的事实,有被害人马某的陈述、证人童某的证言、上诉人××的供述、现场监控视频、马某CT检查报告单、法医学人体损伤程度鉴定书等证据相互印证,足以证实。上诉人××关于其未打马某的上诉理由与现场监控视频、证人证言、被害人陈述及××在侦查阶段的供述均矛盾,该上诉理由不能成立。马某CT检查报告单能够证实案发当日CT检查即发现马某右侧第3、4肋骨形态欠佳,之后多次CT检查确认其右侧第3、4肋骨骨折,马某的伤情真实确定。经侦查机关依法委托××市公安局物证鉴定所鉴定,马某右侧第3、4肋骨骨折,复检见断端骨痂形成,符合本次外伤后表现,其损伤程度构成轻伤二级。上述鉴定程序合法,鉴定机构及鉴定人均具有相应鉴定资质,形成的鉴定意见可以作为认定案件事实的依据,且根据现有证据足以证实案件事实,排除合理怀疑,故对上诉人××重新鉴定的申请不予准许。

关于上诉人××提出其是正当防卫,不应负刑事责任的上诉理由,经查认为,上诉人××与马某双方均未能正确处理家庭矛盾纠纷,升级演化为互相辱骂、殴打,被围观群众拉开后,双方仍互相殴打,其间××殴打马某肋部及头、面部等部位,致马某轻伤。××的行为属故意伤害,不符合正当防卫构成要件,原判决未认定其正当防卫,并无不当。

本院认为,上诉人××不能正确处理矛盾纠纷,故意伤害他人身体,致一人轻伤,其行为已构成故意伤害罪。原判决认定事实清楚,适用法律正确,量刑适当,应当予以维持。上诉人××的上诉理由不能成立,本院不予采纳。依照《中华人民共和国刑事诉讼法》第二百三十六条第一款第(一)项的规定,裁定如下:

驳回上诉,维持原判。

本裁定为终审裁定。

审判长:××

审判员:××

审判员:××

××××年××月××日

法官助理:××

书记员:××

（二）刑事二审判决（改判）范文①

××市第一中级人民法院

刑事判决书

（20××）京××刑终×××号

原公诉机关：××市××区人民检察院。

上诉人（原审被告人）：余××，男，37岁（1982年3月6日出生），汉族，出生地江西省黎川县，大学文化程度，中国中铁股份有限公司总部纪委综合室工作人员，住××市××区，户籍所在地××市海淀区。因涉嫌犯交通肇事罪于2019年6月6日被××市公安局××分局刑事拘留，6月18日被逮捕；同年7月23日被××市××区人民检察院取保候审，9月11日被××市××区人民法院逮捕；现羁押于××市××区看守所。

辩护人：赵××，××市时代九和律师事务所律师。

辩护人：储××，××市时代九和律师事务所律师。

××市××区人民法院审理××市××区人民检察院指控原审被告人余××犯交通肇事罪一案，于2019年9月11日作出（20××）京0109刑初×××号刑事判决。在法定期限内，原公诉机关××市××区人民检察院向本院提出抗诉，原审被告人余××不服提出上诉。本院于2019年10月24日立案受理，依法组成合议庭并于当日通知××市人民检察院第一分院查阅案卷。××市人民检察院第一分院于11月21日阅卷完毕，并向本院移送支持抗诉意见书。本院于2019年12月9日公开开庭审理了本案，××市人民检察院第一分院指派检察员×××及代理检察员××出庭履行职务，上诉人××及其辩护人××到庭参加诉讼。经本院审判委员会讨论决定，本案现已审理终结。

××市××区人民法院判决认定：

2019年6月5日21时许，被告人余××酒后驾驶白色丰田牌小型普通客车（车牌号为×××）由南向北行驶至××市××区河堤路1千米处时，车辆前部右侧撞到被害人宋×致其死亡，撞人后余××驾车逃逸。经××民生物证科学司法鉴定所鉴定，被害人宋×为颅脑损伤合并创伤性休克死亡。经××市公安局××分局交通支队认定，被告人余××发生事故时系酒后驾车，且驾车逃逸，负事故全部责任。

2019年6月6日5时许，被告人余××到公安机关自动投案，如实供述了自己的罪行。2019年6月17日，被告人余××的家属赔偿被害人宋×的近亲属各项经济损失共计人民币160万元，获得了被害人近亲属的谅解。

另查，被告人余××案发前系中国中铁股份有限公司总部纪检干部。案发当晚其酒后驾车从海淀区五棵松附近回××区居住地时发生交通事故。交通肇事后，其驾车逃逸，擦拭车身血迹，回现场观望，之后逃离。2019年6月6日5时30分许，被告人余××经

---

① 本范文改编自《余金平交通肇事二审刑事判决书》：中国裁判文书网，2020年1月7日，http://wenshu.court. gov.cn/website/wenshu/181107ANFZ0BXSK4/index.html? docId=607701ab9ab9448cb466ab3b000bd4c3。

呼吸式酒精检测,血液酒精浓度为8.6毫克/100毫升。

　　××市××区人民法院认定上述事实的证据有:被告人余××的供述,证人杨某、王某、孙某、何某、李某的证言,道路交通事故现场勘查笔录、现场图、现场图补充说明及照片,酒精检验单,道路交通事故调查报告,司法鉴定意见书,道路交通事故认定书,居民死亡医学证明书,居民死亡殡葬证,受案登记表,"122"报警台事故电话记录表,车辆信息查询单,机动车行驶证、驾驶证,道路交通事故经济赔偿执行凭证,入账汇款业务凭单,和解协议书、谅解书,视频资料,工作说明,户籍证明,到案经过等。

　　根据以上事实及证据,××市××区人民法院认为,被告人余××违反交通运输管理法规,酒后驾驶机动车,因而发生重大事故,致一人死亡,并负事故全部责任,且在肇事后逃逸,其行为已构成交通肇事罪,应依法惩处。被告人余××作为一名纪检干部,本应严格要求自己,其明知酒后不能驾车,但仍酒后驾车从××区回××区住所,且在发生交通事故后逃逸,特别是逃逸后擦拭车身血迹,回现场附近观望后仍逃离,意图逃避法律追究,表明其主观恶性较大,判处缓刑不足以惩戒犯罪,因此对于公诉机关判处缓刑的量刑建议,该院不予采纳。鉴于被告人余××自动投案,到案后如实供述犯罪事实,可认定为自首,依法减轻处罚;其系初犯,案发后其家属积极赔偿被害人家属经济损失,得到被害人家属谅解,可酌情从轻处罚。据此,××市××区人民法院判决:被告人余××犯交通肇事罪,判处有期徒刑二年。

　　××市××区人民检察院的抗诉意见是:原判量刑错误。主要理由如下:

　　1.本案不属于法定改判情形,一审法院改判属程序违法

　　余××自愿认罪认罚,并在辩护人的见证下签署具结书,同意该院提出的有期徒刑三年、缓刑四年的量刑建议,且其犯罪情节较轻、认罪悔罪态度好,没有再犯罪的危险,宣告缓刑对其所居住社区没有重大不良影响,符合缓刑的适用条件,因而该院提出的量刑建议不属于明显不当,不属于量刑畸轻畸重影响公正审判的情形。一审法院在无法定理由情况下予以改判,既不符合刑事诉讼法的规定,也不符合认罪认罚从宽制度的规定和精神,属于程序违法。

　　2.一审法院不采纳量刑建议的理由不能成立

　　第一,一审法院以余××系纪检干部为由对其从重处罚没有法律依据。根据中国中铁股份有限公司出具的工作证明,余××担任该公司总部高级经理,在纪检部门的办公室工作,负责撰写领导讲话、工作总结,筹备会议等事宜,不参与纪检案件的办理,不属于纪检干部,且余××是否具有纪检干部身份与其交通肇事犯罪行为无关,该主体身份并非法律、司法解释规定的法定或酌定从重量刑情节。

　　第二,一审法院在事实认定时已将酒后驾车和肇事后逃逸作为加重的犯罪情节予以评价,在量刑时再作为量刑情节予以从重处罚,属于对同一情节的重复评价。余××酒后驾车系认定其构成交通肇事全部责任的主要理由;本案并无证据证实其在事故发生时即知道自己撞了人,按照存疑有利于被告人的原则,应认定其是在将车开回车库看到血迹时才意识到自己撞了人,之后擦拭血迹并回现场观望,后因害怕受到法律追究而离开

属于为逃避法律追究的逃逸行为,该逃逸行为属于加重情节,已适用升格法定刑。

第三,一审法院认为余××主观恶性较大并不准确。本案属过失犯罪,主观恶性本就比一般的故意犯罪更低,且余××在案发次日凌晨主动投案自首,到案后始终如实供述,真诚认罪悔罪,并积极主动一次性赔偿被害人母亲各项经济损失人民币160万元,获得被害人母亲谅解,以上可以反映出其主观恶性较小。

3.余××符合适用缓刑条件,该院提出的量刑建议适当

第一,余××可能被判处三年以下有期徒刑。余××交通肇事致一人死亡后逃逸,法定刑为三年以上七年以下有期徒刑,但其具有自首、积极赔偿并取得被害人近亲属谅解、自愿认罪认罚等从轻、减轻处罚情节,因而可能被判处三年以下有期徒刑。

第二,余××犯罪情节较轻。余××酒后驾车交通肇事属过失犯罪,在肇事后逃逸但又在数小时后投案自首,投案自首时间距离案发时间短,主观恶性较小,犯罪情节较轻。

第三,余××认罪悔罪态度好,没有再犯罪的危险,宣告缓刑对其所居住社区没有重大不良影响。余××系偶犯、初犯、过失犯,一贯遵纪守法、表现良好,并在家属的协助下积极主动一次性赔偿被害人家属人民币160万元,获得被害人家属谅解,宣告缓刑对所居住的社区没有重大不良影响。

4.一审法院对于类似案件曾判处缓刑,对本案判处死刑属同案不同判

对于交通肇事致人死亡后逃逸,被告人真诚悔罪、积极赔偿、认罪认罚的案件,全国各地均有适用缓刑的判例。2018年12月,一审法院曾对一件与本案案情相似、量刑情节相同、案发时间相近的×某交通肇事案适用了缓刑,而对本案却判处死刑,属同案不同判。

××市人民检察院第一分院的支持抗诉意见是:原判量刑确有错误,××市××区人民检察院提出抗诉正确,应予支持,建议本院予以改判。主要理由如下:

1.余××符合适用缓刑的条件

余××酒后驾车交通肇事属过失犯罪,主观恶性小,犯罪情节较轻;余××具有诸多法定、酌定从轻、减轻量刑情节,可能被判处三年以下有期徒刑;余××认罪悔罪态度好,没有再犯罪的危险,宣告缓刑对所居住社区没有重大不良影响。

2.××区人民检察院提出的量刑建议适当,一审法院不采纳量刑建议无法定理由

本案系认罪认罚案件,证明余××犯交通肇事罪的证据确实、充分,经审理认定的罪名与起诉指控的罪名一致,不符合《中华人民共和国刑事诉讼法》第二百零一条第一款列举的前四种情形,××区人民检察院提出的量刑建议不属于明显不当,也不属于量刑畸轻畸重影响公正审判的情形。

3.一审法院曾判处类似案件的被告人缓刑,本案判处死刑属同案不同判

全国多地有交通肇事致人死亡后逃逸,后真诚悔过、积极赔偿、认罪认罚被判处缓刑的判例。2018年12月,一审法院对一件相似案件作出过缓刑判决。本案与该案案情相似、量刑情节相同、案发时间相近,一审法院作出一例实刑、一例缓刑的判决属同案不同

判,应予纠正。

4.对余××宣告缓刑更符合诉讼经济原则,也能取得更好的社会效果

余××两度被羁押,已经深刻感受和体验到痛苦和煎熬,对其宣告缓刑能达到教育挽救目的,更符合诉讼经济原则。同时,在余××被羁押后,其妻子既要工作又要照顾年幼孩子,家庭生活存在巨大困难,对其宣告缓刑能取得更好社会效果。

上诉人余××的上诉请求是:撤销一审判决,改判适用缓刑。主要理由如下:

1.原判认定其主观恶性较大,判处缓刑不足以惩戒犯罪,属于认定事实不清,证据不足。

2.原判量刑过重,适用法律错误,违反罪刑相适应原则。其行为属过失犯罪,性质不严重,情节较轻,且其在犯罪后投案自首、积极赔偿160万元并取得被害人家属谅解、自愿认罪认罚,没有再犯罪的危险,宣告缓刑对所居住社区不会产生重大不良影响,原公诉机关的量刑建议与辩护人的量刑请求均是适用缓刑。

3.发生事故时其没有意识到撞人,只是感觉车轧到马路牙子,震了一下。当时惊慌失措,离开事故现场时没有逃避法律追究的意图。

辩护人的主要辩护意见是:原判有期徒刑二年的量刑较重,请求改判两年以下有期徒刑并适用缓刑。主要理由如下:

1.余××的行为构成一般的交通肇事罪,不属于"交通肇事后逃逸"情形

事发当时,余××没有意识到发生了交通事故;余××在地下车库发现车上存在血迹时才意识到可能撞人,因而其不确知发生事故而离开现场的行为,不属于肇事后逃逸;余××投案自首,说明其不具有逃避法律追究的目的。

2.余××符合适用缓刑的条件

余××没有逃逸情节,犯罪情节较轻,行为性质不严重;余××确有悔罪表现,没有再犯罪的危险,且宣告缓刑对其所居住的社区不产生重大不良影响。

3.一审判决不适用缓刑没有法律依据

一审判决以余××身份为纪检干部、在交通肇事后逃逸、意图逃避法律追究、主观恶性较大为由,对其不判处缓刑,没有法律依据。

经二审审理查明:

上诉人余××系中国中铁股份有限公司总部纪委综合室工作人员。2019年6月5日18时许,余××与朋友王某、何某、孙某一起前往××市××区五棵松附近池记串吧聚餐,其间喝了四两左右42度汾酒。20时30分左右聚餐结束,余××步行离开。

21时02分39秒,余××步行到达单位。21时04分35秒,余××驾驶自己所有的车牌号为×××的白色丰田牌小型普通客车驶离单位内部停车场。21时28分37秒,余××驾车由南向北行驶至××市××区河堤路1千米处,在行车道内持续向右偏离并进入人行道,后车辆右前方撞击被害人宋×,致宋×身体腾空砸向车辆前机器盖和前挡风玻璃,后再次腾空并向右前方连续翻滚直至落地,终致宋×当场因颅脑损伤合并创伤性休克死亡。后余××驾车撞击道路右侧护墙,校正行车方向回归行车道,未停车并驶

离现场。

21时33分30秒,余××驾车进入其居住地××市××区永定镇龙兴南二路中国铁建梧桐苑7号院2号楼地下车库。21时33分53秒,余××停车熄火并绕车查看车身,发现车辆右前部损坏严重,右前门附近有斑状血迹。21时34分27秒,余××返回驾驶室,取出毛巾并擦拭车身血迹。21时35分25秒,余××擦拭车身完毕,携带毛巾走出地下车库,并将毛巾抛弃至地库出口通道右侧墙上。21时36分50秒,余××离开小区步行前往现场。6月6日0时55分40秒,余××进入××大福汗天堂美容有限公司的足疗店,4时59分离开该足疗店。5时左右,余××前往××市公安局××分局交通支队投案。5时30分,余××接受呼气式酒精检测,血液酒精浓度为8.6毫克/100毫升。6时12分,余××接受血液酒精检验,但未检出酒精。

6月5日21时39分,路人杨某发现该事故后电话报警。后××市公安局××分局交通支队民警前往现场,并于22时30分开始勘查现场,确定肇事车辆系车牌号为×××的白色丰田牌小型普通客车,且该车在事故发生后驶离现场。现场道路东侧人行道台阶处留有轮胎撞击后形成的挫印,被害人倒在前方道路护墙之上的人行便道且已死亡。被害人头部距离肇事车辆右前轮在地面形成的挫划痕迹起点约26.2米,留有被害人血迹的灯杆距离肇事车辆右前轮在地面形成的挫划痕迹起点约15米,灯杆上布满血迹且血迹最高点距地面3.49米。此外,现场还遗有肇事车辆的前标志牌及右前大灯罩碎片。

6月6日1时25分,民警在余××居住地的地下车库查获车牌号为×××的白色丰田牌小型普通客车,并勘查现场提取物证。该车右前机器盖大面积凹陷,右侧前挡风玻璃有大面积粉碎性裂痕,右前轮胎及轮毂有撞击痕迹,右侧车身有多处血迹(部分血迹已被擦除)、车标脱落。

××市公安局××分局交通支队认定,余××驾驶小型普通客车上道路行驶时未确保安全的交通违法过错行为致使事故发生,与本起道路交通事故的发生有因果关系,是事故发生的全部原因;余××发生事故时系酒后驾车,因其驾车逃逸,导致发生事故时体内酒精含量阈值无法查证;被害人宋×无与本起道路交通事故发生有因果关系的交通违法过错行为。据此确定,余××为全部责任,被害人宋×无责任。

6月17日,余××在妻子李××的协助下与被害人宋×的母亲李×达成和解协议,余××代为赔偿并实际支付李×各项经济损失共计人民币160万元,李×出具《谅解书》,对余××的行为表示谅解。

认定上述事实的证据有一审当庭出示的下列证据:

1.××市公安局××分局交通支队出具的《受案登记表》及《"122"报警台事故电话记录表》证明:杨某在2019年6月5日21时39分报警称,在景观大道永定河处,丰田车与行人刮撞,一人躺在此处浑身是血,现场有丰田车标但没有车。

2.××市公安局××分局交通支队出具的《道路交通事故现场勘查笔录》《道路交通事故现场图》《现场图补充说明》及现场照片证明:现场位于××市××区河堤路1千米处,系南北走向,分向式道路,上下行各设有一条混合道和一条人行道。机动车道宽均为

345厘米,路肩宽均为40厘米。事发时为夜间,有路灯照明,现场道路平坦,视线良好。选取现场道路中央分道线为基准线,道路南侧1千米处的公里桩为基准点。现场位于基准线以东,基准点以北。

肇事车辆系车牌号为×××的白色丰田牌小型普通客车,该车在事故发生后驶离现场。肇事车辆前标志牌脱落,右前大灯罩损坏,前部右侧有撞击痕迹,面积为262厘米×147厘米,右前轮胎及轮毂损坏。现场地面存有痕迹,肇事车辆右前轮在地面形成挫划痕迹L1,长度为1714厘米;起点位于基准线迤东400厘米,基准点迤北1510厘米;止点位于基准线迤东410厘米,基准点迤北3210厘米。人体在地面形成挫划痕迹L2,面积为258厘米×73厘米;起点位于基准线迤东400厘米,基准点迤北3780厘米;止点位于身体下方。人体头部下方留有血迹,面积为103厘米×86厘米,血迹中心位于基准线迤东530厘米,中心距点4130厘米。基准点迤北第二个灯杆上留有血迹,血迹最高点距地面349厘米。该事故为变动现场;车辆右前轮胎及轮毂损坏与地面形成挫划痕迹L1对应。

3.××市公安局××分局交通支队出具的《道路交通事故调查报告》及《道路交通事故认定书》证明:导致交通事故的过错及责任为,余××驾驶小型普通客车上道路行驶时未确保安全的交通违法过错行为致使事故发生,与本起道路交通事故的发生有因果关系,是事故发生的全部原因;经调查核实,余××发生事故时系酒后驾车,因其驾车逃逸,导致发生事故时体内酒精含量阈值无法查证;被害人宋×无与本起道路交通事故发生有因果关系的交通违法过错行为。根据《道路交通事故处理程序规定》第六十条第一款第(一)项及第六十一条第一款第(一)项规定,认定余××为全部责任,被害人宋×无责任。

4.××市公安局××分局交通支队出具的《酒精检测单》证明:2019年6月6日5时30分,余××经呼气式酒精检测,血液酒精浓度为8.6毫克/100毫升。

5.××市公安司法鉴定中心出具的《检测报告》证明:2019年6月6日6时12分抽取余××血液,经检验未检出酒精。

6.××民生物证科学司法鉴定所出具的《司法鉴定意见书》证明:宋×符合颅脑损伤合并创伤性休克死亡。

7.法大法庭科学技术鉴定研究所出具的《司法鉴定意见书》证明:经鉴定,送检的×××车辆右后门把手、前保险杠及右后门上的血迹系宋×所留;左前门内侧拉手、手刹、档把、方向盘喇叭、大灯开关、点火开关按钮及方向盘套上检出DNA,系余××所留;送检毛巾上检出宋×的DNA;事故现场路面提取的白色片状物与×××小型普通客车前机器盖上提取的白色漆片的成分相同,为同种油漆。

8.××中机车辆司法鉴定中心出具的《司法鉴定意见书》证明:×××号小型普通客车制动系、转向系工作状况正常,右前转向灯工作状况无法检验,其余照明、信号装置和其他电气设备工作状况正常。

由于事故现场路面未见×××号小型普通客车留有制动印迹,该车的制动情况无法确定,碰撞过程中能量转换无法量化计算,且×××号小型普通客车发生事故时处于视频画面之外,因此×××号小型普通客车的行驶速度无法确定。

9.××市公安局××分局交通支队出具的勘查现场提取物证录像证明:2019年6月6日1时25分,民警进入××市××区永定镇龙兴南二路中国铁建梧桐苑7号院地下车库发现肇事车辆,随后勘查车辆并提取物证痕迹。2时28分勘查结束。

10.××市公安局××分局交通支队调取的现场监控录像证明:从余××单位停车场调取的监控录像显示,余××在6月5日21时02分39秒进入单位大门,在21时04分35秒驾车离开单位。

从案发现场调取的监控录像显示,2019年6月5日21时28分37秒,肇事车辆前灯光进入监控画面,显示车辆在行车道内持续向右偏离。28分39秒,肇事车辆进入人行道,被害人被该车撞击后身体腾空,伴随肇事车辆的前行在空中连续向前翻滚。该车随后校正方向并驶离现场。

从××市××区永定镇龙兴南二路中国铁建梧桐苑7号院调取的监控录像显示,余××在2019年6月5日21时33分30秒驾车进入地下车库,在33分53秒停车熄火并绕车查看,在34分27秒返回驾驶室并取出毛巾、擦拭车身,在35分25秒擦拭完毕并携带毛巾走出地下车库,在36分50秒步行离开小区。

从××大福汗天堂美容有限公司调取的监控录像显示,余××在6月6日0时55分40秒进入该店,在4时59分离开。

11.证人杨某的证言证明:6月5日晚,他开车由南向北在景观大道上行驶,发现路东侧树坑里躺着一个人,周围全是血。发现这个情况后他就停车,从车上找到反光三角牌,放在那个人南边100米的位置,同时拨打110报警电话。这个人是一个中年男性,当时头朝东,脚朝西,脸朝上躺在树坑里,右腿是伸直的,左腿搭在右腿上。他没有看见是怎么造成的。现场有一个丰田的车标和一个透明的大灯灯罩。马路牙子上还有一个轮胎印、一双跑步鞋。车标在死者北边20米左右路面上,灯罩在死者南边的路上。

12.证人王某的证言证明:2019年6月5日18时30分,他和余××、孙某及何某一起在池记串吧复兴路店吃饭,其间余××大概喝了四两42度的汾酒。20时散场后,余××步行回单位。从吃饭地方距离余××单位步行大约10分钟。

13.证人孙某的证言证明:2019年6月5日18时30分左右,他和余××、王某、何某在万寿路池记串吧吃饭,余××是步行过去的。吃饭期间,四人都喝了42度的汾酒,其中余××喝了两杯左右,大约四两。20时15分左右大家离开饭馆,余××说单位有事,要先回单位,就自己步行离开了。

14.证人何某的证言证明:2019年6月5日晚,他和余××在一起吃饭,喝的是42度的汾酒,余××当时喝酒了。他去的时候是18时30分,离开的时候是19时40分,其间还在外边打了半个多小时电话。余××怎么离开的,他不知道。

15.××市公安局××分局交通支队民警姜在义、岳文龙出具的《到案经过》证明:余××在2019年6月6日5时许到公安机关投案。

16.××市公安局××分局交通支队调取的《道路交通事故经济赔偿执行凭证》《入账汇款业务凭单》《和解协议书》及《谅解书》证明:2019年6月17日,余××之妻李××代余××与被害人宋×之母李×签署和解协议书,余××自愿赔偿并一次性支付各项经济损失总计人民币160万元,李×对余××的行为表示谅解。当日,李××向李×一次性支付人民币160万元,李×出具书面谅解书。

17.××市红十字会紧急救助中心出具的《居民死亡医学证明书》及《居民死亡殡葬证》证明:被害人死亡情况。

18.××市公安局××分局交通支队调取的《车辆信息查询单》《机动车行驶证》《驾驶证》证明:车牌号为×××的丰田牌汽车的所有权人系余××,且余××具有驾驶资格。

19.××市公安局××分局交通支队调取的《户籍证明》及黑龙江省安达市公安局安庆派出所出具的《证明》证明:余××及宋×的身份自然情况。

20.被告人余××在侦查期间的供述证明:2019年6月5日18时左右,他与王某、孙某、何某一起在××区池记串吧吃饭。其间他喝了四两42度的汾酒。20时30分左右吃完饭,后他自己走了15分钟回到单位,驾车上莲石路,到××区时走河堤路由南向北行驶。当开了一段距离后,突然右前轮咯噔一下,他就感觉车右前方撞到了路边的一个物体,看见一个东西从车的右前方一闪而过,向右方划了出去。因为出事故前半小时刚喝酒,他害怕法律惩罚,没下车查看,就直接开车离开事故现场,回到所住小区的地下车库中。停车后他发现车头右前部撞得比较重,车右前门附近还有斑状血迹。他就把血迹擦了,知道自己撞到人了,但是不知道对方伤到什么程度,就想赶紧回到现场看一看。然后他就将车停在地下车库,向东走到河堤路上。因为害怕被民警发现,他就走在河堤路西侧人行道的西侧树林里。在现场附近100米左右时,他看到120救护车和警察、警车。他害怕被法律处罚,就在那看着警察处理。大约半小时后,他就沿着西苑路向北走,后转上了滨河路。23时左右,他看到一个足疗店就躲进去了。其间其妻子李××给他打电话他也没敢接,并直接关机。6日5时左右,他打开手机,接到李××的电话。李××在电话里告诉他昨天夜里警察来家里找他,说他撞死一个人。李××劝他自首,他本身感觉自己也跑不掉了,于是前来自首。案发当晚他虽然喝酒但意识清醒,能有效控制自己的身体。

对于上述证据,检察员、上诉人及辩护人在二审庭审中明确表示不需要重复宣读或出示,并表示对证据的合法性、客观性及关联性均无异议。对此,合议庭经评议予以确认。

在二审庭审中,余××当庭供述:他是在2018年8月份调到单位纪委综合室工作,负责日常协调与撰写材料。案发当天他喝了四两酒,平时喝七八两没有问题。案发当时他意识恍惚,没有意识到撞人,感觉车的右前轮轮胎震动了一下,感觉是车轧到了马路牙子,但没有下车看。他把车开进地下车库后,看到车上有点点斑斑的血迹,右前灯撞得比较厉害。他意识到可能撞人了,也可能撞到其他物体了,不确定是撞人。他用抹布抹了血迹,就往现场跑。到了现场以后发现有很多围观人群,听有人议论说撞死人了。当时他心里有点乱,不敢面对家人,于是离开了现场。第二天5点左右,他主动到达交通队投案,当时没有人跟他说公安机关在找他。案发当天是阴天,视线不是很好。现场有路灯,他打开了车灯。他平时不戴眼镜,视力是1.2左右。

对于余××的上述当庭供述,检察员及辩护人并未提出异议,合议庭经评议予以确认。

二审庭审中,检察员、上诉人及辩护人对于余××酒后驾驶机动车发生事故致一人死亡的事实并无异议。综合抗诉意见、支持抗诉意见、上诉理由及辩护意见,合议庭认为本案争议的焦点在于应否对余××适用缓刑,并围绕该焦点,抗辩各方与一审法院在逃逸情节的评价及缓刑适用的条件等多方面存在分歧,对此,逐一评判如下:

(一)关于抗辩争议问题的具体评述

1.关于余××案发时是否明知发生交通事故且撞人的问题

抗诉机关认为本案并无证据证实余××在事故发生时即知道自己撞了人,按照存疑有利于被告人的原则,应认定其是在将车开回车库看到血迹时才意识到自己撞人;上诉人认为发生事故时自己没有意识到撞人;辩护人则认为余××在事发当时没有意识到发生交通事故,而是在将车辆停在地下车库发现车上有血迹时才意识到可能撞人。

对此,合议庭经评议认为,第一,从现场道路环境看,本案虽然案发时间为21时28分,但现场道路平坦,路灯照明正常,路面视线良好,肇事车辆前灯正常开启,现场没有影响余××行车视线的环境、天气等因素。

第二,从现场物证痕迹看,被害人落地后头部距余××所驾车辆右前轮撞击人行道台阶形成的挫划痕迹26.2米,现场路边灯杆上血迹最高点距地面3.49米,且肇事车辆右前大灯罩损坏、前部右侧机器盖大面积凹陷及右侧挡风玻璃大面积粉碎性裂痕,证明被害人遭受撞击时力度非常之大,且被害人与肇事车辆前机器盖、前挡风玻璃的撞击及随后的腾空连续翻滚均发生在余××视线范围之内。

第三,从被害人身体情况及现场监控情况看,被害人身高1.75米,发育正常,营养中等。其在被肇事车辆撞击后身体腾空,并伴随肇事车辆的前行在空中连续向前翻滚,最终落在前方26.2米的人行便道上。被害人被撞击后的上述运动轨迹处于余××的视线范围之内。

第四,从上诉人自身情况看,余××当庭供称自己视力正常,不用佩戴近视眼镜,案发前虽曾饮酒但并未处于醉酒状态,意识清晰,能够有效控制自己身体。现场监控录像也显示,余××在撞人后并未刹车,且能准确及时校正行车方向,回归行车道继续行驶。

上述证据足以证明,虽然余××在事故发生前有可能因注意力不集中等自身因素导致对撞人缺乏清楚的认知,但在撞人之后,其并未停车,车亦未失控,而是校正行车方向继续驾驶,正常驶回小区车库并查验车辆。上述一系列行为表明,余××始终处于清醒自控的状态,结合被害人的身高、体重及在被车辆撞击后身体腾空,砸在车辆前机器盖及前挡风玻璃上的情况,以及被害人随着车辆的运动在空中连续翻滚并最终落到前方26.2米处的客观事实看,余××作为视力正常、并未醉酒、熟悉路况且驾龄较长的司机,在路况及照明良好的情况下,被害人近在咫尺,其对于驾车撞人这一事实应是完全明知的。在此情况下,其始终辩称事故发生时自己不知道撞人,只感觉车轧到马路牙子,这与本案客观证据明显不符。

因此,抗诉机关及上诉人所提余××在事故发生时不明知撞人的意见不能成立,辩护人所提余××在事发当时没有意识到发生交通事故的意见更与客观事实及证据不符,不能成立。

2.关于余××的行为是否构成自首的问题

一审法院认定余××自动投案,到案后如实供述犯罪事实,可认定为自首。抗诉机关、支持抗诉机关及上诉人、辩护人也均认为余××的行为构成自首。

对此,合议庭经评议认为,根据我国刑法相关规定,自首是指犯罪嫌疑人自动投案,并如实交代自己的主要犯罪事实。在交通肇事案件中,主要犯罪事实包括交通事故的具体过程、事故原因及犯罪对象等方面事实。对于驾驶机动车肇事致人死亡的案件而言,行为人在事故发生时驾车撞击的是人还是物属关键性的主要犯罪事实,应属犯罪嫌疑人投案后必须如实供述的内容。本案中,根据现场道路环境、物证痕迹、监控录像等可以认定,余××在事故发生时对于撞人这一事实是明知的。其在自动投案后始终对这一关键事实不能如实供述,因而属未能如实供述主要犯罪事实,故其行为不能被认定为自首。

因此,一审法院认定余××具有自首情节并据此对其减轻处罚有误,二审应予纠正。抗诉机关、支持抗诉机关及上诉人、辩护人的该项意见不能成立。

3.关于余××的行为是否构成交通运输肇事后逃逸的问题

上诉人在二审中提出其离开事故现场没有逃避法律追究的意图;辩护人认为余××的行为不属于"交通肇事后逃逸"情形,且余××的投案行为也说明其不具有逃避法律追究的目的。

对此,合议庭经评议认为,《中华人民共和国道路交通安全法》第七十条规定:"在道路上发生交通事故,车辆驾驶人应当立即停车,保护现场;造成人身伤亡的,车辆驾驶人应当立即抢救受伤人员,并迅速报告执勤的交通警察或者公安机关交通管理部门"。《中华人民共和国刑法》第一百三十三条中"交通运输肇事后逃逸"指的是在发生交通事故后,为逃避法律追究而逃跑的行为。

第一,余××在案发前五年即取得驾驶证,应当知道车辆驾驶人在发生交通事故后的法定义务。现场勘查笔录及照片显示现场并未遗留刹车痕迹,现场监控录像也显示肇事车辆在事故发生后并未停车。余××在明知发生交通事故且已撞人的情况下驾车离开现场,该客观行为直接反映其在逃离现场时主观上存在逃避法律追究的意图。

第二,余××本人在侦查阶段曾稳定供称,自己案发后逃离现场系因在出事故前半小时刚喝酒,害怕受到法律惩罚。

第三,余××虽在案发后自动投案,但并不能据此认为其逃离现场时不具有逃避法律追究的目的。余××在明知发生交通事故且已撞人的情况下却逃离现场,该行为已构成交通运输肇事后逃逸的情节。其在案发8小时后的投案行为,只能反映其具有一定的认罪悔罪态度,而不能改变其逃离现场所持有的逃避法律追究目的。

因此,余××的行为构成交通运输肇事后逃逸情节,上诉人在二审中的辩解不能成立;辩护人的该项辩护意见明显缺乏法律依据,亦不能成立。

4.关于对交通运输肇事后逃逸情节的评价问题

抗诉机关认为,交通运输肇事后逃逸行为属于加重情节,一审法院在事实认定时已作为加重的犯罪情节做出了评价,且已因此升格法定刑,在量刑时不应再作为量刑情节予以从重处罚,否则属于对同一情节的重复评价。辩护人认为余××的行为构成一般的交通肇事罪。

对此,合议庭经评议认为,第一,余××交通运输肇事后逃逸,因而该行为构成交通肇事罪的加重犯而非基本犯。依照《中华人民共和国刑法》第一百三十三条及《最高人民法院关于审理交通肇事刑事案件具体应用法律若干问题的解释》第二条第一款第(一)项及第三条规定,余××违反交通运输管理法规,驾驶机动车发生重大事故,致一人死亡,并负事故全部责任,该行为已经构成交通肇事罪。鉴于其在肇事后逃逸,对其应当在三年以上七年以下有期徒刑的法定刑幅度内处罚。因此,辩护人有关余××的行为构成一般的交通肇事罪的意见不能成立。

第二,一审法院并未将交通运输肇事后逃逸情节二次评价为从重处罚情节。余××对于事故负全部责任并非基于交通肇事后逃逸,本案中的逃逸行为属于法定的加重情节而非入罪情节,故不存在二次评价的问题。因此,抗诉机关有关一审法院在量刑时将交通运输肇事后逃逸情节二次评价为从重处罚情节的意见不能成立。

第三,一审法院将余××肇事后逃逸作为不适用缓刑的理由之一,并不违反禁止重复评价原则。一审法院确实将余××"在发生交通事故后逃逸,特别是逃逸后擦拭车身血迹,回现场附近观望后仍逃离,意图逃避法律追究"作为不应对其适用缓刑的理由,但是否适用缓刑并非具体刑罚的裁量,而系刑罚执行方式的选择。一审法院在将交通运输肇事后逃逸评价为法定刑加重情节的同时,再评价为不适用缓刑的理由,并不属于对同一情节的重复评价。因此,抗诉机关有关一审法院对交通肇事后逃逸情节存在重复评价的意见不能成立。

5.关于对酒后驾驶机动车情节的评价问题

抗诉机关认为,余××酒后驾车系认定其构成交通肇事全部责任的主要理由,已在事实认定时作为加重的犯罪情节作出了评价,不应在量刑时再作为量刑情节予以从重处罚,否则便属于对同一情节的重复评价。

对此,合议庭经评议认为,第一,余××酒后驾车并非认定其承担交通事故全部责任的理由。××市公安局××分局交通支队出具的《道路交通事故认定书》及《道路交通事故调查报告》均认定,余××驾驶小型普通客车上道路行驶时未确保安全的交通违法过错行为致使事故发生,与本起道路交通事故的发生有因果关系,是事故发生的全部原因。余××发生事故时确系酒后驾车,但这并非认定其承担交通事故全部责任的理由,而只是因其驾车逃逸进而导致发生事故时其体内酒精含量阈值无法查证而已。即便不存在酒后驾驶及逃逸行为,余××也应承担本起事故全部责任,也构成交通肇事罪。因此,抗诉机关有关余××酒后驾车系认定其构成交通肇事全部责任主要理由的意见不能成立。

第二，一审法院在事实认定时并未将酒后驾车作为加重的量刑情节作出评价。因余××本次肇事致一人死亡且负全部责任，根据最高人民法院《关于审理交通肇事刑事案件具体应用法律若干问题的解释》第二条第一款第（一）项及第三条之规定，余××系因其具有交通肇事后逃逸情节而非因酒后驾车情节才导致法定刑升格。因此，抗诉机关有关一审法院在事实认定时已将酒后驾车作为加重的犯罪情节做出评价的意见不能成立。

第三，一审法院在裁判理由中仅将余××酒后驾车情节作为不宜对其适用缓刑的理由评价一次，未曾评价为量刑情节并对其从重处罚，一审判决并不存在重复评价问题。因此，抗诉机关有关一审判决对酒后驾车情节存在重复评价的意见不能成立。

第四，一审法院未将酒后驾车作为量刑情节予以评价并据此对余××从重处罚有误。在交通肇事犯罪中，酒后驾驶机动车辆应属于从重处罚情节，可以增加基准刑。一审法院在已查明余××交通肇事时系酒后驾驶机动车的情况下，却未据此在量刑时对余××予以从重处罚，量刑不当。对此，二审应予纠正。

6.关于对余××身份的评价问题

抗诉机关认为余××系中国中铁股份有限公司总部高级经理，在纪检部门办公室工作，不参与纪检案件办理，不属于纪检干部，且该身份与交通肇事犯罪行为无关，并非法律、司法解释规定的法定或酌定从重处罚情节，一审法院以此作为从重处罚理由没有法律依据。辩护人也认为一审法院将余××具有纪检干部身份作为不适用缓刑的理由不能成立。

对此，合议庭经评议认为，第一，无论余××在中国中铁股份有限公司纪委部门具体从事办公室文字工作还是纪检案件办理，其从事的都是纪律检查工作，其本人对自己工作岗位的性质、职责与工作内容非常清楚。一审法院认定余××系纪检干部并无不当。

第二，一审法院的判决理由仅将余××作为纪检干部未严格要求自己及知法犯法，作为不采纳原公诉机关判处缓刑的量刑建议的理由，而并未作为从重处罚的理由。是否适用缓刑只是刑罚执行方式的选择，而非对刑罚种类或者刑期长短的调整，不存在刑罚孰轻孰重的问题。因此，抗诉机关对一审法院判决理由的理解不能成立。

第三，余××的纪检干部身份与其本次交通肇事犯罪行为本身确实不存在因果关系，但该特殊身份却系评估应否对其适用缓刑的重要考量因素。法院在评估适用刑罚执行方式时，不仅要考虑到个案本身的罪责刑相一致问题，还要考虑到个案判决对社会公众的价值导向问题。就本案而言，余××作为纪检工作人员，本身应比普通公民更加严格要求自己，更加模范遵守法律法规。法院在评估对余××是否适用缓刑时，应该充分考虑到本案判决对于社会公众严格遵守道路交通安全法规、高度尊重生命价值、充分信任司法公正的积极正面导向。一审法院将余××系纪检干部作为对其不适用缓刑的理由之一，并无不当。因此，抗诉机关及辩护人的该项意见不能成立。

7.关于对主观恶性的评价问题

抗诉机关认为本案系过失犯罪,余××投案自首,真诚悔过,积极主动一次性赔偿人民币160万元,获得被害人母亲的谅解,以上均可反映其主观恶性较小;支持抗诉机关亦认为,余××酒后驾车交通肇事属过失犯罪,主观恶性小;上诉人及辩护人也均认为余××的主观恶性较小。

对此,合议庭经评议认为,第一,对余××主观恶性的评价对象应确定为其犯罪过程中的主观心理,而非其案发8小时后的投案行为及案发11天后的赔偿并获得谅解行为。一般而言,犯罪人的主观恶性主要体现在其罪过心理,通常指犯罪主体对自己行为及社会危害性所持的心理态度。余××在案发后确实投案,且在家属的协助下积极赔偿被害人亲属并取得谅解,但这些均应属于认罪悔罪的评价对象,而非主观恶性的评价对象。

第二,虽然过失犯罪中行为人的主观恶性通常小于故意犯罪的行为人,但也并非一概而论且仅系相对而言。交通肇事犯罪虽为过失犯罪,但作为危害公共安全犯罪,其犯罪对象为不特定多数人的生命、健康与重大公私财产安全,主观恶性整体要重于一般的过失犯罪。抗诉机关及支持抗诉机关以本案系过失犯罪为由认为余××主观恶性较小的意见,不能成立。

第三,余××作为富有驾驶经验的驾驶人员,在饮酒后长距离驾车,明知发生事故撞人却不停车保护现场,给公安机关的侦查取证造成障碍;不抢救伤者却驾车逃离,置被害人伤亡于不顾。一审法院据此认定其主观恶性较大,并无不当。

因此,抗诉机关、支持抗诉机关及上诉人、辩护人有关余××主观恶性较小的意见不能成立。

8.关于对犯罪情节的评价问题

抗诉机关、支持抗诉机关、上诉人及辩护人均认为余××本次犯罪系过失犯罪,因而犯罪情节较轻。

对此,合议庭经评议认为,第一,虽然过失犯罪的情节一般要轻于故意犯罪,但主观罪过并非判断犯罪情节轻重的唯一标准。

第二,根据《中华人民共和国刑法》第一百三十三条有关"交通运输肇事后逃逸或者有其他特别恶劣情节的,处三年以上七年以下有期徒刑"的规定,"交通运输肇事后逃逸"即属交通肇事犯罪中情节特别恶劣的一种,刑法在罪状中对此予以特别明示并据此升格法定刑幅度。本案中,余××的行为属典型的交通运输肇事后逃逸行为,因而依法应被评价为情节特别恶劣。

第三,余××除具有前述交通运输肇事后逃逸这一特别恶劣情节之外,还存在饮酒后驾驶机动车这一情节。

因此,余××的行为应被综合评价为犯罪情节特别恶劣,而非犯罪情节较轻。抗诉机关、支持抗诉机关、上诉人及辩护人有关余××本次犯罪系过失犯罪,因而犯罪情节较轻的意见不能成立。

（二）关于抗辩争议焦点的综合评述

1.关于一审法院作出与原公诉机关量刑建议不同的判决是否属于程序违法问题

抗诉机关认为一审法院在无法定理由的情况下改判认罪认罚案件的量刑建议，属程序违法。

对此，合议庭经评议认为，《中华人民共和国刑事诉讼法》第二百零一条第二款规定：人民法院经审理认为量刑建议明显不当，人民检察院可以调整量刑建议。人民检察院不调整量刑建议或者调整量刑建议后仍然明显不当的，人民法院应当依法作出判决。本案中，一审法院经审理认为原公诉机关适用缓刑的量刑建议明显不当，并建议调整量刑建议，后在原公诉机关坚持不调整量刑建议的情况下，依法作出本案判决。一审法院的审判程序符合刑事诉讼法的规定，并无违法之处，抗诉机关的该项意见不能成立。

2.关于余××是否符合适用缓刑的条件及原公诉机关的量刑建议是否适当的问题

抗诉机关、支持抗诉机关、上诉人及辩护人均认为余××符合适用缓刑条件，且原公诉机关的量刑建议适当。

对此，合议庭经评议认为，《中华人民共和国刑法》第七十二条规定，适用缓刑应当符合四个条件，即犯罪情节较轻、有悔罪表现、没有再犯罪的危险、宣告缓刑对所居住的社区没有重大不良影响。本案中，虽然余××确有悔罪表现，没有再犯罪的危险且宣告缓刑对所居住社区没有重大不良影响，但综合其酒后驾驶机动车长距离行驶，交通肇事致一人当场死亡且负事故全部责任，明知撞人却为逃避法律追究而逃离现场，置他人生命于不顾，可以认定其犯罪情节特别恶劣而非较轻，因而余××不符合适用缓刑的条件，法院不应对其适用缓刑。原公诉机关适用缓刑的量刑建议明显不当，一审法院未采纳该量刑建议正确合法。因此，抗诉机关、支持抗诉机关、上诉人及辩护人的该项意见均不能成立。

3.关于一审法院对余××判处死刑是否属于同案不同判问题

抗诉机关及支持抗诉机关均认为，一审法院曾对具有类似情节的率×交通肇事案判处了缓刑，而对本案判处死刑属同案不同判。

对此，合议庭经评议认为，第一，本案与率×交通肇事案存在诸多差异。两案虽在酒后驾车、交通肇事致一人死亡、肇事后逃逸及赔偿谅解等方面确有一定的相似性，但也在被告人是否存在救助行为、是否立即逃离现场及是否具有自首情节等方面存在较大差异，因而两案不能构成同案，本案裁判亦不属于同案不同判。

第二，法院在对个案裁量刑罚及决定刑罚执行方式时，一般应当与类案裁判规则保持一致。合议庭经检索××市类案确认，交通肇事逃逸类案件的类案裁判规则是交通肇事致人死亡，负事故全部责任而逃逸的，不适用缓刑；交通运输肇事后逃逸，具有自首、积极赔偿等情节而予以从轻处罚的，慎重适用缓刑。率×交通肇事案只是个案而非类案，具体判决不能代表类案裁判规则。

第三，法院在对个案量刑时必须遵守罪责刑相适应原则。本案中，余××在明知发生交通事故及撞人后逃离事故现场，依法应当在三年以上七年以下有期徒刑的法定刑幅度内量刑。其虽然在案发后积极赔偿并取得被害人亲属谅解,但经济赔偿属其法定义务;其虽然在案发后自动投案,但投案时距离事故发生已近8小时,此时肇事车辆已被查获,现场勘查已经完成,物证痕迹已经提取,因而其投案仅能反映其具有一定的认罪悔罪态度,而对于案件侦破的价值极为有限,亦不具有救治伤者的价值。在不具有自首情节且未考虑酒后驾驶机动车这一从重处罚情节的情况下,本案如比照率×交通肇事案,对其大幅从轻或者减轻处罚并适用缓刑,将与余××犯罪的事实、犯罪的性质、情节和对于社会的危害程度不相适应。

综上,抗诉机关及支持抗诉机关的该项意见不能成立。

4.关于对余××宣告缓刑能否取得更好社会效果问题

支持抗诉机关提出,余××两度被羁押,已经深刻感受和体验到痛苦和煎熬,对其宣告缓刑能达到教育挽救目的,更符合诉讼经济原则。同时,在余××被羁押后,其妻子既要工作又要照顾年幼孩子,家庭存在巨大困难,对其宣告缓刑能取得更好社会效果。

对此,合议庭经评议认为,第一,法院在个案裁判时首先考虑的是本案裁判是否公平公正,能否确保罪责刑相适应,同时也要考虑判决的社会价值导向。《中华人民共和国道路交通安全法》第七十条明确将发生交通事故后立即停车、保护现场、抢救伤员、迅速报警规定为车辆驾驶人的法定义务。《中华人民共和国刑法》第一百三十三条将交通运输肇事后逃逸作为特别恶劣情节予以明示并作为法定刑幅度升格要件。上述立法体现的价值精神在于,交通运输肇事后逃逸行为因为既增加公安机关的执法难度,还可能造成被害人因得不到及时救助而死亡等一系列严重后果,给被害人及其亲属带来沉重的经济和精神负担,因而为维护国家法律尊严和社会公平正义,保护社会公众的生命健康和财产安全,司法机关应对该类行为予以严惩,不能做出与道路交通安全法、刑法及社会公平正义价值观相反的裁判。

第二,经济赔偿金额、获得谅解与宣告缓刑之间不存在直接法律关系。赔偿被害人亲属因犯罪而遭受的经济损失,是被告人应负的法律责任。余××在侦查阶段就在家人的协助下向被害人亲属赔偿各项经济损失总计人民币160万元,并获得被害人亲属谅解,对此可以作为余××认罪悔罪的一种表现,并在具体量刑时予以体现。赔偿与谅解是裁量刑罚时应该考虑的因素,但不是唯一因素。具体的刑罚要根据犯罪的事实、性质、情节以及对于社会的危害程度来确定。

第三,余××本人因犯罪被羁押而感受到痛苦与煎熬,余××的家庭因其被羁押而出现困难,我们对此非常理解与同情,但在法律与情感之间出现冲突并无法兼顾时,司法不能擅自突破法律的规制而一味地强调同情。如果抛开犯罪的事实、性质与具体犯罪情节,而只考虑赔钱、谅解和家庭困难即突破法律明确规定和类案裁判规则作出判决,则容易引发社会公众对裁判本身的质疑。

因此,支持抗诉机关的该项意见不能成立。

(三)关于本案的定罪量刑

本院认为,上诉人余××违反交通运输管理法规,驾驶机动车发生重大事故,致一人死亡,并负事故全部责任,且在肇事后逃逸,其行为已构成交通肇事罪,依法应予惩处。余××因在交通运输肇事后逃逸,依法应对其在三年以上七年以下有期徒刑的法定刑幅度内处罚。鉴于余××在发生本次交通事故前饮酒,属酒后驾驶机动车辆,据此应对其酌予从重处罚。其在案发后自动投案,认罪认罚且在家属的协助下积极赔偿被害人亲属并取得谅解,据此可对其酌予从轻处罚。××市××区人民检察院及××市人民检察院第一分院有关原判量刑错误并应对余××适用缓刑的意见均不能成立,本院均不予采纳;上诉人余××所提应对其改判适用缓刑的理由及其辩护人所提原判量刑过重,请求改判两年以下有期徒刑并适用缓刑的意见均缺乏法律依据,本院均不予采纳。原审人民法院根据余××犯罪的事实、性质、情节以及对于社会的危害程度所作出的判决,认定余××犯交通肇事罪的事实清楚,证据确实、充分,定罪正确,审判程序合法,但认定余××的行为构成自首并据此对其减轻处罚,以及认定余××酒后驾驶机动车却并未据此对其从重处罚不当,本院一并予以纠正。据此,依照《中华人民共和国刑事诉讼法》第二百三十六条第一款第(二)项,《中华人民共和国刑法》第六十一条、第一百三十三条及最高人民法院《关于审理交通肇事刑事案件具体应用法律若干问题的解释》第二条第一款第(一)项、第三条之规定,判决如下:

一、驳回××市××区人民检察院的抗诉及余××的上诉;

二、撤销××市××区人民法院(20××)京0109刑初×××号刑事判决;

三、上诉人余××犯交通肇事罪,判处有期徒刑三年六个月。

(刑期从判决执行之日起计算。判决执行以前先行羁押的,羁押一日折抵刑期一日,即自2019年9月11日起至2023年1月23日止)

本判决为终审判决。

审　判　长:××

审　判　员:××

审　判　员:××

二〇一九年十二月三十日

法官助理:××

书　记　员:××

附　录

模拟案例与相关规范规程

附录一　模拟案例

模拟案例一：
浙江省第三届大学生法律职业能力竞赛模拟法庭比赛

赛题说明

1.请参赛队认真阅读下列案件材料及法律规范,控方以本材料为基准自行决定以何罪提起公诉;控辩双方据本材料撰写诉讼文书,进行模拟法庭比赛。

2.控方与辩方必须遵循下列"基本案情"和证据材料中所述内容发表意见;被告人供述、被害人陈述、证人证言不能超出案例材料内容范围;控辩双方不得增加本材料以外的证据、证人。

3.本案不涉及刑事附带民事诉讼审判。

4.本案所有程序及证据取得视为合法,材料中不再显示。

5.本案中,每次询问、讯问前,侦查人员均已告知相关人员权利、义务。

6.本材料中所有证据材料均应视为原始材料,均视为真实有效,所有文书均视为已盖有相应公章,所有证据材料的签字均视为手写签字,除非有特殊说明。

7.获得本材料的参赛队应严格保密,按规则展开比赛,不得泄露材料,各参赛队不得串通,不得互通信息。

8.本材料所有人物、姓名、电话号码、身份信息等均为比赛需要之虚拟,若有雷同,纯属巧合。

浙江省第三届大学生法律职业能力竞赛模拟法庭比赛初赛赛题

被告人基本情况

被告人王成成,男,25岁,汉族,身份证号码330700199108090056,1991年8月9日出生于浙江省金华市,户籍所在地为浙江省金华市学正区学院街22号6楼2室,高中文化,无业。因涉嫌犯罪,于2016年8月5日被金华市公安局学正分局刑事拘留,2016年8月11日被金华市学正区人民检察院批准逮捕,现羁押于金华市学正区看守所。

基本案情

2016年8月2日13时45分许,王成成在金华市学正区天海城8号楼205室其群租房住处内,以索要押金为由,强行取得刘家宏(男,25岁,浙江人)财物,涉案手机经鉴定价值人民币1600元。8月5日,犯罪嫌疑人王成成在浙江省金华市学正区商贸城手机大市场出售涉案手机时,被民警当场发现并带回公安机关。

证据清单

序号	名称	备注
1	(一)被告人王成成的供述与辩解	
2	(二)被害人刘家宏的陈述	
3	(三)刘家宏的辨认笔录	
4	(四)刘运来的证言	
5	(五)到案经过	
6	(六)拘留证	
7	(七)110接警记录	
8	(八)扣押决定书	
9	(九)扣押物品清单	
10	(十)涉案手机照片	
11	(十一)工作说明	
12	(十二)诊断证明	
13	(十三)房屋租赁合同(节选)	
14	(十四)常住人口基本信息表	
15	(十五)涉案财产价格鉴定书	
16	(十六)法医学人体损伤程度鉴定书	

注:本清单一式两份,当事人一份,立案存查一份。

提交人:钱银　受理人:吴春
受理时间:2016年9月8日

(一)被告人王成成的供述与辩解

讯问笔录

时间:2016年8月5日17时20分至2016年8月5日18时00分
地点:　　　　　　金华市公安局学正分局讯问室　　　　　　
侦查人员姓名、单位:　　　　刘海,金华市公安局学正分局

记录人员姓名、单位： 付强，金华市公安局学正分局

犯罪嫌疑人： 王成成 男 25岁 无业

内容概要：

2016年2月份的时候，我在好运来房屋中介手里租了学正区天海城8号楼205室的一间，该205号房被中介改成了群租房，我租住的房子每月租金1500元，押金1500元，**房屋到期了，我给中介公司刘运来打电话说退房**，后来约的是2016年8月2日下午1点半过来看房，当时房子还有七八户人家。到了约好的时间，我、刘建光、李伟建、王海刚我们四人一起去我住的房子那里，到了之后看见一个男子在屋里等着，**是好运来房屋中介的业务员**，男子让我结清水电费、燃气费，我没同意，我就跟男子说退押金的事情，男子问我多少钱，我说退1400元，剩下的100元给对方买烟抽，**他不同意**，说只能退我300元押金。我不同意，对方说不要就耗着，后来还说一些话，具体说什么我记不清了，然后我们就吵起来，后来男子慢悠悠地走到阳台。**我看见男子用手机在发短信，在阳台上我就对男子拳打脚踢了**，对方男子拿着手机抱着头蹲在阳台的墙角，打了几下之后，我就把手机从男子手中夺过来了，然后我们四个人就跑了，没有拿他其他东西。

我拿走他的是一部苹果手机，就是因为他不退我押金，我就生气了，就打了他，拿走了他的手机。我知道手机不是我的，我知道我没有权利处理手机，但是因为我没钱了，我就忽然有把手机卖了的念头，但是当时我也就问问价格，还没下定决心卖手机。

我叫刘建光、李伟建、王海刚三人去就是给我撑场面，吓唬对方，好把押金给我，他们三人没有动手。

后来我回家了，由于没钱了，我想看看能不能把手机卖掉，在一个手机市场里，当时我正在了解手机的价格，没说几句话，几个公安在市场里发现我可疑，就将我带到公安局，我就交代了在天海城打人拿走手机的事情。

以上笔录我看过，和我说的相符。

王成成

民警：刘海、付强

讯问笔录

时间：2016年8月10日9时00分至2016年8月10日10时16分

地点： 学正分局预审大队讯问室

侦查人员姓名、单位： 王源，学正分局预审大队

记录人员姓名、单位： 刘力，学正分局预审大队

犯罪嫌疑人： 王成成，男，25岁，无业

内容概要：

我之所以动手打他，是因为他说话太难听，我一生气才打的他，打他就是为了出气。**就是对他拳打脚踢了。用脚踹了他的肚子，用拳头打了对方头部几下，当时没有看到对方明显外伤。当时打他的时候，发现他手中拿着手机并护着头，我就将他的手机夺了过**

来,后来我就拿走了。之后我回了家,由于没钱了,就产生了把手机卖掉的想法,在商贸城一个市场里,当时我正在了解手机的价格,而警察在市场发现我形迹可疑,就将我带回了派出所,我就交代了拿手机的事。

我拿来的手机是一部苹果手机,我不知道值多少钱,当时我想怎么着也值千把块吧。

以上笔录我看过,和我说的相符。

王成成

民警:王源、刘力

(二)被害人刘家宏的陈述

询问笔录

时间:2016年8月2日17时26分至2016年8月2日18时30分

地点:_____学正区预审大队询问室_____

侦查人员姓名、单位:_____王源,学正分局预审大队_____

记录人员姓名、单位:_____刘力,学正分局预审大队_____

被询问人:_____刘家宏,男,25岁,金华好运来房屋中介公司员工_____

内容概要:

2016年8月2日我休息,由于我住的地方距离刘运来所转租的房子比较近,**刘运来给我打电话说他有一些事过不去,让我先帮忙看一下房子,看一看租户用水电、用燃气的情况。**2016年8月2日13时30分许,我依照领导刘运来的指示,到天海城8号楼205室群租房查水电表和燃气表,**因为有一个住在这里的住户要退房。**结果在看房子时,租户王成成非让我退给他租房时的押金1500元,我说不负责退钱,让他和刘运来联系。他非让我退,我要走,他们不让,我说我身上只有300元。**王成成他们就说让我将自己的手机或是银行卡押在他那里,让我去给他们找钱,我不同意。我就用我的手机给刘运来发短信,结果王成成同他的几个伙伴上来就打我,还将我的手机给抢走了,打完我之后,王成成等人就跑了,之后我一查看,发现自己包内的1000多元人民币也不见了,然后我就找了一部公用电话给刘运来打电话,报警了。**

以上笔录我看过,和我说的相符。

刘家宏

民警:王源、刘力

询问笔录

时间:2016年8月11日14时26分至2016年8月11日15时30分

地点:_____学正分局预审大队询问室_____

侦查人员姓名、单位:_____王源,学正分局预审大队_____

记录人员姓名、单位:_____刘力,学正分局预审大队_____

被询问人:_____刘家宏,男,25岁,金华市好运来房屋中介公司员工_____

内容概要：

（前述过程省略,同上）我在旁边等着,反正我也解决不了,这时,王成成和旁边的三名男子在一边小声嘀咕,具体说什么我记不清了,**大概意思是要收拾我,要打我,打我一顿出出气,押金的事就算了。后来我在阳台附近,王成成就上前踹我一脚,之后,他们几个对我拳打脚踢,我就慢慢蹲下又躺在地上缩成一团保护自己,我躺在地上以后,王成成就抢我左手拿着的手机,我还没反应过来,就被他抢走了。**

他抢走我的一部苹果4手机,黑色款的,现金大概有1200元吧。

以上笔录我看过,和我说的相符。

刘家宏

民警:王源、刘力

(三)刘家宏的辨认笔录

辨认笔录

时间:<u>2016</u>年<u>8</u>月<u>3</u>日<u>15</u>时<u>24</u>分至<u>2016</u>年<u>8</u>月<u>3</u>日<u>15</u>时<u>48</u>分

地点: 学正分局预审大队

侦查人员姓名、单位: 王源,学正分局预审大队

记录员姓名、单位: 刘力,学正分局预审大队

辨认人: 刘家宏,男,25岁

2016年8月3日,刘家宏在证人李明的见证下,从10张不同男子照片中辨认出7号男子(王成成)就是将其打伤并抢走其手机和现金的男子。

以上笔录我看过,和实际情况相符。

刘家宏

民警:王源、刘力

证人:李明

(四)刘运来的证言

询问笔录

时间:<u>2016</u>年<u>8</u>月<u>2</u>日<u>19</u>时<u>30</u>分至<u>2016</u>年<u>8</u>月<u>2</u>日<u>20</u>时<u>20</u>分

地点: 学正分局预审大队

侦查人员姓名、单位: 王源,学正分局预审大队

记录人员姓名、单位: 刘力,学正分局预审大队

被询问人: 刘运来,男,35岁,金华好运来房屋中介工作人员

内容概述:

2016年8月2日中午左右,我让公司刘家宏去之前就跟他说清楚了,他就是负责去看王成成用水电、用燃气的情况,以及房屋设施是否有损坏。其他关于退钱的事情,验完房之后我与王成成谈。

后来刘家宏用公用电话给我打电话说他被王成成等人打了,且王成成等人抢走了他的手机还有钱,是因为刘家宏检查完水电、燃气之后,王成成让他给退押金,刘家宏说他不负责退押金,让王成成找我,同时刘家宏还发了一句牢骚,说房子住成这样了,还要什么押金,于是王成成就同他的同伴将刘家宏给打了,还将刘家宏的手机和钱给抢走了。

刘家宏检查了水电、燃气,王成成用了490元,先交的500元预付款也就够用了,另外厨房的灶台有些坏了,还要扣除王成成200元左右,最后能退他1300元,由于当时他将刘家宏打完后就跑了,到现在还没有退。

以上笔录我看过,和我说的相符。

刘运来

民警:王源、刘力

(五)到案经过

到案经过

到案人员:王成成,男,25岁,汉族,身份证号码为330700199108090056,1991年8月9日出生于浙江省金华市,户籍所在地为浙江省金华市学正区学院街22号6楼2室。

到案方式:刑事传唤

线索来源:被害人刘家宏报案

到案过程:2016年8月2日,被害人刘家宏报案至金华市公安局学正分局称:当日13时45分许,他在金华市学正区天海城8号楼205室被王成成抢劫,并称其被抢苹果牌4型手机一部,现金1200元。

2016年8月5日中午12时30分左右,金华市公安局学正分局刑侦一大队刑警中队中队长梁伟带领侦查员刘阳等人在学正区商贸城手机大市场工作,发现一男子(王成成)欲卖苹果4手机,形迹可疑,遂将该男子带回中队审查,审查中该男子供述于2016年8月2日14时左右,该人在学正区天海城8号楼205室其租户地与他人因房租发生争执,抢得他人手机一部的事实。

犯罪嫌疑人王成成因涉嫌刑事犯罪,于2016年8月5日被金华市公安局学正分局刑事拘留。

到案过程中王成成始终予以配合,没有拒绝、阻碍、抗拒等行为。

涉案物品:苹果牌4型手机一部

接受到案人员:王源 刘力

出具人:王源、刘力

2016年8月5日

（六）拘留证

金华市公安局学正分局

拘留证

公（金）刑传字〔2016〕596号

根据《中华人民共和国刑事诉讼法》第八十条之规定，兹决定对犯罪嫌疑人王成成（性别男，出生日期1991年8月9日，住址浙江省金华市学正区学院街22号6楼2室）执行拘留，送金华市学正区看守所羁押。

金华市公安局学正分局

2016年8月5日

（七）110接警记录

110接警记录

编号：1110108520000201608020

报案人	姓名	刘家宏	性别	男	年龄	25	住址	浙江省金华市城北街海城路1号楼102室
	单位	金华好运来房屋中介公司员工	电话	17819991066		案件来源		110
移送单位			承办人	刘敏		电话		0579-28667110
报案内容（发生时间、地点、简要过程，涉案人基本情况，受害情况）： 2016年8月2日13时50分，刘家宏报警称在金华市学正区天海城8号楼205室被抢手机一部，现金1200元。								
								2016年8月2日

（八）扣押决定书

扣押决定书

金扣决〔2016〕第483号

当事人：王成成

根据《中华人民共和国刑事诉讼法》第一百三十九条的规定，本院决定对有关物品、文件予以扣押。

金华市公安局学正分局

2016年8月6日

附：扣押物品、扣押清单。

（九）扣押物品清单

扣押物品清单

物品持有人：<u>刘家宏</u>（性别：<u>男</u> 年龄：<u>25</u>）

<u>刘家宏</u> 持有的下列物品与 <u>王成成</u> 案件有关，需要作为证据，依法予以扣押。

编号	名称	数量	特征
1	苹果4手机	1	七成新

注：一式两份，一份交物品持有人，一份附卷。

金华市公安局学正分局

2016年8月6日

（十）涉案手机照片

民警从王成成身上缴获的一部苹果牌4型手机的外形如下。

正面　　　　　　　　　　　　背面

（十一）工作说明

工作说明

一、犯罪嫌疑人王成成一案现场无监控录像，无目击证人。民警到现场后嫌疑人已逃跑。

二、未能找到案发时在场的刘建光、李伟建、王海刚，故未对该三人进行取证。

金华市公安局学正分局

民警：王源、刘力

2016年9月30日

(十二)诊断证明

金华市人民医院

诊断证明

金华市人民医院诊断证明书　ID/病案号:2678

姓名:刘家宏　性别:男　年龄:25　科别:耳鼻喉科

诊断及建议:外鼻皮肤裂伤

医师:王维民

2016年8月2日

(十三)房屋租赁合同(节选)

甲方(出租人):金华好运来房屋中介公司

乙方(承租人):王成成

租赁房屋地点:金华市学正区天海城8号楼205室

租期:2016年2月1日至2016年8月1日

房屋面积:12平方米

每月租金:1500元

其他约定事项为:押金1500元

甲方:金华好运来房屋中介公司

甲方签字(盖章):刘运来 　　　　　　　　　乙方签字(盖章):王成成

二〇一六年二月一日 　　　　　　　　　　　二〇一六年二月一日

(警察调取自金华好运来房屋中介公司)

(十四)常住人口基本信息表

居民身份证号码:330700199108090056

姓名:王成成

曾用名:无

性别:男

民族:汉族

文化程度:高中

出生日期:1991年8月9日

出生地:浙江省金华市

籍贯:浙江省金华市

户籍地:浙江省金华市学正区学院街22号6楼2室

户籍登记地址:浙江省金华市学正区学院街22号6楼2室

户籍地县级公安机关:浙江省金华市公安局学正分局

户籍地派出所:金林派出所

（十五）涉案财产价格鉴定书

涉案财产价格鉴定书

力泰（价）字〔2016〕第132062号

鉴定单位：金华市力泰价格评估有限公司

鉴定物品：一部苹果4型移动电话

鉴定基准日：2016年8月6日

鉴定结论：价值人民币1600元

金华市力泰价格评估有限公司
鉴定人：曹琳、朱云
2016年8月6日

（十六）法医学人体损伤程度鉴定书

金华市公安局学正分局
法医学人体损伤程度鉴定书

学公鉴（临床）字〔2016〕第440号

时间：2016年8月6日

本室检查所见：伤者发育正常、营养中等、神志清楚。

查体：鼻背部条状浅表瘢痕一处，长度为1.0厘米，余未见异常。

结论：根据现有资料及本室检查所见，参照《人体损伤程度鉴定标准》之有关规定，刘家宏损伤程度符合轻微伤。

鉴定人：郑薇、李俊
2016年8月6日

模拟案例二：
浙江省第三届大学生法律职业能力竞赛模拟法庭比赛

赛题说明

1.请参赛队认真阅读下列案件材料及法律规范，控方以本材料为基准自行决定以何罪提起公诉；控辩双方据本材料撰写诉讼文书，进行模拟法庭比赛。

2.控方与辩方必须遵循下列"基本案情"和证据材料中所述内容发表意见；被告人供述、被害人陈述、证人证言不能超出案例材料内容范围；控辩双方不得增加本材料以外的证据、证人。

3.本案不涉及刑事附带民事诉讼审判。

4.本案所有程序及证据取得视为合法,材料中不再显示。

5.本案中,每次询问、讯问前,侦查人员均已告知相关人员权利、义务。

6.本材料中所有证据材料均应视为原始材料,均视为真实有效,所有文书均视为已盖有相应公章,所有证据材料的签字均视为手写签字,除非有特殊说明。

7.获得本材料的参赛队应严格保密,按规则展开比赛,不得泄露材料,各参赛队不得串通,不得互通信息。

8.本材料所有人物、姓名、电话号码、身份信息等均为比赛需要之虚拟,若有雷同,纯属巧合。

浙江省第三届大学生法律职业能力竞赛模拟法庭比赛决赛赛题

被告人基本情况

被告人付杰,男,34岁,1982年6月6日出生,浙江省省人,汉族,初中文化,农民,户籍地:浙江省金华市学正区城北路东海听涛小区1幢2单元301室。因涉嫌犯罪,于2016年8月5日被金华市公安局学正分局刑事拘留,2016年8月10日被金华市学正区人民检察院批准逮捕,现羁押于金华市学正区看守所。

基本案情

被告人付杰,从事废铜废铁收购生意。2016年8月5日上午,付杰到学正区五金建材市场门口,找到两名操外地口音男子,一起乘车到学正区振兴铜材厂收购废铜,三人商议在废铜过秤时通过对磅秤做手脚,使废铜变轻,并约定了报酬。同日10时许,两名外地男子乘坐付杰雇用的浙G22222牌照货车(车主兼司机王冲,车上还有付杰自带三名工人)、付杰自驾浙GFJ008轿车到达铜材厂,付杰将轿车停在铜材厂外面500米的路边,然后乘坐货车一同进入铜材厂,由付杰与铜材厂老板李申聊天,其余几人帮铜材厂工人一起抬废铜过秤,单据上显示废铜称重数量为2.038吨。装完车后两名外地男子以及三名工人驾车先行离开。车子离时李申发现废铜数量异常就暗自安排自己工人报警,并安排工人追赶货车。后付杰从自驾车上取来现金结账,当点钞机数到87900元时,点钞机显示有一张一百元为假钞,铜材厂工人即拉住付杰,付杰害怕并挣脱逃跑,在爬墙逃跑时被铜材厂工人抓住了。铜材厂工人在开发区商贸城门口追赶上货车后,车上人都逃跑了。后由铜材厂工人令王冲将车开回铜材厂门口,40分钟后派出所民警赶到铜材厂将付杰带回。

证据清单

序号	名称	备注
1	(一)被告人付杰的供述与辩解	

序号	名称	备注
2	(二)被害人李申的陈述	
3	(三)证人刘正雄的证言	
4	(四)证人王三林的证言	
5	(五)证人刘满意的证言	
6	(六)证人李金牛的证言	
7	(七)证人孙小宝的证言	
8	(八)证人陈芳芳的证言	
9	(九)证人王冲的证言	
10	(十)接报案及到案经过	
11	(十一)常住人口登记表	
12	(十二)扣押物品、文件清单	
13	(十三)书证(1)	
14	(十四)书证(2)	
15	(十五)书证(3)	
16	(十六)物证	
17	(十七)鉴定结论(1)	
18	(十八)鉴定结论(2)	

(一)被告人付杰的供述和辩解

讯问笔录

时间:2016年8月5日13时30分至2016年8月5日14时30分

地点:_____学正分局预审大队讯问室_____

侦查人员姓名、单位:_____刘明,学正分局预审大队_____

记录人员姓名、单位:_____胡敏,学正分局预审大队_____

犯罪嫌疑人:_____付杰,男,34岁,个体户_____

内容概要:2016年8月3日下午,我到五金市场门口遇到两个民工,我问他们是否做力工,他们说做,我问他们是哪里人,他们只说是外地的,我问他们会不会在秤上做手脚,他们说会。我们约好第三天(8月5日)上午一起到铜材厂收购废铜,由他们帮我做手脚,定好如果没有收购成功,给他们每人30元,收购成了并"做成"了就另外再算。5日上午我们碰面后,我租了王老板一辆货车给他们,我自己开私家车,大概中午我们一起到了铜材厂,我跟那个李老板谈好每吨47200元,就开始称废铜,称的时候我和李老板离秤有10米左右,是那几个民工和铜材厂的工人一起抬废铜称的,两个民工怎么在秤上做的手脚我没看到,也不清楚。后来算了几次称的废铜一共是2.038吨,我让民工拉货先走,我去车里取钱,在铜材厂付钱的时候发现一张假钱,我就被一个工人拉住了,我一害怕就挣脱逃跑,后来被抓回来了。

以上笔录我看过,和我说的相符。

付杰

民警:刘明、胡敏

(二)被害人李申的陈述

询问笔录

时间:2016年8月5日15时20分至2016年8月5日15时50分

地点:　　　　学正分局预审大队询问室　　　　

侦查人员姓名、单位:　　刘海,学正分局预审大队　　

记录人员姓名、单位:　　付强,学正分局预审大队　　

被询问人:　　李申,男,44岁,金华振兴铜材厂总经理　　

内容概要:我是振兴铜材厂做天线管子的,利用铜管做原料进行拉拔,拉成天线管子并销售,在拉拔铜管时必定会产生废铜,这些废铜我们也出售。2016年8月4号上午,付杰打电话问有没有废铜,我说有,但是要到5号才能过来拉,于是我们约好5号上午交易。付杰去年和今年分别来拉过两次铜,给的价格比市场价高一点,我们就和他做生意了,因为我们想多赚一点,但是问题也出现了,就是我们觉得他们来收购废铜时,通过磅秤称出来的重量要比我们估计的轻,但是我们并没有在意,因为磅秤就是我们自己厂里的。后来对账时我凭自己经验发现这里面可能有问题,肯定是他们做了手脚。所以这次付杰打电话来我就多了个心眼,其实我4号就有铜,但是我就推到5号,我让工人4号晚上把这次要卖的废铜称了一下,一共是3.2吨。今天他们称重、装车跟上几次一样,动作很快,称完一批马上装车,我们工人也帮忙一起称重、装车,但是怎么操作的我们都没有搞明白,最后称出来加一块是2吨多,差得很远,这就说明这些人肯定做了手脚。最后一批称完装完还没算账,他们货车启动了就要开走,我那时刚刚接完一个电话,发现他们要走,我就让他们算完账再走,付杰连忙说没关系的,车就不顾我的阻拦急忙开车了,他去车上拿来一个钱袋到财务室付钱,我赶紧就让工人去派出所叫警察,另外安排几名工人去追赶货车。付杰付钱时有一张假钱被查出来了,我工人抓住他,后来他逃跑,车子追到时那群人害怕都跑了,司机把车开回来之后就停在工厂门口,后来警察就来了。

以上笔录我看过,和我说的相符。

李申

民警:刘海、付强

(三)证人刘正雄的证言

询问笔录

时间:2016年8月28日10时20分至2016年8月28日11时00分

地点： 学正分局预审大队询问室

侦查人员姓名、单位： 王源,学正分局预审大队

记录人员姓名、单位： 刘力,学正分局预审大队

被询问人： 刘正雄,男,37岁,个体户

内容概要:我和付杰以前是生意伙伴,付杰同我认识有几年时间了,后来我们合伙收废铜废铁,去年过年的时候我们最后算账,发现生意不太好,赚得太少,我跟他说我们这种老实人不会做生意,要是像有的人一样搞搞小动作早就发财了。付杰好像对这个还挺有兴趣,向我打听哪里有人会搞小动作,怎么搞,我就跟他说五金市场门口那些工人基本都会,就是在秤上做手脚,具体怎么操作我也不太清楚。自去年过年后我们就各干各的,他现在干什么我也不知道。

以上笔录我看过,和我说的相符。

刘正雄

民警:王源、刘力

(四)证人王三林的证言

询问笔录

时间:2016年8月15日14时20分至2016年8月15日15时00分

地点： 学正分局预审大队询问室

侦查人员姓名、单位： 王源,学正分局预审大队

记录人员姓名、单位： 刘力,学正分局预审大队

被询问人： 王三林,男,46岁,金华振兴铜材厂工人

内容概要:我是振兴钢材厂工人,4号有人打电话收废铜,李老板好像是怀疑那个收铜的人有问题,因为前几次卖给他的铜好像比以前卖给其他人的量还多,但是他称的重量好像比别人的轻,就让我和刘满意、李金牛称一下要卖的铜,看看是不是被他做了手脚,我们4号称了一下那堆要卖的铜,是3.2吨,5号那个收铜的来称,是2.038吨,少了不少。称的时候我们一起抬的、装的,我们在那里干活,现场人也比较多,没太注意他们怎么弄的,那伙人装完铜就把车开走了,就留那个收铜的还在厂里,他拿钱到财务室付钱,老板让我看住他。

以上笔录我看过,和我说的相符。

王三林

民警:王源、刘力

(五)证人刘满意的证言

询问笔录

时间:2016年8月16日17时20分至2016年8月16日18时00分

地点： 学正分局预审大队询问室

侦查人员姓名、单位：　　　　王源,学正分局预审大队

记录人员姓名、单位：　　　　刘力,学正分局预审大队

被询问人：　　　　刘满意,男,42岁,金华振兴铜材厂工人

内容概要:我是振兴铜材厂工人,4号老板让我们几个称一下要卖的废铜,我们用最大的磅秤称的,总共是3吨多,称完就堆在那里了,也没有换地方。第二天那些收铜的过来也是称的这堆铜,也是用那个大磅秤称的,但是他们称的是2吨多,后来车被追回来,公安来了之后重新称了又是3吨多。我们也搞不懂怎么弄的。

以上笔录我看过,和我说的相符。

刘满意

民警:王源、刘力

(六)证人李金牛的证言
询问笔录

时间:2016年8月16日19时10分至2016年8月16日19时30分

地点：　　　　学正分局预审大队询问室

侦查人员姓名、单位：　　　王源　　　学正分局预审大队

记录人员姓名、单位：　　　刘力　　　学正分局预审大队

被询问人：　　　　李金牛,男,47岁,金华振兴铜材厂工人

内容概要:我是振兴铜材厂工人,老板怀疑收铜的人几次都偷了他的铜,让我们4号称了一下第二天要卖的铜,我们当时称了一下3吨多,具体多少我记不清了,称完我就喝酒去了。

以上笔录我看过,和我说的相符。

李金牛

民警:王源、刘力

(七)证人孙小宝的证言
询问笔录

时间:2016年8月19日08时10分至2016年8月19日08时30分

地点：　　　　学正分局预审大队询问室

侦查人员姓名、单位：　　　　王源,学正分局预审大队

记录人员姓名、单位：　　　　刘力,正分局预审大队

被询问人：　　　　孙小宝,男,46岁,金华振兴铜材厂工人

内容概要:我是振兴铜材厂的工人,8月5号厂里来人收铜时我不在场,我在里面搞铜线,老板卖完铜急急忙忙叫我出来,让我赶紧带几个人开车去追拉铜的货车,说铜称错了。我开车带了几个工人去追,追到商贸城门口时撵上了货车,我们截住货车时那几个收铜的人都跳车跑到市场里去了,找不到了。于是我让那个司机调头将车开回厂里,回

到厂里没一会警察就来了。

以上笔录我看过,和我说的相符。

孙小宝

民警:王源、刘力

(八)证人陈芳芳的证言

询问笔录

时间:<u>2016</u>年<u>8</u>月<u>10</u>日<u>10</u>时<u>10</u>分至<u>2016</u>年<u>8</u>月<u>10</u>日<u>10</u>时<u>40</u>分

地点:<u>　　　　学正分局预审大队询问室　　　　</u>

侦查人员姓名、单位:<u>　　王源,学正分局预审大队　　</u>

记录人员姓名、单位:<u>　　刘力,学正分局预审大队　　</u>

被询问人:<u>　　陈芳芳,女,27岁,金华振兴铜材厂会计　　</u>

内容概要:<u>我是振兴铜材厂财务室工作人员,8月5号有个收铜的跟我厂里的王三林一起到财务室付96000多块钱的废铜货款,他拿的都是现金,我就放到点钞机里点,点钱的时候点钞机报警说有假币,付钱的那个人就往外走,王三林就拉住他,他就逃跑,后来被抓回来了。</u>

以上笔录我看过,和我说的相符。

陈芳芳

民警:王源、刘力

(九)证人王冲的证言

询问笔录

时间:<u>2016</u>年<u>8</u>月<u>5</u>日<u>14</u>时<u>10</u>分至<u>2016</u>年<u>8</u>月<u>5</u>日<u>15</u>时<u>00</u>分

地点:<u>　　　　学正分局预审大队询问室　　　　</u>

侦查人员姓名、单位:<u>　　王源,学正分局预审大队　　</u>

记录人员姓名、单位:<u>　　刘力,学正分局预审大队　　</u>

被询问人:<u>　　　　王冲,男,36岁,个体户　　　　</u>

内容概要:<u>我是个体司机,之前就认识付杰,也给他拉过几次货,8月4日他叫我5日跟他去拉货,我刚好有时间就答应了。5日上午他的几个工人坐上我的车,有两个之前没见过,好像是外地的,其他的我前两次见过,我拉着他们跟在付杰的车后面,两个外地人坐在我驾驶室里,其中一个跟另一个说:"这种事这么大风险,不管成不成,今天都要跟姓付的至少要2000块钱。"另一个回答说:"你今天动作搞快点啊,别像上次一样,差点出事。"我也不太明白这些话的意思。后来到了一个铜材厂。他们称铜的时候我无意间看到跟我们一起去的其中一个外地人,蹲在地上,手伸到磅秤底下,又把有点像手套一样的东西塞到裤袋里,当时也没太在意,还以为他捡手套呢,现在想想可能问题就出在这里。他们称好、装好就催我开车走了,付杰没有走。他的一个工人带路,车开到商贸城那边的</u>

时候铜厂的人撵来了,我就把车开回了铜厂,然后他们把我带到财务室,付杰也在那里,铜厂的人一直不让我们走,直到派出所的人来铜厂把我们带走。

以上笔录我看过,和我说的相符。

王冲

民警:王源、刘力

(十)接报案及到案经过

2016年8月5日11时20分许,浙江金华振兴铜材厂到金林路派出所报警:有人在其所在厂内收铜时盗窃该厂铜管,要求出警。我所民警金玉飞、余卓两位民警赶赴现场进行调查,两位民警经出示证件,于2016年8月5日12时00分左右将被告人付杰、王冲由振兴铜材厂传唤至金林路派出所进行询问。后经调查付杰有盗窃作案嫌疑,依法对其进行刑事传唤。

浙江省金华市金林路派出所(公章)

承办人:王亮、李健

2016年8月5日

(十一)常住人口登记表

常住人口登记卡				
姓名	付杰	户主或与户主关系		户主
曾用名	无	性别		男
出生地	浙江金华	民族		汉
籍贯	浙江金华	出生日期		1982年6月6日
本市县其他住址	浙江省金华市学正区城北路东海听涛小区1幢2单元301室	宗教信仰		无
公民身份证件编号	330700198206064118	身高	170 cm	血型
文化程度	初中	婚姻状况	已婚	兵役状况	未服兵役
服务处所			职业	个体户
何时由何地迁来本市(县)				
何时由何地迁来本址				
承办人签章:王娟　　登记日期:1999年1月1日				

（十二）扣押物品、文件清单

学正区公安分局扣押物品、文件清单

编号	名称	数量	特征	备注
1	废黄铜管	3.2吨		
2	人民币	18000元		

物品、文件持有人：付杰　　　　见证人：包宁　　　　办案单位：金林路派出所
　　　　　　　　　　　　　　　　　　　　　　　　　　　　　办案人：刘明、林涛
2016年8月5日　　　　　　　　2016年8月5日　　　　　　　2016年8月5日

（十三）书证（1）

浙江省金华市喜龙管桩有限公司地磅单（重量单位：吨）								
客户名称					车号		浙A22222	
名称	毛重	皮重	折扣	净重	单价	金额	备注	
铜	9.21	5.95		3.2				记账
合计金额			（大写）					

经手人：王华　　见证人：林凤娜　　过磅人：王铁汉

案件承办人：王新、李泉
办案单位：金林路派出所
2016年8月5日

（十四）书证（2）

情况说明

经过调查，付杰案的另外两名涉案人员在逃，我所将继续进行调查，核实身份，全力抓捕。

浙江省金华市金林路派出所（公章）

2016年9月20日

（十五）书证（3）

送货单

（十六）物证

物证照片（1）

物证照片（2）

物证照片（3）

(十七)鉴定结论(1)

金华市公安物证鉴定中心

鉴定结论

金公鉴〔2016〕388号

……

八、鉴定结论

送检磅秤,外形完好,性能正常,磅秤底部检验出磁铁碎屑若干。

……

司法鉴定人:王静、刘军

2016年8月12日

(十八)鉴定结论(2)

浙江省金华市价格认证中心

价格鉴定结论书

杭价〔2016〕0689号

关于对废黄铜管的价格鉴定结论

学正公安分局金林路派出所:

根据你单位价格鉴定委托书的委托,遵循独立、客观、公正的原则,按照规定的标准、程序和方法,依法对委托鉴定标的价格进行了鉴定,现将价格鉴定情况综述如下:

一、价格鉴定标的

废黄铜管(含铜65%,锌35%)1.162吨。

二、价格鉴定目的

为公安机关办理案件提供价格依据。

三、价格鉴定基准日。

2016年8月5日。

四、价格定义

……

五、价格鉴定依据

……

六、价格鉴定方法

……

七、价格鉴定过程

……

八、价格鉴定结论

鉴定标的价格为:人民币伍万肆仟捌佰肆拾陆元肆角整(￥54846.40元)。

九、价格鉴定限定条件

……

十、声明

……

十一、价格鉴定作业日期

2016年8月6日至2016年8月7日。

十二、价格鉴定机构

机构名称:浙江省金华市价格认证中心;

机构登记证号:……

价格鉴证机构资质证号:……

法定代表人:……

十三、价格鉴定人员

姓名	执业资格	
李磊	价格评估员	签章:李磊
张伟	价格评估员	签章:张伟

浙江省金华市价格认证中心
2016年8月7日

模拟案例三:
第四届北京市大学生模拟法庭竞赛

第一轮比赛赛题A

被告人的基本情况

被告人黄琛,女,1985年5月10日出生,四川省人,汉族,大学文化,无业,身份证号码:510121198505102460。户籍所在地:四川省成都市金堂县北滨花园4栋1单元201室。因涉嫌犯以危险方法危害公共安全罪于2012年7月16日被羁押,同年7月25日被逮捕,现押于四川省成都市郫县安靖看守所。

基本案情

2012年7月14日14时许,被告人黄琛在四川成都市郫县锦绣西苑小区6栋2单元502室内,因长期精神压抑,采用释放管道内天然气的方式自杀。后经成都市城市燃气有限责任公司工作人员对其门外天然气浓度进行检测,天然气浓度已超过爆炸极限,严重危及公共安全。次日0时许,经消防部门进入室内通风后,爆炸危险解除。

证据清单

序号	名称	件数	页数	备注
1	(一)被告人黄琛的供述与辩解	5	1	
2	(二)证人陈景华的证言	1	1	
3	(三)证人吴月明的证言	1	1	
4	(四)证人郑泽宇的证言	2	1	
5	(五)证人李显荣的证言	1	1	
6	(六)证人于姝的证言	1	1	
7	(七)证人栗玉的证言	1	1	
8	(八)证人王秋生的证言	1	1	
9	(九)证人梁桂源的证言	1	1	
10	(十)证人胡加华的证言	1	1	
11	(十一)证人杨信的证言	1	1	
12	(十二)证人于淼的证言	1	1	
13	(十三)证人李成的证言	1	1	
14	(十四)接报案及到案经过	1	1	
15	(十五)调派出动单	1	1	
16	(十六)房屋租赁合同	1	5	
17	(十七)工作记录及情况说明	1	1	
18	(十八)手机信息照片	1	1	
19	(十九)电话记录查询单	1	1	
20	(二十)常住人口登记卡	1	1	
21	(二十一)情况说明	1	1	

注:本清单一式两份,当事人一份,立案存查一份。

提交人:×× 受理人:××

受理时间:××××年×月×日

（一）被告人黄琛的供述与辩解

被告人黄琛于2012年7月15日11时、18时，16日、17日、25日的供述：

2012年7月14日13时许，我在家里做饭，因我最近心情一直不好，因经济问题和家里人发生矛盾。当时我有点想不开，就想是不是我死了事情就会了结了，后来我就把煤气灶开关打开，后我就去客厅里了，过一会儿，我在客厅沙发上睡着了，后来我什么都不知道了，我醒来后已经在医院了。我当时意识不清，我不记得听到有人敲门。当时家里就我一个人，我把家里燃气灶开关打开，准备自杀。因为我觉得这种方式自杀比较安静。我当时没仔细考虑，现在很后悔。

签名：黄琛

讯问人：民警张进、秦峰

（二）证人陈景华的证言

姓名：陈景华（锦绣西苑物业房管员）

性别：男

出生日期：1983年4月25日

民族：蒙古族

籍贯：内蒙古自治区

2012年7月14日20时许，有群众发现锦绣西苑6栋2单元502室有煤气味。我到现场，敲门没有人应答，我及时与业主联系。业主称她自己联系住户，后业主无法联系上住户，当时情况紧急，我就打110报警了。后警察对现场及楼上业主进行疏散，燃气公司到现场关闭天然气阀门断气，并对502室进行天然气检测，达到60％以上，严重超标，有爆炸危险。后消防救援人员赶到现场后，煤气严重超标，无法操作进入该房间，广大业主反映强烈。该楼共4个单元门，每个单元12户。该楼是6层建筑。如果操作不当，把整个单元楼破坏，楼房坍塌，扩大危害周围居民人身安全。

签名：陈景华

询问人：民警张进、秦峰

2012年7月14日

（三）证人吴月明的证言

姓名：吴月明（城市燃气有限责任公司员工）

性别：女

出生日期：1965年1月3日

民族：汉族

籍贯：四川省

2012年7月14日19时许,我接到报警称锦绣西苑6号楼2单元楼道内有燃气味道,大概19时50分许,我和同事赶到现场并开始检测,发现502室内燃气浓度最高,怀疑有燃气泄漏,当时燃气浓度值已经到达爆炸极限,门也打不开,消防队和派出所民警在多次敲门没有回应的情况下,开始疏散楼内住户,在0时15分许,燃气浓度降了下来,消防队员进到502室内打开房门,我和同事就进到屋内检查发现燃气管道完好,是住户自行拆卸燃气设备从而使燃气释放。所以肯定是户主自行释放燃气想自杀。

签名:吴月明

询问人:民警张进、秦峰

2012年7月15日

(四)证人郑泽宇的证言

姓名:郑泽宇(锦绣西苑6栋2单元502室房东)

性别:女

出生日期:1972年9月21日

民族:汉族

籍贯:四川省

证人郑泽宇于2012年7月15日、20日的证言:

2012年7月14日20时许,我接到物业公司电话说我在锦绣西苑的6-2-502室漏煤气。我大约21时许来到锦绣西苑的房子,当时门口有很多人,我就给租我房子的房客黄琛发信息和打电话,她回了两条短信:"不会吧,我在九寨沟出差。""不是咱家吧,安全措施已经做好,敬请放心。"

签名:郑泽宇

询问人:民警张进、秦峰

(五)证人李显荣的证言

姓名:李显荣(黄琛邻居)

性别:女

出生日期:1971年4月6日

民族:汉族

籍贯:湖南省

住址:成都市郫县锦绣西苑6栋2单元501室

2012年7月14日14时许,我在郫县锦绣西苑6-2-501室家中,当时我出门闻到楼道里有很浓煤气味。19时许煤气味越来越浓,我去敲502室的门,但怎么敲门也不开。过一会,物业、警察和消防队都来了,他们就上楼让楼上住户赶快下楼。消防队和警察敲门敲窗户,502室也不开,后来消防队从6楼爬到5楼,把5楼窗户玻璃打碎后进了502室,后来120医生把502室一名女子抬上救护车,我们回家后都很长时间了楼道里还有很大的味道。

签名:李显荣

询问人:民警张进、秦峰

2012年7月15日

(六)证人于姝的证言

姓名:于姝(黄琛邻居)

性别:女

出生日期:1970年11月22日

民族:苗族

籍贯:湖南省

住址:成都市郫县锦绣西苑6栋2单元602室

2012年7月14日19时许,我在楼道内闻到很重的煤气味,就给物业公司打电话告诉他们情况,后来查出是我们楼下502室房间煤气泄漏。大概21时许,就有人按我家门铃让我们都疏散,当时把我吓坏了,我们就下楼了。到了楼下就看到警察、消防员和煤气公司的人都到了。我一直在楼下等到深夜12点回家。

签名:于姝

询问人:民警张进、秦峰

2012年7月15日

(七)证人栗玉的证言

姓名:栗玉(黄琛邻居)

性别:女

出生日期:1988年6月8日

民族:汉族

籍贯:四川省

住址:成都市郫县锦绣西苑6栋2单元301室

2012年7月14日21时,我发现楼道里有很浓的煤气味,很多住户就在楼下等着,谁也不敢进到楼里,楼下有很多老人、小孩。我们一直等到7月15日1时许才回到家里,当时现场很乱,大家都很害怕。

签名:栗玉

询问人:民警张进、秦峰

2012年7月17日

(八)证人王秋生的证言

姓名:王秋生(黄琛朋友)

性别:男

出生日期:1978年3月15日

民族:汉族

籍贯:四川省

2012年7月14日10时许,我和黄琛联系,她说因为房子的事,她弟弟和她闹意见,她不痛快,说她家里人都不理解她,说着她还哭了,我劝她,她就把电话挂了。

签名:王秋生

询问人:民警张进、秦峰

2012年7月17日

(九)证人梁桂源的证言

姓名:梁桂源(锦绣西苑小区物业处保安班长)

性别:男

出生日期:1990年2月23日

民族:汉族

籍贯:河南省

2012年7月14日晚上,我和保安胡加华一起值夜班。20时许,我们接到小区6栋2单元住户电话,称楼道中有很浓的煤气味,我便和胡加华一起赶了过去,到了以后发现楼道里煤气味很重。后来民警和消防队员也来了,我们便开始疏散住户,我和胡加华一直在楼下帮助维持秩序。大概晚上12点,民警从楼里抬出一名女子,当时已经昏迷了,我认出她是502室的住户,后来她就被抬上救护车送走了。

签名:梁桂源

询问人:民警张进、秦峰

2012年7月15日

(十)证人胡加华的证言

姓名:胡加华(锦绣西苑小区物业处保安)

性别:男

出生日期:1991年6月17日

民族:汉族

籍贯:安徽省

2012年7月14日晚上,我和班长梁桂源一起值夜班。20时许,我们接到小区6栋2单元住户电话,称楼道中有住户家里煤气泄漏了,我便和他一起赶了过去。过了一会儿,消防队员、民警还有煤气公司的都来了,说要疏散住户,我们就在楼下帮着维持秩序。过了大概一两个小时,从楼里抬出一名女子,当时已经昏迷了,梁桂源认出她是502室的住户,然后救护车就把她送走了。

签名:胡加华

询问人:民警张进、秦峰

2012年7月15日

（十一）证人杨信的证言

姓名:杨信(成都市郫县人民医院急诊医学科医生)

性别:男

出生日期:1981年4月17日

民族:汉族

籍贯:四川省

2012年7月14日晚上,人民医院值班室接到电话称锦绣西苑6栋2单元502室有人煤气中毒。我随救护车赶到现场,进入室内后闻到有较浓的煤气味,看见有一名女子躺在床上已经昏迷,经初步诊断为煤气中毒。在现场民警的帮助下将该名女子送上救护车送往人民医院进行急救。

签名:杨信

询问人:民警张进、秦峰

2012年7月15日

（十二）证人于淼的证言

姓名:于淼(成都市郫县人民医院急诊医学科医生)

性别:女

出生日期:1983年2月19日

民族:汉族

籍贯:北京市

2012年7月15日2时许,我接到医院打来的电话,说急诊科送来一名煤气中毒患者,需要马上进行抢救。经诊断,该患者确为一氧化碳中毒。经一系列抢救,该患者目前已脱离危险。

签名:于淼

询问人:民警张进、秦峰

2012年7月15日

（十三）证人李成的证言

姓名：李成（成都市公安消防支队郫县大队消防员）

性别：男

出生日期：1981年9月23日

民族：汉族

籍贯：四川省

2012年7月14日20时许，我接到报案称锦绣西苑小区6栋2单元502室内有煤气泄漏情况，并且房门无法打开，需要消防队支援。我和同事及时赶到后，发现该单元内有很重的煤气味，我们和民警轮流多次敲502室的门无果。由于煤气严重超标，无法操作进入该房间，我和同事只能从6楼爬到5楼，把5楼窗户玻璃打碎后进了502室。进入房间后发现一名女子昏迷在室内，由于情况紧急，我们马上把她抬出了房间，没有注意到室内的其他情况。

签名：李成

询问人：民警张进、秦峰

2012年8月20日

（十四）接报案及到案经过

2012年7月14日20时39分，派出所接陈景华110报警称：锦绣西苑6栋2单元502室内有煤气味。接警后，民警迅速出警，赶到现场了解情况。

经调查发现，居住在锦绣西苑6栋2单元502室的黄琛打开该房间的煤气灶开关，释放天然气自杀。经成都市公安消防支队郫县大队认定当时天然气浓度已经达到爆炸浓度，黄琛的行为危害了公共安全。该楼共4单元，每个单元12户，共48户居民。

民警经出示传唤证，于2012年7月15日18时00分，将经涉嫌以危险方法危害公共安全的黄琛依法刑事传唤到派出所接受讯问查证。

成都市郫县郫筒派出所（公章）

2012年7月15日

（十五）调派出动单

调派出动单

警情编号：20120714120100102168

报警时间	2012-07-14 20:40:23	出动单位名称	成都市公安消防支队郫县大队
主叫电话	18780180858	主叫姓名	
报警人姓名	陈景华	联系电话	18780180858

案发地址	成都市郫县锦绣西苑小区6栋2单元502室		
报警分类	火警	案件类型	
辖区消防队	成都市公安消防支队郫县大队	命令下达时间	2012-07-14 20:45:17
出动时间	2012-07-14 20:50:03	到达现场时间	2012-07-14 21:05:57
出警人姓名	李成　吴朗		
报警内容： 2012-07-14 20:40:23陈景华报案称：锦绣西苑小区6栋2单元502室内有严重煤气味道,疑似煤气泄漏,随时有爆炸的危险。该户房门紧闭,无法打开,请求消防支援。			
出警内容： 请消防队到现场调查泄漏情况,排除爆炸危险。			
出警结果： 郫县消防大队到达现场后进行了警戒,及时疏散2单元住户共计40余人,由于502室未能进入,中队进行破窗散气,并救出一名已经昏迷的女子。			
备注： 经燃气公司检测,现场局部浓度已经到60%,超出爆炸范围的15%,已经到达爆炸浓度,十分危险。			
值班员	0625	打印时间	2012-07-15

(十六)房屋租赁合同

房屋租赁合同

出租方：郑泽宇　　　　　　　　　　　　　　　（以下简称甲方）

承租方：黄琛　　　　　　　　　　　　　　　　（以下简称乙方）

第一条　甲、乙双方在平等、自愿的基础上,就甲方将房屋出租给乙方使用,乙方承租甲方房屋事宜,为明确双方权利义务,经协商一致,订立本合同。

第二条　房屋的坐落、面积、装修、设施情况

1.甲方出租给乙方的房屋位于四川省成都市<u>郫县杜鹃路锦绣西苑小区</u>,门牌号为<u>6栋2单元502室</u>。

2.出租房屋面积<u>　85.4　</u>平方米,总计建筑面积：<u>90</u>平方米。

第三条　租赁期限、用途

1.该房屋租赁期自<u>　2011　</u>年<u>8</u>月<u>1</u>日起,至<u>　2013　</u>年<u>7</u>月<u>31</u>日止。

2.乙方向甲方承诺,租赁该房屋仅作为<u>　　居住　　</u>使用。

3.租赁期满,该租赁合同终止。

乙方如要求续租,则必须在租赁期满前3个月之内书面通知甲方,经甲乙双方协商同

意后,重新签订租赁合同。

第四条 租金及支付方式

1.该房屋每月租金为___1200.00___元(大写:__壹仟贰佰__元整)。从第二年起租金在上年交纳租金总额的基础上递增_10_%。若房屋租赁价格出现大涨幅增长,双方重新签订房屋租赁合同。

2.房屋租金支付方式如下:先付款后使用,每月租赁期满前提前一个星期内支付下月租金后方能使用。甲方在收取乙方租赁费时,出具收据。

3.乙方缴纳房屋履约保证金,金额为:__3600.00__元(大写:__叁仟陆佰__元整)。甲方收款后应提供给乙方有效的收款凭证。

第五条 房屋修缮与使用

1.乙方应合理使用及维修其所承租的房屋和附属设施。如因使用不当造成房屋及设施损坏的,乙方应立即负责修复或经济赔偿。

乙方如改变房屋的内部结构、装修或设置对房屋结构有影响的设备,设计规模、范围、工艺、用料等方案均须事先征得甲方的书面同意后方可施工。租赁期满后或因乙方责任导致退租的,除双方另有约定外,甲方有权选择以下权利中的一种:

(1)依附于房屋的装修归甲方所有。

(2)要求乙方恢复原状。

(3)向乙方收取恢复工程实际发生的费用。

第六条 房屋的转让与转租

1.租赁期间,甲方有权依照法定程序转让该出租的房屋,转让后,本合同对新的房屋所有人和乙方继续有效。

2.未经甲方同意,乙方不得转租、转借承租房屋。

3.甲方出售房屋,须在_3_个月前书面通知乙方,在同等条件下,乙方有优先购买权。

4.甲方在对该房屋进行改造的同时解除合同。

第七条 合同的变更、解除与终止

1.房屋租赁期间,乙方有下列行为之一的,甲方有权解除合同,收回出租房。

(1)未经甲方书面同意,改变本合同约定的房屋租赁用途。

(2)利用承租房屋存放危险物品或进行违法活动。

(3)逾期未缴纳按约定应当由乙方缴纳的各项费用,已经给甲方造成严重损害的。

(4)拖欠房租累计_3_个月以上。

2.租赁期满前,乙方要继续租赁的,应当在租赁期满3个月以内书面通知甲方。如甲方在租期届满后仍要对外出租的,在同等条件下,乙方享有优先承租权。

3.租赁期满合同自然终止。

4.因不可抗力因素导致合同无法履行的,合同终止。

第八条 房屋交付及收回的验收

1.验收时双方共同参与,如对装修、器物等硬件设施、设备有异议应当场提出。当场难以检测判断的,应于5个工作日内向对方主张。

2.乙方应于房屋租赁期满后,将承租房屋及附属设施、设备交还甲方。

3.乙方交还甲方房屋应当保持房屋及设施、设备的完好状态,不得留存物品或影响房屋的正常使用。对未经同意留存的物品,甲方有权处置。

第九条　甲方违约责任处理规定

1.甲方违反本合同约定,提前收回房屋的,应按照合同约定的__1__万元向乙方支付违约金,若支付的违约金不足以弥补乙方损失的,甲方还应该承担赔偿责任。

2.甲方因房屋权属瑕疵或非法出租房屋而导致本合同无效时,甲方应赔偿乙方损失。

第十条　乙方违约责任

1.租赁期间,乙方有下列行为之一的,甲方有权终止合同,收回该房屋,乙方应按照合同约定的__1__万元向甲方支付违约金。若支付的违约金不足以弥补甲方损失的,乙方还应负责赔偿直至达到弥补全部损失为止。

(1)未经甲方书面同意,将房屋转租、转借给他人使用的;

(2)未经甲方书面同意,拆改、变动房屋结构或损坏房屋;

(3)改变本合同规定的租赁用途或利用该房屋进行违法活动的;

(4)拖欠房租累计1个月以上的。

2.在租赁期内,乙方未经甲方同意,中途擅自退租的,乙方应该按合同总租金3%的额度向甲方支付违约金。若支付的违约金不足以弥补甲方损失的,乙方还应承担赔偿责任。

3.乙方如逾期支付租金,每逾期一日,则乙方须按日租金的1倍支付滞纳金。

4.租赁期满,乙方应如期交还该房屋。乙方逾期归还,则每逾期一日应向甲方支付原日租金的滞纳金。乙方还应承担因逾期归还给甲方造成的损失。

第十一条　免责条件

1.因不可抗力原因致使本合同不能继续履行或造成的损失,甲、乙双方互不承担责任。

2.不可抗力系指"不能预见、不能避免并不能克服的客观情况"。

第十二条　本合同未尽事宜,经甲、乙双方协商一致,可订立补充条款。补充条款及附件均为本合同组成部分,与本合同具有同等法律效力。

第十三条　争议解决

本合同发生的争议,由双方当事人协商或申请调解;协商或调解解决不成的,按下列第__2__种方式解决(以下两种方式只能选择一种):

1.提请仲裁委员会仲裁。

2.依法向有管辖权的人民法院提起诉讼。

第十四条　本合同自双方签(章)后生效。

第十五条　本合同及附件一式__2__份,由甲、乙双方各执__1__份。具有同等法律效力。

甲方:郑泽宇(签名)　　　　　　乙方:黄琛(签名)

电话:18382169042　　　　　　　电话:15928591714

传真:028-87915578　　　　　　　传真:无

地址:成都市郫县西华馨苑　　　　地址:四川省金堂县北滨花园

5栋3单元301室　　　　　　　　　4栋1单元201室

邮政编码:611743　　　　　　　　邮政编码:610400

房产证号:蓉房权证成房监证字第0006018号

签约日期:2011年7月23 日　　　　签约日期:2011年7月23日

附件均为本合同组成部分,与本合同具有同等法律效力。

(十七)工作记录及情况说明

成都城市燃气有限责任公司

检测工作记录表

No.20120135

检测时间	2012年7月15日00时15分
检测地址	锦绣西苑小区6栋2单元502室
报检部门	锦绣西苑小区物业管理处
报检人	陈景华
联系电话	18780180858
检测项目	(1)空气成分测定 (2)相对室温测定 (3)相对湿度测定 (4)燃气管道强度实验 (5)燃气管道气密性实验
检测结果: 测试室内经通风后天然气浓度高达45％,局部浓度已经到60％,超出爆炸范围的15％。经对管道严密度实验无压降,证明管道没有漏气情况。	
备注: 锦绣西苑小区6号楼,共计4单元,每个单元12户,共48户。	
检测人	吴月明(签名)

成都城市燃气有限责任公司(公章)

(十八)手机信息照片

(十九)电话记录查询单

中国移动通信
CHINA MOBILE
移 动 通 信 专 家

移动话费清单

客户名称：黄琛　　　　　手机号码：15928591714

查询编码：000256　　　　查询日期：2012年7月14日

语音通话清单

通话地点	通话类型	对方号码	开始时间	通话时长
成都	被叫	18602883399	2012-7-14 08:26	12分10秒
成都	主叫	13228212722	2012-7-14 09:30	20分35秒
成都	被叫	18602800223	2012-7-14 10:42	8分44秒
北京	主叫	18810673597	2012-7-14 14:33	45秒
成都	被叫	18382169042	2012-7-14 20:03	未接
成都	被叫	18382169042	2012-7-14 21:31	未接

(二十)常住人口登记卡

常住人口登记卡

姓　　名	黄琛	户主或与户主关系	户主
曾用名		性别	女
出生地	四川省成都市金堂县	民族	汉
籍贯	四川省成都市金堂县	出生日期	1985年5月10日
本市县其他住址		宗教信仰	无
公民身份证件编号	510121198505102460	身高		血型	
文化程度	本科	婚姻状况	已婚	兵役状况	
服务处所				
何时由何地迁来本市(县)				
何时由何地迁来本址				
承办人签章:户籍民警	登记日期: 年 月 日		

(二十一)情况说明

成都城市燃气有限责任公司
值班室电话记录表

来电单位	锦绣西苑小区物业管理处	来电人	陈景华
来电时间	2012年7月14日20时21分	电话号码	18780180858

内容摘要:
2012年7月14日19时21分接到锦绣西苑小区物业管理处房管员陈景华报称:锦绣西苑小区6栋2单元502室内有严重的煤气味,很可能是煤气泄漏。请我公司负责检测的人员到现场进行检测。

处理经过:
我公司检测人员到场后,发现房门无法打开。后由消防队员将房门打开后,我公司工作人员进入房间查看,在屋内进行空气中甲烷含量检测及检查燃气设备开关状态。

处理结果:
室内经通风后,对门缝天然气浓度测试,已经达到爆炸浓度,十分危险。现场局部浓度已经到60%,超出爆炸范围的15%。厨房的燃气灶开关及热水器开关均呈关闭状态。

领导批示	已阅	记录人	吴月明(签名)

成都城市燃气有限责任公司(公章)

模拟案例四：
第七届北京市大学生模拟法庭竞赛

第二轮比赛赛题 A

案例说明

1.请参赛队根据下列案件材料及法律规范,控方以北京市人民检察院第五分院的名义,以"谢玉涉嫌故意杀人罪"为基准,向北京市第五中级人民法院提起公诉,如控方认为有必要,可以自行决定是否增加罪名提起公诉;

2.控方与辩方必须遵循下列"基本案情"和证据材料中所述内容发表意见,被告人供述、证人证言均不能超出案例材料给出的事实范围,但属于生活常识、公知事实或者理论知识的除外;

3.本案不涉及刑事附带民事诉讼审判;

4.本案所有程序及证据取得视为合法,所有证据材料的签字均视为手写签字;每次询问、讯问前,侦查人员均已告知相关人员权利、义务,所有证据材料均应视为原始材料,所有签名、印章、指印等均为真实有效,除非有特殊说明;

5.本材料案情及所有人物、姓名、电话号码、身份信息等均为比赛需要之虚构,若有雷同,纯属巧合。

被告人基本情况

被告人谢玉,男,64岁,汉族,身份证号:110108195109021111,1951年9月2日出生于北京市,户籍所在地北京市新开区柳林馆南里8号楼2门12号。高中文化,无业。因涉嫌故意杀人罪,于2015年8月26日被北京市公安局新开区分局刑事拘留,经北京市人民检察院第五分院批准,于2015年9月30日被逮捕,现押于北京市第五看守所。

基本案情

被告人谢玉于2015年8月23日20时许在街头散步时,将街头揽客的卖淫女余莺儿带回家。后余莺儿死于谢玉家中并被谢玉肢解。肢解余莺儿后,谢玉将尸块用塑料袋装好并扔在新开公园人工湖内。2015年8月26日,谢玉听邻居说新开公园人工湖发现尸块,遂前往公安机关投案,供述称案发当晚其与余莺儿共同洗澡时,因嫖资问题发生争吵,余莺儿对其威胁并用力推其,由于自己没有站稳而向后倒,头后部磕到马桶水箱及边缘后倒地死亡,其因害怕予以分尸。现在觉得分尸抛尸的行为难逃法律制裁故而投案。

谢玉始终否认余莺儿的死与其有关。

卷宗目录

注:本清单一式两份,当事人一份,立案存查一份。

提交人:李楠　理人:周强
受理时间:2015年11月5日

(一)被告人谢玉的供诉

询问笔录

时间:<u>2015</u>年<u>8</u>月<u>26</u>日<u>3</u>时<u>02</u>分至<u>2015</u>年<u>8</u>月<u>26</u>日<u>9</u>时<u>07</u>分
<u>2015</u>年<u>8</u>月<u>26</u>日<u>23</u>时<u>45</u>分至<u>2015</u>年<u>8</u>月<u>27</u>日<u>2</u>时<u>37</u>分
<u>2015</u>年<u>8</u>月<u>28</u>日<u>20</u>时<u>50</u>分至<u>2015</u>年<u>8</u>月<u>29</u>日<u>0</u>时<u>30</u>分
<u>2015</u>年<u>9</u>月<u>16</u>日<u>20</u>时<u>45</u>分至<u>2015</u>年<u>9</u>月<u>17</u>日<u>0</u>时<u>20</u>分
2015年<u>11</u>月<u>3</u>日<u>10</u>时<u>0</u>分至2015年<u>11</u>月<u>3</u>日<u>11</u>时<u>55</u>分
地点:_____新开刑侦支队讯问室_____
侦查人员姓名、单位:____夏冬,新开刑侦支队____
记录员姓名、单位:____蒙挚,新开刑侦支队____
犯罪嫌疑人:____谢玉,男,64岁____
内容概要:我是来投案的,新开公园人工湖内发现的尸块,是我扔在湖里面的。2015年8月23日21时左右,我在小区附近散步,看到一个女的站在路边,问我要不要特殊服务。我看她样子还不错,我老伴儿又去世了,所以就想让她陪陪我。我们约好500元过夜,她同意了就和我回家了。

我们到家大约晚上10点半。进屋后我和她一起去卫生间洗澡。后来她说500元有点少,让我加200元。我挺不高兴的,就对她说因为刚才在外面天黑看不清楚,进屋后才看到你至少40岁了,这个年龄的小姐给500元够多的了,一分都不加了。她说不给钱就闹,还说她可不是一般的小姐,是黑社会的,一个电话就能叫来很多人弄死我。然后我们就面对面站着吵起来了,当时她背对着卫生间门,我脸冲卫生间门,我背对着一个洗衣机。吵着吵着,她就用力推我,我摔倒了。但是她身上有浴液,一推我她自己也滑倒了,她倒下去的时候面部先磕在了马桶对面的墙上,然后反弹回来后脑勺又磕在马桶水箱盖上,然后继续向下滑,后脑勺又磕到马桶边缘上,最后仰面躺在地上,头朝洗衣机,脚朝卫生间门,眼睛闭着,没有任何反应,一动不动,但是身体也没有什么地方出血,我以为她在吓唬我,就拍她脸并喊"醒醒",大约10分钟她没有反应,我觉得她可能死了。之后我回到屋里喝瓶酒,一直到凌晨3点,其间我去卫生间,每次都用手拍她脸,喊她,但是她都是没有任何反应,我觉得她应该是死了。我没有对她采取什么施救措施,因为我不会。

我想我家没有钱,我一赔不起死者家属,二是怕人知道我嫖娼没面子,所以想着赶快把尸体处理掉。大约4点钟,我开始分尸。我用家里的一把钢锯先把她的左右臂、左右大腿锯下来,又从腹部把躯干和骨盆分开,最后从颈部把头切了下来,整个过程都在卫生间完成,分尸完后是早上7点钟。

之后,我用家里买海鲜时留下的黑色防水大塑料袋把尸块装了五大袋子,具体什么部位和什么部位装一起我不记得了。然后我就分三次带着这些袋子到我家楼下的新开公园内,趁没人的时候把袋子扔在了公园人工湖里。然后又把她放在我家的衣服、包、手机还有我分尸用的钢锯用白色塑料袋装好扔在了小区附近的垃圾场。然后就回家了。

今天晚上我听说有人在公园里看到了人头,就想着事情肯定会被警方知道,所以还是自己说清楚得好,于是就来投案了。

在我家我没有和被害人发生任何肢体冲突,除了她推我的那一下,她倒地过程中头面部撞到了马桶对面墙上一下,具体头面部哪里撞到的墙我没印象了,但肯定撞了一下,然后就是她后脑勺先后在马桶水箱和马桶坐便器边缘各磕了一下,最后倒地时也是后脑勺着地,之后就死了。当时就一动不动,我后来拍了她脸好几次叫她起来,但她都没反应,我就确认她死了,然后我就分尸了。

分尸是我不对,我愿意承担相应的责任。但是我没有杀她。

以上笔录我看过,和我说的相符。

谢玉(签名)

民警:夏冬、蒙挚(签名)

(二)谢玉的辨认笔录

辨认笔录

时间:2015年9月10日10时00分至2015年9月10日11时30分

地点:＿＿＿＿＿＿新开刑侦支队＿＿＿＿＿＿

侦查人员姓名、单位:＿＿＿夏冬,新开刑侦支队＿＿＿

记录员姓名、单位:＿＿＿蒙挚,新开刑侦支队＿＿＿

见证人姓名、单位:＿＿梅长苏,江左盟武术培训中心主任＿＿

辨认人:＿＿＿＿＿谢玉,男,64岁＿＿＿＿＿

内容概要:谢玉对10张照片进行辨认后,明确指出3号照片上的女子(即余莺儿)就是其案发当晚带回家准备过夜但后来死于其家中被其分尸的女子。

以上笔录我看过,和我说的相符。

谢玉(签名)

2015年9月10日

民警:夏冬、蒙挚(签名)

见证人:梅长苏(签名)

(三)现场勘验检查笔录

现场勘验检查笔录(1)

京公(新)勘〔2015〕0363号

时间:2015年8月24日20时20分至2015年8月24日23时30分

地点:＿＿＿＿北京市新开区新开公园＿＿＿＿

侦查人员姓名、单位:＿＿＿夏冬,新开刑侦支队＿＿＿

记录员姓名、单位:＿＿＿蒙挚,新开刑侦支队＿＿＿

见证人姓名、单位:＿＿梅长苏,江左盟武术培训中心主任＿＿

现场位于新开公园人工湖南岸,南岸湖面上有一头状物,另靠近岸边10米处湖面上有黑色塑料袋4个,经打捞后发现,头状物为人类头部,4个塑料袋内分别装有人类四肢、躯干及骨盆。

侦查员:夏冬、蒙挚(签名)

见证人:梅长苏(签名)

北京市公安局新开分局

2015年8月24日

现场勘验检查笔录(2)

京公(新)勘〔2015〕0364号

时间:2015年8月26日3时00分至2015年8月26日4时30分

地点:＿＿＿北京市新开区柳林馆南里8号楼2门12号＿＿＿

侦查人员姓名、单位：　　　夏冬,新开刑侦支队

记录员姓名、单位：　　　蒙挚,新开刑侦支队

见证人姓名、单位：　　　梅长苏,江左盟武术培训中心主任

卫生间长2.8米、宽1.35米。西墙下为暖气片,提取可疑物一处,提取暖气片下沿可疑物一处。北墙下为洗衣机。东墙下由北向南依次为衣架、马桶、垃圾桶、地漏、拖把池、洗手池。提取地漏血迹一处,提取拖把池外下沿血迹一处,提取拖把池下水管血迹一处,提取洗手池下沿血迹一处,提取洗手台面血迹一处,提取南墙瓷砖上血迹二处。提取马桶水箱粘取物一处,马桶盖粘取物一处,坐便器粘取物一处,马桶边沿粘取物一处。

侦查员:夏冬、蒙挚(签名)

见证人:梅长苏(签名)

北京市公安局新开分局

2015年8月26日

(四)法医物证鉴定意见书

法医物证鉴定意见书

公法物证字〔2015〕第5555号

结论:在排除同卵双胞胎和其他外源性干扰前提下,第一现场提取的人类头部、四肢、躯干、骨盆与第二现场西墙下底面可疑物、地漏血迹、拖把池外下沿血迹、洗手池台面血迹、南墙瓷砖上血迹以及马桶水箱粘取物为同一个体所留,即余莺儿。

公安部司法鉴定中心

鉴定人:陈雅静、张默、李钰(签名)

2015年9月3日

(五)法医学尸体检验鉴定书

法医学尸体检验鉴定书

公(新)刑技法鉴(尸检)字〔2015〕222号

一、绪论

1.委托单位:北京市公安局新开分局

2.受理日期:2015年8月25日

3.检验对象:余莺儿,女,43岁

4.鉴定要求:死因鉴定并对案件相关问题进行分析

5.检验时间:2015年8月25日

6.检验地点:公安部司法鉴定中心

二、检验

1.尸表检验

头部。呈"巨人观"改变,左眼周及右眼内眦处可见条片状挫伤。左颧部可见片状皮肤挫伤1处,左右颞部均可见头皮青紫,大小均为4厘米×4厘米。睑结膜充血,未见点状出血。口唇黏膜完整,未见损伤。下颌部偏右可见小片状皮肤挫伤1处,大小为1厘米×0.8厘米。

胸段躯干部。带部分双侧肱骨,胸背部大部分皮肤缺失,胸廓未见刺破口。上段自第6颈椎椎体与头部离断,断面平整,下端自第3腰椎椎体离断,断面平整,可见划痕1处。

双上肢尸块。左上肢自肱骨头下方离断,断面不整齐,右上肢自肱骨终端离断,断面不整齐。提取断面椎体,用立体显微镜观察可见断面骨质呈阶梯状改变。

骨盆段。皮肤缺失,上端自第3腰椎椎体与躯干部离断,左侧自股骨颈处与左下肢离断,骨质断面整齐,断面上端股骨干可见划痕1处,右侧自股骨干上段与右下肢离断,骨质断面不整齐,显微镜下观察可见骨质阶梯状改变。盆腔内可见部分子宫宫颈、膀胱及部分直肠。脾脏、肝脏均缺失。

双下肢尸块。双大腿及双小腿上段皮肤及肌肉缺失,仅双小腿下段及双足皮肤附着。左下肢自股骨颈处离断,断面整齐。右下肢自股骨中上段离断,断面不整齐。左内踝皮肤可见小片状挫伤1处。

2.解剖检验

胸、肋骨未见骨折,肋间肌未见出血。膈肌可见破口,胸腔内未见异常积液。心包完整,心脏外膜光滑,未见出血点。心脏未见损伤,沿血流方向剪开心脏,心脏内空虚,各瓣膜未见明显病理性改变。双肺未见病理性改变,肺被膜下未见出血点,可见血岛形成。头颈部断端皮缘整齐,椎骨断面平整。解剖见右侧二腹肌灶性出血,左侧咽后壁片状出血,舌骨及甲状软骨未见骨折,会厌软骨及喉室黏膜未见异常,故可排除机械性窒息死亡。左侧颞肌大面积出血,右侧颞肌小片状出血。颅骨及颅底未见异常,故可排除重度颅脑损伤死亡。硬脑膜完整,硬膜外、下未见出血,脑组织液化自溶。

三、论证

被害人死亡原因可以排除机械性窒息死亡,可以排除重度颅脑损伤死亡,鉴于尸体被肢解,部分脏器缺失,故不排除被害人因失血性休克死亡。

公安部司法鉴定中心

鉴定人:沈梦洁、宋磊、张晟睿(签名)

2015年8月25日

(六)温实初的证言

询问笔录

时间:<u>2015</u>年<u>9</u>月<u>18</u>日<u>15</u>时<u>30</u>分至<u>2015</u>年<u>9</u>月<u>18</u>日<u>16</u>时<u>35</u>分

地点:<u>　　　　　　新开分局预审大队　　　　　　</u>

侦查人员姓名、单位：　　　王沛然,新开分局预审大队

记录员姓名、单位：　　　朱烨华,新开分局预审大队

被询问人：　　温实初,男,33岁,公安部司法鉴定中心主任法医师

内容摘要:我参与对余莺儿尸体解剖。死者头面部有多处挫伤,均是生前伤,符合钝性外力所致,但均不是致命伤,不足以导致被害人死亡。

死者心脏、肺脏未见病理异常。但肺脏被膜有可见血岛,可见血岛的形成原因是在有呼吸的情况下,血液因呼吸作用经由气管进入肺部,一旦进血量较大,就会在肺脏被膜下形成可见出血斑,就是我们所说的可见血岛。可以导致血液因呼吸作用经由气管进入肺部的原因只有两种可能:要么是口鼻腔出血后,不小心呛血,血液就进入气管被吸入肺部了,就像呛水一样,另一种是因为气管开放,血液伴随呼吸作用进入气管,进而被吸入肺部。

常见的异常死亡原因有中毒死亡、失血性休克死亡、机械性窒息死亡、突发其他疾病死亡等,但鉴于被害人尸体已被损坏,故而无法准确判断死亡原因,只能说不排除是失血性休克死亡。

以上笔录我看过,和我说的相符。

温实初(签名)

2015年9月18日

民警:王沛然、朱烨华(签名)

(七)谢玉所住小区门口视频录像资料

内容描述:

2015年8月23日20:20,谢玉与一名女子进入谢玉家所住小区大门。

2015年8月24日7:06、8:05、9:03,谢玉三次走出小区大门,手抱黑色物品,半小时后返回。

2015年8月24日10:20,谢玉走出小区,手拎一白色塑料袋,10分钟后走进大门。

(八)到案经过

到案人员:谢玉,男,64岁,1951年9月2日出生,身份证号1101081951109021111,汉族,出生地北京市,住北京市新开区柳林馆南里8号楼2门12号。

到案过程:

2015年8月24日21:50穆青报警称在新开公园人工湖中发现尸块,民警接报警后出警,在现场新开公园人工湖南岸发现人类头部一个,以及装有尸块的黑色塑料袋4个。8月26日凌晨1时许,谢玉到公安机关投案,称新开公园人工湖南岸发现的尸块是其分解的,民警遂对谢玉采取强制措施。

谢玉在到案过程中没有反抗、逃跑、抗拒等行为。

出具人:夏冬、蒙挚(签名)

2015年8月26日

(九)传唤书、拘留证、逮捕证

北京市公安局新开分局

传　唤　书

拘　留　证

逮　捕　证

(出于不限制赛队队员对罪名的拟定的考虑,组委会省略内容)

北京市公安局新开分局

2015年8月26日

(十)110接受刑事案件登记表

110接受刑事案件登记表

编号:1110108520777777

<table>
<tr><td rowspan="2">报案人</td><td>姓名</td><td>穆青</td><td>性别</td><td colspan="2">男</td><td>年龄</td><td colspan="2">20</td><td>住址</td><td rowspan="2">北京市新开区万柳东路20号</td></tr>
<tr><td>单位</td><td colspan="2">无</td><td>电话</td><td colspan="3">15151855555</td><td>案件来源</td><td>110</td></tr>
<tr><td colspan="2">移送单位</td><td></td><td colspan="2">承办人</td><td></td><td colspan="3">电话</td><td></td></tr>
<tr><td colspan="11">报案内容:
2015年8月24日21:50,穆青发现新开公园人工湖内有人头。</td></tr>
<tr><td colspan="11">领导批示:立案侦查。

印夏江

　　　　　　　　　　　　　　　　　　　　　　　2015年8月24日</td></tr>
</table>

北京市公安局新开分局

(十一)人口基本信息

居民身份证号码:1101081951090211111

姓名:谢玉

曾用名:无

性别:男

民族:汉族

文化程度:高中

出生日期:1951年2月2日

出生地:北京市新开区

籍贯:北京市新开区

户籍地:北京市新开区柳林馆南里8号楼2门12号

户籍登记地址:北京市新开区柳林馆南里8号楼2门12号

户籍地县级公安机关:北京市新开区公安局

户籍地派出所:北京市公安局新开分局

居民身份证号码:110108197303031112

姓名:余莺儿

曾用名:妙音娘子

性别:女

民族:汉族

文化程度:高中

出生日期:1973年3月3日

……

(十二)工作说明

工作说明(1)

2015年8月24日21:50许,一名自称穆青的男青年报警称,其在新开公园人工湖里捞鱼虫时,发现有个圆圆的东西漂在水面上,离岸边不远,其用树枝把那个东西扒拉过来,仔细一看是一个人头,就赶紧报警。民警赶赴现场后发现尸块。此后,民警多次联系穆青,请其来公安机关做笔录,穆青均称自上次发现尸块后受到了惊吓,至今未愈,不能接受询问。特此说明。

民警:陈幕军、天磊

2015年10月5日

工作说明(2)

根据谢玉供述,其将被害人衣物以及分尸用的钢锯扔在小区附近垃圾堆,经民警带领谢玉寻找,在附近垃圾堆均未找到。

民警:李德、赵璐

2015年10月5日

工作说明(3)

经民警联系被害人余莺儿的丈夫萧景桓(男,40岁)后获悉,余莺儿与萧景桓于2004年结婚,萧景桓称余莺儿去世前身体健康。因无法接受余莺儿从事卖淫活动以及被杀害的事实,萧景桓拒绝接受公安机关的询问,特此工作说明。

民警:左池、蒙挚

2015年10月5日

模拟案例五：
法源杯第四届全国大学生模拟法庭竞赛1号赛题
（最终版）

证据清单

序号	名称
1	（一）一号案例说明
2	（二）案情概要
3	（三）起诉意见书
4	（四）常住人口户籍资料
5	（五）现场勘验笔录
6	（六）法医学尸体检验鉴定书
7	（七）黄晨询问笔录
8	（八）潘彩云询问笔录
9	（九）刘海月询问笔录
10	（十）程振贤询问笔录
11	（十一）程振贤第一次讯问笔录
12	（十二）程振贤第二次讯问笔录
13	（十三）程振贤第三次讯问笔录
14	（十四）程振贤第四次讯问笔录

（一）一号案例说明

1.请各参赛队根据下列案件材料及法律规范,控方以"程振贤构成过失致人死亡罪"进行起诉并参加庭审;

2.控辩双方必须遵循"案情概要"所陈述的控辩双方的立场与主张,进行庭审准备;

3.本次开庭只涉及程振贤一人一案,其他人员均不可作为同案被告人出庭;

4.本案不涉及刑事附带民事诉讼审判;

5.本案中拘留与逮捕程序合法;

6.本案中侦查与审查起诉阶段均无违法行为,已履行所有程序性规定;亦不涉及回避等所有程序性问题;

7.本案中所有证据材料均应视为原始材料且取证程序合法;

8.本案中所有地名、单位、个人身份信息等均为比赛需要之虚拟,如有雷同,纯属巧合。

(二)案情概要

公诉机关:江山市北湖区人民检察院

被告人:程振贤

概要:2016年3月24日,程振贤饮酒后驾驶无号牌电动车搭载醉酒的张龙上路行驶,与停在路边的小货车发生碰撞。程振贤与张龙摔倒在地,随后,程振贤将张龙送至旅店房间入住后离开。次日,旅店店主发现张龙异样后报警。张龙经医院抢救无效死亡。后经法医鉴定张龙符合钝性暴力作用头部致严重颅脑损伤死亡。

(三)起诉意见书

江山市公安局北湖分局

起诉意见书

江公北诉字〔2016〕03449号

犯罪嫌疑人程振贤,男,1989年9月23日生,出生地海宁省武鸣市彩云县,身份证号码45687819890923××××,汉族,初中文化,在华盛电子厂工作,户籍地海宁省武鸣市彩云县禄水乡清湖区雷打浦四巷8号,现住址为海宁省江山市北湖区小石镇华盛电子厂宿舍。2016年3月25日因过失致人死亡罪被我局刑事拘留,2016年4月4日被我局宣布执行逮捕,现羁押在北湖区看守所。

犯罪嫌疑人程振贤过失致人死亡案一案,由群众黄晨报案至我局,我局经过审查,于2016年3月25日立案进行侦查。犯罪嫌疑人程振贤于2016年3月25日被抓获归案。

经依法侦查查明:

犯罪嫌疑人程振贤与死者张龙(网名“小龙”)于2016年3月24日22时许,在小石镇潭头白芸村一烧烤店喝酒、吃夜宵,其间4人喝了3扎啤酒,每扎3升。至25日凌晨2时许,由程振贤驾驶本人一辆电动摩托车搭乘张龙回小潭,在进入小潭高中斜坡处的一个路口途中,因喝酒后车速过快,直接撞到违章停放在路边的一辆小货车车厢,造成犯罪嫌疑人程振贤与死者张龙摔倒在地上。犯罪嫌疑人程振贤爬起来后发现张龙身上没有明显伤口,而且躺在地上打呼噜,以为是其喝醉酒所致,没有将张龙送到医院救治。由于犯罪嫌疑人程振贤不知张龙的住处,随后和一名女网友刘海月以及她妹妹的男朋友将张龙送到小潭汽车站对面的出租屋208房入住。至3月25日上午11时,出租屋主黄晨发现张龙有异样后报警,后经小潭医院医生到场诊断证实张龙已经死亡。

认定上述犯罪事实的证据如下:1.犯罪嫌疑人的供述和辩解;2.现场勘验记录;3.法医鉴定;4.证人证言等。

上述犯罪事实清楚,证据确实、充分,足以认定。

综上所述,犯罪嫌疑人程振贤的行为触犯了《中华人民共和国刑法》第二百三十三条,涉嫌过失致人死亡罪。根据《中华人民共和国刑事诉讼法》第一百六十条之规定,拟提请侦查终结,移送北湖区人民检察院审查起诉。

此致

江山市北湖区人民检察院

江山市公安局北湖分局

2016年4月20日

(四)常住人口户籍资料

武鸣市彩云县常住人口户籍资料

程振贤,男,1989年9月23日出生,身份证号码:45687819890923××××,汉族,户籍地海宁省武鸣市彩云县禄水乡清湖区雷打浦四巷8号。

武鸣市彩云县公安局

2016年4月10日

(五)现场勘验笔录

现场勘验笔录

江公(北)勘〔2016〕7547号

现场勘验单位:江山市公安局北湖分局刑事侦查大队四中队

指派/报告单位:江山市公安局北湖分局小石派出所

时间:2016年3月25日11时30分

勘验事由:2016年3月25日11时许,群众黄晨报案称其出租屋内一名租客住宿时死亡,经调查了解,死者张龙与网友程振贤于2016年3月24日22时许在小石镇潭头白芸村一烧烤店喝酒、吃夜宵后,于3月25日凌晨2时许由程振贤驾驶一辆电动摩托车搭乘张龙回小潭,途中曾经摔倒,由于不知张龙的住处,后入住小潭汽车站对面的出租屋,至3月25日上午11时许,出租屋主黄晨发现异样后报警,后经医生到场诊断证实张龙已死亡。

现场勘验开始时间:2016年3月25日11时30分

现场勘验结束时间:2016年3月25日13时30分

现场地点:兴旺美食店西侧旅馆208房间、江山市北湖区小石镇小潭兴旺美食店门前空地、光明路东一街

现场保护情况:警戒保护措施、变动现场　　保护人:李晓俊

天气:晴　温度:23℃　湿度:65%　风向:南风

勘验前现场的条件:变动现场

现场勘验利用的光线:自然光

现场勘验指挥人:张武,单位:江山市公安局北湖分局刑事侦查大队四中队,职务:中队长

现场勘验情况:在江山市小石镇小潭兴旺美食店门前空地发现一具男性尸体,尸体头向东脚向西,平躺在空地地板上,尸体上身穿一件白色棉质短袖衫,下身穿一条咖啡色七分裤,赤脚。

　　勘查报警人反映的兴旺美食店西侧一间旅馆208号房间,该房间门口向北,为套房结构,卫生间位于房间西南角。房间内有一张木床,在木床席子上发现一处9厘米×23厘米的擦拭状血迹,在木床南侧地面上发现一对浅色袜子。

　　勘查光明路东一街,在德清医疗器械厂路段发现一辆号牌为"宁NG8879"的小货车违规停放在此路段上,在该小货车左后角车身上发现两处刮擦痕迹。在小货车旁的路面上发现一处刮擦痕迹。

　　现场勘查到此结束。

　　现场勘验检查制图3张;照片11张。

　　现场勘验检查记录人员:×××。

　　笔录人:×××。

　　现场勘验检查人员:

　　单位:江山市公安局北湖分局刑事侦查大队四中队,职务:民警,本人签名:×××;

　　单位:江山市公安局北湖分局刑事侦查大队四中队,职务:民警,本人签名:×××;

　　单位:江山市公安局北湖分局刑事侦查大队四中队,职务:民警,本人签名:×××。

　　现场勘验检查见证人:

　　姓名:宋明仁,性别:男,年龄:50岁,单位或住址:北湖区小石镇小谭村,本人签名:×××。

　　2016年3月25日附:现场勘验平面示意图一张,照片四张,其他制图及照片(略)。

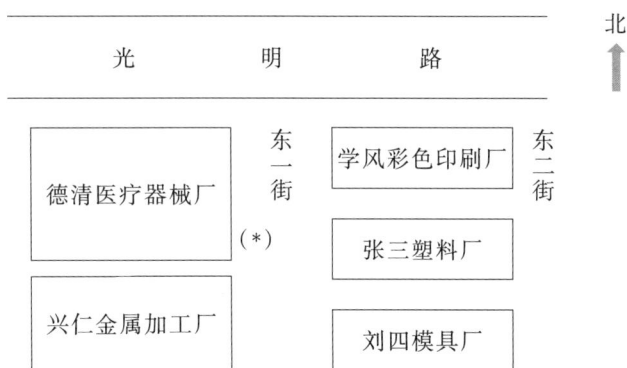

光明路东一街现场平面示意图

注:(*)为事故发生位置。

绘图单位:江山市公安局北湖分局

绘图人:王利

绘图时间:2016年3月25日

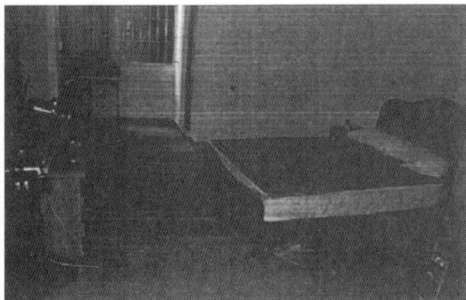

兴旺美食店西侧旅馆208号房内的状况

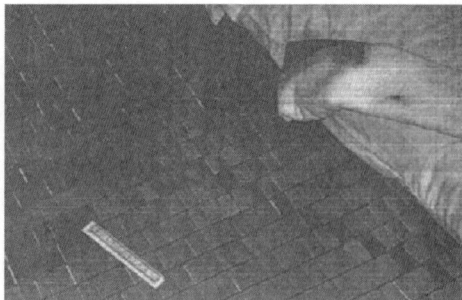

房间内大床席子上发现的血迹

光明路东一街的状况

小货车车尾发现的刮擦痕迹

摄影:江山市公安局北湖分局刑事侦查大队四中队　陈航

2016年3月25日

(六)法医学尸体检验鉴定书

海宁省江山市北湖区公安司法鉴定中心

法医学尸体检验鉴定书

江公北(司)鉴(法)〔2016〕2478号

一、绪论

1.委托单位:江山市公安局北湖分局小石派出所。

2.送检人:罗欢、宋铭。

3.受理日期:2016年3月26日。

4.案情摘要:2016年3月25日11时许,一名男子在江山市北湖区小石镇小潭汽车站对面一出租屋内被发现已死亡。经调查确认,死者系张龙。

5.检验对象:张龙,男,36岁,北贤州黎红县人。

6.鉴定要求:鉴定张龙的死因。

7.检验日期:2016年3月26日。

8.检验地点:北湖区殡仪馆。

二、检验

1.衣着检验:上身穿白色短袖T恤,下身穿棕黄色短裤,黑色内裤。

2.尸体检验:

(1)尸表检验:尸长165厘米,尸僵强硬,存在于全身各关节。尸斑暗红色,分布于身体背侧未受压处,指压褪色。双侧角膜清,结膜苍白,瞳孔双侧等圆等大,直径4毫米,头发黑色,发长2厘米,经检验发现如下损伤:

①额范围1厘米×4厘米散在挫擦伤;

②右眼周"熊猫眼征";

③鼻部一处0.5厘米×0.5厘米擦伤;

④左肩三处分别2厘米×1厘米、2厘米×1厘米、4厘米×4厘米擦伤;

⑤左膝范围8厘米×6厘米散在擦伤;

⑥右膝范围10厘米×5厘米散在擦伤。

(2)解剖检验:

①右颞枕部头皮下血肿,范围15厘米×15厘米;

②右颞枕部一处15厘米横行颅骨线形骨折,骨折线延伸至颅前窝;

③右颞枕部硬膜下血肿约100毫升;

④右颞枕部脑挫裂伤,大脑中线向左侧偏移,大脑镰下疝形成;

⑤枕骨大孔疝形成;

⑥颈部未见肌肉出血;

⑦胸腹部未见明显损伤。

余未检见特殊。

(3)提取检材及处理:提取死者肋软骨送检。

三、论证

尸表检验见死者体表多处挫擦伤,右眼"熊猫眼征",解剖见头皮下血肿,颅骨骨折,硬膜下血肿,大脑镰下疝形成,枕骨大孔疝形成,根据损伤部位、程度和性状,张龙符合钝性暴力作用头部致严重颅脑损伤死亡。

四、鉴定意见

张龙符合钝性暴力作用致头部严重颅脑损伤死亡。

鉴定人:主检法医师罗明、邓霞

(鉴定人证书略)

2016年3月26日

(七)黄晨询问笔录

时间:2016年3月25日12时10分至2016年3月25日13时00分

地点:小石派出所

询问人:刘鹏、王兴海　工作单位:江山市公安局北湖分局小石派出所

记录人:王兴海　工作单位:江山市公安局北湖分局小石派出所

被询问人:黄晨　性别:男　年龄:55　出生日期:1961年7月12日

身份证件种类及号码:居民身份证　49895619610712××××

是否是人大代表? 是☑　否☐

现住址:海宁省江山市小石镇小潭护国路旧革新鞋厂出租屋

联系方式:137×××××××

户籍所在地:江南省池壁市扬子铺杨家村五组1号

问:我们是江山市公安局北湖分局小石派出所的民警(出示工作证件),现依法向你询问有关问题。根据刑事诉讼法的有关规定,你应当如实提供证据、证言,如果有意作伪证或者隐匿罪证的,要负法律责任。你明白吗?

答:明白。

问:现向你宣读《证人诉讼权利义务告知书》(向当事人宣读《证人诉讼权利义务告知书》,并将《证人诉讼权利义务告知书》送交当事人),你对你的权利义务是否清楚?

答:清楚了。

问:你的个人情况?

答:我叫黄晨,男,1961年7月12日出生,汉族,初中文化程度。户籍所在地为江南省池壁市扬子铺杨家村五组1号,现住海宁省江山市小石镇小潭汽车站对面出租屋,居民身份证号码49895619610712××××,联系电话137×××××××。

问:你今天来江山市公安局北湖分局小石派出所有什么事吗?

答:因为有一名租客在我的出租屋住宿时死亡,所以我来派出所反映情况。

问:你把当时的情况详细地说一遍。

答:2016年3月25日凌晨3时许,我在小石镇小潭汽车站对面出租屋睡觉,我是出租屋的房东,有四个人来我出租屋租房住宿,四个人是三男一女,其中一个男子是喝醉酒的,女子对我说:"我朋友喝醉酒了,要在这里住一晚。"当时是女子付房费的,包了208号房一晚,50元人民币,40元房费,10元押金。然后他们就把醉酒男子送到房间睡觉,过了一会,除了喝醉酒的男子其他三人都下来了,我对他们说:"你们最好留一个人看住喝醉酒的人。"他们说:"好的。"然后一男一女又上去了208号房,另外一个男子就离开了。过了一会,那一男一女又下来了,我又叫他们留个人来看着喝醉酒的男子,一男一女答应了,但是他们过了一会就离开了,没有人留下来照顾喝醉酒的男子。直到2016年3月25日11时许,我妻子(潘彩云)电话通知我:208号房的租客脸色发黑,没有反应,你快来看一下。我马上赶到208号房。我看见那名男子脸色发紫,身体发黑,躺在床上,我过去摸了男子的手还是暖的,我就打120叫救护车,然后又通知了租房的女子。大约过10分钟,昨晚租房的女子和其中一个男子来了。随后救护车也到了,医生过来检查醉酒男子,但是医生说男子已经死亡,然后就再打110报警的,事情经过就是这样。

问:你是否清楚男子的死因?

答:我不清楚。

问:死者的基本情况?

答:一名年约30岁的男子,身高约170厘米,身材较瘦,其他不清楚,来出租屋住宿时已经喝醉酒。

问:房费是由谁付的?

答:是同来的一名女子付钱的,40元人民币的房费,10元人民币的押金,住宿一晚。

问:你是如何发现死者的?

答:是我妻子(潘彩云)在查房时发现男子有问题,我赶到时发现男子脸色发紫,身体发黑,医生来到检查后确定死亡的。

问:你是否认识死者?

答:我不认识。

问:带死者来住宿的其他三人的情况?

答:女子年约20岁,身高约160厘米,较瘦,电话:138×××××××××,其他不清楚。第一名男子年约20岁,身高170厘米,中等身材,其他不清楚。第二名男子年约20岁,身高160厘米,较瘦,其他不清楚。

问:死者喝醉酒时,是否有其他人留在出租屋照顾?

答:当时我已经劝过他们留个人来照顾的,但是他们没有。

问:四人来住宿时是否有发生过纠纷?

答:没有。

问:死者来到出租屋时是否有受伤或者有其他异常?

答:因为夜晚,我没有看清楚。

问:你是如何知道男子喝醉酒的?

答:女子开房的时候告诉我的,死者来到出租屋时是另外两个男子扶着进来的。

问:现场是否有监控摄像?

答:有的,出租屋内装有监控摄像。

问:你还有什么需要补充说明的吗?

答:没有了。

问:你以上所讲的是否属实?

答:属实。

以上笔录我看过,和我说的相符。

黄晨

2016年3月25日

(八)潘彩云询问笔录

时间:2016年3月25日13时16分至2016年3月25日14时22分

地点:小石派出所

询问人:林佳、沈从文　工作单位:江山市公安局北湖分局小石派出所

记录人:彭学明工作单位:江山市公安局北湖分局小石派出所

被询问人:潘彩云　性别:女　年龄:54　出生日期:1962年8月12日

居民身份证　49895619620812××××

现住址:海宁省江山市小石镇小潭护国路旧革新鞋厂出租屋

联系方式:137×××××××

户籍所在地:江南省池壁市扬子铺杨家村十组11号1号

问:我们是江山市公安局北湖分局小石派出所的工作人员(出示工作证件),现依法向你询问有关问题,请你如实回答,对与本案无关的问题,你有拒绝回答的权利,你听清楚了吗?

答:听清楚了。

问:你的个人情况?

答:我叫潘彩云,女,1962年8月12日出生,汉族,文盲,户籍所在地江南省池壁市扬子铺杨家村十组11号1号,现住海宁省江山市小石镇小潭护国路旧革新鞋厂出租屋,现在个体工商户工作,居民身份证号码49895619620812××××,联系电话 137×××××××。

问:你今天来江山市公安局北湖分局小石派出所有什么事吗?

答:因我的租客在我出租的房间里死了,所以我来派出所反映当时情况。

问:把你当时的情况详细地说一遍。

答:2016年3月25日上午10时许,我在清洁完210房间后转身按了一下208房门(当时房门没反锁),我站在门口看到有一个客人平躺睡在床上,额头的位置有一条我出租屋的白毛巾压着,身上盖着被子,但该客人在我开门后并没有反应,一般情况下,我在开门后客人都会起身看下进来的是什么人,而该客人并没有反应,我当时没有走进房间,我带着疑问把房门关上,下楼找我老公上来看一下208房间的客人。之后我老公和我就一起打开208房门,在门口看了一下该客人,见该客人好像没什么呼吸,我老公就下楼打电话给昨晚登记住房信息的客人,叫他过来看一下他朋友。之后就有几个人到了208房间,他们进房间后拿开客人的被子在他胸口按。我因为担心楼下的孙子就下楼看孙子了,过了大约10分钟看见他们将208房间的客人抬出了出租屋门口。过了一会就有警察到了,我就随警察来派出所反映情况。

问:发生事情的具体时间和地点是?

答:2016年3月25日10时许,小潭护国路旧革新鞋厂出租屋208房间。

问:你是小潭护国路旧革新鞋厂出租屋主人吗?

答:出租屋的主人是廖炳华,我是从廖炳华手上租的。

问:小潭护国路旧革新鞋厂出租屋是谁在经营?

答:我和我老公。

问:208房间的客人进来前是否有异常?

答:昨晚开房给他的人是我老公。

问:死者是你最先发现的?

答:是我在今天10时许发现的。

问:你发现死者时房间里有什么人?

答:只有208房间客人一个人。

问:死者的特征?

答:男,30岁左右,身高约160厘米,较瘦,其他特征我不清楚。

问:208房间的客人是什么时候入住208房间?

答:我之后查看录像是今天凌晨3时许,当时是3个人送208房间客人进来的。

问:你今天第一次打开208房间的时候房间里的东西是否很凌乱?

答:门锁没有被撬过,房间不凌乱,被子都盖得很好,没有打斗过的痕迹。

问:凌晨送208房客进来的3人特征?

答:因为今天凌晨不是我开的房,我是今天早上翻看录像时才知道是两男一女送该208房客进来的。

问:放在208房客额头上的毛巾是否有血?

答:我发现时看到额头上面的毛巾没有血。

问:现场是否有监控摄像头?

答:只有进门口的位置有摄像头。

问:你还有什么需要补充说明的吗?

答:没有了。

问:你以上所讲的是否属实?

答:属实。

以上笔录我看过,和我说的相符。

潘彩云

2016年3月25日

(九)刘海月询问笔录

时间:2016年3月25日12时37分至2016年3月25日13时17分

地点:江山市公安局北湖分局小石派出所

询问人:罗文娟、杨洪　工作单位:江山市公安局北湖分局小石派出所

记录人:杨洪　工作单位:江山市公安局北湖分局小石派出所

被询问人:刘海月　性别:女　年龄:23　出生日期:1993年8月21日

身份证种类及号码:居民身份证46789019930821××××

现住址:海宁省江山市北湖区小石镇小潭广福大夏旁边小区11栋504房

联系方式:138×××××××

户籍所在地:海宁省广陵市喜福街道办六村5组1号

问:我们是江山市公安局北湖分局小石派出所的民警(出示工作证件),现依法向你询问,你应当如实回答,对与案件无关的问题,你有拒绝回答的权利,你有要求办案人员或者公安机关负责人回避的权利,有陈述和申辩的权利,以上权利义务,你清楚了吗?

答:清楚了。

问:你的个人情况?

答:我叫刘海月,女,1993年8月21日出生,汉族,初中文化程度,户籍所在地海宁省广陵市喜福街道办六村5组1号,现住海宁省江山市北湖区小石镇小潭广福大厦旁边小区11栋504房,现在无业,居民身份证号码46789019930821××××,联系电话138××××××××。

问:你今天为什么来江山市公安局北湖分局小石派出所?

答:因我帮程振贤的网友开房,开房之后,我就接到房东电话,说我的朋友突然去世了,所以我向小石派出所小潭警务区反映。

问:事情经过是怎样的?

答:2016年3月25日凌晨3时许,我接到朋友程振贤的电话,他说:"你知不知道哪里有房间开,帮我开个房间。"过了10分钟左右,程振贤骑着摩托车到我楼下。他说:"我朋友喝醉了,你帮我一起扶他去开个房间。"程振贤就骑着摩托车载着我去小潭大斜坡第三个路口处扶他朋友到小潭兴旺酒楼后面的旅店开房间,我就帮程振贤朋友开了间房,我和程振贤两人就离开了,事情就是这样。

问:你帮程振贤朋友在哪里开了房间和几号房?

答:我在小石镇小潭兴旺酒楼后面的旅店开了房间,房间号为208。

问:当时你是怎样去开房的?

答:当时我自己一个人进去小石镇小潭兴旺酒楼后面的旅店开房的,因为那间旅店的老板我认识,所以在没有任何手续情况下,我用50元人民币开了房间。

问:你还有什么需要补充说明的吗?

答:没有了。

问:你以上所讲的是否属实?

答:属实。

以上笔录我看过,和我说的相符。

刘海月

2016年3月25日

(十)程振贤询问笔录

时间:2016年3月25日11时44分至2016年3月25日13时3分

地点:江山市公安局北湖分局小石派出所

询问人:杨雄、张天成　工作单位:江山市公安局北湖分局小石派出所

记录人:杨雄　　工作单位:江山市公安局北湖分局小石派出所

被询问人:程振贤　性别:男　年龄:27　出生日期:1989年9月23日

身份证件种类及号码:居民身份证45687819890923××××

现住址:海宁省江山市北湖区小石镇福新村华盛科技有限公司宿舍

联系方式:134×××××××××

户籍所在地:海宁省武鸣市彩云县禄水乡清湖区雷打浦四巷8号

问:我们是江山市公安局北湖分局小石派出所的民警(出示工作证件),现依法向你询问,你应当如实回答,对与案件无关的问题,你有拒绝回答的权利,你有要求办案人员或者公安机关负责人回避的权利,有陈述和申辩的权利,以上权利义务,你清楚了吗?

答:清楚了。

问:你的个人情况?

答:我叫程振贤,男,1989年9月23日出生,汉族,户籍所在地海宁省武鸣市彩云县禄水乡清湖区雷打浦四巷8号,现住海宁省江山市北湖区小石镇福新村华盛科技有限公司宿舍,现在小石镇福新村华盛科技有限公司工作,居民身份证号码是45687819890923××××,联系电话:134×××××××××。

问:你今天为什么来江山市公安局北湖分局小石派出所?

答:因我的网友小龙突然去世了,所以向小石派出所小潭警务区反映。

问:你是怎样认识小龙的?

答:我是通过QQ软件认识的。

问:你们几个人去喝酒的?

答:全程主要是我和小龙两人喝酒。

问:事情经过是怎样的?

答:2016年3月24日22时许,我接到小龙电话,他说约我到小石福新村的大龙虾喝酒。22时30分左右,我和小龙就在福新村的大龙虾见面,这是我们的第一次见面。中途扎啤的老板也过来和我们喝了两杯。我们喝到凌晨两点多就走了,当时我得知小龙住小潭,于是我就开了一辆电动车送小龙回小潭厂里宿舍,当时我驾驶电动车去到小潭汽车站往斜坡上去第三个路口又拐进去,进去几十米左右,我就发现前面乱停放了一台小货车,这辆小货车占用了近半个路面,由于当时车速太急,我就只能急转弯,结果还是撞上了小货车,我们两个人都摔倒在地上。我起来之后就叫小龙,但他迷迷糊糊的,叫不醒他。于是我就拉他到马路旁边,这时我就打电话给朋友(刘海月)过来帮我去开个房间,由于我朋友不知道我的具体地点,我就去小潭广福大厦的小区接我的朋友过来,让小龙先在路边等我。凌晨2时许,我就接了我朋友到小潭汽车站对面斜坡的地方,此时小龙已经躺在路上打呼噜了,我和我朋友两人曾尝试扶起小龙,但还是没扶起小龙。于是刘海月就打电话给她妹妹的男朋友胡洋过来帮忙。凌晨3时许,刘海月就在小潭汽车站的红绿灯位置带胡洋到斜坡第三个路口位置,胡洋到达之后就说开个房给小龙睡觉吧,于是我和胡洋就扶小龙上电动车。由胡洋驾驶电动车搭小龙,而我就驾驶胡洋的摩托车搭刘海月。我们四人就去到兴旺饭店后面的旅馆开房,是刘海月先进去登记开房,我就和胡洋扶小龙上去208房。先将小龙放在床上,此时小龙还在打呼噜的。我就叫刘海月用热毛巾敷一下小龙额头,敷上热毛巾后,我们就关上门走了,没有锁门的。因为我手擦伤了,我就和刘海月先去小潭医院处理伤口,处理完伤口后,我们就去长安宾馆买了瓶水喝。此时刘海月发现房间钥匙忘记给小龙了,于是我们又回去旅馆了。我们上到房间后小龙还在床上打呼噜,此时我们上去将钥匙放在床头柜上面。然后就关上门(没有反锁门)走了。我和刘海月就一起回去广福大厦后面的小区。到了今日早上11时许,刘海月接到旅馆房东电话,要她过去旅馆看看。我和刘海月到旅馆208房时,就发现小龙的鼻子流血,用来敷额头的毛巾也染血了,我过去摸他一下,他的身体是冷的。于是我就打120叫救护车,同时我也翻看小龙的手机,通知他的朋友,结果没有一个说认识小龙的,医生到场后,发现小龙已经没有心跳了,于是医生就拨打110,而我们就在现场等警察过来。情况就是这样了。

问:你和小龙是如何认识的?

答:我和小龙是在"欢聚小石科技园"的QQ群上认识的,昨晚我们是第一次见面。

问:你还知道小龙的哪些情况?

答:真实名字不清楚,年龄约30岁,身高约160厘米,较瘦,短发。手机号是135×××-×××××。其他情况不清楚。

问:当时你驾驶电动车时是否撞到了小货车?

答:撞到了。

问:你驾驶电动车撞到小货车后,小龙有否受伤?

答:我观察过他表面,他没有受伤。

问:那当时撞车时,你是否看到小龙具体撞到了哪里,有没有撞到头部?

答:不清楚,没看到。

问:你还有什么需要补充说明的吗?

答:没有了。

问:你以上所讲的是否属实?

答:属实。

以上笔录我看过,和我说的相符。

程振贤

2016年3月25日

(十一)程振贤第一次讯问笔录

时间:2016年3月25日16时41分至2016年3月25日18时32分

地点:北湖区看守所

讯问人:杨雄、林明　工作单位:江山市公安局北湖分局小石派出所

记录人:杨雄　工作单位:江山市公安局北湖分局小石派出所

被讯问人：程振贤　性别：男　年龄：27　出生日期：1989年9月23日

身份证种类及号码：居民身份证45687819890923××××

现住址：海宁省江山市北湖区小石镇福新村华盛科技有限公司宿舍

联系方式：134×××××××××

户籍所在地：海宁省武鸣市彩云县禄水乡清湖区雷打浦四巷8号

问：我们是江山市公安局北湖分局小石派出所的民警（出示工作证件），现依法对你进行讯问，你应当如实回答我们的提问，对与案件无关的问题，你有拒绝回答的权利，你听明白了吗？

答：听明白了。

问：根据刑事诉讼法的有关规定，你有以下权利义务（向当事人宣读《犯罪嫌疑人诉讼权利义务告知书》，并将《犯罪嫌疑人诉讼权利义务告知书》送交当事人），你对你的权利义务是否清楚？

答：我清楚了。

问：你因涉嫌过失致人死亡，根据《中华人民共和国刑事诉讼法》第八十条之规定，现对你执行刑事拘留，你是否清楚？

答：我清楚了，我已在拘留证上签名按指印。

问：因你涉嫌有违法犯罪行为，根据《中华人民共和国刑事诉讼法》第一百一十八条之规定，如你如实供述自己的违法犯罪行为可以获得从宽处理，你明白吗？

答：我明白了。

问：你是否申请有关人员回避？

答：不申请。

问：你有权委托律师作为辩护人，你现在是否要委托律师？

答：我暂不需要委托律师作为我的辩护人。

问：经济困难或者有其他原因没有委托辩护人的，你可以向法律援助机构提出申请。清楚吗？

答：清楚了。

问：你的个人简历？

答：我自小在家读书，后在江北、华盛一带工作，2013年3月25日到小石镇福新村华盛科技有限公司工作至今。

问：你是否有强制戒毒、收容教养等情况？

答：没有。

问：你是否有疾病或者其他传染病？

答：没有

问：你是否是人大代表或政协委员？

答：不是。

问：你是否清楚因何事被刑事拘留？

答:清楚,是因为我一个网友小龙在旅馆突然死亡的事情。

问:你是否清楚小龙的情况?

答:我是通过网上上QQ软件认识小龙的,我和小龙是通过"欢聚小石科技园"的QQ群认识的,昨晚我们是第一次见面。小龙的真实名字我不清楚,他大约30岁,身高约160厘米,较瘦,短发。手机号码是135×××××××。其他情况不清楚。

问:小龙在何处的旅馆死亡?

答:在小潭兴旺饭店后面的旅馆208房死亡。

问:小龙为何会在小潭兴旺饭店后面的旅馆208房死亡?

答:昨晚我先和小龙一起去喝酒,后来我就开电动车送他回去,在途中我撞到一辆车,我和小龙都倒在地上,之后我就叫朋友来帮忙把小龙送到小潭兴旺饭店后面的旅馆208房开了房间让他休息,到今日上午11点左右,旅馆房东通知我们去旅馆,我们发现小龙鼻子流血、身体冰冷,我们叫救护车到场后,医生证实他已经死亡了。

问:先讲清楚昨晚你为何和小龙一起去喝酒?

答:2016年3月24日22时许,小龙打电话给我约我到小石福新村的大龙虾大排档喝酒,在22时30分左右,我和小龙在福新村的大龙虾大排档见面,这是我们在网上认识以来第一次见面,我们见面后就叫了啤酒开始喝酒,中途扎啤的老板也过来和我们喝了两杯,还有一个叫"寻梦"的男网友也来喝了几杯酒就走了,我们一直喝到3月25日凌晨2点多才走,当时我得知小龙住在小潭,于是我就开自己的电动车送小龙回小潭厂里的宿舍。

问:当时你和小龙两人一共喝了多少酒?喝的什么酒?

答:我们是在大龙虾大排档喝酒,前后一共喝了3扎啤酒(每扎3升啤酒),扎啤的老板和"寻梦"也喝了,4个人喝了3扎啤酒。

问:你们喝到凌晨2点多,离开的时候你们两人是否已经喝醉了酒,小龙当时是否能独立行走?

答:小龙肯定喝醉了,他当时已经意识模糊,但还可以走路,还能够讲话。我只不过是头晕。

问:继续讲清楚你开电动车搭上小龙后,在路上发生了什么事情?

答:大约在今早凌晨2点多钟,我和小龙离开了大龙虾大排档,我开着自己那台电动车搭小龙回小潭厂宿舍。当时我驾驶电动车经过小潭高中,往大斜坡下去第一个路口(小潭汽车站往大斜坡方向第三个路口)转进去,开了有几十米左右,由于我的车没有夜灯,当时开的车速太快太急(车速大约有每小时30千米),我开到很近才发现前面路中间停了那辆小货车,为了躲避那辆小货车,就只能急转弯,结果我的电动车车头右侧碰到了小货车的车尾侧边位置,我与小龙两个人和电动车都摔倒在地上,我爬起来之后抬起车就叫小龙,但他当时迷迷糊糊的叫也叫不醒,于是我就把他拉到路旁边,因为我一个人拖不动小龙,就打电话给朋友刘海月,叫她过来帮我带小龙去开个房间,由于刘海月不知道我的具体地点,我就留下小龙,让小龙先在路边等我,我开电动车去小潭广福大厦后面的小区接我的朋友刘海月过来,大约是在凌晨2点钟,我接了刘海月回到小潭汽车站对面斜坡的地方,这时小龙还躺在路边打呼噜,我和刘海月两人尝试扶小龙起来,但还是没能扶起小龙,刘海月又打电话给她妹妹的男朋友胡洋过来帮忙。到了凌晨3点钟左右,刘海月在小潭车站的红绿灯路口带了胡洋来,胡洋提议不如在附近开个房间让小龙睡觉休息吧,于是我和胡洋扶了小龙上我的电动车,由胡洋驾驶电动车搭着小龙,而我就驾驶胡洋的摩托车搭刘海月去找旅馆。

问:你们去旅馆后发生了什么事情?

答:我们四人去到小潭汽车站对面的兴旺饭店,先在兴旺饭店门前停好车,接着刘海月先进去兴旺后面的旅馆登记开了一间房间,我们把小龙扶进旅馆后,我和胡洋扶小龙上去208房,入房后先将小龙放在床上,这时小龙还在打着呼噜,我就和刘海月拿了热毛巾敷在小龙的额头,敷上热毛巾后,我们在房间待了几分钟就关上门离开了,离开的时候门是没有锁门的。由于我开车碰到小货车倒地时手也擦伤了,我和刘海月就去了小潭医院处理伤口,在医院处理了伤口后,我们在长安宾馆买水喝的时候刘海月发现房间钥匙忘记留给小龙了,于是我们又回去兴旺饭店后面的旅馆,到208房间的时候发现小龙还在床上打呼噜,我们把房间钥匙放在床头柜上面,然后就把门关上离开了,我和刘海月一起回到了广福大厦后面的小区。到了今日上午大约11点,旅馆房东打电话给刘海月,让她快点过去旅馆看看。我和刘海月马上赶到旅馆208房间,发现小龙的鼻子在流血,原来敷在额头的毛巾也染了血,我摸了他的身体一下,发现身体是冷的,于是我就打120电话叫救护车,我也翻看了小龙的手机想通知他的朋友,但按照号码打电话过去,没有一个说认识小龙的,之后在11点多医生来到兴旺饭店的路口就打电话给我,叫我将小龙抬出去路口的那台救护车旁边,于是我就和房东将小龙抬了出去饭店路口。医生检查后,发现小龙没有心跳已经死亡了,于是医生就拨打110,而我和房东就留在现场等警察过来处理,刘海月提前离开了现场。

问:你仔细形容一下你和刘海月在上午11点钟到达208房间的时候,发现小龙躺在床上的身体特征。

答:小龙当时鼻子在流血,原来敷在额头的毛巾也染了血,我摸了他的身体一下发现身体是冷的,同时我发现他的眼部有瘀血,手脚已经有些小紫色。

问:当时房间内是否有凌乱痕迹或其他可疑情况?

答:没有留意。

问:补充讲讲你驾驶电动车时,小龙是否受伤?

答:我观察过他表面,他没有受伤。因为当时我也喝了酒,也没有仔细看小龙的伤势,只是表面看过没有发现伤,好像他的脚擦破了皮。

问:那当时撞车时,小龙是否有撞到哪里,有没有撞到头部?

答:不清楚,没看到。

问:你是否有倒地受伤?

答:我撞到小货车倒地后,右手臂和靠近右边肩膀的位置都有擦伤的伤痕,之后我曾到小潭医院处理了伤口。

问:你在被公安机关讯问期间是否被刑讯逼供?

答:没有。

问:你被公安机关讯问期间是否保障了你的正常饮食以及休息时间?

答:被公安机关讯问期间已经保障了我的正常饮食及休息时间。

问:你还有什么需要补充说明的吗?

答:小龙和我喝酒的时候曾经和我讲过他的胆是割了的,我希望能够查清楚他的死因是因为他自身的疾病还是其他原因,我是配合公安机关对我的调查,当时发现小龙没有心跳后我就打120,还在现场等待警察处理。

问:你以上所讲是否属实?

答:完全属实。

以上笔录我看过,和我说的相符。

程振贤

2016年3月25日

(十二)程振贤第二次讯问笔录

时间:2016年3月27日9时41分至2016年3月27日11时28分

地点:北湖区看守所

讯问人:杨雄、林明　工作单位:江山市公安局北湖分局小石派出所

记录人:杨雄　工作单位:江山市公安局北湖分局小石派出所

被讯问人:程振贤　性别:男　年龄:27　出生日期:1989年9月23日

身份证种类及号码:居民身份证45687819890923××××

现住址:海宁省江山市北湖区小石镇福新村华盛科技有限公司宿舍

联系方式:134××××××××

户籍所在地:海宁省武鸣市彩云县禄水乡清湖区雷打浦四巷8号

问:我是江山市公安局北湖分局小石派出所的民警(出示工作证件),现依法对你进行讯问,你应当如实回答我们的提问。对与案件无关的问题,你有拒绝回答的权利,你听明白了吗?

答:听明白了。

问:你的个人情况?

答:我叫程振贤,男,1989年9月23日出生,汉族,初中文化程度,户籍所在地海宁省武鸣市彩云县禄水乡清湖区雷打浦四巷8号。现住海宁省江山市北湖区小石镇福新村华盛科技有限公司宿舍,现在小石镇福新村华盛科技有限公司工作。居民身份证号码45687819890923××××,联系电话134××××××××。

问:你因何事被刑事拘留羁押在北湖区看守所?

答:我知道,因为我涉嫌过失致人死亡,所以被刑事拘留羁押在北湖区看守所。

问:是在什么时候发生的事情?

答:是在2016年3月25日凌晨2点多发生的。

问:发生过失致人死亡的地点在哪里?

答:是在小潭高中附近斜坡处的一个路口进去30至40米的地方发生的。

问:你是怎么发生过失致人死亡的?

答:我是驾驶一辆电动车发生撞车倒地之后,才造成过失致人死亡的。

问:你驾驶的电动车是谁的?

答:是我于2016年2月购买的,是一辆黑色电动车,无车牌。

问:你是否有摩托车驾驶证?

答:我只有汽车C1驾驶证,但没有摩托车驾驶证。

问:当时你们多少人一起喝啤酒?

答:刚开始就是我和小龙两个人,但中途又有一个叫"寻梦"的男网友和烧烤档老板加入。

问:你们4人当时喝了多少啤酒?

答:当时买了3扎啤酒,是那种大的玻璃瓶装的,每扎有3升啤酒,最后一扎是否喝完不记得了。

问:你们是否已经喝醉,小龙当时是否还能自己行走?

答:我当时没有喝醉,其他三个人应该喝得差不多醉了,当时小龙走路就有点左右摇摆。

问:当时小龙喝了多少啤酒?

答:当时是我和叫"寻梦"的网友还有烧烤档的老板玩骰子,小龙没玩只是在喝酒,他大概喝了有1扎多的啤酒。

问:你自己喝了多少啤酒?

答:我大约喝了半扎啤酒。

问:你们喝完之后小龙的意识是否还清醒?

答:我们在凌晨大约2点喝完之后,小龙已经有点醉意了。当时可以说话,但有点模糊。他还告诉我住小潭什么地方。

问:喝完酒后小龙是自己要求坐你的电动车回去还是你提出来搭乘他回去的?

答:因为当时太晚了,没有交通工具回小潭,小龙就叫我搭乘他回去,于是我就用自己的电动车搭他。

问:你们两个人是否有戴头盔?

答:我们都没有戴头盔。

问:你们是否是同时摔倒在地上的?

答:是的。

问:当时撞车后,小龙是否有撞到哪里,有没有撞到头部?

答:不清楚,没看到。

问：你从地上起来之后是否发现小龙身上有伤口？

答：我当时将他拖到路边的时候，检查了一下他的面部和手脚，没发现有大的伤口，只是看见他的右边小腿好像表面有擦伤，皮肤表面有点血迹，但没有流出来。

问：当时小龙的穿着如何？

答：当时小龙身上穿了一件白色短袖T恤，一条过膝盖的短裤，一双白色运动鞋。

问：你和刘海月以及她妹妹的男朋友送小龙到旅店后是否检查过他有没有受伤？

答：到了旅店后，我又检查过，看见小龙右边眼角有点瘀血，面积有手指甲盖这么大，身上就没有解开衣服查看，头部也有检查，但也没有发现有伤口和肿胀。

问：你驾驶电动车是否直接撞上小货车？

答：我当时时速大约是30千米/小时，因为没有路灯，等我发现前面路中间有辆车后马上往左边转弯，于是电动车车头右边撞到小货车的车尾左边。当时只是刹了一下车，主要是想左边转弯避开货车，但来不及了，我驾驶的电动车和我们两个人也立即向左边摔倒在地下。摔倒之后我想立即起来但起不来，是过了几十秒才起来的。我就马上将电动车扶起来还顺便叫了几声小龙，但他没有反应。我将电动车扶起来之后，就去将小龙扶到路边。我因为紧张没有留意他是否有呼吸，我就赶快在他身上找手机想打电话给他的朋友来帮忙。从他手机里面找到一个叫厂长的人的号码拨打过去，但没有人接。于是我就打电话给一个女网友刘海月和她妹妹的男朋友过来帮忙。

问：小龙当时坐在你的电动车什么位置？

答：小龙坐在我后面，只是用身子贴近我，但没有用双手抱紧我。

问：你的电动车撞车后是否受损？

答：当时我没有检查电动车是否受损，是第二天在派出所的时候才发现右边车头靠大灯位置有4到5厘米长度的一条擦痕，碰掉了油漆，其他地方没有损坏。

问：你以上所讲是否属实？

答：完全属实。

以上笔录我看过，和我说的相符。

程振贤

2016年3月28日

（十三）程振贤第三次讯问笔录

时间：2016年3月28日9时25分至2016年3月28日9时53分

地点：北湖区看守所

讯问人：杨雄、林明　　工作单位：江山市公安局北湖分局小石派出所

记录人：杨雄　　工作单位：江山市公安局北湖分局小石派出所

被讯问人：程振贤　　性别：男　年龄：27　　出生日期：1989年9月23日

身份证种类及号码：居民身份证45687819890923×××

现住址:海宁省江山市北湖区小石镇福新村华盛科技有限公司宿舍

联系方式:134×××××××

户籍所在地:海宁省武鸣市彩云县禄水乡清湖区雷打浦四巷8号

问:我们是江山市公安局北湖分局小石派出所的民警(出示工作证件),现依法对你进行讯问,你应当如实回答我们的提问。对与案件无关的问题,你有拒绝回答的权利,你听明白了吗?

答:听明白了。

问:你的个人情况?

答:我叫程振贤,男,1989年9月23日出生,汉族,初中文化程度,户籍所在地海宁省武鸣市彩云县禄水乡清湖区雷打浦四巷8号。现住海宁省江山市北湖区小石镇福新村华盛科技有限公司宿舍,现在小石镇福新村华盛科技有限公司工作。居民身份证号码45687819890923××××,联系电话134×××××××。

问:你因何事被刑事拘留羁押在北湖区看守所?

答:我知道,因为我涉嫌过失致人死亡,所以被刑事拘留羁押在北湖区看守所。

问:你当晚是如何将小龙扶到小潭汽车站对面出租屋休息的?

答:刚开始刘海月来了之后,因为她是女孩子没力扶不起小龙,于是刘海月又打电话叫她妹妹的男朋友过来帮忙。过了大约10分钟,刘海月她妹妹的男朋友驾驶一辆摩托车过来。到了之后,我就叫刘海月到附近找地方开一间房间给小龙休息。因为刘海月是住在小潭的,对当地情况比较熟悉,于是就说小潭汽车站对面有出租屋,接着我就和刘海月妹妹的男朋友一起将小龙扶上我的电动车车头前面,让他趴在车头上。由刘海月她妹妹的男朋友驾驶,我就驾驶刘海月她妹妹男朋友的摩托车搭乘刘海月一起去小潭汽车站对面的兴旺美食店面前路口停下。然后刘海月先上去出租屋问一下是否有房间,刘海月开好房间后就让我和刘海月她妹妹的男朋友一人一边架着小龙的双手将他扶进出租屋208房间。我们让他在208房间休息,接着就和刘海月等人离开了。

问:你离开之后去了哪里?

答:我用电动车搭刘海月回去之后,就在小潭护国路一间旅馆开房间睡觉了,具体什么名字不记得了。

问:你当时为何没有将小龙送去医院?

答:我当时检查过他身上没有受伤,以为是他喝醉酒一直在打呼噜,所以就没有送他去医院。

问:你以上所讲是否属实?

答:完全属实。

以上笔录我看过,和我说的相符。

程振贤

2016年3月28日

（十四）程振贤第四次讯问笔录

时间：2016年4月5日9时12分至2016年4月5日9时48分

地点：北湖区看守所

讯问人：杨雄、罗振刚　工作单位：江山市公安局北湖分局小石派出所

记录人：杨雄　工作单位：江山市公安局北湖分局小石派出所

被讯问人：程振贤　性别：男　年龄：27　出生日期：1989年9月23日

身份证件种类及号码：居民身份证　45687819890923××××

现住址：海宁省江山市北湖区小石镇福新村华盛科技有限公司宿舍

联系方式：134×××××××

户籍所在地：海宁省武鸣市惠来禄水乡清湖区雷打浦四巷8号

问：我们是江山市公安局北湖分局小石派出所的民警（出示工作证件），现依法对你进行讯问，你应当如实回答我们的提问，对于案件无关的问题，你有拒绝回答的权利，你听明白了吗？

答：听明白了。

问：你的个人情况？

答：我叫程振贤，男，1989年9月23日出生，汉族，初中文化程度，户籍所在地海宁省武鸣市彩云县禄水乡清湖区雷打浦四巷8号，现住海宁省江山市北湖区小石镇福新村华盛科技有限公司宿舍，现在小石镇福新村华盛科技有限公司工作，居民身份证号码45687819890923××××，联系电话134×××××××。

问：你因何事被刑事拘留羁押在北湖区派出所？

答：我因为涉嫌过失致人死亡，所以被刑事拘留羁押在北湖区看守所。

问：造成过失致人死亡是在什么时候？

答：是在2016年3月25日凌晨大约2点钟发生的事情。

问：你发生过失致人死亡的地方是在哪里？

答：是在小潭高中附近斜坡处的一个路口进去大约30至40米的路边地方发生的。

问：你是如何造成过失致人死亡的？

答：是因为我喝了酒之后驾驶一辆电动车与违规停在路中间的小货车发生撞车，我和小龙倒地之后受伤才造成过失致人死亡的。

问：现在公安机关宣布对你执行逮捕，是否有异议？

答：我没有异议。

问：你以上所讲是否属实？

答：完全属实。

以上笔录我看过，和我说的相符。

程振贤

2016年4月5日

附录二 相关规范规程

最高人民法院关于印发《法官行为规范》的通知
（法发〔2010〕54号）

各省、自治区、直辖市高级人民法院,解放军军事法院,新疆维吾尔自治区高级人民法院生产建设兵团分院:

现将《法官行为规范》印发给你们,请认真贯彻执行。最高人民法院2005年11月4日发布的《法官行为规范(试行)》同时废止。

最高人民法院

二〇一〇年十二月六日

法官行为规范
（最高人民法院2005年11月4日发布试行,2010年12月6日修订后发布正式施行）

为大力弘扬"公正、廉洁、为民"的司法核心价值观,规范法官基本行为,树立良好的司法职业形象,根据《中华人民共和国法官法》和《中华人民共和国公务员法》等法律,制定本规范。

一、一般规定

第一条 忠诚坚定。坚持党的事业至上、人民利益至上、宪法法律至上,在思想上和行动上与党中央保持一致,不得有违背党和国家基本政策以及社会主义司法制度的言行。

第二条 公正司法。坚持以事实为根据、以法律为准绳,平等对待各方当事人,确保实体公正、程序公正和形象公正,努力实现办案法律效果和社会效果的有机统一,不得滥用职权、枉法裁判。

第三条 高效办案。树立效率意识,科学合理安排工作,在法定期限内及时履行职责,努力提高办案效率,不得无故拖延、贻误工作、浪费司法资源。

第四条 清正廉洁。遵守各项廉政规定,不得利用法官职务和身份谋取不正当利益,不得为当事人介绍代理人、辩护人以及中介机构,不得为律师、其他人员介绍案源或者给予其他不当协助。

第五条 一心为民。落实司法为民的各项规定和要求,做到听民声、察民情、知民意,坚持能动司法,树立服务意识,做好诉讼指导、风险提示、法律释明等便民服务,避免"冷硬横推"等不良作风。

第六条 严守纪律。遵守各项纪律规定,不得泄露在审判工作中获取的国家秘密、商业秘密、个人隐私等,不得过问、干预和影响他人正在审理的案件,不得随意发表有损生效裁判严肃性和权威性的言论。

第七条　敬业奉献。热爱人民司法事业,增强职业使命感和荣誉感,加强业务学习,提高司法能力,恪尽职守,任劳任怨,无私奉献,不得麻痹懈怠、玩忽职守。

第八条　加强修养。坚持学习,不断提高自身素质;遵守司法礼仪,执行着装规定,言语文明,举止得体,不得浓妆艳抹,不得佩戴与法官身份不相称的饰物,不得参加有损司法职业形象的活动。

二、立案

第九条　基本要求

(一)保障当事人依法行使诉权,特别关注妇女、儿童、老年人、残疾人等群体的诉讼需求;

(二)便利人民群众诉讼,减少当事人诉累;

(三)确保立案质量,提高立案效率。

第十条　当事人来法院起诉

(一)加强诉讼引导,提供诉讼指导材料;

(二)符合起诉条件的,在法定时间内及时立案;

(三)不符合起诉条件的,不予受理并告知理由,当事人坚持起诉的,裁定不予受理;

(四)已经立案的,不得强迫当事人撤诉;

(五)当事人自愿放弃起诉的,除法律另有规定外,应当准许。

第十一条　当事人口头起诉

(一)告知应当递交书面诉状;

(二)当事人不能书写诉状且委托他人代写有困难的,要求其明确诉讼请求、如实提供案件情况和联络方式,记入笔录并向其宣读,确认无误后交其签名或者捺印。

第十二条　当事人要求上门立案或者远程立案

(一)当事人因肢体残疾行动不便或者身患重病卧床不起等原因,确实无法到法院起诉且没有能力委托代理人的,可以根据实际情况上门接收起诉材料;

(二)当事人所在地离受案法院距离远且案件事实清楚、法律关系明确、争议不大的,可以通过网络或者邮寄的方式接收起诉材料;

(三)对不符合上述条件的当事人,应当告知其到法院起诉。

第十三条　当事人到人民法庭起诉

人民法庭有权受理的,应当接受起诉材料,不得要求当事人到所在基层人民法院立案庭起诉。

第十四条　案件不属于法院主管或者本院管辖

(一)告知当事人不属于法院主管或者本院没有管辖权的理由;

(二)根据案件实际情况,指明主管机关或者有管辖权的法院;

(三)当事人坚持起诉的,裁定不予受理,不得违反管辖规定受理案件。

第十五条　依法应当公诉的案件提起自诉

(一)应当在接受后移送主管机关处理,并且通知当事人;

(二)情况紧急的,应当先采取紧急措施,然后移送主管机关并告知当事人。

第十六条　诉状内容和形式不符合规定

(一)告知按照有关规定进行更正,做到一次讲清要求;

(二)不得因法定起诉要件以外的瑕疵拒绝立案。

第十七条　起诉材料中证据不足

原则上不能以支持诉讼请求的证据不充分为由拒绝立案。

第十八条　遇到疑难复杂情况,不能当场决定是否立案

(一)收下材料并出具收据,告知等待审查结果;

(二)及时审查并在法定期限内将结果通知当事人。

第十九条　发现涉及群体的、矛盾易激化的纠纷

及时向领导汇报并和有关部门联系,积极做好疏导工作,防止矛盾激化。

第二十条　当事人在立案后询问证据是否有效、能否胜诉等实体问题

(一)不得向其提供倾向性意见;

(二)告知此类问题只有经过审理才能确定,要相信法院会公正裁判。

第二十一条　当事人在立案后询问案件处理流程或时间

告知案件处理流程和法定期限,不得以与立案工作无关为由拒绝回答。

第二十二条　当事人预交诉讼费

(一)严格按规定确定数额,不得额外收取或者随意降低;

(二)需要到指定银行交费的,及时告知账号及地点;

(三)确需人民法庭自行收取的,应当按规定出具收据。

第二十三条　当事人未及时交纳诉讼费

(一)符合司法救助条件的,告知可以申请缓交或者减免诉讼费;

(二)不符合司法救助条件的,可以书面形式通知其在规定期限内交费,并告知无正当理由逾期不交诉讼费的,将按撤诉处理。

第二十四条　当事人申请诉前财产保全、证据保全等措施

(一)严格审查申请的条件和理由,及时依法作出裁定;

(二)裁定采取保全等措施的,及时依法执行;不符合申请条件的,耐心解释原因;

(三)不得滥用诉前财产保全、证据保全等措施。

第二十五条　当事人自行委托或者申请法院委托司法鉴定

(一)当事人协商一致自行委托的,应当认真审查鉴定情况,对程序合法、结论公正的鉴定意见应当采信;对不符合要求的鉴定意见可以要求重新鉴定,并说明理由;

(二)当事人申请法院委托的,应当及时做出是否准许的决定,并答复当事人;准许进行司法鉴定的,应当按照规定委托鉴定机构及时进行鉴定。

三、庭审

第二十六条　基本要求

（一）规范庭审言行，树立良好形象；

（二）增强庭审驾驭能力，确保审判质量；

（三）严格遵循庭审程序，平等保护当事人诉讼权利；

（四）维护庭审秩序，保障审判活动顺利进行。

第二十七条　开庭前的准备

（一）在法定期限内及时通知诉讼各方开庭时间和地点；

（二）公开审理的，应当在法定期限内及时公告；

（三）当事人申请不公开审理的，应当及时审查，符合法定条件的，应当准许；不符合法定条件的，应当公开审理并解释理由；

（四）需要进行庭前证据交换的，应当及时提醒，并主动告知举证时限；

（五）当事人申请法院调取证据的，如确属当事人无法收集的证据，应当及时调查收集，不得拖延；证据调取不到的，应当主动告知原因；如属于当事人可以自行收集的证据，应当告知其自行收集；

（六）自觉遵守关于回避的法律规定和相关制度，对当事人提出的申请回避请求不予同意的，应当向当事人说明理由；

（七）审理当事人情绪激烈、矛盾容易激化的案件，应当在庭前做好工作预案，防止发生恶性事件。

第二十八条　原定开庭时间需要更改

（一）不得无故更改开庭时间；

（二）因特殊情况确需延期的，应当立即通知当事人及其他诉讼参加人；

（三）无法通知的，应当安排人员在原定庭审时间和地点向当事人及其他诉讼参加人解释。

第二十九条　出庭时注意事项

（一）准时出庭，不迟到，不早退，不缺席；

（二）在进入法庭前必须更换好法官服或者法袍，并保持整洁和庄重，严禁着便装出庭；合议庭成员出庭的着装应当保持统一；

（三）设立法官通道的，应当走法官通道；

（四）一般在当事人、代理人、辩护人、公诉人等入庭后进入法庭，但前述人员迟到、拒不到庭的除外；

（五）不得与诉讼各方随意打招呼，不得与一方有特别亲密的言行；

（六）严禁酒后出庭。

第三十条　庭审中的言行

（一）坐姿端正，杜绝各种不雅动作；

（二）集中精力，专注庭审，不做与庭审活动无关的事；

（三）不得在审判席上吸烟、闲聊或者打瞌睡，不得接打电话，不得随意离开审判席；

（四）平等对待与庭审活动有关的人员，不与诉讼中的任何一方有亲近的表示；

（五）礼貌示意当事人及其他诉讼参加人发言；

（六）不得用带有倾向性的语言进行提问，不得与当事人及其他诉讼参加人争吵；

（七）严格按照规定使用法槌，敲击法槌的轻重应当以旁听区能够听见为宜。

第三十一条　对诉讼各方陈述、辩论时间的分配与控制

（一）根据案情和审理需要，公平、合理地分配诉讼各方在庭审中的陈述及辩论时间；

（二）不得随意打断当事人、代理人、辩护人等的陈述；

（三）当事人、代理人、辩护人发表意见重复或与案件无关的，要适当提醒制止，不得以生硬言辞进行指责。

第三十二条　当事人使用方言或者少数民族语言

（一）诉讼一方只能讲方言的，应当准许；他方表示不通晓的，可以由懂方言的人用普通话进行复述，复述应当准确无误；

（二）使用少数民族语言陈述，他方表示不通晓的，应当为其配备翻译。

第三十三条　当事人情绪激动，在法庭上喊冤或者鸣不平

（一）重申当事人必须遵守法庭纪律，法庭将会依法给其陈述时间；

（二）当事人不听劝阻的，应当及时制止；

（三）制止无效的，依照有关规定作出适当处置。

第三十四条　诉讼各方发生争执或者进行人身攻击

（一）及时制止，并对各方进行批评教育，不得偏袒一方；

（二）告诫各方必须围绕案件依序陈述；

（三）对不听劝阻的，依照有关规定作出适当处置。

第三十五条　当事人在庭审笔录上签字

（一）应当告知当事人庭审笔录的法律效力，将庭审笔录交其阅读；无阅读能力的，应当向其宣读，确认无误后再签字、捺印；

（二）当事人指出记录有遗漏或者差错的，经核实后要当场补正并要求当事人在补正处签字、捺印；无遗漏或者差错不应当补正的，应当将其申请记录在案；

（三）未经当事人阅读核对，不得要求其签字、捺印；

（四）当事人放弃阅读核对的，应当要求其签字、捺印；当事人不阅读又不签字、捺印的，应当将情况记录在案。

第三十六条　宣判时注意事项

（一）宣告判决，一律公开进行；

（二）宣判时，合议庭成员或者独任法官应当起立，宣读裁判文书声音要洪亮、清晰、准确无误；

（三）当庭宣判的，应当宣告裁判事项，简要说明裁判理由并告知裁判文书送达的法定期限；

（四）定期宣判的,应当在宣判后立即送达裁判文书;

（五）宣判后,对诉讼各方不能赞赏或者指责,对诉讼各方提出的质疑,应当耐心做好解释工作。

第三十七条　案件不能在审限内结案

（一）需要延长审限的,按照规定履行审批手续;

（二）应当在审限届满或者转换程序前的合理时间内,及时将不能审结的原因告知当事人及其他诉讼参加人。

第三十八条　人民检察院提起抗诉

（一）依法立案并按照有关规定进行审理;

（二）应当为检察人员和辩护人、诉讼代理人查阅案卷、复印卷宗材料等提供必要的条件和方便。

四、诉讼调解

第三十九条　基本要求

（一）树立调解理念,增强调解意识,坚持"调解优先、调判结合",充分发挥调解在解决纠纷中的作用;

（二）切实遵循合法、自愿原则,防止不当调解、片面追求调解率;

（三）讲究方式方法,提高调解能力,努力实现案结事了。

第四十条　在调解过程中与当事人接触

（一）应当征询各方当事人的调解意愿;

（二）根据案件的具体情况,可以分别与各方当事人做调解工作;

（三）在与一方当事人接触时,应当保持公平,避免他方当事人对法官的中立性产生合理怀疑。

第四十一条　只有当事人的代理人参加调解

（一）认真审查代理人是否有特别授权,有特别授权的,可以由其直接参加调解;

（二）未经特别授权的,可以参与调解,达成调解协议的,应当由当事人签字或者盖章,也可以由当事人补办特别授权追认手续,必要时,可以要求当事人亲自参加调解。

第四十二条　一方当事人表示不愿意调解

（一）有调解可能的,应当采用多种方式,积极引导调解;

（二）当事人坚持不愿调解的,不得强迫调解。

第四十三条　调解协议损害他人利益

（一）告知参与调解的当事人应当对涉及他人权利、义务的约定进行修正;

（二）发现调解协议有损他人利益的,不得确认该调解协议内容的效力。

第四十四条　调解过程中当事人要求对责任问题表态

应当根据案件事实、法律规定以及调解的实际需要进行表态,注意方式方法,努力促成当事人达成调解协议。

第四十五条　当事人对调解方案有分歧

（一）继续做好协调工作，尽量缩小当事人之间的分歧，以便当事人重新选择，争取调解结案；

（二）分歧较大且确实难以调解的，应当及时依法裁判。

五、文书制作

第四十六条　基本要求

（一）严格遵守格式和规范，提高裁判文书制作能力，确保裁判文书质量，维护裁判文书的严肃性和权威性；

（二）普通程序案件的裁判文书应当内容全面、说理透彻、逻辑严密、用语规范、文字精炼；

（三）简易程序案件的裁判文书应当简练、准确、规范；

（四）组成合议庭审理的案件的裁判文书要反映多数人的意见。

第四十七条　裁判文书质量责任的承担

（一）案件承办法官或者独任法官对裁判文书质量负主要责任，其他合议庭成员对裁判文书负有次要责任；

（二）对裁判文书负责审核、签发的法官，应当做到严格审查、认真把关。

第四十八条　对审判程序及审判全过程的叙述

（一）准确叙述当事人的名称、案由、立案时间、开庭审理时间、诉讼参加人到庭等情况；

（二）简易程序转为普通程序的，应当写明转换程序的时间和理由；

（三）追加、变更当事人的，应当写明追加、变更的时间、理由等情况；

（四）应当如实叙述审理管辖异议、委托司法鉴定、评估、审计、延期审理等环节的流程等一些重要事项。

第四十九条　对诉讼各方诉状、答辩状的归纳

（一）简要、准确归纳诉讼各方的诉、辩主张；

（二）应当公平、合理分配篇幅。

第五十条　对当事人质证过程和争议焦点的叙述

（一）简述开庭前证据交换和庭审质证阶段各方当事人质证过程；

（二）准确概括各方当事人争议的焦点；

（三）案件事实、法律关系较复杂的，应当在准确归纳争议焦点的基础上分段、分节叙述。

第五十一条　普通程序案件的裁判文书对事实认定部分的叙述

（一）表述客观，逻辑严密，用词准确，避免使用明显的褒贬词汇；

（二）准确分析说明各方当事人提交证据采信与否的理由以及被采信的证据能够证明的事实；

（三）对证明责任、证据的证明力以及证明标准等问题应当进行合理解释。

第五十二条　对普通程序案件定性及审理结果的分析论证

（一）应当进行准确、客观、简练的说理,对答辩意见、辩护意见、代理意见等是否采纳要阐述理由;

（二）审理刑事案件,应当根据法律、司法解释的有关规定并结合案件具体事实做出有罪或者无罪的判决,确定有罪的,对法定、酌定的从重、从轻、减轻、免除处罚情节等进行分析认定;

（三）审理民事案件,应当根据法律、法规、司法解释的有关规定,结合个案具体情况,理清案件法律关系,对当事人之间的权利义务关系、责任承担及责任大小等进行详细的归纳评判;

（四）审理行政案件,应当根据法律、法规、司法解释的有关规定,结合案件事实,就行政机关及其工作人员所作的具体行政行为是否合法,原告的合法权益是否被侵害,与被诉具体行政行为之间是否存在因果关系等进行分析论证。

第五十三条　法律条文的引用

（一）在裁判理由部分应当引用法律条款原文,必须引用到法律的条、款、项;

（二）说理中涉及多个争议问题的,应当一论一引;

（三）在判决主文理由部分最终援引法律依据时,只引用法律条款序号。

第五十四条　裁判文书宣告或者送达后发现文字差错

（一）对一般文字差错或者病句,应当及时向当事人说明情况并收回裁判文书,以校对章补正或者重新制作裁判文书;

（二）对重要文字差错或者病句,能立即收回的,当场及时收回并重新制作;无法立即收回的,应当制作裁定予以补正。

六、执行

第五十五条　基本要求

（一）依法及时有效执行,确保生效法律文书的严肃性和权威性,维护当事人的合法权益;

（二）坚持文明执行,严格依法采取执行措施,坚决避免不作为和乱作为;

（三）讲求方式方法,注重执行的法律效果和社会效果。

第五十六条　被执行人以特别授权为由要求执行人员找其代理人协商执行事宜

（一）应当从有利于执行考虑,决定是否与被执行人的代理人联系;

（二）确有必要与被执行人本人联系的,应当告知被执行人有义务配合法院执行工作,不得推托。

第五十七条　申请执行人来电或者来访查询案件执行情况

（一）认真做好记录,及时说明执行进展情况;

（二）申请执行人要求查阅有关案卷材料的,应当准许,但法律规定应予保密的除外。

第五十八条　有关当事人要求退还材料原件

应当在核对当事人提交的副本后将原件退还,并由该当事人签字或者盖章后归档备查。

第五十九条　被执行财产的查找

(一)申请执行人向法院提供被执行财产线索的,应当及时进行调查,依法采取相应的执行措施,并将有关情况告知申请执行人;

(二)应当积极依职权查找被执行人财产,并及时依法采取相应执行措施。

第六十条　执行当事人请求和解

(一)及时将和解请求向对方当事人转达,并以适当方式客观说明执行的难度和风险,促成执行当事人达成和解;

(二)当事人拒绝和解的,应当继续依法执行;

(三)申请执行人和被执行人达成和解的,应当制作书面和解协议并归档,或者将口头达成的和解协议内容记入笔录,并由双方当事人签字或者盖章。

第六十一条　执行中的暂缓、中止、终结

(一)严格依照法定条件和程序采取暂缓、中止、终结执行措施;

(二)告知申请执行人暂缓、中止、终结执行所依据的事实和相关法律规定,并耐心做好解释工作;

(三)告知申请执行人暂缓、中止执行后恢复执行的条件和程序;

(四)暂缓、中止、终结执行确有错误的,应当及时依法纠正。

第六十二条　被执行人对受委托法院执行管辖提出异议

(一)审查案件是否符合委托执行条件,不符合条件的,及时向领导汇报,采取适当方式纠正;

(二)符合委托执行条件的,告知被执行人受委托法院受理执行的依据并依法执行。

第六十三条　案外人对执行提出异议

(一)要求案外人提供有关异议的证据材料,并及时进行审查;

(二)根据具体情况,可以对执行财产采取限制性措施,暂不处分;

(三)异议成立的,采取适当方式纠正;异议不成立的,依法予以驳回。

第六十四条　对被执行人财产采取查封、扣押、冻结、拍卖、变卖等措施

(一)严格依照规定办理手续,不得超标的、超金额查封、扣押、冻结被执行人财产;

(二)对采取措施的财产要认真制作清单,记录好种类、数量,并由当事人签字或者盖章予以确认;

(三)严格按照拍卖、变卖的有关规定,依法委托评估、拍卖机构,不得损害当事人合法利益。

第六十五条　执行款的收取

(一)执行款应当直接划入执行款专用账户;

(二)被执行人即时交付现金或者票据的,应当会同被执行人将现金或者票据交法院财务部门,并及时向被执行人出具收据;

(三)异地执行、搜查扣押、小额标的执行或者因情况紧急确需执行人员直接代收现金或者票据的,应当即时向交款人出具收据,并及时移交法院财务部门;

（四）严禁违规向申请执行人和被执行人收取费用。

第六十六条　执行款的划付

（一）应当在规定期限内办理执行费用和执行款的结算手续,并及时通知申请执行人办理取款手续;

（二）需要延期划付的,应当在期限届满前书面说明原因,并报有关领导审查批准;

（三）申请执行人委托或者指定他人代为收款的,应当审查其委托手续是否齐全、有效,并要求收款人出具合法有效的收款凭证。

第六十七条　被执行人以生效法律文书在实体或者程序上存在错误而不履行

（一）生效法律文书确有错误的,告知当事人可以依法按照审判监督程序申请再审或者申请有关法院补正,并及时向领导报告;

（二）生效法律文书没有错误的,要及时做好解释工作并继续执行。

第六十八条　有关部门和人员不协助执行

（一）应当告知其相关法律规定,做好说服教育工作;

（二）仍拒不协助的,依法采取有关强制措施。

七、涉诉信访处理

第六十九条　基本要求

（一）高度重视并认真做好涉诉信访工作,切实保护信访人合法权益;

（二）及时处理信访事项,努力做到来访有接待、来信有着落、申诉有回复;

（三）依法文明接待,维护人民法院良好形象。

第七十条　对来信的处理

（一）及时审阅并按规定登记,不得私自扣押或者拖延不办;

（二）需要回复和退回有关材料的,应当及时回复、退回;

（三）需要向有关部门和下级法院转办的,应当及时转办。

第七十一条　对来访的接待

（一）及时接待,耐心听取来访人的意见并做好记录;

（二）能当场解答的,应当立即给予答复,不能当场解答的,收取材料并告知按约定期限等待处理结果。

第七十二条　来访人系老弱病残孕者

（一）优先接待;

（二）来访人申请救助的,可以根据情况帮助联系社会救助站;

（三）在接待时来访人出现意外情况的,应当立即采取适当救护措施。

第七十三条　集体来访

（一）向领导报告,及时安排接待并联系有关部门共同处理;

（二）视情况告知选派1至5名代表说明来访目的和理由;

（三）稳定来访人情绪,并做好劝导工作。

第七十四条　信访事项不属于法院职权范围

告知法院无权处理并解释原因,根据信访事项内容指明有权处理机关。

第七十五条 信访事项涉及国家秘密、商业秘密或者个人隐私

(一)妥善保管涉及秘密和个人隐私的材料;

(二)自觉遵守有关规定,不披露、不使用在信访工作中获得的国家秘密、商业秘密或者个人隐私。

第七十六条 信访人反映辖区法院裁判不公、执行不力、审判作风等问题

(一)认真记录信访人所反映的情况;

(二)对法院裁判不服的,告知其可以依法上诉、申诉或者申请再审;

(三)反映其他问题的,及时将材料转交法院有关部门处理。

第七十七条 信访人反复来信来访催促办理结果

(一)告知规定的办理期限,劝其耐心等待处理结果;

(二)情况紧急的,及时告知承办人或者承办部门;

(三)超过办理期限的,应当告知超期的理由。

第七十八条 信访人对处理结果不满,要求重新处理

(一)处理确实不当的,及时报告领导,按规定进行纠正;

(二)处理结果正确的,应当做好相关解释工作,详细说明处理程序和依据。

第七十九条 来访人表示不解决问题就要滞留法院或者采取其他极端方式

(一)及时进行规劝和教育,避免使用不当言行刺激来访人;

(二)立即向领导报告,积极采取适当措施,防止意外发生。

八、业外活动

第八十条 基本要求

(一)遵守社会公德,遵纪守法;

(二)加强修养,严格自律;

(三)约束业外言行,杜绝与法官形象不相称的、可能影响公正履行职责的不良嗜好和行为,自觉维护法官形象。

第八十一条 受邀请参加座谈、研讨活动

(一)对与案件有利害关系的机关、企事业单位、律师事务所、中介机构等的邀请应当谢绝;

(二)对与案件无利害关系的党、政、军机关、学术团体、群众组织的邀请,经向单位请示获准后方可参加。

第八十二条 受邀请参加各类社团组织或者联谊活动

(一)确需参加在各级民政部门登记注册的社团组织的,及时报告并由所在法院按照法官管理权限审批;

(二)不参加营利性社团组织;

(三)不接受有违清正廉洁要求的吃请、礼品和礼金。

第八十三条 从事写作、授课等活动

（一）在不影响审判工作的前提下，可以利用业余时间从事写作、授课等活动；

（二）在写作、授课过程中，应当避免对具体案件和有关当事人进行评论，不披露或者使用在工作中获得的国家秘密、商业秘密、个人隐私及其他非公开信息；

（三）对于参加司法职务外活动获得的合法报酬，应当依法纳税。

第八十四条　接受新闻媒体与法院工作有关的采访

（一）接受新闻媒体采访必须经组织安排或者批准；

（二）在接受采访时，不发表有损司法公正的言论，不对正在审理中的案件和有关当事人进行评论，不披露在工作中获得的国家秘密、商业秘密、个人隐私及其他非公开信息。

第八十五条　本人或者亲友与他人发生矛盾

（一）保持冷静、克制，通过正当、合法途径解决；

（二）不得利用法官身份寻求特殊照顾，不得妨碍有关部门对问题的解决。

第八十六条　本人及家庭成员遇到纠纷需通过诉讼方式解决

（一）对本人的案件或者以直系亲属代理人身份参加的案件，应当依照有关法律规定，平等地参与诉讼；

（二）在诉讼过程中不以法官身份获取特殊照顾，不利用职权收集所需证据；

（三）对非直系亲属的其他家庭成员的诉讼案件，一般应当让其自行委托诉讼代理人，法官本人不宜作为诉讼代理人参与诉讼。

第八十七条　出入社交场所注意事项

（一）参加社交活动要自觉维护法官形象；

（二）严禁乘警车、穿制服出入营业性娱乐场所。

第八十八条　家人或者朋友约请参与封建迷信活动

（一）不得参加邪教组织或者参与封建迷信活动；

（二）向家人和朋友宣传科学，引导他们相信科学、反对封建迷信；

（三）对利用封建迷信活动违法犯罪的，应当立即向有关组织和公安部门反映。

第八十九条　因私出国（境）探亲、旅游

（一）如实向组织申报所去的国家、地区及返回的时间，经组织同意后方可出行；

（二）准时返回工作岗位；

（三）遵守当地法律，尊重当地民风民俗和宗教习惯；

（四）注意个人形象，维护国家尊严。

九、监督和惩戒

第九十条　各级人民法院要严格要求并督促本院法官遵守本规范，具体由各级法院的政治部门和纪检监察部门负责。

第九十一条　上级人民法院指导、监督下级人民法院对本规范的贯彻执行，最高人民法院指导和监督地方各级人民法院对本规范的贯彻执行。

第九十二条　地方各级人民法院应当结合本院实际，研究制定具体的实施细则或实施办法,切实加强本规范的培训与考核。

第九十三条 各级人民法院广大法官要自觉遵守和执行本规范,对违反本规范的人员,情节较轻且没有危害后果的,进行诫勉谈话和批评教育;构成违纪的,根据人民法院有关纪律处分的规定进行处理;构成违法的,根据法律规定严肃处理。

十、附则

第九十四条 人民陪审员以及人民法院其他工作人员参照本规范执行,法官退休后应当参照本规范有关要求约束言行。

第九十五条 本规范由最高人民法院负责解释。

第九十六条 本规范自发布之日起施行,最高人民法院2005年11月4日发布的《法官行为规范(试行)》同时废止。

人民法院文明用语基本规范
(最高人民法院2010年12月6日发布)

为规范法院工作人员工作用语,提高文明司法水平,树立法院工作人员良好职业形象,维护人民法院司法公信力,根据《中华人民共和国法官职业道德基本准则》和《法官行为规范》,制定本规范。

一、基本要求

(一)法院工作人员应当树立以人为本、司法为民的理念,增强群众感情,增强工作责任心,加强职业素质修养,在审判、执行及其他工作中,自觉使用文明规范的工作用语。

(二)法院工作人员的工作用语,应当符合"公正、廉洁、为民"司法核心价值观的要求,体现对当事人及其他诉讼参与人的尊重和关切。

(三)法院工作人员对待当事人及其他诉讼参与人,应当做到称谓恰当、语言得体、语气平和、态度公允。

(四)法院工作人员应当使用规范的法律用语,根据不同对象的实际情况,必要时应当把法律语言转换成符合法律规定的群众语言,让当事人及其他诉讼参与人清楚明白地参与诉讼。

(五)法院工作人员应当避免盛气凌人、语言生硬、态度粗暴,严禁使用伤害群众感情、可能激化矛盾的语言,防止因用语不当对司法公信力产生不良影响。

二、接待来访用语规范

接待来访者,应当主动问候、语言礼貌、态度热情,解答问题清晰、准确,诉讼引导认真、耐心,不得对来访者的询问简单敷衍或者不予理睬,不得嘲讽、挖苦、训斥来访者。

在接待来访过程中,应当根据具体情况参考使用如下文明用语:

(一)你好! 今天来访的人比较多,请你排队等候。

(二)你好,请问你来法院要办什么事情?

(三)请不要着急,有话慢慢讲,法院会依法处理的。

(四)如果你要起诉,请先看看诉讼须知,把有关材料准备齐全。如果有不清楚的地方,我们会为你提供帮助。

(五)起诉最好提交诉状,也可以口头起诉。如果你自己不会写诉状,可以委托他人代写。

(六)你要找的×××法官(同志)现在不在办公室。请你留下联系方式,我们将转交给他,请他和你联系。

(七)按照法院有关规定,当事人(代理人)不能到法官办公室。请你到××接待室等候,我们马上帮你约见法官。

(八)你反映的问题我们已经记录下来,请你留下联系方式,我们将按规定办理并及时给你答复。

(九)你提出的要求不符合法律规定,我们不能办理,请你理解。

(十)你提出的问题属于审判工作秘密,依照法律规定我们不能透露,请你理解。

三、立案用语规范

认真听取当事人的诉求,耐心释明相关法律规定,做好诉讼风险、诉讼程序等相关提示,不得拒绝回答当事人的合理疑问或者以简单语句敷衍应付,不得不讲明理由而简单拒绝立案,不得就证据效力、案件结果等实体性问题作出主观判断或者向当事人提供倾向性意见。

在立案过程中,应当根据具体情况参考使用如下文明用语:

(一)请问你是要立案吗?请把起诉材料交给我看一下。

(二)你的诉状格式不够规范。请参照样本修改后再来递交。

(三)你的起诉(申诉)材料不全,还缺少××材料,请补齐后再来办理立案(申诉)手续。

(四)自己提出的诉求应当有证据予以支持。如果没有证据或证据不足,可能要承担败诉后果,希望你认真考虑.

(五)你的案件尚未立案,正在审查之中,我们会在××天内给你答复,请你耐心等待。

(六)你的起诉材料已齐全,经审查符合受理条件,请你到收费窗口缴纳案件受理费。

(七)经过认真审查,你的案件不属本院管辖(告知具体原因)。按照有关规定,应由××法院管辖,建议你到××法院起诉。

(八)你的案件本院已经受理,按规定将转交××庭审理,承办法官会及时与你联系。

(九)你反映的问题不属于法院职责范围,根据有关规定,应由××部门负责,建议你到××部门反映。

四、庭外调查用语规范

实施庭外调查,应当依法表明身份,告知被调查人的权利和义务,明确询问事由,做到语言得当、客观严谨,调查笔录应当送被调查人阅读或者当面宣读。

在庭外调查过程中,应当根据具体情况参考使用如下文明用语:

(一)我们是××法院××庭的工作人员,今天依法就××一案向你调查有关情况,请你协助。

（二）根据法律规定，证人有如实作证的义务，如果作伪证将要负法律责任，请你如实提供证言。

（三）你刚才所作的证言，书记员已制作了笔录，请你仔细核对，如有遗漏或者差错，可以补正；如果没有错误，请你签名、捺印。

（四）谢谢你对法院工作的配合和支持，再见。

五、庭审用语规范

开庭审理案件，应当善听慎言、语言规范、语气庄重，语速适当，中立、公正地对待双方当事人，不得使用带有倾向性的语言进行提问或者表现出对双方当事人态度上的差异。制止庭审过程中诉讼参与人的不当言行，应当遵守相关规定、注意语言文明，避免简单指责、粗暴训斥。

在庭审过程中，应当根据具体情况参考使用如下文明用语：

（一）请你围绕诉讼请求陈述案件事实和相关理由，正面回答法庭提出的问题。

（二）这些事情刚才你陈述过了，法庭已经认真听取并记录在案，由于时间关系，请不要再作重复。

（三）请根据你的诉讼请求（答辩意见），向法庭提供相关证据材料。

（四）请注意法庭秩序，遵守法庭纪律，让对方把话说完。未经法庭许可，请不要向对方发问。

（五）旁听人员请遵守法庭纪律，保持肃静。

（六）这是法庭审理笔录，请你认真阅看，如有遗漏或者错误，可以申请补正；如无异议，请在笔录上签名、捺印。

（七）你的证言法庭已经记录在案，谢谢你的配合。休庭后将请你阅看庭审笔录中的证言部分，现在请你到庭外休息。

（八）请你保持冷静。法庭已充分注意到你反映的情况，判决是根据事实、依照法律慎重作出的。如果你对本判决不服，可以在法定期限内向上级法院提起上诉。

六、诉讼调解用语规范

进行诉讼调解，应当体现客观、公正的立场，以通俗易懂的语言释之以法，以平等协商的语言晓之以理，以真诚耐心的态度动之以情，不得使用威胁性的语言对当事人施加压力，以判压调。

在诉讼调解过程中，应当根据具体情况参考使用如下文明用语：

（一）根据本案的情况和双方的关系，建议你们通过协商来解决纠纷。请问你们是否同意进行调解？

（二）既然双方都同意调解，希望本着互谅互让的精神，认真考虑对方提出的方案。

（三）请你们相信，法庭会按照自愿、合法的原则公正地主持调解，不会偏向任何一方。

（四）如果调解不能成功，法庭会依法作出公正判决，请你们不要有思想顾虑。

（五）对方已经同意作出让步。你是否也作些适当让步，这样有利于问题的解决。

（六）今天的调解双方没有形成一致意见，请你们回去再作考虑。如果还有其他调解方案，请及时与我们联系。

七、执行用语规范

承办执行案件，应当认真回答当事人关于执行问题的询问，以清晰、简明的语言进行相关提示、告知进展情况，通过讲理说法促使被执行人履行义务，采取执行措施时认真释明有关规定，不得对申请执行人推诿敷衍或者表现出厌烦情绪，不得训斥、责骂申请执行人或被执行人，不得使用威胁性语言强迫申请执行人接受和解。

在执行过程中，应当根据具体情况参考使用如下文明用语：

（一）你的案件由×××执行员（法官）办理，你可直接与他联系，办公电话是×××。

（二）你的案件正在执行中，执行情况我们会及时向你反馈。

（三）如果你知道被执行人的下落和财产情况，请你向法院提供，这样有利于尽早实现你的债权。

（四）目前被执行人下落不明，又无财产可供执行，你若有这方面的线索，请及时与执行人员联系。

（五）履行法院生效判决或裁定是公民的义务。如果拒不履行法院判决，要承担相应的法律责任。

（六）希望你按照判决配合法院执行。如果不按法律规定履行义务，法院将依法强制执行。

（七）我们是严格依法执行。如果你认为法院判决不公，可以通过申诉解决，但按照法律规定，申诉期间不能停止执行，请你理解和配合。

（八）现在我们依法开始强制执行，请案件无关人员离开现场。暴力抗拒执法是违法犯罪行为，妨碍法院执行将被追究法律责任。

（九）感谢你对法院执行工作的支持和协助。

八、安全检查用语规范

实施安全检查，应当以礼貌的语言进行提示，引导当事人自觉配合，不得对当事人态度粗暴、语言强硬，避免使用命令性的语句要求其接受检查。如发现违禁物品应当坚决禁止带入并依法予以没收，但应当耐心释明相关规定，避免与当事人发生冲突。

在安全检查过程中，应当根据具体情况参考使用如下文明用语：

（一）请你出示本人有效身份证件进行登记。这是法院的制度要求，请你理解，谢谢配合。

（二）请接受安全检查。安全检查是法院的制度规定，请你理解，谢谢配合。

（三）对不起，请你取出随身携带的物品进行检查。按照规定，管制刀具、药品、易燃易爆物品及其他危险品严禁带入。

（四）登记、检查完毕，你要去的第××审判庭在××楼××层。

九、送达法律文书用语规范

送达法律文书,应当依法表明身份,对当事人称谓恰当、语言文明,按照规定进行相关程序性提示,但应当避免向当事人透露案情或者就实体性问题提供咨询意见。

在送达法律文书过程中,应当根据具体情况参考使用如下文明用语:

(一)你好,我是××法院的工作人员×××。现在把出庭传票送达给你,请你准时出庭。

(二)按照法律规定,被告无正当理由拒不到庭,法院可以依法缺席审判;原告无正当理由不到庭,法院可以按撤诉处理。

(三)你好,现在把判决书送达给你,请你签收。如果不服本院判决,可以在法定期限内提起上诉。

(四)案件当事人×××拒绝签收法院判决书,我们依法采取留置方式送达。现在请你见证,谢谢协助。

本规范适用于全国各级人民法院全体工作人员。地方各级人民法院可以结合本地实际,在本规范基础上作出更加具体的文明用语相关规定。

检察机关文明用语规则
(2010年6月9日最高人民检察院第十一届检察委员会第三十八次会议通过)

第一条 为促进检察机关执法规范化,增强检察人员职业道德素质,提升文明执法水平,根据《中华人民共和国检察官法》《中华人民共和国检察官职业道德基本准则(试行)》等有关规定,制定本规则。

第二条 全国检察机关应当制定、推广和使用文明用语,规范检察人员执法和工作文明语言,塑造检察队伍良好执法形象。

第三条 检察人员在履行法律监督职责及从事相关活动中,应当自觉使用文明规范用语。

第四条 检察机关文明用语应当遵循宪法和法律规定,尊重和保障人权,体现社会主义法治理念要求和人文关怀,符合法律监督工作特点和民族、宗教及社会风俗习惯。

第五条 检察机关文明用语以国家通用语言普通话为基本载体,同时尊重、使用少数民族语言、聋哑人语言以及地方方言。

第六条 检察机关文明用语包括检察业务和综合工作中涉及的接待、询问、讯问、出庭、宣传和群众工作等执法和工作用语。

第七条 接待用语应当文明、礼貌、亲和、诚恳。做到主动问候,热情周到,细心询问,耐心解释,明确告知权利义务、检察机关的职责范围和取得答复及处理结果的方式、途径,礼貌送别。

第八条 通信语言应当使用礼貌称谓,做到准确通报本单位名称和个人身份,认真询问或者说明来电、去电事由,问话和气简洁,答话明确具体,结束通话客气礼貌。

第九条 询问用语,应当明示身份,告知权利义务,明确询问事由,笔录送阅或者宣读,应全面细致,告诉联系方式,做到言语得体,态度和蔼。

第十条　讯问用语,应当合法、规范,称谓严肃。应当依法表明身份,明确告知权利义务,讯问案情客观严谨,笔录应当送阅或者宣读。

第十一条　出席法庭用语应当严谨、理性、规范。宣读起诉书、发表公诉意见声音洪亮,吐字清晰。尊重法庭、服从审判长主持庭审活动,出示证据,询问证人、质证,讯问被告人时用语规范、文明。尊重辩护人,答辩合法、礼貌、说理。

第十二条　宣传用语应当准确、生动,富有亲和力、感染力、说服力,诠释法律和检察业务规范严谨、周密,发布检察工作、案件或事件信息客观、真实。

第十三条　群众工作用语应当适应群众工作的特点和变化,以法为据、以理服人、以情感人,态度亲近平和,表达通俗易懂,让群众听得懂、听得进、听得信服。

第十四条　检察机关文明用语的基本规范由最高人民检察院制定。最高人民检察院各内设机构按照其业务工作的不同特点、不同需求,制定文明用语基础文本。

第十五条　各级人民检察院结合本地实际,特别是当地语言风俗习惯和各岗位、各环节的具体情况,依据基本规范和基础文本,制定具体的文明用语。

第十六条　检察人员不得使用不文明语言,避免和防止因不当用语、不良表达使公众对检察机关执法公信力产生不良影响。

第十七条　违反文明用语规范,造成不良影响的,应给予批评、训诫或者责令公开道歉;造成严重后果的,依照党纪、政纪及有关规定给予处分。

第十八条　各级人民检察院应加强对检察文明用语推广使用的监督管理,将文明用语规范纳入检察职业道德教育,列入考核内容,选择适当场所向社会公布。

第十九条　本规则适用于各级人民检察院全体工作人员。

第二十条　本规则由最高人民检察院负责解释。

第二十一条　本规则自发布之日起施行。

检察机关文明用语基本规范

一、接待用语基本规范

您好,请坐。

欢迎您向检察机关反映问题。

根据我国法律规定,公民有权向检察机关如实反映问题,但不得诬告陷害他人,否则要承担相应法律责任。

您反映的情况,检察机关会依法处理,结果会向您反馈。

根据我国法律规定,您反映的情况属于××单位管辖。您递交的材料我们会转给他们,您也可以直接向该单位反映。

再见,请慢走。

二、电话通信用语基本规范

您好,这里是××人民检察院××科室,我是×××。

请问您有什么事?(或说明去电事由)

我说清楚了吗?

请留下联系方式,有需要我们会与您联系。再见。

对不起,您打错了(即使接听错打电话,也要礼貌回复)。

三、询问用语基本规范

×××,我们是××检察院工作人员×××、×××,今天依法向你调查取证,请给予配合。

根据我国法律规定,证人有如实作证的义务,故意作伪证、隐匿罪证或者窝藏、包庇他人,应当负法律责任。

对××一案(一事),请如实谈谈知道的情况。如果担心安全问题,我们会依法采取必要的保护措施。

请仔细核对笔录是否与你说的相符,如果有遗漏或者差错,可以补充或者改正;认为笔录没有错误,请逐页签名按指印或者盖章。

今天先谈到这里。你对今天的调查取证工作有什么意见或建议,可以向我们提出,也可以向检察院有关部门反映。

这是我们的联系电话,如果有什么情况想补充,或者因调查取证工作遇到困难及问题,请随时与我们联系。再见。

四、讯问用语基本规范

×××,我们是××检察院工作人员×××、×××,现在依法对你进行讯问,你要如实回答。

你可以进行有罪的陈述或者无罪的辩解,对与本案无关的问题,你有权拒绝回答。

根据我国法律规定,你有权聘请律师,为你提供法律咨询、代理申诉、控告,申请取保候审。你要聘请律师吗?

根据我国法律规定,你有申请回避的权利。你要求我们回避吗?

请仔细核对笔录是否和你说的相符,如果有遗漏或者差错,可以补充或者改正;认为笔录没有错误,请在笔录上逐页签名按指印或者盖章。

今天讯问就到这里。如果你对讯问工作有什么意见,可以向我们提出,也可以向检察院有关部门反映。

五、出庭用语基本规范

审判长,下面公诉人向法庭举证,证实指控被告人×××的犯罪事实。该证据是××公安局(检察院)于×年×月×日在××地方收集(或提取),主要证明本案××事实。该证据见××卷××页。

审判长,本案的有关证据已全部出示完毕。以上证据足以证实起诉书所指控的犯罪事实和情节,请法庭充分考虑并依法采纳。

被告人×××,公诉人现就起诉书指控的犯罪事实(就以下问题)对你进行讯问。根据我国法律规定,你应当如实回答,听清楚了吗?

审判长,公诉人对被告人×××的讯问暂时到此。

审判长,公诉人发问暂时到此。

审判长,公诉人要求继续发问。

审判长,鉴于被告人×××不如实供述犯罪事实,公诉人要求传唤同案被告人×××(或证人×××)到庭对质。

审判长,经当庭对质,被告人的辩解理由不能成立,请法庭不予采信。

公诉人提请法庭传证人×××到庭作证。

证人(被害人)×××,根据我国法律规定,你有如实提供证据的义务,伪造、隐匿或者毁灭证据的,要负法律责任。你听明白了吗? 请你如实回答公诉人的提问。

审判长,证人×××当庭陈述与在侦查阶段、审查起诉阶段证词不一致,且与本案其他证据相互矛盾,不具有客观真实性,请法庭不予采信。

审判长,公诉人认为辩护人的提问方式(或内容)不当(或具有诱导性倾向),请审判长予以制止(或不予采纳)。

审判长,辩护人刚才……,违反法律规定,请法庭予以制止。

请辩护人注意……,辩护人刚才……,违反法律规定,请正确行使辩护权。

公诉人认真听取了被告人×××及其辩护人的辩护意见,归纳起来,主要有以下×点,现分别答辩如下。

审判长,对上一轮答辩的×观点,为了使法庭对此有更加全面的了解,公诉人特作如下补充发言。

公诉人对本案有关意见均已作出答辩,答辩意见全部发表完毕。

鉴于……根据我国法律规定,公诉人提请法庭休庭,待相关事实查清后再开庭审理。

六、监所检察用语基本规范

我们是××人民检察院派驻××监狱(看守所、劳教所)检察室的工作人员×××、×××,负责对监狱(看守所、劳教所)的监管执法情况进行法律监督。

请问你的姓名、年龄,在什么时间、因涉嫌(犯)什么罪被关押?

根据我国法律规定,你在被监管期间主要有以下权利和义务。现在向你送达权利义务告知卡。如果监管场所内发生侵犯你合法权益的事情,可以随时向派驻检察官反映。

你在关押期间(被关押前)是否受到过殴打、体罚虐待(刑讯逼供)或者其他不公正待遇,请你如实讲。对你反映的情况我们负责保密。

你约见我们,有什么情况需要反映,请讲。

今天找你谈话,主要是了解有关情况,你要如实回答。

你对××监狱(看守所、劳教所)监管执法工作和派驻检察室的监督工作有什么意见和建议? 欢迎通过检察信箱或者约见我们反映。

对你反映的问题,我们将认真进行调查,依法作出处理,调查结果会向你反馈。

请仔细核对谈话笔录是否与你说的相符,如有遗漏或者差错,可以补充或者改正;如果没有错误,请在谈话笔录上逐页签名按指印或者盖章。

人民法院办理刑事案件
第一审普通程序法庭调查规程(试行)

为贯彻落实最高人民法院、最高人民检察院、公安部、国家安全部、司法部《关于推进以审判为中心的刑事诉讼制度改革的意见》,规范法庭调查程序,提高庭审质量和效率,确保诉讼证据出示在法庭、案件事实查明在法庭、诉辩意见发表在法庭、裁判结果形成在法庭,根据法律规定,结合司法实际,制定本规程。

一、一般规定

第一条 法庭应当坚持证据裁判原则。认定案件事实,必须以证据为根据。法庭调查应当以证据调查为中心,法庭认定并依法排除的非法证据,不得宣读、质证。证据未经当庭出示、宣读、辨认、质证等法庭调查程序查证属实,不得作为定案的根据。

第二条 法庭应当坚持程序公正原则。人民检察院依法承担被告人有罪的举证责任,被告人不承担证明自己无罪的责任。法庭应当居中裁判,严格执行法定的审判程序,确保控辩双方在法庭调查环节平等对抗,通过法庭审判的程序公正实现案件裁判的实体公正。

第三条 法庭应当坚持集中审理原则。规范庭前准备程序,避免庭审出现不必要的迟延和中断。承办法官应当在开庭前阅卷,确定法庭审理方案,并向合议庭通报开庭准备情况。召开庭前会议的案件,法庭可以依法处理可能导致庭审中断的事项,组织控辩双方展示证据,归纳控辩双方争议焦点。

第四条 法庭应当坚持诉权保障原则。依法保障当事人和其他诉讼参与人的知情权、陈述权、辩护辩论权、申请权、申诉权,依法保障辩护人发问、质证、辩论辩护等权利,完善便利辩护人参与诉讼的工作机制。

二、宣布开庭和讯问、发问程序

第五条 法庭宣布开庭后,应当告知当事人在法庭审理过程中依法享有的诉讼权利。

对于召开庭前会议的案件,在庭前会议中处理诉讼权利事项的,可以在开庭后告知诉讼权利的环节,一并宣布庭前会议对有关事项的处理结果。

第六条 公诉人宣读起诉书后,对于召开庭前会议的案件,法庭应当宣布庭前会议报告的主要内容。有多起犯罪事实的案件,法庭可以在有关犯罪事实的法庭调查开始前,分别宣布庭前会议报告的相关内容。

对于庭前会议中达成一致意见的事项,法庭可以向控辩双方核实后当庭予以确认;对于未达成一致意见的事项,法庭可以在庭审涉及该事项的环节归纳争议焦点,听取控辩双方意见,依法作出处理。

第七条 公诉人宣读起诉书后,审判长应当询问被告人对起诉书指控的犯罪事实是否有异议,听取被告人的供述和辩解。对于被告人当庭认罪的案件,应当核实被告人认罪的自愿性和真实性,听取其供述和辩解。

在审判长主持下，公诉人可以就起诉书指控的犯罪事实讯问被告人，为防止庭审过分迟延，就证据问题向被告人的讯问可在举证、质证环节进行。经审判长准许，被害人及其法定代理人、诉讼代理人可以就公诉人讯问的犯罪事实补充发问；附带民事诉讼原告人及其法定代理人、诉讼代理人可以就附带民事部分的事实向被告人发问；被告人的法定代理人、辩护人，附带民事诉讼被告人及其法定代理人、诉讼代理人可以在控诉一方就某一问题讯问完毕后向被告人发问。有多名被告人的案件，辩护人对被告人的发问，应当在审判长主持下，先由被告人本人的辩护人进行，再由其他被告人的辩护人进行。

第八条　有多名被告人的案件，对被告人的讯问应当分别进行。

被告人供述之间存在实质性差异的，法庭可以传唤有关被告人到庭对质。审判长可以分别讯问被告人，就供述的实质性差异进行调查核实。经审判长准许，控辩双方可以向被告人讯问、发问。审判长认为有必要的，可以准许被告人之间相互发问。

根据案件审理需要，审判长可以安排被告人与证人、被害人依照前款规定的方式进行对质。

第九条　申请参加庭审的被害人众多，且案件不属于附带民事诉讼范围的，被害人可以推选若干代表人参加或者旁听庭审，人民法院也可以指定若干代表人。

对被告人讯问、发问完毕后，其他证据出示前，在审判长主持下，参加庭审的被害人可以就起诉书指控的犯罪事实作出陈述。经审判长准许，控辩双方可以在被害人陈述后向被害人发问。

第十条　为解决被告人供述和辩解中的疑问，审判人员可以讯问被告人，也可以向被害人、附带民事诉讼当事人发问。

第十一条　有多起犯罪事实的案件，对被告人不认罪的事实，法庭调查一般应当分别进行。

被告人不认罪或者认罪后又反悔的案件，法庭应当对与定罪和量刑有关的事实、证据进行全面调查。

被告人当庭认罪的案件，法庭核实被告人认罪的自愿性和真实性，确认被告人知悉认罪的法律后果后，可以重点围绕量刑事实和其他有争议的问题进行调查。

三、出庭作证程序

第十二条　控辩双方可以申请法庭通知证人、鉴定人、侦查人员和有专门知识的人等出庭。

被害人及其法定代理人、诉讼代理人，附带民事诉讼原告人及其诉讼代理人也可以提出上述申请。

第十三条　控辩双方对证人证言、被害人陈述有异议，申请证人、被害人出庭，人民法院经审查认为证人证言、被害人陈述对案件定罪量刑有重大影响的，应当通知证人、被害人出庭。

控辩双方对鉴定意见有异议，申请鉴定人或者有专门知识的人出庭，人民法院经审查认为有必要的，应当通知鉴定人或者有专门知识的人出庭。

控辩双方对侦破经过、证据来源、证据真实性或者证据收集合法性等有异议,申请侦查人员或者有关人员出庭,人民法院经审查认为有必要的,应当通知侦查人员或者有关人员出庭。

为查明案件事实、调查核实证据,人民法院可以依职权通知上述人员到庭。

人民法院通知证人、被害人、鉴定人、侦查人员、有专门知识的人等出庭的,控辩双方协助有关人员到庭。

第十四条 应当出庭作证的证人,在庭审期间因身患严重疾病等客观原因确实无法出庭的,可以通过视频等方式作证。

证人视频作证的,发问、质证参照证人出庭作证的程序进行。

前款规定适用于被害人、鉴定人、侦查人员。

第十五条 人民法院通知出庭的证人,无正当理由拒不出庭的,可以强制其出庭,但是被告人的配偶、父母、子女除外。

强制证人出庭的,应当由院长签发强制证人出庭令,并由法警执行。必要时,可以商请公安机关协助执行。

第十六条 证人、鉴定人、被害人因出庭作证,本人或者其近亲属的人身安全面临危险的,人民法院应当采取不公开其真实姓名、住址和工作单位等个人信息,或者不暴露其外貌、真实声音等保护措施。

决定对出庭作证的证人、鉴定人、被害人采取不公开个人信息的保护措施的,审判人员应当在开庭前核实其身份,对证人、鉴定人如实作证的保证书不得公开,在判决书、裁定书等法律文书中可以使用化名等代替其个人信息。

审判期间,证人、鉴定人、被害人提出保护请求的,人民法院应当立即审查,确有必要的,应当及时决定采取相应的保护措施。必要时,可以商请公安机关采取专门性保护措施。

第十七条 证人、鉴定人和有专门知识的人出庭作证所支出的交通、住宿、就餐等合理费用,除由控辩双方支付的以外,列入出庭作证补助专项经费,在出庭作证后由人民法院依照规定程序发放。

第十八条 证人、鉴定人出庭,法庭应当当庭核实其身份、与当事人以及本案的关系,审查证人、鉴定人的作证能力、专业资质,并告知其有关作证的权利义务和法律责任。

证人、鉴定人作证前,应当保证向法庭如实提供证言、说明鉴定意见,并在保证书上签名。

第十九条 证人出庭后,先向法庭陈述证言,然后先由举证方发问;发问完毕后,对方也可以发问。根据案件审理需要,也可以先由申请方发问。

控辩双方向证人发问完毕后,可以发表本方对证人证言的质证意见。控辩双方如有新的问题,经审判长准许,可以再行向证人发问。

审判人员认为必要时,可以询问证人。法庭依职权通知证人出庭的情形,审判人员应当主导对证人的询问。经审判长准许,被告人可以向证人发问。

第二十条　向证人发问应当遵循以下规则：

（一）发问内容应当与案件事实有关；

（二）不得采用诱导方式发问；

（三）不得威胁或者误导证人；

（四）不得损害证人人格尊严；

（五）不得泄露证人个人隐私。

第二十一条　控辩一方发问方式不当或者内容与案件事实无关，违反有关发问规则的，对方可以提出异议。对方当庭提出异议的，发问方应当说明发问理由，审判长判明情况予以支持或者驳回；对方未当庭提出异议的，审判长也可以根据情况予以制止。

第二十二条　审判长认为证人当庭陈述的内容与案件事实无关或者明显重复的，可以进行必要的提示。

第二十三条　有多名证人出庭作证的案件，向证人发问应当分别进行。

多名证人出庭作证的，应当在法庭指定的地点等候，不得谈论案情，必要时可以采取隔离等候措施。证人出庭作证后，审判长应当通知法警引导其退庭。证人不得旁听对案件的审理。

被害人没有列为当事人参加法庭审理，仅出庭陈述案件事实的，参照适用前款规定。

第二十四条　证人证言之间存在实质性差异的，法庭可以传唤有关证人到庭对质。

审判长可以分别询问证人，就证言的实质性差异进行调查核实。经审判长准许，控辩双方可以向证人发问。审判长认为有必要的，可以准许证人之间相互发问。

第二十五条　证人出庭作证的，其庭前证言一般不再出示、宣读，但下列情形除外：

（一）证人出庭作证时遗忘或者遗漏庭前证言的关键内容，需要向证人作出必要提示的；

（二）证人的当庭证言与庭前证言存在矛盾，需要证人作出合理解释的。

为核实证据来源、证据真实性等问题，或者帮助证人回忆，经审判长准许，控辩双方可以在询问证人时向其出示物证、书证等证据。

第二十六条　控辩双方可以申请法庭通知有专门知识的人出庭，协助本方就鉴定意见进行质证。有专门知识的人可以与鉴定人同时出庭，在鉴定人作证后向鉴定人发问，并对案件中的专门性问题提出意见。

申请有专门知识的人出庭，应当提供人员名单，并不得超过二人。有多种类鉴定意见的，可以相应增加人数。

第二十七条　对被害人、鉴定人、侦查人员、有专门知识的人的发问，参照适用证人的有关规定。

同一鉴定意见由多名鉴定人作出，有关鉴定人以及对该鉴定意见进行质证的有专门知识的人，可以同时出庭，不受分别发问规则的限制。

四、举证、质证程序

第二十八条　开庭讯问、发问结束后，公诉人先行举证。公诉人举证完毕后，被告人及其辩护人举证。

公诉人出示证据后,经审判长准许,被告人及其辩护人可以有针对性地出示证据予以反驳。

控辩一方举证后,对方可以发表质证意见。必要时,控辩双方可以对争议证据进行多轮质证。

被告人及其辩护人认为公诉人出示的有关证据对本方诉讼主张有利的,可以在发表质证意见时予以认可,或者在发表辩护意见时直接援引有关证据。

第二十九条　控辩双方随案移送或者庭前提交,但没有当庭出示的证据,审判长可以进行必要的提示;对于其中可能影响定罪量刑的关键证据,审判长应当提示控辩双方出示。

对于案件中可能影响定罪量刑的事实、证据存在疑问,控辩双方没有提及的,审判长应当引导控辩双方发表质证意见,并依法调查核实。

第三十条　法庭应当重视对证据收集合法性的审查,对证据收集的合法性有疑问的,应当调查核实证明取证合法性的证据材料。

对于被告人及其辩护人申请排除非法证据,依法提供相关线索或者材料,法庭对证据收集的合法性有疑问,决定进行调查的,一般应当先行当庭调查。

第三十一条　对于可能影响定罪量刑的关键证据和控辩双方存在争议的证据,一般应当单独举证、质证,充分听取质证意见。

对于控辩双方无异议的非关键性证据,举证方可以仅就证据的名称及其证明的事项作出说明,对方可以发表质证意见。

召开庭前会议的案件,举证、质证可以按照庭前会议确定的方式进行。根据案件审理需要,法庭可以对控辩双方的举证、质证方式进行必要的提示。

第三十二条　物证、书证、视听资料、电子数据等证据,应当出示原物、原件。取得原物、原件确有困难的,可以出示照片、录像、副本、复制件等足以反映原物、原件外形和特征以及真实内容的材料,并说明理由。

对于鉴定意见和勘验、检查、辨认、侦查实验等笔录,应当出示原件。

第三十三条　控辩双方出示证据,应当重点围绕与案件事实相关的内容或者控辩双方存在争议的内容进行。

出示证据时,可以借助多媒体设备等方式出示、播放或者演示证据内容。

第三十四条　控辩双方对证人证言、被害人陈述、鉴定意见无异议,有关人员不需要出庭的,或者有关人员因客观原因无法出庭且无法通过视频等方式作证的,可以出示、宣读庭前收集的书面证据材料或者作证过程录音录像。

被告人当庭供述与庭前供述的实质性内容一致的,可以不再出示庭前供述;当庭供述与庭前供述存在实质性差异的,可以出示、宣读庭前供述中存在实质性差异的内容。

第三十五条　采用技术侦查措施收集的证据,应当当庭出示。当庭出示、辨认、质证可能危及有关人员的人身安全,或者可能产生其他严重后果的,应当采取不暴露有关人员身份、不公开技术侦查措施和方法等保护措施。

法庭决定在庭外对技术侦查证据进行核实的,可以召集公诉人和辩护律师到场。在场人员应当履行保密义务。

第三十六条 法庭对证据有疑问的,可以告知控辩双方补充证据或者作出说明;必要时,可以在其他证据调查完毕后宣布休庭,对证据进行调查核实。法庭调查核实证据,可以通知控辩双方到场,并将核实过程记录在案。

对于控辩双方补充的和法庭庭外调查核实取得的证据,应当经过庭审质证才能作为定案的根据。但是,对于不影响定罪量刑的非关键性证据和有利于被告人的量刑证据,经庭外征求意见,控辩双方没有异议的除外。

第三十七条 控辩双方申请出示庭前未移送或提交人民法院的证据,对方提出异议的,申请方应当说明理由,法庭经审查认为理由成立并确有出示必要的,应当准许。

对方提出需要对新的证据作辩护准备的,法庭可以宣布休庭,并确定准备的时间。

第三十八条 法庭审理过程中,控辩双方申请通知新的证人到庭,调取新的证据,申请重新鉴定或者勘验的,应当提供证人的基本信息、证据的存放地点,说明拟证明的案件事实、要求重新鉴定或者勘验的理由。法庭认为有必要的,应当同意,并宣布延期审理;不同意的,应当说明理由并继续审理。

第三十九条 公开审理案件时,控辩双方提出涉及国家秘密、商业秘密或者个人隐私的证据的,法庭应当制止。有关证据确与本案有关的,可以根据具体情况,决定将案件转为不公开审理,或者对相关证据的法庭调查不公开进行。

第四十条 审判期间,公诉人发现案件需要补充侦查,建议延期审理的,法庭可以同意,但建议延期审理不得超过两次。

人民检察院将补充收集的证据移送人民法院的,人民法院应当通知辩护人、诉讼代理人查阅、摘抄、复制。辩护方提出需要对补充收集的证据作辩护准备的,法庭可以宣布休庭,并确定准备的时间。

补充侦查期限届满后,经人民法院通知,人民检察院未建议案件恢复审理,且未说明原因的,人民法院可以决定按人民检察院撤诉处理。

第四十一条 人民法院向人民检察院调取需要调查核实的证据材料,或者根据被告人及其辩护人的申请,向人民检察院调取在侦查、审查起诉期间收集的有关被告人无罪或者罪轻的证据材料,应当通知人民检察院在收到调取证据材料决定书后三日内移交。

第四十二条 法庭除应当审查被告人是否具有法定量刑情节外,还应当根据案件情况审查以下影响量刑的情节:

(一)案件起因;

(二)被害人有无过错及过错程度,是否对矛盾激化负有责任及责任大小;

(三)被告人的近亲属是否协助抓获被告人;

(四)被告人平时表现,有无悔罪态度;

(五)退赃、退赔及赔偿情况;

（六）被告人是否取得被害人或者其近亲属谅解；

（七）影响量刑的其他情节。

第四十三条　审判期间，被告人及其辩护人提出有自首、坦白、立功等法定量刑情节，或者人民法院发现被告人可能有上述法定量刑情节，而人民检察院移送的案卷中没有相关证据材料的，应当通知人民检察院移送。

审判期间，被告人及其辩护人提出新的立功情节，并提供相关线索或者材料的，人民法院可以建议人民检察院补充侦查。

第四十四条　被告人当庭不认罪或者辩护人作无罪辩护的，法庭对定罪事实进行调查后，可以对与量刑有关的事实、证据进行调查。被告人及其辩护人可以当庭发表质证意见，出示证明被告人罪轻或者无罪的证据。被告人及其辩护人参加量刑事实、证据的调查，不影响无罪辩解或者辩护。

五、认证规则

第四十五条　经过控辩双方质证的证据，法庭应当结合控辩双方质证意见，从证据与待证事实的关联程度、证据之间的印证联系、证据自身的真实性程度等方面，综合判断证据能否作为定案的根据。

证据与待证事实没有关联，或者证据自身存在无法解释的疑问，或者证据与待证事实以及其他证据存在无法排除的矛盾的，不得作为定案的根据。

第四十六条　通过勘验、检查、搜查等方式收集的物证、书证等证据，未通过辨认、鉴定等方式确定其与案件事实的关联的，不得作为定案的根据。

法庭对鉴定意见有疑问的，可以重新鉴定。

第四十七条　收集证据的程序、方式不符合法律规定，严重影响证据真实性的，人民法院应当建议人民检察院予以补正或者作出合理解释；不能补正或者作出合理解释的，有关证据不得作为定案的根据。

第四十八条　证人没有出庭作证，其庭前证言真实性无法确认的，不得作为定案的根据。

证人当庭作出的证言与其庭前证言矛盾，证人能够作出合理解释，并与相关证据印证的，应当采信其庭审证言；不能作出合理解释，而其庭前证言与相关证据印证的，可以采信其庭前证言。

第四十九条　经人民法院通知，鉴定人拒不出庭作证的，鉴定意见不得作为定案的根据。

有专门知识的人当庭对鉴定意见提出质疑，鉴定人能够作出合理解释，并与相关证据印证的，应当采信鉴定意见；不能作出合理解释，无法确认鉴定意见可靠性的，有关鉴定意见不能作为定案的根据。

第五十条　被告人的当庭供述与庭前供述、自书材料存在矛盾，被告人能够作出合理解释，并与相关证据印证的，应当采信其当庭供述；不能作出合理解释，而其庭前供述、自书材料与相关证据印证的，可以采信其庭前供述、自书材料。

法庭应当结合讯问录音录像对讯问笔录进行全面审查。讯问笔录记载的内容与讯问录音录像存在实质性差异的,以讯问录音录像为准。

第五十一条　对于控辩双方提出的事实证据争议,法庭应当当庭进行审查,经审查后作出处理的,应当当庭说明理由,并在裁判文书中写明;需要庭后评议作出处理的,应当在裁判文书中说明理由。

第五十二条　法庭认定被告人有罪,必须达到犯罪事实清楚,证据确实、充分,对于定罪事实应当综合全案证据排除合理怀疑。定罪证据不足的案件,不能认定被告人有罪,应当作出证据不足、指控的犯罪不能成立的无罪判决。定罪证据确实、充分,量刑证据存疑的,应当作出有利于被告人的认定。

第五十三条　本规程自2018年1月1日起试行。

陕西省人民法院刑事公诉案件第一审普通程序审判操作规程(试行)
(2016年7月20日)

为正确实施修订后的《中华人民共和国刑事诉讼法》(以下简称《刑诉法》)及《最高人民法院关于适用〈中华人民共和国刑事诉讼法〉的解释》(以下简称《解释》),惩罚犯罪,保障人权,全面贯彻证据裁判规则,体现以庭审为中心的诉讼制度,提高办案质效,规范庭审活动,依据《刑诉法》及《解释》《中华人民共和国法院法庭规则》等相关规定,结合我省审判实际,制定本规程。

一、审查立案

第一条　对提起公诉的案件,应当在收到起诉书(一式八份,每增加一名被告人,增加起诉书五份)和案卷、证据后,指定审判人员审查以下内容:

(一)是否属于本院管辖;

(二)起诉书是否写明被告人的身份,是否受过或者正在接受刑事处罚,被采取强制措施的种类、羁押地点,犯罪的时间、地点、手段、后果以及其他可能影响定罪量刑的情节;

(三)是否移送证明指控犯罪事实的证据材料,包括采取技术侦查措施的批准决定和所收集的证据材料;

(四)是否查封、扣押、冻结被告人的违法所得或者其他涉案财物,并附证明相关财物依法应当追缴的证据材料;

(五)是否列明被害人的姓名、住址、联系方式;是否附有证人、鉴定人名单;是否申请法庭通知证人、鉴定人、有专门知识的人出庭,并列明有关人员的姓名、性别、年龄、职业、住址、联系方式;是否附有需要保护的证人、鉴定人、被害人名单;

(六)当事人已委托辩护人、诉讼代理人,或者已接受法律援助的,是否列明辩护人、诉讼代理人的姓名、住址、联系方式;

(七)是否提起附带民事诉讼;提起附带民事诉讼的,是否列明附带民事诉讼当事人的姓名、住址、联系方式,是否附有相关证据材料;

（八）侦查、审查起诉程序的各种法律手续和诉讼文书是否齐全；

（九）有无《刑诉法》第十五条第二项至第六项规定的不追究刑事责任的情形。

第二条　审查后，应当按照下列情形分别处理：

（一）属于告诉才处理的案件，应当退回人民检察院，并告知被害人有权提起自诉；

（二）不属于本院管辖或者被告人不在案的，应当退回人民检察院；

（三）不符合第一条第二项至第八项规定之一，需要补充材料的，应当通知人民检察院在三日内补送；

（四）依照《刑诉法》第一百九十五条第三项规定宣告被告人无罪后，人民检察院根据新的事实、证据重新起诉的，应当依法受理；

（五）依照《解释》第二百四十二条规定裁定准许撤诉的案件，没有新的事实、证据，重新起诉的，应当退回人民检察院；

（六）符合《刑诉法》第十五条第二项至第六项规定情形的，应当裁定终止审理或者退回人民检察院；

（七）被告人真实身份不明，但符合《刑诉法》第一百五十八条第二款规定的，应当依法受理。

第三条　对公诉案件是否受理，应当在七日内审查完毕。对可能判处死刑的公诉案件是否立案受理，应组成合议庭进行审查决定。对符合立案条件的，制作《立案决定书》随案移送审判业务庭，立案审查时间不计入审限。

二、开庭前的准备

第四条　开庭审理前，应当进行下列工作：

（一）由院长或者庭长指定审判长并确定合议庭组成人员；院长或者庭长参加审判案件时，自己担任审判长；

（二）开庭十日前将起诉书副本送达被告人、辩护人；

（三）对于未委托辩护人的被告人，告知他可以委托辩护人；对于符合《刑诉法》第三十四条第一款规定的，一般要指定承担法律援助义务的律师为其辩护；对于符合《刑诉法》第三十四条第二、三款规定的，应当指定承担法律援助义务的律师为其辩护；

（四）通知当事人、法定代理人、辩护人、诉讼代理人在开庭五日前提供证人、鉴定人名单，以及拟当庭出示的证据；不出庭作证的证人、鉴定人名单（含身份、地址、通讯处）、理由和拟当庭宣读、出示的证据复印件、照片；申请证人、鉴定人、有专门知识的人出庭的，应当列明有关人员的姓名、性别、年龄、职业、住址、联系方式；

（五）开庭三日前将开庭的时间、地点通知人民检察院；

（六）将开庭的时间、地点至迟在开庭三日前书面通知辩护人、诉讼代理人、法定代理人、证人、鉴定人、翻译人和勘验、检查笔录制作人，用传票送达当事人；通知有关人员出庭，也可以采取电话、短信、传真、电子邮件等能够确认对方收悉的方式；公诉人、辩护人应当做好己方证人的出庭工作；

法庭通知公诉机关或者辩方提供的证人当场表示拒绝出庭作证或者按照提供的证

人地址未能通知到该证人,应当及时告知该公诉机关或者辩方;

(七)公开审理的案件,应当在开庭三日前通过官方网站、电子显示屏、公告栏等向公众公布被告人姓名、案由、开庭时间、地点及旁听席位数量等信息。

上述工作情况应当记录在案。

第五条 依法不公开审理的案件,庭前不予公布案由、被告人姓名、开庭时间和地点。

第六条 被害人、证人、诉讼代理人、鉴定人经人民法院传唤或者通知未到庭,不影响开庭审判的,人民法院可以开庭审理。

第七条 案件具有下列情形之一的,审判人员可以召开庭前会议:

(一)当事人及其辩护人、诉讼代理人申请排除非法证据的;

(二)证据材料较多、案情重大复杂的;

(三)社会影响重大的;

(四)需要召开庭前会议的其他情形。

召开庭前会议,根据案件情况,可以通知被告人参加。

第八条 召开庭前会议,审判人员可以就下列问题向控辩双方了解情况,听取意见:

(一)是否对案件管辖有异议;

(二)是否申请有关人员回避;

(三)是否申请调取在侦查、审查起诉期间公安机关、人民检察院收集但未随案移送的证明被告人无罪或者罪轻的证据材料;

(四)是否提供新的证据;

(五)是否对出庭证人、鉴定人、有专门知识的人的名单有异议;

(六)是否申请排除非法证据;

(七)是否申请不公开审理;

(八)与审判相关的其他问题。

审判人员可以询问控辩双方对证据材料有无异议,对有异议的证据,应当在庭审时重点调查;无异议的,庭审时举证、质证可以简化。

被害人或者其法定代理人、近亲属提起附带民事诉讼的,可以调解。

庭前会议情况应当制作笔录。

第九条 开庭审理前,合议庭应当做好相关证据的补查、补证及证据交换工作,并拟出法庭审理提纲,法庭审理提纲一般包括以下内容:

(一)合议庭成员在庭审中的具体分工;

(二)起诉书指控的犯罪事实的重点和认定案件性质的要点;(指控的罪名是否进行变更等)

(三)询问被告人时需了解的案情要点;

(四)出庭的证人、鉴定人、有专门知识的人和侦查人员的名单;

(五)控辩双方当庭出示的证据目录;

（六）庭审中可能出现的问题及应对的措施。

第十条　开庭审理前，书记员应当依次进行下列工作：

（一）受审判长委托，查明公诉人、当事人、证人及其他诉讼参与人是否到庭；

（二）宣读法庭规则。

书记员宣布："肃静，请公诉人、被害人、附带民事诉讼原告人、辩护人、法定代理人和诉讼代理人入庭。"（待入座后）"现在宣读法庭规则：依据《中华人民共和国人民法院法庭规则》的规定，公诉人、诉讼参与人及旁听人员应当遵守下列规定：……（具体内容见《中华人民共和国人民法院法庭规则》）"

（三）书记员宣布："全体起立。请审判长、审判员（人民陪审员）入庭。"

（四）审判人员就座后，书记员宣布："坐下。"并面向合议庭："报告审判长，开庭的准备工作已经就绪，可以开庭。"

三、开庭

第十一条　开庭时，出庭履行职务的人员，应当按照职业着装规定着装，陪审员、证人、出庭作证的侦查人员、所在单位系案件当事人的，应着正装。

非履行职务的出庭人员及旁听人员，应当文明着装。

第十二条　审判长（敲击法槌后）宣布开庭："×××人民法院刑事审判庭现在开庭。传被告人×××到庭。"（一案多被告的，同时传唤到庭。对被告席不设囚笼，被告人出庭时不能着监管机关的识别服）法警带被告人到达被告席后，审判长宣布："法警解除被告人的戒具。"（但人身危险性大，可能危害法庭安全的除外）

审判长应当查明被告人下列情况：

（一）姓名、出生日期（法定临界年龄的应注意查明是公历还是农历）、身份证号、出生地、民族、籍贯、文化程度、职业、住址或被告人单位的名称、住所地、诉讼代表人的姓名、职务；

（二）是否曾经受过法律处分及种类、时间；

（三）是否被采取强制措施及种类、时间；

（四）收到人民检察院起诉书副本的日期；如果附带民事诉讼的，附带民事诉讼被告人收到民事诉状的日期；

（五）未成年的被告人，其法定代理人的姓名、地址、工作单位和与被告人的关系。

查明被害人和附带民事诉讼原告人的身份情况；

查明身份等相关事项，也可以由书记员受审判长委托在开庭前查明，开庭后向审判长报告。审判长在庭审时应予说明："庭前书记员是否核实了你的身份及是否受过法律处分、采取强制措施种类及时间等事项，与你的基本情况是否一致？"

第十三条　审判长："根据《中华人民共和国刑事诉讼法》第一百八十三条的规定，本庭今天在此依法公开（不公开）审理×××人民检察院提起公诉的（和附带民事诉讼原告人提起附带民事诉讼的）被告人×××、××（案由）一案。本庭由×××（职称或职务）×××（姓名）、×××（职称）×××（姓名）、×××（职称）×××（姓名）依法组成合议庭,×××担任审判长,书记员×××担任法庭记录。×××人民检察院×××(职务或职称)×××(姓名)依法出庭支持公诉。××律师事务所律师×××担任被告人×××的辩护人(辩护人如系亲属则宣布其姓名、职业、单位与被告人的关系,如系公民则宣布其身份、职业、何单位推荐、相关证明和辩护委托书)出庭为其辩护,由×××(单位)×××(姓名)出庭担任翻译,由××(单位)×××(职务)×××(姓名)为本案有关问题提出鉴定意见。"

对不公开审理的案件,审判长当庭宣布不公开审理的理由。

第十四条　审判长:"根据《中华人民共和国刑事诉讼法》第一百八十五条、第一百九十一条、第一百九十二条和第一百九十三条的规定,本案的当事人及其法定代理人、辩护人、诉讼代理人可以申请合议庭组成人员、书记员、公诉人、鉴定人和翻译人员回避(对文化程度低者,用通俗语言略加解释);

可以提出证据,申请通知新的证人到庭,调取新的证据,申请重新鉴定或者勘验;

被告人可以自行辩护;

被告人可以在法庭辩论终结后作最后陈述。

(审判长分别询问当事人、法定代理人是否听清楚上述权利,是否申请回避。申请回避的,应当说明理由。)"

第十五条　对于回避申请,合议庭认为符合《刑诉法》第二十八条、第二十九条规定情形的,应当宣布休庭,并按《刑诉法》第三十条的规定处理。即审判人员、检察人员、侦查人员的回避,应当分别由院长、检察长、公安机关负责人决定;书记员、翻译人员及鉴定人的回避由本院院长决定;院长的回避,由本院审判委员会决定;检察长和公安机关负责人的回避,由同级人民检察院检察委员会决定。如果申请人当庭申请复议,应当宣布休庭,经复议后,决定是否同意回避申请及恢复庭审。决定休庭时审判长宣布将被告人带回候审室候审。合议庭认为回避申请不符合《刑诉法》第二十八条、第二十九条规定情形的,当庭驳回,继续审理;并宣布不得申请复议。同意或者驳回回避申请的决定及复议决定,由审判长宣布,并说明理由,必要时也可以由院长到庭宣布。

四、法庭调查

第十六条　审判长:"现在开始法庭调查,由公诉人宣读起诉书。"

公诉人宣读起诉书。

(有附带民事诉讼的,接着审判长宣布由附带民事诉讼原告人或其代理人宣读附带民事诉状)

审判长:(如同案有多个被告人,审判长指挥法警:"被告人×××留下,其余被告人退庭候审。")"被告人×××,公诉人宣读的起诉书(及附带民事诉状)的内容,你是否听清?"

第十七条　被告人被控有两宗以上犯罪事实或附带民事诉讼的,法庭一般应就每一宗犯罪事实及附带民事诉讼部分分别进行法庭调查。可明确提示现在对起诉书指控第一宗犯罪事实进行法庭调查。依此对起诉书指控的每宗犯罪事实逐一进行法庭调查。

（若附带民事诉讼的,可明确提示先进行刑事部分的法庭调查）

法庭调查中,应将定罪事实的调查与量刑情节的调查分开进行。如有些事实或情节在定罪事实调查中已经完成,则在量刑情节的法庭调查时予以说明。

对被告人不认罪或者辩护人作无罪辩护的案件,法庭调查应当在查明定罪事实的基础上,查明有关量刑事实。

第十八条　审判长:"被告人×××,现在你就起诉书指控你的犯罪事实进行陈述。"（告知被告人坐下）

第十九条　被告人陈述后,由审判长主持,公诉人、诉讼参与人依下列顺序讯问（发问）被告人:

（一）公诉人讯问被告人;

（二）经审判长准许,被害人及其法定代理人、诉讼代理人可以就公诉人讯问的犯罪事实补充发问;

（三）附带民事诉讼原告人及其法定代理人、诉讼代理人可以就附带民事部分的事实向被告人发问;

（四）被告人的法定代理人、辩护人,附带民事诉讼被告人及其法定代理人、诉讼代理人可以在控诉一方就某一问题讯问完毕后向被告人发问。

（以上讯问或发问可以采取两种方式进行:一是提示式,即审判长问某人对被告人有无讯问、发问。二是报告式,即公诉人、诉讼参与人向审判长报告,请求对被告人讯问、发问）

第二十条　讯问同案件审理的被告人,应当分别进行。合议庭认为必要时,可以传唤同案被告人等到庭对质。

第二十一条　被害人陈述。

经审判长准许,控辩双方可以向被害人、附带民事诉讼原告人发问。

第二十二条　合议庭成员根据控辩双方的讯问、发问情况及庭审讯问提纲,决定是否讯问被告人。必要时,可以向被害人、附带民事诉讼当事人发问。

（如有多名被告人出庭受审,应对各被告人分别当庭讯问、发问,其他被告人退庭候审）

第二十三条　出示证据。

审判长:"现在由公诉人就起诉书指控被告人×××的犯罪事实向法庭提供证据,并就证据的来源、特征、所要证明的问题进行说明。"

出示证据时,应将定罪的证据与量刑的证据分开出示。如有些证据在定罪的证据中出示,则在量刑证据出示时予以说明。

公诉人出示证据、控辩双方质证及法庭认证,应根据案件需要及证据证明作用进行,一证（或一组证据）一示,一证（或一组证据）一质,一证（或一组证据）一认。

公诉人进行说明后,审判长决定是否传唤证人、鉴定人、勘验和检查笔录制作人出庭作证,或者是否请公诉人出示证据,宣读不能出庭的被害人、证人、鉴定人和勘验、检查笔录制作人的书面陈述、证言、鉴定结论和勘验、检查笔录。

被害人及其诉讼代理人、附带民事诉讼原告人及其诉讼代理人根据案件审理情况的需要,经审判长许可,可以进行本条上款的诉讼活动。

被告人及其辩护人、法定代理人经审判长许可,也可以进行上述活动,针对控方的控诉,进行反证辩解。

第二十四条　提供证据方当庭出示物证、书证、视听资料等证据后,由另一方辨认并发表意见。双方可以互相质证。

合议庭对于当庭出示的证据,经过质证后可以确认的证据,应当做出采纳与否的结论。

第二十五条　证人应当出庭作证。

有下列情形之一,无法出庭作证的,经合议庭准许,可以不出庭作证:

(一)在庭审期间身患严重疾病或者行动极为不便的;未成年人;

(二)居所远离开庭地点且交通极为不便的;

(三)身处国外短期无法回国的;

(四)有其他客观原因,确实无法出庭的;

具有前款情形的,可以通过视频等方式作证。

第二十六条　因出庭作证,本人或者其近亲属的人身安全面临危险的,应当采取不公开其真实姓名、住址和工作单位等个人信息,或者不暴露其外貌、真实声音等保护措施。强制证人出庭的,由本院院长签发强制证人出庭令。

审判期间,证人、鉴定人、被害人提出保护请求的,法院应当立即审查;确有必要的,应当及时决定采取相应保护措施。

对证人采取不公开个人信息的保护措施的,审判人员应在开庭前核实其身份,对证人、鉴定人如实作证的保证书不得公开,在判决书、裁定书等法律文书中可以使用化名等代替其个人信息。

第二十七条　证人、鉴定人到庭后,审判人员应当核实其身份、与当事人及本案的关系,告知其应当如实提供证言、说明鉴定意见和有意作伪证或者隐匿证据及有意作虚假鉴定应负的法律责任。

证人、鉴定人作证前,应当宣誓如实作证的保证并在如实作证的保证书上签字。

第二十八条　向证人发问应当遵循以下原则:

(一)发问的内容与本案事实有关;

(二)不得以诱导方式发问;

(三)不得威胁证人;

(四)不得损害证人的人格尊严。

第二十九条　向证人、鉴定人发问,应当先由提请通知的一方进行;发问完毕后,经审判长准许,对方也可发问。如对方不提出发问,审判长应当询问其他诉讼参与人对证人证言、说明鉴定意见有无意见。

第三十条　对于控辩双方的讯问、发问方式不当或者内容与本案无关、或者重复讯问、发问的,对方可以提出异议,申请审判长制止,审判长应当判明情况予以支持或者驳回;对方未提出异议的,审判长也可根据情况予以制止。

控辩双方认为对方发问或者发问的内容与本案无关或者讯问、发问的方式不当并提出异议的,审判长判明情况后,应当宣布:"异议成立(不成立)",或"反对意见成立(不成立)",或"对××的申请予以支持;请××方注意发(讯)问方式(内容)",或"对××方的申请不予支持,请××继续发问"等中性词汇予以支持或驳回。(本条适用于讯问、发问、询问)

第三十一条　审判人员认为必要时,可以询问证人、鉴定人。

第三十二条　向证人、鉴定人发问、询问应当分别进行,发问、询问后,审判长应当告知证人、鉴定人退庭。

证人、鉴定人不得旁听本案的审理。

第三十三条　控辩双方申请法庭通知有专门知识的人出庭,就鉴定意见提出意见的,应当说明理由。法庭认为有必要的,应当通知有专门知识的人出庭,但不得超过二人。有多种类鉴定意见的,可以相应增加人数。

有专门知识的人出庭,适用鉴定人出庭的有关规定。

第三十四条　举证方当庭出示证据后,由对方辨认并发表意见。控辩双方可以互相质问、辩论。

第三十五条　在法庭调查过程中,合议庭对证据有疑问的,可以告知举证方补充证据或者作出说明;必要时,可以宣布休庭,对证据进行调查核实。

举证方补充的和法庭庭外调查核实取得的证据,应当经过当庭质证才能作为定案的根据。但是,经庭外征求意见,控辩双方没有异议的除外。有关情况,应当记录在案。

第三十六条　公诉人申请出示开庭前未移送法院的证据,辩方提出异议的,审判长应当要求公诉人说明理由;理由成立确有出示必要的,应当准许。

辩方提出需要对新的证据作辩护准备的,法庭可以宣布休庭,并确定准备辩护的时间。

辩护方申请出示开庭前未提交的证据,参照适用前两款的规定。

第三十七条　合议庭调查核实证据时,可以进行勘验、扣押、鉴定和查询、冻结。必要时,可以通知检察人员、辩护人到场。

第三十八条　在控辩双方举证、质证和法庭认证后,审判长询问双方是否申请通知新的证人到庭、调取新的证据、申请重新鉴定或者勘验。如果申请,申请人应当提供证人的基本身份情况,证据的存放地点,说明拟证明的案件事实、要求重新鉴定或者勘验的理由,合议庭认为有必要的,应当同意,并宣布延期审理;不同意的,应当说明理由并继续开庭审理。

法院同意重新鉴定申请的,应及时委托鉴定,并将鉴定意见告知检察院、当事人及其辩护人、诉讼代理人。

第三十九条　审理期间,公诉人发现案件需要补充侦查,建议延期审理的,合议庭应当同意,但建议延期审理不得超过两次。

人民检察院将补充的证据移送法院的,人民法院应当通知辩护人、诉讼代理人查阅、摘抄、复制。

补充侦查期限届满后,经法庭通知,人民检察院未将案件移送人民法院,且未说明原因的,人民法院可以决定按人民检察院撤诉处理。

第四十条　人民法院向人民检察院调取调查核实的证据材料,或根据被告人、辩护人的申请,向人民检察院调取在侦查、审查起诉期间收集的有关被告人无罪或者罪轻的证据材料,应当通知人民检察院在收到调取证据材料决定书后三日内移交。

第四十一条　法庭审理过程中,对与量刑有关的事实、证据,应当进行调查。

审判长:"现在进行量刑事实及情节的调查和举证。"

人民法院除应当审查被告人是否具有法定量刑情节外,还应当根据案件情况审查以下影响量刑的情节:

(一)案件起因;

(二)被害人有无过错及过错程度,是否对矛盾激化负有责任及责任大小;

(三)被告人的近亲属是否协助抓获被告人;

(四)被告人平时表现,有无悔罪态度;

(五)退赃、退赔及赔偿情况;

(六)被告人是否取得被害人或者其近亲属谅解;

(七)影响量刑的其他情节。

第四十二条　审判期间,合议庭发现被告人可能有自首、坦白、立功等法定量刑情节,人民检察院移送的案卷中没有相关证据材料的,应通知人民检察院移送。

被告人提出新的立功线索的,人民法院可以建议人民检察院补充侦查。

第四十三条　对被告人认罪的案件,在确认被告人了解起诉书指控的犯罪事实和罪名,自愿认罪且知悉认罪的法律后果后,法庭调查可以主要围绕量刑和其他有争议的问题进行。

对被告人不认罪或者辩护人作无罪辩护的案件,法庭调查应当在查明定罪事实的基础上,查明有关量刑事实。

第四十四条　非法证据排除。

采用刑讯逼供等非法手段取得的犯罪嫌疑人、被告人供述和采用暴力、威胁等非法手段取得的证人证言、被害人陈述,属于非法言词证据。经依法确认的非法言词证据,应当予以排除,不能作为定案的根据。

物证、书证的取得明显违反法律规定,可能影响公正审判的,应当予以补正或者作出合理解释,否则,该物证、书证不能作为定案的根据。

第四十五条　起诉书副本送达后开庭审判前,被告人提出其审判前供述是非法取得的,应当向人民法院提交书面意见。被告人书写确有困难的,可口头告诉,由法院工作人员或者其辩护人做笔录,由被告人签名或者捺指印。法院应将被告人的书面意见或者告诉笔录复印件在开庭前交检察院。

开庭审理前或者庭审中,被告人及其辩护人提出被告人审判前供述是非法取得的,法庭在公诉人宣读起诉书之后,应当先行当庭调查。

法庭辩论结束前,被告人及其辩护人提出被告人审判前供述是非法取得的,法庭也应当进行调查。

第四十六条 被告人及其辩护人提出被告人审判前供述是非法取得的,法庭应当要求其提供涉嫌非法取证的人员、时间、地点、方式、内容等相关线索或者证据。

经审查,法庭对被告人审判前供述取得的合法性有疑问的,公诉人应当向法庭提供讯问笔录、原始的讯问过程的录音录像或者其他证据,提请法庭通知讯问时其他在场人员或者其他证人出庭作证,仍不能排除刑讯逼供嫌疑的,提请法庭通知讯问人员出庭作证,对该供述取得的合法性予以证明。公诉人当庭不能举证的,可以根据《刑诉法》第一百九十八条的规定,建议法庭延期审理。

经依法通知,讯问人员或者其他人员应当出庭作证。

控辩双方可以就被告人审判前供述取得的合法性问题进行质证、辩论。

第四十七条 经法庭审查,具有下列情形之一的,被告人审判前供述可以当庭宣读、质证:

(一)被告人及其辩护人未提供非法取证的相关线索或者证据的;

(二)被告人及其辩护人已提供非法取证的相关线索或者证据,法庭对被告人审判前供述取得的合法性没有疑问的;

(三)公诉人提供的证据确实、充分,能够排除被告人审判前供述属非法取得的。

对于当庭宣读的被告人审判前供述,应当结合被告人当庭供述以及其他证据确定能否作为定案的根据。

第四十八条 对被告人审判前供述的合法性,公诉人不提供证据加以证明,或者已提供的证据不够确实、充分的,该供述不能作为定案的根据。

第四十九条 庭审中,控辩双方提出未到庭证人的书面证言、未到庭被害人书面陈述是非法取得的,举证方应对其取证的合法性予以证明。

第五十条 刑事诉讼部分调查结束后进行附带民事诉讼部分的调查。调查由审判长或者审判长指定的审判员主持。审判长宣布:刑事部分法庭调查结束,现在进行附带民事诉讼部分的法庭调查。

附带民事诉讼部分的调查,先由附带民事诉讼原告人及诉讼代理人发言,后由被告人及其法定代理人、诉讼代理人答辩。双方举证、质证和法庭认证的程序同上。

第五十一条 庭审中,保证书、证据和有关文件、物品的传递,由值庭法警负责。

对于当庭出示的证据(含赃款赃物)、宣读的证人书面证言、鉴定结论和勘验、检查笔录,在出示宣读后,应即交付法庭。(法庭应设置证物台)

第五十二条 合议庭认为案件事实已经调查清楚的,应当由审判长宣布"法庭调查结束"。

五、法庭辩论

第五十三条　审判长宣布:"现在进行法庭辩论。"(也可明确"先进行刑事部分的辩论")(法庭辩论就定罪、量刑的事实、证据和适用法律等问题进行。尤其是如果涉及罪名可能变更时,提示围绕指控罪名和可能变更罪名进行辩论。)

在审判长主持下,按照下列顺序进行:

(一)公诉人发言;

(二)被害人及其法定代理人、诉讼代理人发言;

(三)被告人自行辩护;

(四)辩护人辩护;

(五)控辩双方相互进行辩论。

审判长根据控辩双方的辩论情况,提出第二、第三轮辩论的焦点。

人民检察院应当提出具有一定幅度的量刑建议并说明理由。当事人及其辩护人、诉讼代理人可以对量刑提出意见并说明理由。

第五十四条　对被告人认罪的案件,法庭辩论时,可以引导控辩双方主要围绕量刑和其他有争议的问题进行。

对被告人不认罪或者辩护人作无罪辩护的案件,法庭辩论时,可以引导控辩双方先辩论定罪问题,后辩论量刑问题。

第五十五条　法庭辩论过程中,审判长应当充分听取控辩双方的意见,对控辩双方与案件无关、重复或者指责对方的发言应当提醒、制止。

第五十六条　法庭辩论过程中,合议庭发现与定罪、量刑有关的新的事实,有必要调查的,审判长可以宣布:"暂停辩论,恢复法庭调查。"在对新的事实调查后,继续法庭辩论。

第五十七条　被告人当庭拒绝辩护人辩护,要求另行委托辩护人或者指派律师的,合议庭应当准许;被告人拒绝辩护人辩护后,没有辩护人的,应当宣布休庭;仍有辩护人的,庭审可以继续进行。

有多名被告人的案件,部分被告人拒绝辩护人辩护后,没有辩护人的,根据案件情况,可以对该被告人另案处理,对其他被告人的庭审继续进行。

重新开庭后,被告人再次拒绝辩护人辩护或者法院指定的辩护律师辩护的,合议庭应当分别情形作如下处理:

(一)被告人是成年人的,可以准许。但被告人不得再另行委托辩护人,法院也不再另行指定辩护律师,被告人可以自行辩护;

(二)被告人具有下列情形之一的,不予准许:

1.盲、聋、哑人或者限制行为能力的人;

2.开庭审理时不满十八周岁的未成年人;

3.可能被判处无期徒刑以上的人。

第五十八条　辩护人严重扰乱法庭秩序,被强行带出法庭或者被处以罚款、拘留,被告人自行辩护的,庭审继续进行;被告人要求另行委托辩护人,或者被告人属于应当提供法律援助情形的,应当宣布休庭。

第五十九条　辩护人依照有关规定当庭拒绝继续为被告人进行辩护的,合议庭应当准许。如果另一辩护人继续进行辩护的,继续开庭审理;如果没有辩护人为被告人辩护的,合议庭应当宣布休庭,由被告人另行委托辩护人或者由法院为其另行指定辩护律师。

第六十条　依照前三条规定另行委托辩护人或者指派律师的,自案件宣布休庭之日起至第十五日止,由辩护人准备辩护,但被告人及其法定代理人、辩护人自愿缩短时间的除外。

第六十一条　附带民事诉讼部分的辩论应当在刑事部分辩论后进行,先由附带民事诉讼原告人及其诉讼代理人发言,后由附带民事诉讼被告人及其辩护人或诉讼代理人答辩,再相互辩论。

辩论结束后,可当庭调解,不能达成协议的,亦可讲明庭后可继续调解,如若仍不能达成协议的,应同刑事诉讼部分一并判决。

第六十二条　审判长宣布:"法庭已经充分听取了公诉人、被害人、被告人、辩护人等辩论各方的意见,并已记录在案。辩论各方如果还有意见,可以在休庭后用书面方式提供给法庭。现在法庭辩论结束。"

六、最后陈述

第六十三条　审判长在宣布法庭辩论结束后,由被告人向法庭作最后陈述(可明确提示,被告人就公诉机关指控的犯罪行为、对社会及被害人造成的危害性的认识、对被害人的真诚道歉及对法庭提出轻判的请求),多个被告人的,分别陈述。

第六十四条　如果被告人在最后陈述中,提出新的事实、证据,合议庭认为可能影响正确裁判的,应当恢复法庭调查;如果提出新的辩解理由,合议庭认为可能影响正确裁判的,应当恢复法庭辩论。

被告人在最后陈述中多次重复自己的意见的,审判长可以制止;如果陈述内容是蔑视法庭、公诉人、损害他人及社会公共利益或者与本案无关的,应予制止;在公开审理的案件中,陈述的内容涉及国家秘密、个人隐私或者商业秘密的,应当制止。

七、评议案件与宣告判决

第六十五条　(在被告人最后陈述后)审判长宣布:"现在休庭,由合议庭进行评议。"当庭宣判的,应宣布:"××分钟后,开庭宣判。""将被告人带出法庭。现在休庭。"(敲击法槌)不当庭宣判的,宣布:"现在休庭,下次开庭时间、地点将另行公告。""将被告人带出法庭。公诉人、辩护人及其他诉讼参与人庭后核对笔录签字,其他人员退庭。现在休庭。"(敲击法槌)

第六十六条　评议案件。

合议庭成员评议案件时,应当独立表达意见并说明理由。意见分歧的,应当按多数意见作出决定,但少数意见应当记入笔录。评议笔录由合议庭成员在审阅确认无误后签名。评议情况应当保密；

对提请院长决定提交审判委员会讨论决定的案件，院长认为不必要的，可以建议合议庭复议一次；

审判委员会的决定，合议庭应当执行；有不同意见的，可以建议院长提交审判委员会复议。

第六十七条　宣告判决。

宣告判决，一律公开进行。公诉人、辩护人、诉讼代理人、被害人、自诉人或者附带民事诉讼原告人未到庭的，不影响宣判的进行。

合议庭评议后，书记员："请公诉人、被害人、附带民事诉讼原告人、附带民事诉讼被告人、辩护人和诉讼代理人入庭。""请审判长、审判员（人民陪审员）入庭。"

审判长：（敲击法槌）"现在继续开庭。传被告人×××到庭。"

审判长："××检察院提起公诉的（和附带民事诉讼原告人×××提起附带民事诉讼的）被告人×××（姓名）×××（案由）一案，本庭在合议时充分考虑了公诉人、被害人及代理人、被告人及辩护人的意见，进行了认真的评议并依法作出裁决，现在宣判。"

审判长宣读判决书。

（当审判长宣读到"判决如下"时）书记员："全体起立。"审判长宣读判决结果。宣读完后，书记员："坐下。"

审判长："被告人×××是否听清？"（待回答后）"把被告人×××带出法庭。公诉人、辩护人及其他诉讼参与人留下核对笔录签字，其他人员退庭。现在闭庭。"（敲击法槌）

第六十八条　定期宣告判决的操作程序适用前条。

第六十九条　当庭宣告判决的，应当在五日内送达判决书。定期宣告判决的，应当在宣判后立即送达判决书。

第七十条　判决宣告前，检察院要求撤回起诉的，法院应当审查撤回起诉的理由，作出是否准许的裁定。

第七十一条　审理期间，人民法院发现新的事实，可能影响定罪的，可以建议人民检察院补充或者变更起诉；人民检察院不同意或者在七日内未回复意见的，人民法院应当就起诉指控的犯罪事实，依照《刑诉法》第一百九十五条及《刑事诉讼解释》第二百四十一条之规定作出判决、裁定。

第七十二条　开庭审理的全部活动，应当由书记员制作成笔录，经审判长审阅后，分别由审判长和书记员签名。

合议庭评议笔录，须由合议庭成员签名。

第七十三条　法庭笔录应当在庭审后交由当事人、法定代理人、辩护人、诉讼代理人阅读或者向其宣读。

法庭笔录中的出庭证人、鉴定人、有专门知识的人的证言、意见部分，应当在庭审后分别交由有关人员阅读或者向其宣读。

前两款所列人员认为记录有遗漏或者差错的,可以请求补充或者修正;确认无误后,应当签名;拒绝签名的,应当记录在案;要求改变庭审中的陈述的,不予准许。

第七十四条　休庭后,对于当庭出示的证据,合议庭应当与提供证据的辩护人、公诉人办理交接手续。

人民检察院应当在休庭后三日内,将全部案卷和其余证据材料移送人民法院。

八、其他相关规定

第七十五条　对违反法庭纪律而作出罚款、拘留决定后,诉讼参与人、旁听人员对决定不服的,可以直接向上一级人民法院申请复议,也可以通过决定罚款、拘留的人民法院向上一级人民法院申请复议。通过做出决定罚款、拘留的人民法院申请复议的,该人民法院自收到复议申请之日起三日内,将复议申请、罚款或者拘留决定书和有关事实、证据材料一并报上一级人民法院复议。复议期间,不停止决定的执行。

第七十六条　担任辩护人、诉讼代理人的律师严重扰乱法庭秩序,被强行带出法庭或者被处以罚款、拘留的,人民法院应当通报司法行政机关,并可以建议依法给予相应处罚。

第七十七条　聚众哄闹、冲击法庭或者侮辱、诽谤、威胁、殴打司法工作人员或者诉讼参与人,严重扰乱法庭秩序,构成犯罪的,应当依法追究刑事责任。

第七十八条　人民检察院认为人民法院审理案件违反法定程序,在庭审结束后提出书面纠正意见,人民法院认为正确的,应当采纳(检察院对庭审进行法律监督提出纠正意见应当是事后的、集体的、书面的监督)。

第七十九条　在审判过程中,被告人患精神病或者其他严重疾病,或者逃脱,致使案件在较长时间内无法审理的,应当裁定中止审理。

由于其他不能抗拒的原因,使案件无法继续审理的,可以裁定中止审理。待中止原因消除后,恢复审理。

中止审理的期间不计入审理期限。

第八十条　有多名被告人的案件,部分被告人具有《刑诉法》第二百条第一款规定情形的,法院可以对全案中止审理;根据案件情况,也可以对该部分被告人中止审理,对其他被告人继续审理。

对中止审理的被告人,可以根据案件情况另案处理。

第八十一条　基层人民法院适用简易程序审理的案件,依照相关规定办理。

第八十二条　本规程自2016年7月1日起施行,1997年5月1日施行的《陕西省人民法院公诉案件第一审普通程序庭审操作规程》同时废止。